노무현 정부의 국토정책과 국가의 위기

나남
nanam

나남신서 · 1246
노무현 정부의 국토정책과 국가의 위기

2007년 10월 10일 발행
2007년 10월 10일 1쇄

편자_ 최상철 편
발행자_ 趙相浩
발행처_ (주) **나남**
주소_ 413-756 경기도 파주시 교하읍
출판도시 518-4
전화_ 031) 955-4600 (代)
FAX_ 031) 955-4555
등록_ 제 1-71호(79. 5. 12)
홈페이지_ www.nanam.net
전자우편_ post@nanam.net

ISBN 978-89-300-8246-4
ISBN 978-89-300-8001-9 (세트)
책값은 뒤표지에 있습니다.

나남신서 · 1246

노무현 정부의 국토정책과 국가의 위기

최상철 편

나남
nanam

머리말

2003년 이래 지난 4년 반 동안 참여정부하에서 우리나라 국토 및 지역개발 정책은 격동기였다. 기존 국토 및 지역개발 정책은 간 곳이 없고 국가 균형발전 정책이라는 구호 아래 국토공간구조의 총체적 해체과정이 진행되었고 정치적 도구화가 이루어졌다. 수도이전에 대한 위헌판결로 변형된 행정중심복합도시란 이름의 수도분할, 수도권 소재 175개 공공기관의 지방분산을 비롯해 쏟아놓은 국토 및 지역개발 정책은 하도 많아 이 분야를 전공한 한 사람의 학도로서도 전체를 파악하기 힘들 정도로 국토가 누더기로 변하고 있다. 혁신도시, 기업도시, 수도권 신도시, 지역특화발전특구, 테크노파크, 경제자유구역, 자유무역지역, 신활력사업지구, 특정개발지역, 정주권 개발, 살기 좋은 지역만들기 사업 등 국토의 한 구석도 성한 곳 없이 파헤쳐지고 언제 이룩될지도 모르는 허상의 사업들로 국정은 농락당하고 있으며 국가경쟁력은 나락의 길을 걷고 있다. 국토는 5년 임기의 한 정권이 뜯어고칠 수 있을 정도로 허술한 대상은 아니다. 균형발전은 지속적으로 추구해야 할 국가발전의 목표임에는 틀림없다. 아무리 목적이 바람직하다고 하더라도 수단의 합리성과 국민적 공감대가 보장되지 않을 때 독선과 아집, 포퓰리즘의 희생물이 되는 것이다. 균형발전이란 명분으로 풀린 돈이 전국을 부동산 투기장으로 만들고 있으며 지방분권은 간 데가 없고 중앙집권적 하향적 개발정책이 지방의 족쇄가 되고 있다.

우리나라 국토 및 지역개발 정책은 노무현 정부의 전유물이 아니었다. 수도권 인구집중 억제와 지역균형발전정책은 1960년대 초부터 시작되었다. 박정희 대통령 시절의 서울 대도시 인구분산정책을 필두로 1977년 수도권인구 재배치계획이 박정희 대통령의 서거로 백지화되고, 전두환 대통령 재임기간에 수도권 재정비계획, 1990년 노태우 대통령 후반기의 지역균형발전 기본구상이 입안되었으나, 김영삼 대통령 치하의 세계화정책 속에서 실종되었다. 김대중 대통령 시절 본격적 지방자치시대를 맞이하여 지방의 목소리는 커지는 반면 지역개발 욕구는 충족되지 못한 채 지방의 불만은 고조되고 있었다. 이러한 시대적 여건 속에서 노무현 정부는 충청권 수도이전을 비롯한 지역균형발전을 지방분권에 실어 정치적으로 도구화하였으며 수도권에 대한 지방의 소외감을 확대·재생산하면서 오늘날과 같은 국정의 난맥상과 국가적 위기를 초래하고 있는 것이다.

이 책 제1부에서 최상철, 김형국, 신도철 교수는 참여정부의 국가 균형발전정책의 전개과정과 사회주의국가까지도 폐기한 국토개조의 좌파적 오류와, 목적과 수단의 전도, 인기영합적 포퓰리즘, 아마추어리즘의 전형으로서 위기에 선 국토정책을 총괄적으로 언급하면서 새로운 국토 및 지역정책을 위한 조심스럽고 새로운 패러다임의 모색과 대안적 접근을 시도하였다. 제2부에서는 참여정부 국가 균형발전정책의 구체적 실현수단으로서 정성옥 사무총장은 수도이전과 수도분할을, 서순탁 교수는 기업도시를, 박석순 교수는 행정중심복합도시 건설의 환경영향평가를, 김영봉 교수는 국가균형개발이란 이름으로 파헤쳐지고 있는 토지개발과 공약사업으로 야기된 부동산 버블현상을, 류동길 교수는 눈덩이처럼 불어나고 있는 국가부채와 재정위기를 다루었다. 이규환 교수는 참여정부의 국정목표 중의 하나인 지방분권이 국가 균형발전 논리 속에서 어떻게 실종되고 있으며 상호모순성을 지니고 있는가를 지적하고 있다. 제3부는 참여정부의 국가균형발전 정책수립에 성공적 국가로 벤치마킹하고 있는 일본, 영국, 프랑스, 독일에 대해 김재국 박사, 리처드슨(Richardson) 교수, 르노(Renaud) 박사, 박성조

교수가 각각 그 나라의 국투정책 전개과정을 소개하면서 실패한 교훈과 한국적 시사점을 싣고 있다. 이미 이들 나라들은 1960년대 이래 추구한 낡은 교조적 지역균형발전 정책을 버리고 21세기 국가간 무한경쟁시대를 대비한 새로운 지역균형발전 패러다임의 대전환을 하고 있음을 강조하고 있다. 우리나라는 이들 나라들이 이미 폐기한 정책적 수단을 가지고 때늦은 반복을 하고 있다는 차원에서 많은 시사점을 던져주고 있다. 제 4 부에서 우리나라 국토 및 지역개발 정책의 새로운 지평을 모색코자 하였다. 유우익 교수는 패배주의적 국토관, 지역관의 극복과 새로운 한반도론에 입각한 국토정책을, 남영우 교수는 균형발전의 개념적 재해석과 국토정책의 대안적 국토균형발전의 개념을, 최상철 교수는 우리나라 국토정책의 선천적 증후군인 수도권 콤플렉스의 실상과 수도권정책의 발상의 대전환을, 최막중 교수는 행정중심복합도시, 기업도시, 혁신도시 등 신도시만능주의 대안으로서 기존 도시의 재생정책으로의 전환을 제시하고 있으며, 유우익 교수는 수도권 대극(對極)으로서 남해안벨트 구상을, 끝으로 최상철 교수는 동북아시대의 도래와 통일을 대비한 초국토적 국토 및 지역개발 전략을 제시하고 있다.

지난 40년간 국토 및 지역개발을 지켜본 한 사람의 전문학도로서 요즘처럼 우리나라 국토 및 지역정책이 정치정략적으로 오도되고, 학문적으로 곡학아세의 대상이 되고 있는 현실에 비통한 마음을 감출 수 없다. 수도이전과 균형발전을 팔아 표를 사고, 몇 푼 연구비에 학자적 양심을 파는 세태가 벌어지고 있다. 국토균형발전은 모든 지역이 발전할 수 있는 잠재력 개발과 기회의 공정성을 보장하는 길이다. 모든 지역이 똑같이 개발되어야 한다는 것은 아니다. 잘사는 지역의 것을 빼앗아 못사는 지역으로 나누어주는 것도 아니다. 그것은 하향적 평준화의 길이다. 균형발전이란 구호로 시작한 좌파적 사회주의 실험은 끝났다. 구소련의 동진정책이나 중국의 하방운동(下放運動) 종말의 역사를 우리는 보았다. 잘못된 국토정책으로 잃어버린 10년의 일본을 알고 있다. 국토는 한 정권이 개조할 수 있는 대상은 아니다. 일단 지질리놓으면 차기정권도 할 수 없이 끌려갈 것이라는 유희의 대상은 더더욱 아니다.

이 책은 참여정부의 국가 균형발전 정책의 허상과 실상에 대한 이 분야 전문 지성들의 국민에 대한 호소이며 고발이다. 국민들이 쉽게 읽을 수 있고 공감대를 형성할 수 있도록 평이하게 쓰려고 노력하였다. 이 분야를 공부하는 전문학도들에게도 유용한 준거의 틀을 제공해 줄 것을 기대한다. 이 책이 나오기까지 지난 4년간 개인적 열정과 우정으로 봉사한 수도이전반대국민연합 정성옥 총장의 노고에 감사를 드리며, 출판을 기꺼이 맡아준 나남출판에도 이 자리를 빌려 다시 한번 감사를 드리는 바이다.

서울대학교 환경대학원 명예교수

수도이전반대국민연합 공동대표

최 상 철

나남신서 · 1246

노무현정부의 국토정책과 국가의 위기

차 례

제 2 부 무엇이 문제인가

1

국토균형발전정책 : 허상과 실상

| 제 1 장 |

참여정부의 국토 · 도시정책과 국가의 위기

최 상 철

1. 문제의 발단

참여정부의 국토 및 도시정책의 문제의 발단은 반역사적이고 대한민국의 정체성과 역사적 정통성을 부정하는 수도이전이라는 즉흥적이고 당리당략적인 공약으로부터 시작되었다. 2002년 9월 30일 당시 노무현 대통령후보가 민주당 중앙선거대책위원회 출범식에서 "수도권집중 억제와 낙후된 지역경제 문제의 해결을 위해 충청권에 행정수도를 건설하여 청와대와 중앙정부부터 옮겨가겠다"는 선거공약을 표방하면서 대통령 선거전에서 뜨거운 쟁점 중의 하나로 부상되었다. 선거 때만 되면 흔히 등장하는 선거공약 중의 하나라고 생각하여 국민들은 물론 전문가집단에서도 커다란 논쟁이 없었다. 당시 거대야당인 한나라당 역시 "행정수도가 충청도로 옮겨가면 서울 집값이 떨어지고 공동화할 것"이라는 서울시민의 표심을 의식한 안일한 대처를 하였다. 그러나 오히려 나날이 치솟고 있는 서울 집값이 떨어진다는 한나라당의 반내논리는 집값이 떨어지기를 바라는 무주택자는 물론 서민들의 표를 잃는 반대의 결과를 초래하고 있었다. 반면에 충청권의 표심은 하루가 다르게 노무현 후보지지 쪽으로 전향하고 있었다. 이에 당황한 한나라당의 이회창 후보는 신행정수도건설을 반대하면서도 충청권의 표를 의식하여 적극적 반대를 하기보다는 소극적 반대 내지 혼미한 대응으로 일관하다가 결국 충청권에서 노무현 후보(1,209,200표)가 이회창 후보(952,914표)를 256,286표 차를 내면서 승리의 결정적 판가름이 되었음을 알고 있다. 노무현 후보가 대통령으로 당선된 후 신행정수도건설 국정과제 회의석상에서 "지난 대선에서 좀 재미를 봤다"는 솔직한 표현이 이를 웅변해준다.

과연, 어떠한 배경에서 신행정수도건설이 대통령선거공약으로 채택되었으며 지난 4년 동안 현 정부는 물론 국민들의 족쇄가 되고 있는지에 원초적 계기가 무엇인가 하는 의문이 남아 있다. 왜냐하면 신행정수도건설이 오랜 국민적 논의가 있었던 것도 아니고 어느 날 갑자기 제기된 공약이었기 때문이다. 브라질의 수도이전 문제는 브라질이 독립된 18세기 후반부터 제기되어 1823년 호세 보니파시오(José Bonifácio) 법안의 상정으로부터 1960년 브라질리아에 신수도건설이 시작되기까지 150년 이상의 국민적 논의가 있었다. 일본 역시 수도이전 자체는 현재 사실상 무산되고 말았지만, 수도이전 논의는 1923년 관동 대지진 이후 여러 번 거론된 바 있으며, 1955년 나고야를 중심으로 하는 중부권에 인구 50만, 2,300만 평의 신수도구상을 발표한 바 있었다.

그러나 우리나라의 경우 어느 날 갑자기 하나의 정치적 득표전략으로 튀어나왔고 대다수 국민들은 선거철이니까 한 번 해본 공약 정도로 흐지부지될 줄 알고 있었던 것 같다. 그러나 노무현 대통령은 자기에게 표를 던진 충청권에 대한 부담을 재임기간에 꼭 실현하겠다는 소신으로 굳힌 것 같다. 이와 같은 일련의 과정을 살펴볼 때 노무현 대통령의 신행정수도건설 소신은 오랫동안 숙고된 것 같지는 않으며, 선거전의 막바지에 충청권의 득표전략을 내세운 충청권개발을 주도한 특정

집단의 집요한 설득작업이 작용하지 않았나 하는 생각이 든다. 우연의 일치인지는 모르지만 대전광역시 개발위원회(사단법인)가 떠오른다. 대통령 선거를 한 해나 남겨둔 2001년 8월 초순 경 본인은 한 통의 전화를 받았다. 대전광역시 개발위원회 회원인 정하성 교수(평택대학교 사회개발대학원)로부터 대전·충남 발전을 위한 신수도건설이라는 주제로 발표를 할 수 없느냐는 전화였다. 박정희 대통령 재임 당시 1976년 임시행정수도건설계획에 처음부터 깊이 관여하였고 지역개발 전문학자로서 대전·충남 발전에 직·간접적으로 관여한 바가 있으니 본인에게 부탁한다는 설명이 있었다. 그러나 본인은 지금 대전·충남권 발전을 위한 신수도건설을 논의하는 것은 시대착오적이며 바람직하지 않다는 소신에서 발표를 정중히 사양하였다. 그러면 박정희 대통령의 신행정수도 건설구상에 대한 회고담이라도 해줄 수 없느냐는 한남대학교 지역개발대학원에서의 사제지간인 정하성 교수의 뿌리칠 수 없는 부탁에 수락하지 않을 수 없었다. 2001년 8월 23일 대전 유성관광호텔에서 〈신수도 건설의 재평가와 대전 위상 정립〉이라는 본인의 주제발표가 있었다. 그 자리는 주최측인 대전광역시개발위원회 회장 강용식 전 한밭대 총장, 박병석 대전 출신 국회의원 등 대전·충남 유지들이 대거 참여하는 모임이었다. 발표의 요지는 다음과 같이 요약할 수 있다.

> "박정희 대통령의 신수도계획은 정확히 말하여 임시행정수도였다. 영구적으로 수도를 옮긴 것이 아니라 통일될 때까지 임시로 행정부만 이전하는 것이었다. 임시행정수도 건설을 안보적 측면과 수도권 인구집중 억제차원에서 출발하였으나 안보적 논리는 남북화해의 분위기가 조성되고 있는 현재로서는 설득력이 약해졌지만 수도권 과밀화 해소논리는 아직도 강한 호소력을 지니고 있다. 그러나 수도권 인구집중 억제와 지역균형발전을 위해 신수도 건설을 다시 거론한다는 것은 시의적으로 적절하지 않다고 생각한다. 그러나 미완성의 신수도건설계획이 남긴 청주국제공항, 계룡대, 국립현충원, 충

남대 이전과 대덕연구단지 조성 등 개발의 족적들을 재확인하여 21세기를 향한 대전과 대전권 발전의 실마리를 찾아야 할 것이다."

이러한 본인의 발표는 거두절미(去頭截尾)하고 대전권으로의 수도이전 당위로 둔갑되어 노무현 대통령 후보의 선거공약으로 채택되었고, 수도이전 반대에 앞장서고 있는 본인에게 인신공격 수단이 될 줄은 상상조차 하지 않았다. 박정희 대통령의 임시행정수도 건설에 대한 회고담이 신행정수도 건설을 합리화시켜주는 결과로 둔갑한 것이다. 이상의 세미나를 주최한 대전광역시개발위원회 강용식 회장이 노무현 대통령 당선 후 출범한 신행정수도건설 자문위원회 위원장을 맡게 된 것은 결코 우연의 일치로 보이진 않는다. 박정희 대통령 재임시 임시행정수도 구상에 일찍이 참여하였고 유성세미나에서 수도이전을 좋다고 해놓고 왜 지금에 와서 반대를 하느냐 식의 중상모략은 계속되었고, 인신공격도 수없이 받은 바 있었다.

하여튼 노무현 대통령의 당선으로 공약(公約)이 공약(空約)으로 끝날 줄 알았던 신행정수도 건설이 서서히 구체화되기 시작했다. 그래도 많은 국민과 전문가 집단에서는 이렇게 중차대한 역사적 사업이 그렇게 쉽게 되겠느냐는 안일한 생각에 머물러 있었고 언론매체에서도 중요한 이슈로 거론되지 않은 채 시간은 흘러갔다. 그러나 사정은 하루가 다르게 달라지고 있었다.

2. 정치권의 배신과 야합

2003년 2월 대통령이 취임하자 2003년 4월 14일 신행정수도건설추진기획단 지원단이 발족되었고 같은 해 10월 21일 신행정수도건설특별조치법(안)이 국회에 제출되었으며 12월 24일 국회에서 절대 다수의석을 차지하고 있던 한나라당은 당초 절대반대 입장을 바꿔 최병렬 대표의 진두지휘하에 신행정수도건설특별조치법을 통과시켜 주었다. 국회의원 정수 313명 중 한나라당 국회의원 194명이 투표에 참여하여 164명의 한나라당 국회의원의 찬성으로 법을 통과시켜주었다. 이것이 첫 번째 수도이전을 반대하는 국민의 여망을 저버리는 한나라당의 배신행위였다. 당시 한나라당은 충청권 출신 국회의원들이 법안통과를 반대하면 탈당하겠다는 협박과 총선에서 또 다시 다수당이 되고 수도이전에 필요한 예산을 통과시켜 주지 않으면 결국 수도이전은 무산될 것이라는 논리로 의원들을 설득하고 일부 의원의 반대발언을 묵살 내지 힘으로 저지하면서 법안을 통과시켰다. 거기에는 한나라당의 오만과 오판이 깔려 있었고, 충청권 득표 전략에 열린우리당과 오월동주(吳越同舟)하면서 수도이전을 반대하는 국민의 뜻에 배신행위를 한 것이다.

두 번째 배신행위는 계속되었다. 수도이전이라는 망국적 신행정수도건설법이 2004년 10월 21일 헌법재판소에서 재판관 8대 1이라는 절대다수로 위헌판결이 나자 수도이전 문제는 이제 물 건너갔다는 안도감이 사라지기도 전에 2004년 11월 18일 정부는 신행정수도후속대책위원회를 설치하고 국회는 여야합의로 2005년 1월 23일 신행정수도후속대책 및 지역균형발전위원회를 구성하고 신행정수도란 말 대신에 행정중심복합도시란 이름으로 수도를 둘로 쪼개는 수도분할 음모에 다시 손을 들어주었다. 한나라당 출신 일부 국회의원의 국회 법사위원회 점거농성, 박세일 의원의 국회의원 사퇴, 전재희 의원의 단식농성으로 이어지는 극단적 반대투쟁이 있었으나 국무총리를 비롯한 12개 4처 2청을 연기·공주로 이전하는 수도이전보다 더 나쁜 수도분할법을 통과시켰다. 다시 수도이전의 위장된 행정중심복합도시를 반대하는 수도분할반대범국민운동본부를 발족시켰고 2005년 5월 15일 위헌확인 헌법소원을 제출하기에 이르렀다.

그러나 수도이전 위헌판결에 동조한 헌법재판관을 세금포탈이라는 명분으로 사퇴시키고 임기가 만료된 헌법재판관 후임을 노무현 대통령의 고시 동기생으로 교체시키면서 2005년 11월 24일 행정중심복합도시건설특별법의 위헌소원을 각하시키고 말았다. 신행정수도건설특별법의 위헌 판결로부터 행정중심복합도시건설법의 각하결정에 이르기까지 약 400일 동안 한나라당은 수수방관하고 있었고 헌법재판관 교체에도 찬성표를 던지면서 수도분할에 소극적 동조자로 일관하고 있었다. 세 번째 배신행위가 계속되고 있다. 대선을 앞둔 한나라당 후보자들은 충청권 득표를 위한 경쟁적 수도분할을 옹호하고 있다. 박근혜 의원은 행정중심복합도시는 정권이 바뀌더라도 계속 추진할 것을 강조하고 있다.

3. 문제는 꼬이기 시작했다

충청권으로의 신행정수도건설이 구체화되면서 또 다른 문제가 발생하였다. 수도이전이라는 횡재를 얻은 충청권을 제외한 다른 비수도권 지역의 반발이었다. 충청권 수도이전에 대한 타지역의 반발까지 고려한 종합적 대책과 국토균형발전정책의 청사진이 처음부터 있었던 것 같지도 않았다. 충청권은 이미 수도권정비계획법에 의한 수도권 규제로 넘쳐흐르는 개발압력을 받아들여 발전하고 있는 데 더하여 신행정수도까지 충청권으로 간다면 충청권개발은 더욱 가속도를 받겠지만 여타 비수도권은 오히려 블랙홀효과에 의해 지역불균형은 심화될 것이라는 이의가 제기된 것이다. 충청권 득표하려다 타지역의 반발에 직면하게 되자 공공기관 지방이전이라는 카드를 내놓게 되었다. 신행정수도건설로 충청권은 자기 몫을 찾았으니 충청권을 제외한 여타 비수도권에 수도권 소재 정부산하 공공기관 200여 개를 지역별로 나누어주겠다는 정책이 그것이다. 이를 논리적으로 위장하기 위해 이른바 3분법을 제정하기에 이르렀다. 한 번 잘못 채워진 단추 때문에 계속하여 정책적 왜곡현상이 나타나게 된 것이다. 즉 신행정수도특별조치법과 국가균형발전 특별법 및 지방분권법의 제정이 그것이다. 신행정수도건설특별법과 공공기관 지방이전을 국가 균형발전 특별법, 지방분권법을 교묘히 연결시켜 '대한민국 행복 특별법'이란 이름으로 홍보하기에 이르렀고, 충청권 신행정수도 건설로 불만에 가득찬 여타 비수도권 지역에 사탕발림 전략을 하기 시작했다. 이를 위한 하나의 이벤트로 2004년 1월 29일 대전에서 수도권 3개 시도지사들이 불참한 가운데 "지방화와 균형발전시대" 선포식을 치르기에 이르렀다. 이날 선포식에서 노무현 대통령은 "구세력의 뿌리를 떠나서 신세력이 국가를 지배하기 위한 터를 잡기 위해서는 천도가 필요하다. 말하자면 한 시대, 지배세력의 변화를 의미하는 것인데, 이 큰 변화를 국민이 선택한 것이다. 때가 무르익었다고 생각하며, 지방화의 시대는 대의고 필연이다"라는 발표를 하기에 이르렀다.

신행정수도건설과 공공기관 지방이전은 단순히 충청권 득표전략의 의미를 넘어서 지배세력의 교체 내지 우리나라 역사를 한번 바꿔보겠다는 거대한 책략이었음을 극명하게 드러낸 것이다. 대한민국의 정통성과 역사적 전통성을 뒤집고 수도권을 해체시켜 역사 속에 남는 대통령이 되겠다는 영웅심리가 깔려 있었다. 수도권 집중이라는 시장경제 흐름을 뒤집고 국가주도의 평등주의개혁을 하겠다는 사회주의적 실험과 포퓰리즘과 아마추어리즘의 극치로 국민의 합의를 원칙으로 하는 자유민주주의 종언을 선언한 셈이다. 몰락한 사회주의국가들이 지역균형발전이란 논리로 수많은 국민들을 강제 이주시키고, 평등이란 구호로 국민을 호도하여 나라를 망친 좌파적 사고와 대중인기연합과 지방의 상대적 박탈감을 이용하여 대한민국의 역사를 다시 쓰겠다는 소영웅주의가 작용한 것이라 보인다. 다시 말하여 노무현정부의 국토정책은 당리당략적 정치논리에서 출발하였지만 이를 미화시키기 위한 좌파적 논리와 인기영합적 기만술에 의해 국토는 조각나고 지역주의는 팽배해지고 있으며 전국은 투기장으로 변모되고 국가경제는 파탄 나면서 미로를 헤매게 하고 있다. 수도이전은 그 자체로서 문제가 끝나지 않았다. 충청권으로의 수도이전에 대한 타 비수도권지역의 불만을 해소하기 위해 공공기관 지방이전이란 정책적 악수(惡手)를 둔 것이다. 당초부터 충청권으로 수도이전과 공공기관 지방이전이 하나의 정책적 패키지로 되어 있었던 것은 아니었다. 수도권 규제로 넘쳐나는 개발수요에 힘입어 발전하고 있는 충청권에, 수도이전이라는 큰 선물에 대한 타 지역의 상대적 박탈감은 처음부터 고려했어야 했다. 오히려 충청권 수도이전으로 충청권을 개발의 블랙홀로 만들어 다른 지역발전의 잠재력을 빨아들여 영호남권의 발전을 저해할 것이라는 논리가 설득력을 지니고 있었다. 예를 들어 강원도는 수도를 충청권으로 옮김으로써 더 발전할 것이라는 아무런 기약도 없었다. 충청권 수도이전에 대한 충청권을 제외한 비수도권 지역의 반발과 소외감은 충분히 이해될 수 있는 일이었다.

이에 당황한 노무현 정권이 내놓은 정책이 바로 공공기관 지방이전 정책이다. 175개 수도권 소재 공공기관을 지방으로 분산시키는 정책이 그것이다. 〈표 1-1〉에서 보여주는 바와 같이 행정중심복합도시건설로 제몫을 차지한 충청남도를 제외한 타 지역에 175개 공공기관을 골고루 나누어주는 길을 택한 것이다. 공공기관 지방이전은 선택과 집중, 혁신이란 앞뒤가 맞지 않는 괴상한 논리로 포장하여 지방별로 나누어준 것이다. 큰 기관을 가지려는 지방에는 작은 것을 끼워주고 큰 기관이 빠진 곳은 작은 기관의 수를 늘려주는 주먹구구식 안배의 논리만이 지배하고 있었다. 특히 혁신이란 논리로 공공기관 지방이전을 포장하고 있음은 아이러니컬하다. 혁신은 물리적으로 나누어 줄 수 있는 것은 아니다. 공공기관 몇 개를 나눠준다고 혁신이 생겨나는 것은 아니다. 특히 황무지와 같은 곳에 공공기관 몇 개를 입지시킨다고 혁신이 생기는 것은 아니다. 혁신은 집적과 학습의 과정을 통한 장소적 환경, 즉 혁신이 배양될 수 있는 공간적 분위기가 있어야 한다. 혁신은 사람이 하는 것이다. 창조적이고 혁신적인 인적자원이 함께 모여 하나의 학습공간(*learning region*)이 만들어져야 한다. 대학도 없고 대화의 장소도 없는 곳에 혁신도시란 이름으로 공공기관 이전과 주택단지만 건설한다고 혁신이 이루어지는 것은 아니다. 오히려 살벌한 신도시 속에 뿌리를 내리지 못하는 이방인의 도시로 전락하고 말 것이다.

〈표 1-1〉 참여정부 국토 개발 정책과 토지 개발 현황

지 역	면적(만 평)
행정중심복합도시(충남, 연기, 공주)	2,205
혁신도시(10개)	1,564.9
· 부산(영도, 해운대, 남구) · 대구(동구) · 광주·전남(나주) · 울산(중구) · 강원(원주) · 충북(진천·음성) · 전북(전주·완주) · 경북(김천) · 경남(진주) · 제주(서귀포)	258.6 132.8 230.0 84 105 209 280 105 126 34.5
기업도시(6개)	3,934
· 강원(원주) · 전남(무안) · 전북(무주) · 전남(해남·영암) · 충남(태안) · 충북(충주)	814 1,220 245 1,000 442 213
경제자유구역(3개)	6,342
· 인천 송도 · 부산 진해 · 광양	438 3,171 2,733
총 계	14,045.9

이와 같은 정책적 실패는 우리나라에서 현실로 증명되고 있다. 노무현정부가 지역균형발전사업의 핵심과제로 추진해온 테크노파크사업이 그것이다. 테크노파크사업은 산업자원부가 중심이 되어 1997년부터 시작된 사업으로 김대중 정부하에서 〈표 1-2〉에서 보여주는 바와 같이 8개 시도에 조성되었으며 노무현정부에 들어와 전남·북, 충북, 경남 등 6개 시도가 추가되어 현재 14개 테크노파크가 조성되고 있다.

전국적으로는 68.25만 평이 지정, 개발되고 있으며 중앙정부예산과 지방자치단체 부담금을 합쳐 10조 원 정도의 사업비가 투자되었다. 그러나 테크노파크 사업은 산자부가 별도 추진중인 산학연 집적단지(클러스터)사업과의 중복과 지역혁신사업이란 명분만 앞세워 무리하게 추

〈표 1-2〉 전국 14개 테크노파크

시·도	위치	설립일	부지면적(만 평)
인천	송도	1998.6	13.7
경기	안산	1998.9	6.0
대구	동대구	1998.12	1.15
경북	영남대	1998.8	4.6
광주	광주	1998.12	3.0
충남	천안·아산	1998.12	7.6
포항	포항	2000.2	5.7
부산	부산	1999.12	5.6
전북	전주	2003.12	2.0
전남	순천	2003.12	2.0
충북	청원	2003.12	7.7
강원	춘천·원주·강릉	2003.12	4.1
경남	창원	2004.12	2.1
울산	울산	2004.12	3.1
계			68.35

진된 사업이었다. 사업간의 연계성 부족과 중복투자 문제는 물론 지역 경제 발전에 대한 큰 그림도 없이 테크노사업에 돈을 퍼주는 바람에 예산만 낭비하고 있는 실정이다. 혁신도시 건설은 무엇이며 산학연 집적단지사업은 무엇이며 테크노파크사업은 무엇인지 정책적 조율이 이루어지지 않은 채 부처간 이기주의와 예산 부풀리기 작전으로 모든 사업이 공전되고 있다.

또한 혁신도시건설의 관건을 쥐고 있는 공공기관 이전에 대한 저항이 나타나고 있다. 전남 나주로 이전하게 되어 있는 한국전력이 서울 강남구 삼성동에 있는 현재 본사 부지 매각을 거부하기로 방침을 정했다. 정부의 지분이 20%밖에 되지 않고, 증시에 상장되어 있는 주식회사를 정부가 일방적으로 이전결정을 하는 것은 있어서도 아니 되고 할 수도 없는 일이다. 제주 서귀포와 경남 진주에서도 혁신도시건설을 위한 면적 확장에 대하여 반대운동이 심화되고 있다. 175개 지방이전대상 공공기관들마다 사정은 다르겠지만 한국통신, 주택공사, 토지공사 등 다른 공공기관들도 수도권 소재 본사를 매각하지 않을 방침이어서 공공기관 지방이전사업과 혁신도시 건설사업은 처음부터 좌초될 위기에 있다.

4. 잘못된 정책의 보복이 시작됐다

〈표 1-1〉에서 보여주는 바와 같이 충청권 2,205만 평의 행정중심복합도시, 11개 시도에 걸쳐 건설되는 1564.9만 평의 10개 혁신도시건설로 국토는 누더기가 되고 있다. 이에 더하여 3,934만 평의 6개 기업도시와 6,342만 평의 3개 경제자유구역은 지정 및 개발이 진행 중에 있다. 이외에도 산업자원부의 80개 지역특화발전특구와 산학연 집적단지, 행정자치부의 70개 신활력사업지구, 건설교통부의 개발촉진지

구, 농림부의 정주권 개발사업 등 국가 균형발전이라는 명분 아래 예산 부풀리기를 위한 부처이기주의와 지방자치단체들의 중앙정부 예산 따기 작전과 어울려 나라살림이 어떻게 돌아가는지 모를 정도로 국토는 누더기가 되고 있다. 국가 균형발전과 혁신이란 이름하에 국정관리의 도덕적 해이현상까지 벌어지고 있으며 국토정책은 방향감각을 상실한 것 같다. 모두 1억4천만 평 이상의 국토가 파헤쳐지고 있는 것이다. 우리나라 국토 면적의 3.7%에 해당되고 여의도 면적의 140배에 이르고 있으며 우리나라 농경지 면적의 16.7%에 해당되는 면적이 농림업 외 개발용지로 전환되고 있다. 이 면적은 우리나라 역사 이래 개발된 시가지 면적과 거의 맞먹는 면적이다. 몇십 년 동안 개발된 시가지 면적의 두 배에 해당되는 개발을 5년 임기의 노무현 정권이 국토를 파헤치고 있다. 역사상 최대규모의 국토훼손과 환경파괴가 이루어지고 있으며 토지매입을 위한 엄청난 돈이 풀려나고 있다. 행정중심복합도시와 혁신도시건설로 40조 원의 보상비가 풀려났으며 기업도시, 경제자유구역 및 테크노파크 건설을 위해 풀려난 액수는 추산도 불가능한 실정이다. 참여정부 출범할 때 133조6천억 원의 국가부채가 2006년 282조5천억 원으로 늘어났으며 노무현 정권이 끝나는 2007년 말에는 300조 원의 국가부채가 늘어날 것으로 예상되고 있다. 이러한 국가부채에 대한 이자만도 연간 12조 원에 이르고 있으며 이렇게 풀려난 돈이 전국의 집 값과 땅값을 부채질하고 있다.

인천, 부산, 진해, 광양 등 경제자유구역은 제자리걸음하고 있다. 경제자유구역 중 비교적 앞서가고 있다는 인천송도 국제자유도시 역시 개발주체간의 밥그릇 싸움과 규제 때문에 지지부진할 뿐만 아니라 부산·진해·광양 경제자유구역은 아직 이륙도 하지 못하고 있다. 3개 경제자유구역 공무원조차 한 조사에 의하면 경제자유구역사업을 회의하는 실정이다. 중국의 경제특구는 우리나라보다 10년 내지 20년이나 앞서 개발된 바 있으며 우리나라 부산과 광양으로 들어오는 배가 상하이 신항으로 뱃길을 돌리고 있다. 동북아 물류경제중심국가라는 목표가 물 건너가고 있다는 생각이 든다. 지방분권은 간 곳이 없고 신중앙집권주의가 돌아오고 있다. 지방양여세제도의 폐지와 각종 부담금의 중앙정부 기금화와 지방세목인 종합부동산세의 신설, 특별행정관서와 중앙정부투자기관의 지방정부 위의 군림 등 지역균형발전이란 이름으로 지방분권은 후퇴하고 있다. 수도권 잡으려다 지방까지 죽이고 있으며, 전국을 하향평준화시키고 있다. 수도권과 지방의 양극화현상을 오히려 심화시키고 있다. 수도권 주택가격의 폭등과 지방의 미분양사태와 가격폭락이 일어나고 있다. 가계파탄과 양극화도 심화되고 있다. 상위 소득계층 20%와 하위 소득계층 20%간의 격차가 8배로 확대되고 있으며 토지개발 붐을 타고 땅 장사의 논리로 토지공사만 하더라도 작년 5.7조 원이라는 폭리로 재미보고 있다.

혁신도시 건설로 소지역이기주의가 팽배해지고 있으며 주민들의 저항이 계속되고 있다. 100만 평 정도로 충분한 행정중심복합도시가 왜 2,205만 평의 천문학적 토지가 필요하며 연약지반이 중심부에 있는지도 모르고 입지를 선정하고 180만 평의 연약지반을 중앙공원으로 조성하면서 철지난 환상도시계획으로 호도하고 있다. 사전조사 미비로 기형적 도시구조가 되고 있으며 백제문화권의 유산들이 파괴되고 있다.

5. 또다시 선거철이 돌아왔다

노무현정부의 수도이전 음모의 위헌결정과 수도를 둘로 쪼개는 행정중심복합도시건설 특별법이라는 수도이전보다 더 나쁜 수도분할법이 헌법재판소의 위헌소원 각하결정으로 일단 청신호를 보내자 2006년부터 행정중심복합도시 건설은 본격적으로 가동되었다. 행정중심복합도시 건설청의 신설과 토지매입 작업이 진행되었다. 3년여에 걸친 수도이전에 대한 국론분열의 피로감, 임기 2년밖에 남지 않은 노무현 정권이 수도분할을 지속적으로 할 수 있겠느냐에 대한 국민들의 자위적 무관심이 겹쳐지면서 행정중심복합도시 건설은 언론이나 국민들의 관심 속에서 침잠하고 있었다.

그러나 2007년 대선을 앞두고 대통령을 꿈꾸는 예비후보들의 충청도 표심을 의식한 병이 다시 도지기 시작했다. 수도이전을 반대하는 후보를 면전에서 조롱하고 수도분할 찬성론은 무슨 개선장군처럼 떠들고 다니는 예비후보가 활개를 치고 있다. 정권이 바뀐다고 해도 행정도시건설은 흔들림 없이 추진돼야 한다는 공약을 내세우기도 하고 있다. 수도이전을 가장 반대했던 후보 중의 한사람은 행정도시를 뒤집는 일은 없을 것이다 라고 말 바꾸기를 하는가 하면 한나라당은 수도권에서는 수도이전이라고 비난하면서도 충청권에선 당론으로 찬성했다 라고 이중적 행태를 보여주기까지 하고 있다. 대통령이 무엇이기에 대한민국의 정체성과 역사적 정통성을 부인하는 수도를 해체하고 세계적으로 유례를 찾아볼 수 없는 수도를 둘로 쪼개고, 종국적으로 국가관리시스템을 파괴하는 해괴한 일들이 벌어지고 있다. 수도분할이 노무현 정권에 이어 대통령이 되기 위한 득표수단으로 동원되고 있다. 왜 지금 수도를 이전하고 분할해야 하는지 국민적 합의도 이루어진 바 없다. 국토공간의 개조는 한 정권이 바꿀 수 있는 전유물도 아니다. 길이 아니면 가지 말아야 한다. 수도분할로 표를 구걸하는 오늘날의 정치풍토는 지양되어야 한다. 국민이 무섭지 않고 역사가 두렵지 않은지 대통령병 환자들에게 묻고 싶다. 수도분할을 볼모로 삼아 충청권 표를 구걸하는 대통령 예비후보들이 활개를 치고 있으며 새로운 지역주의가 대선의 판도를 결정하는 경지에 이르고 있다.

충청권 대세론에 근거하여 여야를 막론하고 충청권 후보영입에 혈안이 되어 있다. 영남권 대 호남+충청권 대립구도로 간다면 대권을 잡을 수 있다는 노무현 대통령의 충청권 재미론이 설득력을 지니고 있다. 여당은 정운찬 전 서울대 총장의 영입론이 무산되면서 심리적 공황상태에 빠져 있으며 대타주자를 찾기 위해 혈안이 되어 있다. 손학규 전 경기지사는 경기지사 시절부터 국민중심당의 심대평 지사와 합종연횡을 하면서 수도분할 반대론자에서 찬성론자로 하루아침에 변신을 하였다. 박근혜 전 대표는 행정중심복합도시건설법을 본인이 당대표로 있으면서 많은 반대를 무릅쓰고 법을 통과시켰다고 자랑하고 있으며 집권한 이후에도 계속 추진할 것임을 강조하고 있다. 이명박 전 서울시장 역시 시장 재직시 반대입장에서, 현 행정도시만으로는 부족하며 충청권 전체에 실질적 도움을 주기 위해 행정중심복합도시 외에 추가적 계획이 필요하다는 연막전술을 쓰고 있다. 이와 같은 대선 예비후보자들의 충청권 추파작전 속에서 망국적 수도분할은 7월 기공식을 앞두고 있다.

8,000여 명의 연기·공주 주민들이 몇 푼의 보상비를 받고 고향을 등지고 뿔뿔이 헤어질 운명에 있으며, 정부는 잃어버린 망향의 슬픔과 보상비를 둘러싼 가정파탄으로 자살사태가 일어나고 있는 현실을 외면하고 있다. 기공식 준비로 백제 고도의 문화재가 파헤쳐지고 있으며 저항하는 주민들에게 고엽제로 고생하고 있는 월남전 제대장병들을 동원하여 철거반대 주민들에게 공포분위기를 조성하고 있다. 100만 평 정도면 충분한 행정중심복합도시건설에 2,205만 평이라는 상상을 초월한 토지수용 과정에서 땅 장사에 광분하고 있는 토지공사가 앞장을 서고 있다.

행정중심복합도시는 그러하더라도 전국적으로 건설되고 있는 혁신도시에 대해서 대선주자들은 아무도 말이 없다. 무지인지, 거론해봐야 덕될 것이 없다는 생각에서인지, 175개 공공기관 지방이전에 대하여 대선주자들은 말이 없다. 일을 벌여 놓으면 차기정권에서도 나라가 어떻게 되든지간에 할 수 없이 끌려갈 것이라는 현 정부의 술수에 말려들고 있다. 지방으로서는 나누어준다는 데 손해볼 것이 없다. 처음부터 나누어주지 않았다면 큰 문제는 없었을지 모르지만 한 번 나누어 준 것을 다시 뺏는다는 것은 더욱 힘든 일이다. 그렇다고 혁신도시 건설이 지방마다 문제가 없는 것은 아니다. 지방에 나누어준 혁신도시란 선물을 어느 지역이 차지하느냐에 대한 소지역이기주의 갈등이 심화되고 있다. 강원도의 경우 왜 하필이면 원주가 되어야 하느냐를 놓고 춘천, 강릉 등의 불만이 고조되고 있으며, 경북의 경우 김천 입지를 둘러싸고 안동, 포항, 영천, 경주 등 지방도시의 불만이 증폭되고 있다. 경남 진주의 경우 혁신도시 확장에 대한 주민들의 반대에 부딪치고 있다. 제주 서귀포시의 경우 서귀포시 안에서 구체적 입지를 둘러싸고 문제가 제기되고 있다. 정도의 차이는 있을지언정 혁신도시 건설입지를 둘러싸고 지방마다 소지역이기주의적 갈등이 증폭되고 있다.

지역균형발전을 위한 공공기관 지방이전정책은 세계 몇 개 국가가 시도한 바 있으나 성공하지 못했다는 교훈을 갖고 있다. 일본은 1989년 다케시타(竹下) 내각에서 동경권에 있는 200여 개의 공공기관을 지방으로 이전하는 계획으로 중앙정부기관 30개, 연구시험기관 90개, 특수법인 70개, 국립대 10개 등을 지방으로 이전코자 하였으나 다케시타 내각의 종료와 함께 유명무실하게 되었다. 오히려 이전 후보지에 대한 지가 폭등과 리조트 개발로 전국을 부동산투기장으로 만들었으며 잃어버린 10년이라는 일본경제의 버블붕괴현상을 자초한 것이다. 우리나라에서 공공기관 지방이전정책을 성공적으로 벤치마킹했다고 하는 영국이나 프랑스의 경우도 많은 문제점을 안고 있다는 점을 반면교사(反面教師)로 삼아야 할 것이다. 특히 프랑스, 영국에서는 EU통합과 글로벌리제이션이라는 거대한 흐름에서 국가경쟁력을 강화하기 위해 파리, 런던 등 대도시권의 분산정책을 거의 포기하고 오히려 대도시권 재생을 통해 국가경쟁력을 제고시키는 발상의 대전환을 하고 있다는 점에 주목해야 할 것이다. 2007년 프랑스 대선에서 지역균형발전과 배분적 정의에 집착한 좌파적 프랑스병을 치유하겠다는 우파의 사르코지 대통령의 당선이 발상의 대전환을 대변하고 있다.

노무현 대통령은 5월 18일 광주·전남지역 경제인오찬간담회에서 "대통령 선거판에서 국회에 '제 2단계 국토균형발전계획'을 내놓고 밀어 붙여보자"고 말했다. 공공기관 지방이전에 더하여 지방이전 기업에 대한 조세감면, 기업에 도시개발권 부여, 출자총액규제 예외 인정 등을 포함한 제 2단계 국토균형발전계획을 획책하고 있다. 국가경쟁력과 시장경제를 무시한 또 다른 득표전략으로 몰아가고 있는 것이다. 국토개발정책이 득표수단(*aménagement electoral du territoire*)으로 전락할 때 지역균형발전도 국토의 관리도 누더기가 된다는 사실은 국토개발정책의 세계적 교훈이다. 국토균형발전정책은 선거를 위한 장난감이 아니다. 정권은 짧지만 국토는 영원하기 때문이다.

6. 대안의 모색: 선택과 집중

국가발전 과정에서 모든 지역은 동시에 발전하지도 않고 발전할 수도 없다는 것은 지역개발이론의 기본적 철칙이다. 세계 어느 나라를 불문하고 지역간의 불균형이 없는 나라는 없다. 지역간의 불균형발전은 역사적 현실이며 시대에 따라 변화한다. 세계 거의 모든 국가가 지역불균형을 극복하고자 하였으나 정도의 차이는 있을지언정 크게 성공한 나라는 없다. 한 나라의 발전과정에서 그 나라의 국가발전을 이끌고 간 지역이 존재하였고, 지역불균형도 존재하였다. 지역불균형을 정치적 구호로써, 득표 수단으로써 과대포장하여 이념적으로 끌고 간 나라의 지역정책은 반드시 실패하였다. 그렇다고 하여 지역불균형을 지나치게 방치해도 좋다는 것은 결코 아니다. 바로 감수해야 할 인내의 수준(*level of tolerance*)이다. 그러면 우리나라의 지역불균형은 국가발전을 저해하고 국가존립 자체를 위협하는 수준인가?

우리나라 지역간 불균형은 다른 나라에 비하여 높지 않다. 가장 잘사는 지역과 못사는 지역간의 차이가 50%를 넘어서지 않는다. 지역불균형의 지표로서 지니계수를 보더라도 2004년 현재 0.125로서 선진 국가에 비교해서도 높지 않다. 특히 1인당 지역간 임금수준을 보더라도 전국평균의 상하 20%를 넘어서지 않는다. 지역소득이 낮은 지역에서 높은 지역으로의 인구이동은 당연한 현상이며 이것이 수도권 인구집중의 경제적 요인이다. 그렇다고 하여 지역간 불균형이 심화되는 것은 아니다. 오히려 인구이동을 통해 지역간 소득격차는 줄어드는 결과를 초래하고 있다. 우리나라의 지역불균형은 정치적 목적으로 과대 포장되고 있으며 지역갈등 역시 지난 40년간 한국의 역사 속에서 정치적 동기로 왜곡된 바 있다. 영남과 호남을 분열시키고 수도권과 비수도권을 대립시키며, 서울에서도 강남과 강북을 이간시켜 종국적으로 어떠한 나라를 만들려고 하는지 암담할 뿐이다. 발상의 대전환이 필요하고 노무현 정권이 지난 5년 동안 저질러 놓은 국토정책의 난맥상을 바로잡는 대안적 정책이 마련되어야 할 것이다. 우리나라는 가로 200km, 세로 400km밖에 되지 않는 좁은 나라이다. 미국의 한 주나 중국의 한 성보다 작은 나라로서 반나절 생활권으로 변모하고 있다. 우리나라 전체가 하나의 거대한 도시국가로 변모하고 있다. 불균형의 논리로 갈등을 증폭시킬 것이 아니라 국가경쟁력을 높이고 지역화합을 위한 발상의 대전환이 필요하며 국토개발의 철학을 재정립해야 할 것이다.

1) 수충권(首忠圈)의 대극 지역을 만들자

우리나라는 수충권과 영호남권을 포함한 남해안권으로 발전되고 있다. 서울을 중심으로 한 수도권은 이미 경기도를 넘어서고 있다. 수도권은 확대되고 있다. 충청남북도를 포함한 우리나라 충청권은 수도권으로 흡수되고 있다. 수도권의 공장과 대학들은 이미 충청권으로 분산되고 있으며 경부고속철도의 개통으로 대전이 한 시간 출퇴근 거리로 들어왔다. 서울의 전철이 천안까지 운행되고 있으며 주택건설업체는 서울특별시 천안구라는 표현으로 주택시장의 판도를 넓히고 있다. 앞으로 이러한 현상은 더욱 가속화될 것이며 수도권과 충청권도 하나의 대도시권으로 수렴될 것이다. 심지어 춘천, 원주를 포함한 강원도의 영서지방도 수도권으로 편입되고 있다. 이렇게 수도권 확산이 계속된다면 결국 영남과 호남권이 남는다. 부산으로부터 마산, 진주, 광양, 여수, 순천을 거쳐 목포에 이르는 남해안 지역과 포항, 대구, 광주에 이르는 영호남의 내륙지역은 수충권과 대항할 수 있는 유일한 잠재력을 지닌 지역이다. 다시 말하여 우리나라 수도권과 충청권을 하나로 묶는 수충권과 영남과 호남을 하나로 묶는 남해안권으로 양분될 수밖에 없다. 수충권 인구와 남해안권 인구는 비슷해지며 수도권에 대항할 수 있는 대극(對極)지역으로 남해안권 개발의 의의가 있다. 수도권의 대극지역으로서 뿐만 아니라 망국적 영호남의 지역갈등을 해소하는 전략적 의의가 있다. 우리나라 국토개발은 수충권과 영호남권을 아우르는 남해안권으로 양극화시켜 수도권의 과밀화와 영호남권의 개발을 유도하는 개발전략을 마련해야 할 것이다.

2) 개발보다 분권이 먼저다

지방분권은 우리나라뿐만 아니라 세계적으로 돌이킬 수 없는 거대한 흐름이다. 분권이 없는 선택과 집중은 있을 수 없다. 중앙집권적이고 국가 주도적 평등주의 아래에서는 결코 자율적 선택과 집중은 있을 수 없다. 노무현 정권은 균형발전이라는 이름 아래 지방의 자율성을 무시해버리고 있다. 지방이 선택할 수 있는 것은 아무것도 없다. 행정중심복합도시가 그러하고 혁신도시, 기업도시 건설이 그러하다. 지방의 자율적 선택에 의한 결정보다 중앙정부의 나누어주기식 정책에 의해 지방이 끌려 다니는 셈이다. 오히려 지방의 소지역이기주의의 발호를 가져왔고 지방은 수동적 입장에 서 있는 셈이다. 균형의 논리는 결국 중앙집권의 논리이다. 잘 사는 지역의 것을 빼앗아 못사는 지역에 주는 것은 지방분권의 논리와 상치한다. 국가주도적 평등주의는 국토정책에도, 교육정책에도, 조세정책에도 만연하고 있다. 모든 것이 하향평준화 정책으로 일관하고 있다.

지방에 자율권을 확대해야 한다. 본격적 지방분권을 실시해야 한다. 국가의 발전은 기회의 다양성과 자유로운 선택이 보장되어야 한다. 한 지역이 어떻게 발전할 수 있는지는 그 지역이 더 잘 알고 스스로 책임을 질 때 지역은 발전할 수 있는 것이다. 국가 균형발전이라는 이름으로 지방을 수동적으로 끌고 갈 것이 아니라 선택과 경쟁의 논리가 지배해야 한다. 지역에 나누어주는 돈에 꼬리를 붙여서는 아니 된다. 중앙정부의 역할은 수레를 끌고 가는 것이 아니라 지방의 발전을 뒤에서 밀어주는 형식이어야 한다. 지역간의 경쟁을 유도하고 선택의 폭을 넓혀 주어야 하며 결과에 대해서도 스스로 책임지는 시스템을 만들어야 한다. 획일적 처방이 아니라 지역의 특성에 맞는 계획과 개발의 자치권 및 계획고권을 확대시켜야 할 것이다. 정부주도적 균형발전은 자본주의 시장경제에서 불가능하며 가능하다 하더라도 한 정권의 임기와는 절대로 맞출 수 없는 장기적 과제이다. 노무현 정권은 임기내 지역균형발전을 이룩할 수 있다는 오만과 과신을 버려야 한다. 300조 원이라는 국가부채로 풀려난 목돈을 푼돈으로 만들어서는 아니 될 것이다. 꼬리표가 달리지 않은 돈만 주고 지역이 스스로 책임지는 재정적 지방분권의 시대를 열어야 할 것이다.

3) 신도시 만능주의를 극복하자

멀쩡한 수도를 두고 2,205만 평의 행정중심복합도시를 왜 건설해야 하는지? 수도권 과밀화를 방지한다면서 중앙정부주도하의 10개 이상의 수도권 신도시를 왜 건설해야 하는지? 공공기관 지방이전을 위한 혁신이라는 이름의 지방신도시를 왜 건설해야 하는지? 수도권에도 수많은 기존 도시가 있으며 침체되고 있는 지방도시들이 수없이 많다. 이러한 도시들은 그냥 둔 채 1억 평에 달하는 신도시 건설로 40조 원의 토지보상비가 풀려 전국을 부동산투기장으로 만들고 있다. 신도시 만능주의를 극복해야 한다. 수도권 기존 도시의 재생과 지방중소도시의 재활에 초점을 맞추어야 할 것이다. 지방신도시의 개발로 기존 도시까지 죽이고 있다. 살기 좋은 도시는 반드시 신도시가 아니다. 기존 도시를 재개발하고 고쳐 쓰는 지혜가 필요하다. 신도시가 필요한 만큼 지방의 개발수요가 있는 것도 아니고 앞으로도 있지 않을 것이다. 우리나라 지방도시의 인구는 앞으로 증가할 가능성은 없다. 오히려 외연적 확대보다 내부적 정비의 시대로 나아가야 할 것이다.

4) 행정중심복합도시의 성격을 바꾸자

충남 연기·공주에 들어서는 행정중심복합도시는 처음부터 없었던 것으로 하기에는 이미 때가 늦은 것 같다. 이미 대상토지의 95%가 협의매각 및 강제수용으로 주민들의 손으로부터 떠났다. 지역 주민들의 저항과 법적 투쟁에도 불구하고 온갖 회유와 협박으로 토지는 토지공사의 손으로 넘어갔다. 주민들에게 되돌려 줄 수도 없고 되돌려 받을 준비도 안 되어 있는 것 같다. 당해 지역은 주변여건이나 입지여건으로 보아 타용도 전환이 쉬운 지역이다.

이미 30분 거리 내에 대덕연구단지, 오송, 오창 연구단지가 있으며 충남대, 충북대, 공주대, 교원대 등 국립대학과 5개 사립대학이 입지하고 있어 수도권을 제외하고는 가장 큰 교육연구단지로 발전하고 있다. 청주국제공항과 경부고속철도 오송역 입지로 수도권에서 넘쳐흐르는 공장입지를 충족할 대단히 유리한 조건을 갖추고 있다. 행정수도 기능을 빼나간다 하더라도 다른 기능으로 쓸 수 있는 큰 잠재력을 지니고 있다. 첨단산업 및 교육·연구 과학도시로 발전시킬 수 있는 입지여건을 갖추고 있다. 우리나라에는 진정한 의미에서 국제적 대학이 없다. 서울대학교의 제 2캠퍼스 입지와 서울대학교의 국제대학화를 위한 입지후보지를 생각할 수 있을 것 같다. 서울대학교 제 2캠퍼스는 도시발전의 촉매제역할을 할 수 있을 것이며 수충권 첨단산업단지와 연구과학단지로서 하나의 콤플렉스를 이룰 때 행정중심도시보다 충청권 발전에 더 큰 기여를 할 것으로 보인다. 처음부터 잘못된 수도분할을 위한 신도시 개발 대신에 타용도 전환으로 수도권 과밀화와 충청권 발전을 동시에 기할 수 있는 대안이라고 생각한다.

5) 분권적 균형개발 정책

균형의 논리는 근본적으로 중앙집권의 논리이다. 참여정부는 균형발전이라는 이름 아래 지방분권은 간 곳이 없고, 지방은 중앙정부의 시혜적, 하향적 정책에 매달리고 있다. 지방분권 내지 지방자치시대에 중앙집권적 균형발전정책이 역주행을 하고 있다. 지방양여세를 중앙정부 기금화 하였으며 지방세인 재산세의 변형된 형태로서 종합부동산세를 국세로 신설하였다. 중앙정부부처는 균형발전이란 구호 아래 부처간 예산 부풀리기와 이기주의가 팽배하고 있으며 사업간의 중복과 결합으로 국가재정이 낭비되고 있다. 지방분권을 표방하고 있지만 실제로는 역대 어느 정권보다 중앙집권적 배분정책을 펴고 있다. 분권화 시대에 부응하는 새로운 균형발전정책을 펴야 할 것이다.

분권적 균형발전정책은 중앙정부의 모든 부처가 푼돈으로 나누어주는 모든 재원을 목돈 만들어 지방에 넘겨주고, 지방이 자주적 역량에 따라 스스로 책임지며 개발시키는 정책이다. 중앙정부의 논리에 의해 꼬리 달린 재원을 나누어주는 것이 아니라 지역균형개발을 위한 모든 재원을 지방별로 나누어주고 지방이 그 결과에 대하여 책임지게 하는 방식이다. 하향적이고 획일적 재원의 배분방식에서 총량적 재원(*block grant*) 지원방법으로 전환해야 할 것이다. 중앙과 지방간의 개발협약 제도도 활성화시켜야 할 것이다. 지방이 스스로 살아남기 위한 투자 우선 순위를 최대한 반영해야 할 것이며 중앙정부가 지방을 끌고 갈 것이 아니라 지방의 자조적 노력을 중앙이 밀어주는 방법을 택해야 할 것이다. 중앙정부 투자기관들이 지역균형발전이란 이름 아래 지방 위에 군림하게 해서도 아니 되며 중앙정부의 일선 특별행정관서의 폐지 내지 통합이 조속히 이루어져야 할 것이다.

6) 지방정부 계층구조와 구역의 개편

우리나라 지방정부 계층구조는 2개 자치계층과 4개의 행정계층으로 되어 있다. 특별시, 광역시, 시, 도라는 광역자치단체와 시, 군 자치구라는 기초자치단체가 있으나 행정계층으로 볼 때 자치권이 없는 구가 있는가 하면 읍, 면, 동이 있다. 우리나라 지방정부 계층구조는 기능의 중복과 불분명한 사무배분으로 행정적 비능률과 낭비는 물론 지방정부의 경쟁력을 약화시키고 있다. 그 위에 선거구, 교육구, 납세구와 같은 특별행정계층이 공존함으로써 국정의 혼란을 초래하고 있다. 같은 시라도 특별시가 있는가 하면, 광역시가 있고 행정중심복합도시를 특별행정시로 신설하려 하고 있다. 자치계층과 행정계층을 통합하여 광역화할 필요가 있으며 특별행정계층 역시 통폐합해야 할 것이다. 행정구역 역시 문제투성이다. 도와 광역시와의 문제, 인구 1,000만이 넘는 도가 있는가 하면 인구 50만의 도가 있다. 인구 100만이 겨우 되는 광역시가 있는가 하면 그 보다 규모가 큰 시가 도 밑에 있는 시도 있다. 인구 10만의 자치권이 있는 구가 있는가 하면 인구 50만의 자치권이 없는 구도 있다. 자체 재원으로써 공무원봉급도 주지 못하는 군이 있는가 하면, 서울특별시 면적보다 큰 군이 있다. 오늘날 지방정부 계층과 구역은 100년 전에 굳어진 제도이다. 그동안 우리나라는 상전벽해(桑田碧海)의 변화를 경험하였다. 인구도 세 배나 늘어났고 국토 공간구조는 며칠 생활권에서 반나절 생활권으로 시간적 수렴을 했다. 하천과 산맥이 구역 긋기에 중요한 기준이 되는 시대도 지났다. 도시에 사는 인구도 90%를 넘어섰다. 행정구역의 근본적 조정이 필요하다. 일본은 자치역량이 없는 기초자치단체의 통폐합을 활발히 하고 있으며 대도시권 중심의 도주제(道州制)를 심각히 검토하고 있다. 유럽 여러 나라에서도 행정구역의 통폐합을 활발히 추진하고 있다.

분권적 균형발전을 위해서도 계층구조와 구역의 개편은 선행되어야 한다. 자치역량이 없는 지방정부에 아무리 분권을 한다해도 빈 독에 물 붓기 격이다. 지역적 이기주의 온상이 되고 있는 광역시와 도를 통합하여 광역자치단체로 발전시켜야 할 것이며 자치역량이 없는 시·군을 대폭 통합해야 할 것이다. 2006년 국회에서 여야합의로 지방정부 계층구조와 행정구역 개편문제가 제기된 바 있으나 대통령 선거를 앞두고 물밑으로 가라앉고 말았다. 차기정부의 중요한 국정과제 개혁 어젠다로 넘겨지고 있는 것 같으나 시급히 해결되어야 할 국가발전과제임은 틀림없다.

| 제 2 장 |

참여정부의 '국가균형개발정책'

그 성찰과 이후는?

김 형 국

1. 필마단기(匹馬單騎) 홍보관

2007년 2월에 충남 연기군에 연 균형발전 홍보관은 참여정부가 '정권의 명운'을 걸고 추진해온 국가 균형발전 정책의 오늘을 말해주는 상징이다. 홍보관에는 혁신도시관, 기업도시관, 고속철도관, 균형과 상생관 4개 코너를 구성되어 있다. 관(館)이나 코너의 이름은 작금의 국토정책의 키워드들인 점에서 시사하는 바 크다.

찾는 사람은 거의 전무하다. 홍보관이 인근 주택가와 뚝 떨어진, 이전에 논·밭이던 들판에 들어선 탓이기도 할 것이다. 현장종사 공무원의 고충도 이만저만이 아니라 한다. "홍보관은 상식적으로 많은 사람이 볼 수 있는 곳에 들어서야 하는 게 아니냐. 많은 돈을 들여 이곳에 지었는데, 과연 홍보효과가 있겠느냐"는 지적이다(〈중앙일보〉, 2007. 3. 16).

25억 원을 들인 균형발전 홍보관 옆에는 45억 원을 들여 2006년 2월에 개관한 '행정도시 홍보관'도 자리하고 있다. 여기서 보여주는 계획내용이 상식이 아님은 현장을 자주 오가는 공무원도 비판한다. 행복도시의 도시얼개를 짜는데, 도심에 해당하는 곳에 백화점 같은 상업시설을 우선 배치하고 있음에 대해 의아해한다. 행복도시의 기간산업이 청사로 대변되는 정부산업이라면 마땅히 정부청사를 상징건물로 삼아야 함이 상식인데, 그렇지 않다는 말이다.

이 글은 참여정부의 이른바 국가균형개발정책, 특히 국토균형개발정책 또는 지역균형개발정책에 대한 비판적 고찰과 그 대안모색에 대한 생각의 틀을 살펴보려 한다. 여기엔 무엇보다 '국가균형발전'이란 용어에 담긴 자못 혼란스런 발상법에 대한 문제점 중심으로 논의를 전개하려 한다.

2. 믿는 바 '초기투자 불가역법칙'

홍보관을 허허벌판에다 세운 결정은 홍보전문가의 판단에 따른 것은 분명 아니지 싶다. 전문가의 식견을 좇았더라면 마땅히 관람객이 올 만한 그런 곳이지 않았겠는가.

필시 정부쪽 하드웨어 공사에 정통한 사람의 심모원려(心謨遠慮)일 것이다. 중앙정부의 지원을 받아서 숙원인 다리건설을 약속한 후보가 국회의원에 당선되면 중앙정부당국은 마지못해 교각 하나 세울 정도의 공사비나마 선심 배정하기 일쑤다. 국회의원은 실망하지 않는다. 일단 교각이란 물릴 수 없는 물리적 덩어리가 사업초기에 세워지면 대형공사의 '불가역(不可逆) 법칙', 곧 "되돌아갈 수 없고 되물릴 수 없다"는 경험법칙에 따라, 시일은 다소 걸릴지 몰라도, 언젠가는 세워짐을 예상할 수 있기 때문이다.

두 홍보관이 선전하려는 대표사업은 행정도시사업이다. 행정도시가 참여정부의 국가균형개발정책의 꽃이기 때문이다. 행정부의 절반을 수용하겠다는 이 사업은 국가재정과 민간자본을 합해서 약 44조 원이 들어갈 초대형 공사다. 행정도시는 위헌판결을 받았던 신행정수도 사업의 대타로 등장했음이 말해주듯이, 그 타당성을 놓고 논란이 많았다. 그럼에도 불구하고 기어코 실현시키겠다는 당국의 의지는 하늘을 찌르는데, 참여정부의 임기는 1년이 채 남지 않았다.

이런 한계상황에서 참여정부가 불가역의 원리를 활용하려 한다. 이 저의(底意)는 취임 4주년을 맞아 노 대통령이 2007년 2월 27일, 인터넷 신문협회 소속사들과 합동회견한 자리의 발언에서 여실히 드러난다. "행복도시는 걱정하지 말라. 정권이 바뀌어도 전임정권에서 한 것을 뒤집을 수는 없다. 이름이 꼭 행정도시가 아니더라도 (입법, 사법 등) 중앙기관이 다 함께 가는 것이 순리"라고 강조했다.

거창한 지역개발사업의 성공에는 막대한 초기투자가 씨앗이 되곤 했음이 세계적 경험이다. 하지만 70억 원을 들인 홍보관이 과연 그런 씨앗이 될지는 두고 볼 일이다. 총공사비 44조 원에서 70억 원은 불가역의 철칙을 담보하기에는 역부족이기 때문이다. 민심이반이 극에 달해 "반(反) 대통령이 곧 정의"로 여겨지는 지경에서 행정도시가 초래할 중앙행정의 비효율성, 수도 서울의 국가경제적 중요성 외면, 지정학적 입지에 안겨줄 차질을 반대입론이 행정도시 중단론에 힘을 실어줄 수 있다는 말이다.[1)]

교각 하나가 놓이면 언제일지 몰라도 다리 완공을 기다릴 줄 아는 이해당사 주민들의 인내심과는 차원이 다르다. 다리는 꼭 놓여야 할 정당성이 확고하게 확보된 상태이지만, 행정도시는 그 정당성과[2)] 유

---

1) 작금에 홍보관을 찾는 사람들의 발걸음이 뜸한 사실에서 미뤄보아 그마저 "언제 끊길지도 모를 일"이라 결국 70억 원을 공터에 퍼다버린 꼴이다. 그렇다면 "두 홍보관은 '실패한 정권'의 '실패한 정책'을 기념하는 증거로 두고두고 후세에 대한 교훈으로 남을지도 모르겠다"는 참담한 전망이 참여정부를 줄곧 비판해온 신문(〈조선일보〉, 2007. 3. 17)의 시각이다.

용성이[3] 두고두고 회의를 불러일으킬 것이기 때문이다. 토지수매에 이미 수조 원을 투입했지만, 이 돈은 불가역법칙에 해당한다고 볼 수 없다. 확보한 땅은 다른 목적 또는 용도로도 얼마든지 이용할 수 있기 때문이다.

3. 행정도시행 '강제 이주'

행정도시 착공이 가까워진 시점에서 정부가 발표하고 있는 관련대책이 행정도시가 도시다운 도시가 되기 어려움을 암시하는 자가당착을 내포하고 있다. 이를테면 정부가 앞으로 그곳에 근무할 공무원이 서울에서 출퇴근할 수 있도록 '공무원 전용열차' 등을 운영하려 한다. 통근열차에 대한 요금할인도 함께 검토하고 있다. 행정도시의 전신인 신행정수도를 계획하던 당시의 명분 하나가 2030년까지 50만 명의 수도권 인구분산을 통해 연 1조 1,000억 원의 교통비용 절감을 시킬 것이라 주장해왔는데, "서울 출퇴근 대책이라니 이를 일러 대(對) 국민 사기"라는 언론의 질책이 나오는 것도 무리가 아니다.

행정도시의 기간생산인력이라 할 정부 공무원이 낮시간만 보낼 곳이면 그곳은 사무실건물의 집합단지 곧 오피스타운일 뿐, 직주가 함께 있어 사람의 생활이 온전하게 영위되는 도시라 보기 어렵다. 대통령은 국정연설에서 "행정도시가 건설되면 한국의 명물(名物)이자, 21세기

---

2) 김형국("천도반대운동의 체험적 전망," 김형국 · 최상철, 《천도반대운동의 사회학》, 나남출판, 2004, pp. 11~43) 참조.

3) 비효율성은 대통령이 해양부 장관이던 시절, 해양부의 부산 이전설에 대한 소견을 기억하면 간명직절하다(〈연합뉴스〉, 2000. 9. 8). "취임 후 30일 만에 39차례 출장을 했는데, 그 중 3분의 2가 국회, 정당, 국무회의, 청와대 등과 관련된" 만큼 "해양부가 부산으로 옮긴다면 서울에 따로 사무소를 둬야 하고 장관은 거의 서울에 있어야 할 것"이라 했다.

첨단 과학기술과 문화가 어우러진 세계 최고도시가 될 것"이라[4] 했다. 하지만 낮에는 공무원과 민원인들이 붐비지만 밤에는 인적이 끊길 터이니, '유령도시'(*ghost town*)가 따로 없을 것이다. 그렇게 공무원들마저 옮겨 살지 않겠다는 행정도시에 이사갈 보통사람은 얼마나 되겠는가. 이 지경에서 해당계획이 목표로 삼는 인구 50만 도시로 자라기는 불가능하거나 하세월(何歲月)일 것이다.

행정도시를 오갈 공무원 전용열차 편성 발상은 옮겨갈 기관의 공무원이 집은 옮기지 않겠다는 태도표명에 대응하려는 응급조치다. 그 사이 주거이동 촉진정책을 관계 정부기관이 추진한다 해도[5] 해당 공무원들이 별 무반응이었기 때문이다.

관계정부기관의 이주촉진책은 주로 행정도시로 이주를 권장하기 위한 주택공급 및 정착 관련정책이다. 건설청은 '국가 균형발전 차원에서' 공무원용 임대 및 분양주택 특별공급을 위한 관련 법령을 2006년 3월에 개정해서 주택마련을 돕는 세제지원 방안까지 수립하려 한다.[6]

일련의 이주촉진책에 대해 건설청은 "국가의 결정에 따라 강제이주하는 것과 마찬가지여서 정당한 보상"이라 말한다. 행정도시 이주가 '강제이주' 성격이라니, 당국도 문제의 요체는 정확하게 짚었다. 특히

---

4) "대통령 말대로 행정도시가 한국의 명물, 세계 최고의 도시가 된다면 어느 공무원이 집은 서울에 두고 행정도시로는 출퇴근만 하겠다고 하겠는가, 공무원을 위한 출퇴근 열차 다음엔 민원인을 위한 전용열차가 나올 차례인가, 서울 과천에서 해결할 일을 행정도시까지 찾아가 처리해야 하는 국민들 불편을 보상해 주려면 공무원들처럼 열차 할인혜택이라도 줘야 할 것이 아닌가"라며, 행정도시가 명물이 된다면 아마도 그런 전용열차 행렬과 국민 불편 때문일지도 모르겠다는 것이 유력언론의 비판이다(〈조선일보〉, 2007. 2. 6).

5) 〈동아일보〉(2007. 2. 6); 행정중심복합도시 건설청 해명자료(07-13호).

6) 게다가 공무원 자녀들을 위한 특별법을 만들어 대학정원 할당제와 특수목적고 설립, 우수교사 유치 등을 추진하며, 이미 2006년 말엔 34만 평 18홀 규모의 골프장 터까지 확정했다 한다.

대도시 인구집중 해소를 위해 밀집인구의 지방유도 또는 방출의 필요성이 관련학계에서 오래 합의한 바이지만, 유도책도 지난(至難)하거니와 강제방출은 거주의 자유를 철저하게 통제하는 철권공산국가나, 전쟁중의 자국민 보호를 위해 하노이 시민을 지방으로 이주시킨 전시 월맹정부 말고는 성공사례가 없었다. 서울에 직장이 있다는 요인도 감안하여 취업한 공무원들이 정부부처의 이전에 따라 함께 옮길 수밖에 없게 되었으니 그들을 일러 '포로(*captive*) 공직자'라 할 것이다.

공무원을 포로로 삼는 노릇은 해당 정부관청의 공무원 81.5%, 곧 10명 중 8명이 "수도권 집을 팔지 않겠다"는 대답에서 분명하게 드러난다. 사정이 이러함에도 서울에 집을 놔둔 공무원을 위해 또 집을 장만하도록 돕는 노릇은 "사실상 투기를 돕는 짓"에 다름 아니라는 비판 언론의 지적은 일리가 있다. 행정도시에 집을 마련해서 옮기는 경우도 10명 중 6명은 혼자 또는 가족의 일부만 행정도시로 이사할 생각이라 했다.[7] 정부가 정책적으로 주말가족, 기러기가족을 양산하는 셈이다.

4. 기러기가족을 양산할 기러기행정부, 기러기공사

기러기가족은 현대한국의 가장 분열적 사회병리다. 지한(知韓) 외국인의 지적처럼, 사람의 인성함양에는 학교교육 못지않게 가정교육이 절대적임에도 불구하고 나은 교육을 핑계로 기러기 가족이 빠르게 늘고 있음은 현대한국인 삶의 대표적 자기모순이다. 가풍(家風)의 도움

7) 2006년 4월, 과천청사 내 부처별로 비례 할당된 공무원 307명을 대상으로 설문조사한 결과다. 행정도시 이전 대상 정부 부처 및 기관은 12부 4처 2청으로, 이 가운데 과천청사에서는 2012년부터 3년간 20개 기관에서 2006년 기준, 5,000~6,000명 공무원이 옮겨갈 것으로 예상하고 있다(〈동아일보〉, 2007. 2. 15).

없이 학교교육에만 기대서 사람을 만들겠다는 방식이니 이만저만 모순이 아니다.

기러기가족과 함께 정부도 기러기행정부가 되었다. 행정부처 2/3가 서울과 행정도시로 나누어지게 되었으니 그 파행은 진작 다각도로 지적된 바 있다.[8]

행정부의 행정도시 이전과 함께 정부공사 176개를 이른바 전국 12개 혁신도시로 옮길 예정이다. 당장 두 차원에서 문제에 봉착할 것이다. 하나는 강제로 이주하는 정부공사가 자리할 지방도시는 옮겨간 공사가 누릴 만한 국지화경제(*localization economies*)를 갖고 있지 못하다는 사실이다. 혁신을 창발(創發)하자면 인근의 공사(公私) 유관 인사·조직·기관 등과 밀접하게 연관되는 '제도적 밀집'(*institutional thickness*)이 생성하지 못한 상황에서 공사들은 현지에서 바다 속의 섬처럼 '홀로 잔치'가 될 것이다. 이 여파로, 포항에 본사를 둔 포항제철의 서울지사가 큰 규모이듯이, 불가피하게 서울 내지 수도권에 본사 규모 못지않은 지사를 두지 않을 수 없을 것이다. 두 집 살림이 경영의 비효율성을 가중시킬 것임은 뻔한 일이다.

경영의 비효율은 본사 간판만 새로 지은 지방빌딩에 내다걸고 사실상의 본사는 서울에 그대로 두는 사태가 벌어진다면 거래기업과 민원인들의 불이익도 막대하다. 서류를 들고 서울로 지방으로 뛰어다녀야 하기 때문이다.

생활의 불이익은 공사직원의 몫이다. 공사직원들이, 행정도시로 옮겨갈 행정부처 공무원의 생활방식과 마찬가지로, 기러기가족 생활을

8) 위헌으로 판결난 신행정수도계획에는 행정부만 옮겨감에 따라 입법·사법부의 이격(離隔)으로 생겨날 문제점이 다각도로 지적되었는데(김형국, "갈팡질팡 국토개발정책," 〈환경논총〉, 제 43권, 2005, pp. 3~12), 행정도시로는 행정부가 두 토막이니 부처(部處)간 업무연계 차질은 부(府)간 업무 차질보다 더욱 심각할 것이다.

감수해야 하기 때문이다. 이런 부조리를 이겨내려는 개인적 비용 역시 불가피할 것이다.[9]

이런 상황에서 드디어 한국전력이 서울 삼성동의 본사 매각을 반대하고 나섰다. 전남 나주로 본사 이전이 '강제된' 한전의 경우, 지방 이전기업에 주어지는 5년간 법인세 100% 면제, 지방세 감면으로 최대 5천억 정도의 각종 세금이 줄어들어 절세한 자금만으로도 나주에 본사 사옥을 건설할 수 있는 데다 증시에 상장되어 있는 한전의 자산을 매각할 경우, 주주이익 극대화에 배반된다는 이유에서였다.[10]

결국, 정부공사 이전의 방식은 일본의 전철을 밟지 싶다. 1989년부터 공공기관 지방이전을 추진했던 일본은 당초 목표였던 200개 공공기관 중 50여 개만 옮기고 2002년에 이 정책을 포기했다. 수도권 과밀을 해소하지도, 지역발전을 촉진하지도 못했다는 걸 뒤늦게 깨달았기 때문이다.

5. 관련정책 개념의 원초적 혼조

정부용어인 국가 균형발전 정책은 학술적으로 말해 국가경제계획(*national sectoral planning*)과 국토개발계획(*national spatial planning*)의 복합이다. 특히 전자가 어디선가 성장이 이루어지면 그 파급효과가 자

---

9) 최근 삼성·LG 그룹의 경쟁력 향상을 위해 본사에 과다하게 배치되어 있다고 판단된 지원인력을 경기 평택, 경남 창원 등지로 전보하려 하자 상당수 직원이 명예퇴직을 신청하면서 서울에 남으려 한다(〈조선일보〉, 2007. 4. 5). 이유는 공무원의 경우와 다르지 않다. "자녀교육문제도 있고, 가족전체가 삶의 터전을 옮기기가 사실상 쉽지 않다"는 것이다.

10) 한전은 주주의 50%가 민간투자자다. 정부당국은 한전의 반응에 대해 지방이전 대상 공공기관은 사옥부지를 반드시 매각해야 한다고 다짐하지만, 이를 제재할 법적 근거가 없는 상태다(〈조선일보〉, 2007. 5. 8).

동적으로 또는 시장기능적으로 공간상에서 확산되어 지역격차가 수렴될 것이라 전제하는데, 기대와는 달리 실상은 대단히 편향되고 말아 국민통합에 지장을 초래했음을 심각하게 받아들인 끝에 생겨난 학문적 관심이 바로 후자다. 우리의 경우도 두 차례 경제개발 5개년 계획(1962~1966; 1967~1971) 끝에 발전의 지역효과가 편향되게 나타나면서 지역갈등으로 표면화한 데 따른 대응책으로 제 1차 국토개발종합 10개년 계획(1972~1981)을 수립하면서 발전의 지역적 분포에 정책적으로 관심을 갖게 되었다.

그런데 참여정부의 국가 균형발전은 말이 국가균형이지 상당히 국토균형발전에 경도되어 있다. 균형을 실현할 수 있는 가능성인 성장에 대해서는 따로 압축성장시대의 5개년 계획처럼 집대성한 정책구상이 없다. 그리고 국토균형에 매달리는 경도정도가 우선 서울 내지 수도권에 있던 활동을 지방으로 분산시키기만 하면 당연히 그리고 자연스럽게 지역균형발전이 이루어질 것이라 기대한다. 그래서 정부행정부처와 정부공사를 이전하려는 것이다.

중요기관의 지리적 이전(*geographical dispersal*)은 무엇보다 말 그대로 이전일 뿐, 국가경제 전체적으로 가치창출을 더해준다고 기대할 수 없다는 사실이다. 수도권 핵심기능 일부의 지방이전은 수도권의 과밀에 따른 불경제를 줄여주고, 지방에는 새로운 지방경제를 창출해주는 일석이조(一石二鳥)의 효과를 거둔다면 국가전체적 가치창출에 보탬이 되겠지만, 오늘의 관련이론과 실천이 말해주는 진단은 전혀 다르다. 수도권 같은 대도시의 인구규모가 더 커지더라도 집적불경제가 늘기는커녕 집적경제력이 오히려 더욱 탄력을 얻고 있는 반면, 지방으로 옮겨간 정부공사가 국지화경제를 누리기는커녕, 마치 뿌리를 옮긴 나무가 정착에 몸살을 앓듯이, 비효율의 진통을 겪을 수밖에 없다는 점이다. 결과는 게임이론식으로 말해 기대의 양합(陽合, *plus-sum*)이 아니라 문제의 부합(否合, *minus-sum*)이 된다는 점이다.

부합의 경우에도 지역간 균형효과는 거둘 수 있다. 그러나 이로써 얻은 균형은 하향평준화에 다름 아닌 것인지라,[11] 분명 우리가 가야 할 길이 아닌 것이다. 하향평준화로 지역간 균형을 실현했다 해도, 앞으로 남고 뒤로 밑지는 장사처럼, 문제의 겉치레 미봉책에 불과하기 때문이다.

그 내막에 들어가면 균형의 차질인 격차문제가 꼬리를 문다. 균형이란 목표가치가 상황에 따라 유동적인 사실과 관련이 있다. 균형은 비교의 지역적 준거에 따라 그 정도가 달라진다는 말이다. 이를테면 도간(道間) 격차보다는 준거지역을 좁혀 도내(道內) 시군(市郡)을 상정하면 그 격차는 훨씬 깊어진다. 어떤 도의 혁신도시로 서울에서 옮겨 온 일군의 정부공사가 옮겨오면 대(對)서울 격차는 줄어들지만, 해당 도내의 혁신도시 대 여타 시군 사이, 곧 지역 내(內) 격차는 오히려 늘어난다. 이렇게 균형지표는 자의적이고 변덕스럽다.

'균형'이란 말은 정치적 구호로는 호소력이 있다. 균형이란 말을 싫어할 사람이 없기 때문이다. 정책용어가 되면 사정은 달라진다. 정체를 파악하기 어려운 이현령비현령(耳懸鈴鼻懸鈴)의 말이기 때문이다.[12]

---

11) "노무현 정권은 균형발전이라는 이름 아래 지방의 자율성을 무시해버리고 있다. 지방이 선택할 수 있는 것은 아무것도 없다. 행정중심복합도시가 그러하고 혁신도시, 기업도시 건설이 그러하다. 지방의 자율적 선택에 의한 결정보다 중앙정부의 나눠주기식 정책에 의해 지방이 끌려 다니는 셈이다. 오히려 지방의 소지역 이기주의의 발호를 가져왔고 지방은 수동적 입장에 서 있는 셈이다. **균형의 논리는 결국 중앙집권의 논리이다.** 잘 사는 지역의 것을 빼앗아 못사는 지역에 주는 것은 지방분권의 논리와 상치한다. 국가주도적 평등주의는 국토정책에도, 교육정책에도, 조세정책에도 만연하고 있다. 모든 것이 하향평준화 정책으로 일관하고 있다". 최상철("지역균형발전정책: 정치적 구호와 대안의 모색", 유인물, 수도이전반대국민연합, 학술워크숍, 2007. 4. 3).

12) 마찬가지로 행복도시 건설로 수도권과 충청권의 지역 격차는 줄어들지 몰라도, 새로 부상한 충청권과 그 바깥의 나머지 지역, 특히 '푸대접' 전라도

균형의 반대인 양극화도 정치적 용어이긴 마찬가지다. 빈부양극화가 태생적인 사람 사는 사회에서 사람은 항상 비교의 고민에 빠지기 마련이다.[13] 절대적 가난이 사라진다 해도 상대적 가난은 오히려 늘어나기 십상인 것. 그래서 "배고픈 것은 참아도 배 아픈 것은 참기 어렵다"는 정서가 우리사회의 고질이 되고 말았다.

참여정부의 국토균형발전 구상에 따르면 분산은 곧장 분배로 이어질 수 있다고 가정한다. 분산은 지리적 차원이고, 분배는 계층적 차원이다. 유감스럽게도 분산은 반드시 분배를 보장하지 않는다. 오히려 역진(逆進) 효과를 낳기 일쑤다.

행복도시 건설에 소요될 8조 원이 넘는 엄청난 국고는 전국 곳곳의 가난한 사람도 능력껏 부담한 돈이다. 그 돈이 균형개발차 낙후지방으로 내려가면 그것을 활용해서 이득을 낼 수 있는 사람은 누구보다 행복도시 도시경제의 인접효과를 누릴 수 있는 땅 가진 넉넉한 사람들이다. 이처럼 잘사는 지역 빈자(貧者)의 돈이 못사는 지역 부자(富者)의 주머니를 채우곤 했음이 지역균형개발정책의 안타까운 역사였다.[14] 이런 사실관련으로 전문연구가 축적한 이론적·실천적 지식수준에 대해 잘 모르거나 가볍게 여긴 점에서 이 정부의 책사들을 아마추어리즘의 극치라 불러 마땅하다.[15]

나 '무대접' 강원도의 격차, 그리고 그에 따른 상대적 박탈감은 더 악화될 것 아닌가.

13) 지하철에 등장한 광고문안 하나로 "차이는 인정한다. 하지만 차별은 참을 수 없다"는 글귀가 한국인의 새로운 심성이라면 비교의 고민은 줄어들고 있다는 상징으로 읽을 수 있다.

14) 최소 신행정수도 건설에 필요하다는 8조 원의 투자비를 지방자치단체별 개발자금으로 나눠주면 오히려 해당지역의 삶의 질을 확실하게 높일 수 있겠다고 시도지사들이 장담하는 것도 그런 배경이다.

15) 청와대의 책사(策士) 한 사람은 "아마추어가 희망"이라 했다. 좋게 봐주면 고정관념이나 노식(圖式)적 발상에 얽매이지 않겠다는 뜻이다. 그런데 해

국토개발의 궁극적 타깃은 '장소의 번영'(*places' prosperity*)이 아니라 '사람의 번영'(*people's prosperity*)이다. 충청권으로 수도를 옮긴다는 발표가 났을 때 대전일대 아파트 전세가 폭등으로 입주자의 원성이 빗발친 것도 분배의 역진효과가 당장 피부에 닿게 나타났기 때문이다.

대안은 분산이 아니라 분권이고, 그 효과는 사람의 웰빙으로 판가름 나야 한다. 장소적 결정사항이 지수급수적으로 복잡해지는 시대상황에서 하향적 결정방식은 시대착오적이다. 대안은 현지에서 권한과 책임을 누리는 분권이고, 상향적 결정방식이다.

이 연장으로 균형개발은 지역을 직접 겨냥한 명시적(*explicit*) 정책 못지않게 지역균형효과를 낼 수 있는 각종 투융자정책, 정부구매정책,[16] 권력의 지방이전 같은, 성질상 '비공간적'(*aspatial*)이지만 효과는 공간적으로 나타낼 수 있는 묵시적(*implicit*) 정책의 적극활용도 요구된다.

그렇다면 참여정부가 그 사이 추진해온 분권 정책기조는 얼마나 진척을 보였을까. '기대 이하'라는 것이 서울특별시장의 체험적 반응이었다. 2005년 봄인가에 비로소 서울 광화문 네거리 동서방향의 건널목

당분야의 정석을 제대로 알고 유연적 변용을 시도해야지, 그걸 모른 채 선의만 앞세워 "좋은 정책이 좋은 결과만을 낳는다"고 고집하는 노릇은 공직자의 도리가 절대로 아니다. 또한 아마추어는 선의의 화신이어야 함에도 최근의 작태는 반사회적 행태의 전형이다. 대통령직속 국가균형발전위원회가 〈경남도민일보〉를 상대로 "2단계 균형발전정책에 관한 홍보성 특집기사를 써주면 취재 협찬비로 5백만 원을 주겠다"고 제의했다 한다. 행정중심복합도시와 혁신도시 건설 등에 담긴 많은 문제점에 대한 사계의 비판에도 불구하고, 참여정부가 균형발전의 당위성과 효용성을 강변해 오다가 "이제 와서 돈 주겠다며 기사를 부탁할 정도라면 국민을 속였다는 얘기밖에 더 되는가"라는 신문(〈동아일보〉, 2007. 4. 20)의 지탄에는 변명의 여지가 없지 싶다.

16) 미국 국방성은 군수물자를 일부 낙후지역에서 구매함으로써 그 개발에 참여하고 있다. 건설관련 부처만이 지역균형개발이 전담이 아님을 잘 말해준다.

이 개통되었다. 시장 취임 2년 8개월 만이라 했다. 도로교통은 경찰청 관할이고 그래서 그 상급기관인 행정자치부의 승인을 받아야 했기 때문이다. 도시관리 책임자가 교통통행선을 마음대로 긋지 못하는 딱한 사정이 얼마나 더 오래 가야 한단 말인가.

6. 국가투자재원의 성장 대 분배 황금률은?

사람의 번영이 국가정책의 최종가치이긴 해도 장소의 번영이 덜 중요하다는 말은 아니다. 국가균형개발에서 장소적 준거도 못지않게 중요하다. 지인상관(地人相關), 곧 사람과 땅은 긴밀히 연관되어 있다는 사람의 오랜 믿음대로 발전의 실현 가능성은 장소라는 외형의 번영에서 안도하고 예감하기 때문이다. 장소의 번영이 있다면 장차에 사람의 번영도 기대할 수 있을 것이란 뜻이다.

국토균형개발의 요체는 낙후지역 사람에게 발전의 가능성 도래를 유감하게 함으로써 그 실현에 대해 참고 기다릴 수 있는 수준으로 이끌어 가는 문제라 하겠다. 허쉬만이[17] 정립한 발전심리학에 따르면, 한결같이 낙후되어 있다가 어디에선가 성장이 이뤄지면 결과적으로 지역간 격차가 현저해진다 해도 그 심화초기에는 먼저 성장의 탄력이 붙기 시작한 지역을 바라보는 다른 지역사람들도 조만간 성장의 훈풍이 불어올 것이라는 기대감을 갖는다. 하지만 인내를 감수할 수 있는 고대(苦待)의 시간이 지났는데도 발전의 기미를 실감할 수 없으면 깊어진 격차는 좌절감을 증폭시킨다.

따라서 국토균형개발정책의 요체는 낙후지역 사람이 상대적 격차를

17) A. Hirschman, "The Changing Tolerance for Income Inequality in the Course of Economic Development," *Quarterly Journal of Economics*, Vol. 37, No. 4, pp. 544~562.

감내할 수 있는 공시(共時)적 임계치(臨界值)를 유지하면서 통시(通時)적으로는 끊임없이 불균형정책을 동원하는 도리라 할 것이다. 본디 비균질적이기 마련인 국토발전상황의 시정 곧 불균형의 해소는 역설적이게도 불균형적 접근이 외길이자 그 정설이기 때문이다. 불균형적 접근은 경제적으로는 분배 대비 성장 우선이고, 공간적으로는 세계화추세와 함께 자라온 우리 국토경제에서 가장 경쟁력을 갖춘 세계도시의 역할에 주목하는 방식이다.

지역적 균형을 실현할 수 있는 기력(氣力)은 국가경제정책인 것. 이 정책의 대강(大綱)은 성장 주조(主調)가 필수적이다. 성장을 통해야만 복지나 균형을 구현할 수 있다는 원리다. 따라서 국가투자재원의 동원은 적어도 과반(過半)을 성장 쪽으로 끌고 가야 하고, 과반 이하 수준을 균형 내지 분배로 투입해야 한다는 결론이다. 분배적 시도가 성장적 시도보다 많다면 그건 '가난 나누어 갖기'(*shared poverty*)로 결딴날 것이기 때문이다.

정책의 기조가 '성장 우선'이긴 해도 '성장 전부'일 수는 없다. 그래서 국가투자 투입의 방향이 '성장 과반'과 '성장 전부' 사이에서 황금률을 찾아야 한다. 여기에는 전통시대의 양식 있던 지주들의 행동방식이 참고가 될 것이다. 유덕(有德)지주는 소유 땅의 소출을 삼등분해서 하나는 자신의 몫으로, 또 하나는 소작인 몫으로, 나머지 하나는 기근발생 같은 사회적 재난 또는 소작인의 불가항력적 어려움 구휼용으로 분배했다는 사실이다. 이 말은 국가경영을 위해서건 국토균형을 위해서건, 국가적 총력이 삼이라면 그 둘을 성장용으로, 그 하나를 분배용으로 나누는 것이 황금률이라 볼 수 있다는 시사가 아닐는지.

7. 세계도시 : 국토경제 성장동력

포디즘시대 곧 산업주의시대에 균형발전을 실현할 수 있다고 가장 기대를 모았던 정책 하나가 성장거점(*growth center*) 이론과 그 정책인 것. 바로 불균형적 접근의 화신이었다. 낙후지역 개발을 위해서는 '성장극'(*growth pole*) 곧 성장추동형 기업을 입지시키고 거기에 유관한 사회간접자본 등을 투입하면 대상도시는 경제적 덩어리가 커지면서 그 여파로 주변지역의 발전을 이끄는 견인차도 된다는 식이었다.

성패여부를[18] 떠나서 성장거점정책은 기존 중소도시의 성장지속성 제고에 초점을 둔 것이었다. 그런데 중소도시는, 세계도시들이 전세계경제를 엮고 있는 상황에서, 세계화에 대처할 수 있는 대항마(對抗馬)가 될 수 없었다. 세계도시는 자본주의경제를 범세계적으로 묶는 고정핀이며 범세계적 금융활동과 생산자 서비스 활동을 통제하고 조정하는 '핵심교점(交點)'인 것이다.

우리 세계화의 첨병은 단연 서울과 부산이다.[19] 이들 세계도시와

---

18) 국토의 균형발전을 위해 한정된 수의 도시를 선택적으로 육성하겠다는 성장거점정책은 "불균형적으로 선택받겠다"고 지방정치가 다투어 나서자 중앙정부는 마지못해 선택의 문호를 개방하고 만다. 결과적으로 '불균형적' 균형개발론은 대상도시를 남발함으로써 정책적 성과의 실효성을 떨어뜨리는 데만 어김없이 '균형효과'를 나타내고 말았다.

19) 세계도시라는 개념에 정통한 한 연구에 따르면 지구상에는 세계도시체계가 있고, 그 안에는 최상위인 '지구적 세계도시', 그 아래로 '국가적 세계도시', 그리고 '지역적 세계도시'로 나눠진다고 했다. 지구적 세계도시는 런던, 뉴욕, 도쿄—요코하마를, 국가적 세계도시는 파리, 밀라노, 베를린, 브뤼셀, 시카고, 로스앤젤레스, 샌프란시스코, 오사카—고베, 서울, 홍콩, 시드니를, 그리고 지역적 세계도시는 뮌헨, 암스테르담, 맨체스터, 코펜하겐, 리옹, 보스턴, 휴스턴, 미니애폴리스—세인트폴, 시애틀, 부산, 멜버른, 싱가포르, 콸라룸푸르를 꼽고 있다. Peter Hall, "Forces Shaping Urban Europe," *Urban Studies*, Vol. 30, No. 6, 1993, pp. 883

인구 백만 명 이상의 우리 대도시 그리고 그 세력권을 동시에 감안하면 전국인구의 7할 내지 8할이 거기에 살고 있다.

대도시의 위력은 단지 단위 행정구역 안에 많은 인구가 밀집해 있다는 사실에서만 확인되는 것이 아니다. 대도시는 기능적으로 세력권을, 경관적으로 원형(圓形) 또는 선형(線形)의 영향면(*surface*)을 형성하면서 주변지역의 발전에 지대한 영향을 행사하고 있다. 영향면의 진화 모습을 이제 선형이나 원형으로만 굳이 설명하는 것도 무척 작위적이다. 현실은 세포의 증식처럼 사통팔달로 도시지역이 엮어지고 있다. 미국 같은 데선 도시경계(境界)가 무시무종(無始無終)으로 이어진다 해서 '망상(網狀) 도시'(*network city*) 또는 '신종(新種) 도시'(*new city*)란 새로운 개념으로 부르기도 한다.[20)]

도회권(*urban field*)으로 나타나는 대도시의 영향권 팽창은 도시 대 농촌의 이분법 대신, 대도시권 대 대도시권 간 외곽지역(*inter-metropolitan periphery*)으로 양분시켰다. 후자는 대도시의 영향권에 들지 못하기 때문에 이전의 농촌 신세인 낙후지역으로 뒤처진다.

~898 참조.

20) 신종도시의 확산은 하도 빠르고 예측불가해서 이 시대 사람들이 두루 공용하는 개념도 없이 갖가지 이름(*exurb*, *spread city*, *urban village*, *megalopolis*, *outtown*, *sprawl*, *slurb*, *the burbs*, *non-place urban field*, *polynucleated city*, *technoburb*)으로 불린다. 이 지역은 도시도 아니고 농촌도 아니면서 교외도 아닌, 그러나 이 세 가지 요소를 두루 갖고 있다. '신종도시'는 들쭉날쭉 높이 솟은 마천루의 공중선(*skyline*)이 특징이던 이전의 대도시 경관과는 달리 각 방향으로 들어선, 초고속도로의 그물망이 전체지역을 하나의 방대한 '초대도시'(*vast super-city*)로 묶고 있는 형상이다. 신종도시는 과거의 대도시를 형태적으로 특징짓던 강력한 단핵과 분명한 도시경계가 없다. 그래서 굳이 핵이라 하면 기껏 주요 고속도로가 마주치고 모이는 지점에 생겨나고 있는 '부분 중심'(*partial centers*), 또는 '변두리 도시'(*edge city*), 고만고만하게 군집한 '상가거리'(*malls*), '사무단지'(*office developments*), 그리고 '위락단지' 등이라 하겠다.

하지만 대도시 외곽지역 역시 교통·통신의 초현대화, 국민소득의 증대로 다각도로 그 이용가능성이 열리고 있다. 각종 위락시설이 자리잡는 것은 물론이고 대도시 지역 내에서는 효율적으로 입지할 수 없는 여러 활동과 기관이 자리잡을 수 있기 때문이다.[21)]

비용이 적지는 않다. 도회권의 확산은 무엇보다 사회계층적 역진효과를 발생시킨다. 도회권의 확산은 직주간 거리의 늘어남인데, 이는 일자리로 오가는 접근성을 중시하는 저소득층에게 교통비용의 추가적 부담을 뜻한다. 그리고 도회권이 형성됨에 따라 원격이동성(*telemobility*)의 필요성이 높아지지만, 여기에 소요되는 컴퓨터 등의 자본재는 저소득층에게 감당하기 어려운 부담이다.

그럼에도 대도시 주도적 공간발전이 불가피한 상황이라면 실천적으로 확인된 대도시권의 미덕에 우리는 다시 한 번 매달릴 수밖에 없다. 다른 지역에 견주어 그래도 대도시권에서 사회계층간 형평성이 높다는 사실은 진작 입증된 바 있고, 삶의 질도 염려스럽게 예기되던 바와는 전혀 다르다. 실상은 세계의 '초대(超大)형 도시'(*megacity*)[22)] 에서 사람의 평균수명,[23)] 하수처리, 의료, 교육의 질이 높고 취업기회 또한

21) 위락시설로는 캠프장, 공원, 숲, 황야(*wilderness*)지역, 자연보호구역, 휴양지, 야외스포츠지역, 은거지 등으로, 입지가능한 기관으로는 기숙사 겸비학교, 전문학교, 대학, 박물관, 문화센터, 과학연구소, 회의센터(*conference center*), 병원, 휴양소, 정부기관 등이, 조성가능한 지역사회로는 휴양도시(*holiday community*), 은퇴촌(*retirement community*), 휴가마을(*vacation village*), 예술인촌(*artist colony*), 각종 신도시, 역사촌(*historical community*), 세컨드 홈 지역(*second home area*)이 입지가능하며, 유리한 경제활동으로는 농업기업(*agro-business*), 공간소모적 제조공장, 연구 및 커뮤니케이션 위주 산업, 우편주문 업소, 창고, 보험회사, 비행장 등을 들 수 있다.

22) 인구 천만 명 이상 도시를 일컫는 말인데, 21세기가 시작된 시점에서 모두 25개에 달한다. 종래의 비관적 전망과는 달리 초대형도시의 현실과 전망은 매우 긍정적임은 이제 상식이 되었다.

높다는 사실이다. 이런 이론적·실천적 대도시 긍정론이 대도시, 특히 세계도시 주도형 국토발전에 거는 기대의 일단이다. 인류역사 초기는 "강을 다스리는 자가 문명을 주도한 역사"였다면, 미래의 국토공간적 발전은 초대형도시의 순치(馴致) 또는 적정관리가 열쇠다.

8. 위기의 수도권과 그 응전

이전까지 우리 세계도시의 등장은 국가경제성장에 따른 자연발생적 또는 시장파생적 결실이었다면, 가열되는 세계경제전쟁에서 맞설 첨병으로 그 역할을 기대하자면 이젠 선별적이지만 의도적 육성책이 필요하다. 이 점에서 참여정부에서 시도하는 수도분할정책은 시대추세에 역행하는 반동(反動)의 극치라 할 만하다.[24)]

수도분할정책의 제 일차적 피해지역은 경기도다. 행정도시로 옮겨갈 행정부처는 과천 제2종합청사에 자리한 부처가 다수인 데다 혁신도시로 옮겨갈 공사 또한 경기도 소재가 54개에 달하기 때문이다. 이 이전

---

23) 2007년 4월 4일, 통계청이 발표한 '2005년 시도별 생명표 및 사망원인 통계'에 따르면 전국 시도 가운데 평균적으로 서울시민이 가장 오래 살 것으로 전망했다. 2005년에 태어난 신생아의 기대수명은 서울이 80.39세로 가장 높고 그 뒤를 제주, 대전, 경기, 광주가 잇는다. 가장 낮은 경남의 기대수명은 77.50세로, 전국 평균 78.63세에 못 미쳤다.

24) 선진국 모임인 OECD(경제협력개발기구)는 〈2007년 한국경제 보고서〉 초안에서 '수도권을 규제하면서 동북아 허브(*hub*)가 될 수 있겠는가. 중앙정부 주도의 지역균형발전이 과연 효율적인가'라는 의문을 제기했다. 세계흐름과 정반대로 달리겠다고 하니 그쪽 사람들도 이해가 안 됐을 것이다. 그나마 지금 홍보관을 찾는 사람들의 발걸음이 언제 끊길지도 모를 일이다. 그렇다면 두 홍보관은 '실패한 정권'의 '실패한 정책'을 기념하는 증거로 두고두고 후세에 대한 교훈으로 남을지도 모르겠다(〈조선일보〉, 2007. 3. 17).

에도 경기도는 수도권 규제로 말미암아 가장 가시적 폐해를 입었다.

경기도에 대한 역차별은 지금도 계속된다. 복지(*welfare*)대책은 '일자리 복지'(*workfare*)가 가장 바람직하다 했는데, 그리고 수도권의 경쟁력은 이 나라의 경쟁력임에도 불구하고 중앙정부는 일관성 없는 이유를 내세워[25] 최근 경기도 이천의 하이닉스 반도체공장 증설을 불허했다. 이런 전후사정 속에서 분위기 탓인지 무엇보다 경기도의 인프라가 전국 최저를 기록할 정도로[26] 지역민의 삶이 악화되었다.

수도분할의 부당성은 이미 헌법재판소의 판결로 단죄된 바 있음에도 정부는 행정도시란 가명(假名)으로 계속 밀어붙이고 있다. 헌법재판소가 예단(豫斷)한 서울 발(發) 국가경제위기가 이미 현실로 나타나

---

25) 2007년 초 정부는 구리 공정으로 인한 상수원 수질오염 우려와 수도권 규제원칙 위배를 들어 불허했다. 회사는 환경오염을 줄이기 위해 구리공정을 알루미늄공정으로 바꿀 수 있다는 의견을 개진했으나 받아들이지 않았고, 대신 청주공장 증설은 허용한다고 발표했다. 하이닉스에 따르면 이천은 이미 추가 공장부지, 연구소, 가스·전기·상하수도 등 기반 인프라가 갖추어져 있어, 청주보다 7,400억 원이 절감되고, 특히 청주는 반도체 생산기종이 달라 바람직하지 않다고 한다. 반도체는 적기에 과감한 투자가 필요한 전략적 산업인 만큼 하이닉스 증설 불허는 우리나라가 반도체산업 우위를 확보하는 데 빨간불을 켠 셈이다. 절차적 일관성도 찾을 수 없다. 참여정부는 2003년에 음성에 위치한 동부반도체에 구리공정을 허용한 바 있는데다 음성은 이천에서 25km 내에 있는 상수원 보전지역이다. 따라서 동일한 요청에 대하여 정부는 전혀 다른 결정을 내린 셈이다. 하이닉스 증설차질로 타격을 입은 이천과 더불어 여주도 경기도의 낙후된 지역인데, 여기도 신세계그룹에서 합자형태로 추진해온, 전국적 각광의 프리미엄 아울렛 건물관련으로 혼선이 생겼다. 군 행정이 허가해서 2007년 6월의 개업을 눈앞에 둔 매장에 대해 그 크기 문제를 놓고 수도권정비계획법을 엄격히 적용하려는 건교부와 갈등을 보이고 있다.

26) 경기도는 전국 16개 시·도 가운데 주택보급률 14위, 인구대비 병상 수 15위, 화재 발생건수 전국 1위인데도 주민 만 명당 소방공무원 수 15위 등으로 나타났다.

고 있음을 OECD마저 확인해준다. 세계 26개 글로벌 도시의 경쟁력을 주요 경제지표로 비교해본 결과, '월드스타급', '내셔널 스타급',[27] '전환기의 도시' 3개 등급 가운데 서울은 최하위급 도시로 분류된 것. 전환기의 도시라 하면 ① 도시경제는 구조조정중이며, ② 시민 1인당 소득과 해당국가 평균과 차이가 별로 없으며, ③ 삶의 질이 저하되고 있으며, ④ 한마디로 성장엔진의 역할이 미흡한 수준인 것. 여기에는 서울과 더불어 부산, 베를린, 맨체스터, 몬트리올이 들어 있다.

이런 상황에서 자구책이 뒤따른 것은 당연했다. 5·31지방총선(2006년)에서 압승을 거둔 한나라당 소속 수도권 3개 시·도 단체장들이 '대수도(大首都)론'을 합의하고 나선 것.[28] 서울·경기·인천의 주요현안을 통합시스템으로 처리하자는 이 발상은 이미 유기적 거대도시체계를 이룬 베이징권, 상하이권, 도쿄권과 경쟁할 수 있는 대안이라 확인한다.[29]

---

27) 월드스타급 도시는 런던, 뉴욕, 파리, 도쿄, 보스턴, 밀라노, 뮌헨으로 다국적 기업의 전초기지이자 국제적 지식산업 클러스터로서 경쟁력이 최상이고, 내셔널스타는 로마, 시카고, 리옹, 마드리드, 바르셀로나, 부다페스트, 스톡홀름, 헬싱키로 탄탄한 지식경제 기반, 외국인 직접 투자 활발, 국제적 연결성 우수가 특징이라 한다(〈중앙일보〉, 2007. 4. 11).

28) 대수도론은 김문수 경기지사가 먼저 들고 나왔다. "우리나라에서 동북아 거대도시권과 경쟁할 수 있는 곳은 수도권밖에 없는데, 행복도시 건설 등으로 이걸 쪼개자는 것은 잘못된 생각이다. 대신, 수도권과 지방의 대립이 아닌 수도권 통합을 통해 시너지 창출을 적극 도모해야 한다"는 것이다. 이전에 국회의원으로서 그는 "세계화시대에 서울이란 세계도시를 키워야만 국가경쟁력을 감당할 수 있다", "분산이 반드시 평등을 가져오는 것이 아니다", "초대형도시가 집적불경제를 훨씬 상회하는 도시이익을 발생시키고 있음은 세계적 평가다"라는 논지로 참여정부의 수도이전·분할정책을 반대해왔다.

29) 대수도론은 명분과 실리를 두루 갖춘 현실적 접근이다. 세상사는 사람이 짓는 노릇이라 했으니, 뜻한바 정책적 성과를 거두자면 법 명문 훨씬 이상으로 관계 리더십의 교감(交感)이 결정적 열쇠다. 함께 적극 추진하겠다

이들 합의가 밑바탕이 되어 조만간 수도권을 서울을 정점으로 하는 다핵도시체계로 구성하는 광역도시계획을 구체화하고 실천해야 마땅하다. 이런 틀 속에서 수도권 억제책이 갖는 의의도 살리는 한편으로 수도권이 이 나라의 성장엔진으로 활력을 배가할 수 있는 가능성을 확보하는 것이 바람직하다.

장차는 수도권 다핵도시체계가 충청권까지 포괄하는 지경에 이르러 이른바 '수충권'(首忠圈) 다핵도시체계가 생겨날 수 있을 것이다. 다시 수충권은 영호남권을 포함한 남해안권과 서로 보완하는 양극체제로 발전할 수 있다면, 국토경제는 성장기조의 균형, 균형을 지향하는 성장정책이 국민들의 호응을 얻을 것이다.[30)]

는 합의는 명문조항보다 더 중요하다는 말이다. 사실, 대도시권 통합론은 이 분야의 이론과 실천에서 정론이자 정석이 된 지 오래다. 지방자치단체가 서로 이웃하다 보면 이를테면 일자리가 있는 서울의 인프라를 이용하면서도 도시생활의 비용을 부담하는 재산세는 집이 있는 교외도시에다 고스란히 납부한다거나, 반대로 서울사람은 수도의 온갖 이점을 누리면서도 생활쓰레기는 경기도 땅에다 전가시키고 있다. 그래서 편익발생권과 비용부담권의 일치방향으로 행정구역을 재편해야 한다는 것이 이론적 주장이다. 그런데 행정구역 재편이 결코 쉬운 일이 아니다. 현실적 대안으로 광역생활권 소속 지방자치단체들이 함께 머리를 맞대는 도시관리협의체를 결성하고 나선다. 영국 런던, 캐나다 토론토가 협의체 구성의 모범사례에 속한다. 우리도 협의체를 구성하도록 법에 명문화되어 있고 공동사업을 위해 공사를 따로 만든 바 있지만, 협의체가 실질적으로 제도화되지 못한 채 오늘에 이르고 있다.

30) "수도권은 이미 경기도를 넘어 충청권도 수도권으로 흡수되고 있다. 수도권의 공장과 대학들은 이미 충청권으로 분산되고 있다. 경부고속철도의 개통으로 대전이 한 시간 출퇴근 거리로 들어왔다. 서울의 전철이 운행되는 천안은 주택건설업체들이 '서울특별시 천안구'라고 부를 지경이다. 앞으로 이런 현상은 더욱 가속화되어 수도권과 충청권도 하나의 대도시권으로 수렴될 것이다. 춘천, 원주를 포함한 강원도의 영서지방마저 수도권으로 편입되고 있다. 이렇게 수도권 확산이 계속된다면 결국 영남과 호남권이 남는다. 부산에서 목포에 이르는 남해안 지역과 포항, 대구, 광주에 이르는

성장 우선, 대극(大極) 우선의 국토개발정책이긴 해도 세계화의 도전에 지역이나 지방의 응전을 부추기는 시도 또한 매우 긴요하다. 말하자면 세계도시의 중요성에 착안하는 '대세(大勢) 활용'과 함께 지방자치단체의 토착세(土着勢)도 강화시키는 정향(定向) 조정에 박차를 가해야 한다는 뜻이다.

지방의 토착세 강화에는 무엇보다 수도권의 대극(對極, *counter-pole*)으로서 남해안권 개발사업을 말 그대로 '국책화'하는 데 힘써야 한다.[31] 남해안권 개발은 이미 문화관광부가 "남해안 관광벨트개발계획"(2000~2009년)으로 추진한다고 진작 간판을 달았지만, 계획을 추진한 지 불과 3년 만에 "남해안 관광벨트개발 변경계획"(2004년 7월)을 작성했음이 시사하듯이, 그 사이 실현은 지지부진했다. 문제의 요체는 한마디로 광역적 개발사업임에도 불구하고 전담 조정기구가 없다. 이 탓에 사업간 연계성을 확보하지 못한 채 지자체별로 뿔뿔이 진행하고 있다.[32]

다급해진 것은 해당 광역지자체다. 전남도는 남해안 개발을 위해 'J 프로젝트'란 이름으로, 경남은 '남해안시대 프로젝트'란 이름으로 각각 남해안발전축 구축에 나선 데 이어 관련지역간 협의체를 발족시키고

영호남의 내륙지역은 수충권과 대항할 수 있는 유일한 잠재력을 지닌 지역이다. 수충권 인구와 남해안권 인구는 비슷해지는 상황에서 수도권에 대응하는 대극(對極)지역이란 점에서 남해안권 개발의 의의가 부각된다. 망국적인 영호남의 지역갈등을 해소하는 전략적 의의도 찾을 수 있다." 최상철(2007)의 발췌 요약.

31) 김형국, "남해안 발전축의 개발정책: 국책화(國策化)를 위한 제언," 〈지역개발연구〉(전남대), 제37권 제1호, 2005. 6, pp.1~17.

32) 통영시와 거제시가 서로 유명 문학인의 연고지를 주장하면서 행정소송이 벌어졌던 사례가 말해주듯이 지자체들간의 장소판촉은 '장소전쟁'으로 치닫기 쉽다. 아니면 상대방의 벤치마킹이 '복사문화'(*fascimile culture*)로 전락하기 쉽다는 점에서 관련자치단체간의 조정은 필수불가결이다.

있다. 이 협의체는 중앙정부의 개입을 구체화하도록 '행정중심복합도시 건설법'에 버금가는 '남해안 해양경제 활성화 특별법'(가칭) 제정을 촉구했다.

수충권이든 남해안권이든, 그 속에 자리한 대소 지방자치단체는 장소판촉(*place-marketing*)에 더욱 적극적일 필요가 있다. 지방은 이미 축제 개최, 특산물 판매 등을 통해 고장의 브랜드를 알리기 위해 고장판촉에[33] 열심이다.

이 열기에 편승해서 참여정부는 기업도시란 이름으로 지방균형발전을 위한 정책패키지에 포함시키고 있다. 호황의 조선산업이 경남 거제 도시경제를 떠받들고 있듯이, 대형기업이 한 도시의 발전을 이끄는 경우를 일컫는 정책용어인데도 우리의 경우는 말만 기업도시이지 그 실제는 농촌마을의 각종 발전책을 과대포장하는 쪽으로[34] 오용하고 있다. 2006년 여름에 시범사업으로 정했다는 기업도시로 전남 무안(산업교역형), 강원 원주/충북 충주(지식기반형), 충남 태안(관광레저형), 전남 해남, 영암(관광레저형) 6개 지역을 시범사업으로 선정한 것은 언뜻 보아도 정책 부풀리기의 나쁜 보기에 지나지 않는다.

2007년 9월 착공예정인 충남 태안기업도시는 도시가 완공돼도 한동안은 연결도로가 없을 전망이다. 당초 국가균형발전특별법에 따라 기업도시로 연결되는 도로나 상하수도 등 각종 기반시설은 당연히 정부가 지어주는 것으로 알려졌지만 막상 사업이 진행되자 정부는 '기업이 알아서 하라'는 식으로 나왔다. 예산을 담당하는 일부 부처에서 "특정기업에 혜택을 주는 것은 곤란하다"고 나선 것이다. 현 정부가 국가

---

33) 김형국, 《고장의 문화판촉》, 학고재, 2002 참조.

34) 기능별로는 산업교역형(기업도시+산업단지), 지식기반형(기업도시+혁신클러스터), 관광레저형(기업도시+관광도시), 혁신거점형(기업도시+혁신도시)으로, 그리고 개발주체별로는 단일기업주도형, 컨소시엄형, 민관합작형으로 구분하고 있다.

균형발전 정책의 핵심성과 중 하나로 자랑하는 기업도시가 정부부처간 비협조로 표류하고 있어, 기업들 사이에서는 "기업도시가 기업의 발목을 잡게 됐다"는 탄식도 나온다 한다.

첨단의료단지를 조성한다는 강원 원주기업도시는 서울에서 가까우면서도 수도권 규제를 받지 않는 점이 상대적 이점이라 알려졌다. 그러나 앞날이 밝지만은 않은 것이 정부가 인천 송도신도시와 충북 오송신도시, 행정중심복합도시에도 비슷한 단지를 지정했고, 원주기업도시와 가까운 충북 충주기업도시도 첨단연구단지를 지을 예정이기 때문이다. 원주기업도시 관계자는 "정부 차원의 '선택과 집중'이 필요한데, 이렇게 벌여 놓으면 도시간 경합이 치열해지고 기업도 어디로 갈지 고민하게 된다"고 하소연했다 한다.[35]

9. '대수도론'의 여파

대수도론은 전국수준에서 긍정적 파급효과를 불러일으켰다. 그렇지 않아도 수도권의 압도적 우위에 가위눌려 왔던 부산과 그 주변이 위기감을 딛고 선의의 경쟁을 감당하려는 조치를 취하고 나선 것이다. 부산을 주축으로 울산과 경남이 모여 '부·울·경' 연대를[36] 결의했다.

대수도론은 벌써 자체성과를 보여준다. 서울을 가운데 두고 지리적으로 남북으로 나뉘어져 있기 때문에 경기도는 통합적 관리에 어려움이 있었는데, 서울 및 인천과 기능적 유대가 늘어나면 그 해결에 도움

35) 〈동아일보〉(2007. 6. 23).

36) 부산권이 일본의 큐슈 북부지역과 경제적 유대를 강화하려는 이른바 월경(越境) 무역지대를 활성화하면 양국이 세계화 파고를 이기는 데 윈윈전략이 된다고 전망하면서 그 부산권을 부울경이라 이름했다. 김원배 외(〈한일해협권 통합지역경제 기반구축을 위한 전략〉, 국토연구원, 2005) 참조.

이 될 것이다. 인천 또한 송도자유지역의 국제화에 서울과 인접한 효과를 활용할 수 있을 것이다.

세계도시 서울도 국토경제를 독식하고 있다는 일부의 오해를 잠재울 모처럼의 기회를 맞았다. 성장의 동력을 세계화바람 속에서 찾으려는 이 시대 우리 지방도시의 의욕을[37] 후원할 수 있는 호기를 맞은 것이다.

후발(後發)은 건너뛸 수 있는 자신감을 잉태한다. 우리 지방도시가 세계화 추세 선용을 통상적 산업의 진흥에서 찾는 수순(手順)을 뛰어넘어 국제스포츠, 회의·전시산업(*conference and convention industry*) 같은 첨난산업에서 돌파구를 찾으려 한다. 대구가 세계육상대회(2011), 여수가 세계박람회(2012), 평창이 동계올림픽(2014), 인천이 아시안 게임(2014)을 유치하기 위해 총력을 기울인 것. 세계화의 틈새를 노리는 데는 대구, 인천 같은 대도시는 물론이고 여수 같은 중간규모 도시와 평창 같은 농촌지방까지 지방자치단체의 규모는 다양하다.

'서울공화국'이란 이름으로 대(對)서울 격차를 안타깝게 여겨온 지방의 조바심은 2002년말 이래 '신행정수도' 건설안을 추진하기 시작한 참여정부의 복안에 대해 신행정수도 예정입지인 충남은 명시적 지지

37) 이런 시도는 세계화바람의 거셈을 직접 실감한 바이기도 할 것이고, 우리 발전의 선행지표로 여겨진 일본의 경험에서 배운 바이기도 할 것이다. 봉건제의 경험 때문에 우리보다도 덜 중앙집권적이라 생각되는 일본의 경우도 지방의 상대적 박탈감에서는 우리에 못지않다. 지방발전을 항상 중앙의 보살핌이라는 틀 속에서 모색하던 관성이 붙어 세계를 바라보는 시각도 동경을 거쳐야만 한다는 고정관념이 굳어져 있었던 것이 일본이었다. 이 타성을 깨려는 시도가 지방정치인 가운데서 평지돌출처럼 등장한다. 나중에 일본 수상을 지낸 당시 구마모토현 호소카와 지사와 이즈모(出雲) 시장을 지낸 이와쿠니 데쓰도 시장이다. 세계의 발전대세에 참여 내지 편승하려고 지방이 직접 나서기로 했던 것. 호소카와 모리히로(細川護熙)·이와쿠니 데쓰도(岩國哲人), 김재환 옮김, 《지방의 논리》, 삶의 꿈, 1991.

를, 나머지 도급 지방자치단체는 정부 공사(公社)의 지방이전을 고대하는 차원의 묵시적 지지를 보냈다. 수도의 입지는 한 나라의 생존과 정체성에 관련된 국기(國基)사항으로, 특히 우리의 경우는 서울의 위상이 분단 상황 속에서 대한민국의 정체성을 상징하고 있음에도 그에 대한 진지한 고려 없이 그 이전을 단지 균형개발정책의 수단으로 삼는 데 대한 경계심이 상대적으로 저조했다는 말이다.

신행정수도계획의 무산에도 불구하고 참여정부가 12개 행정부처를 행정도시로 옮길 상황에서 서울이 전향적으로 지방과 공생할 수 있는 가능성을 모색하고 나선 것은 금도(襟度)가 있는 대책이다. 세계화추세에 대응해서 세계도시로 우뚝 선 서울이 국가경쟁력의 견인차가 되어야 함은 시대의 요구이지만, 이 요구에 서울이 성공적으로 운신한다해도 지방의 시샘성 시선을 외면할 수 없음을 의식했기 때문이다.

서울의 성공이 지방으로도 확산될 수 있음이 이론이자 실천적 경험이기는 하지만, 기대는 항상 실현에 못 미쳐 지방의 질시와 견제가 따르기 마련이다. 이를 의식해서 최근 서울시가 이를테면 세계화적 도약을 일심(一心)으로 매달리는 지방자치단체의 의욕적 시도에 파트너로 동참하고 나섰다. 대구, 평창, 인천, 여수의 그런 의욕에 동참해서 유치홍보 활동에 뛰어든 것.[38] 당연히 예상되던 중앙정부 차원의 지원

38) 2007년 2월 8일, 강원도와 '2014년 평창 동계올림픽 유치 후원 협정'을 맺은 서울시가 유치 홍보활동에 발 벗고 나섰다. 서울시는 시 홈페이지에 평창 동계올림픽 유치위원회 배너(*banner*)를 설치해 위원회 홈페이지와 접속할 수 있도록 했다. 또 올해 서울에서 열리는 10여 개의 국제행사·회의에서도 평창 동계올림픽 홍보물을 배포하고, 다음달 8~24일 일본 주요 도시를 순회하면서 여는 '2007 서울관광 설명회'에서도 홍보활동을 벌일 예정이다. 그리고 서울시내 54개 전광판·광고탑과 46개 지하철 역사 PDP, 시가 발행하는 '서울사랑' '내 친구 서울' 등 각종 인쇄물과 간행물에서도 평창 동계올림픽 유치를 홍보하기로 했다. 서울시 홍보관, 광화문 관광안내소 등 시내 관광안내소 9곳에도 각종 홍보물을 갖다놓기로 했다(〈조선일

이 함량미달인 상황에서[39] 서울이, 다같이 지방자치단체일망정, 도우려 했음은 지방발전의 지평에서 이전에 볼 수 없던 진경이다.

10. 소득격차의 심화 : 세계화 · 정보화시대의 도전

참여정부가 균형정책에 전력투구하여 결국 소득분배에서 결실을 거두려 하는데, 그간의 경과는 오히려 뒷걸음질임은 정부통계에서 확인된다. 통계청이 발표한 〈2006년 가계수지 동향〉에 따르면, 전국가구 기준으로 고소득가구 상위 20%와 저소득가구 하위 20%의 격차를 나타내는 소득 5분위 배율은 7.64로 전년 대비 0.08포인트 상승했다. 전국가구에 대한 통계청 조사가 시작된 2003년 이후 최고치인 것이다.[40] 주택자산가치 또한 빈익빈부익부가 갈수록 심화되고 있다.

보〉, 07. 3. 28).

39) 다행스럽게도 2007년 3월 28일, 대구가 2011년 세계육상선수권대회 개최지로 결정되었다. 대통령은 "한국 스포츠사의 쾌거"라며 축하메시지를 보냈지만 유치과정에서 보인 정부의 소극적 역할을 야당인 한나라당이 맹비판했다. 야당대표 역시 축하인사를 보내면서도 "한 가지 섭섭한 것은 정부가 유치에 정말 냉랭하게 대한 것"이라며 "사실상 조금도 도와준 것이 없고 어떤 의미에서는 안 됐으면 좋겠다고 할 정도로 도움을 주지 않았다"고 비판했다. "거의 유치될 가능성이 있다고 할 때 대통령이 마지막에 대구를 방문, 운동장을 잠시 갔다온 것 외에는 정부가 도와준 것이 없다"고 부연했다(〈연합뉴스〉, 2007. 3. 28). 이런 비판을 의식한 탓인지 노 대통령은 2007년 4월 10일 전후로 있었던 해양 엑스포 개최를 추진하는 여수로 현지를 방문하자 청와대 접견에 이어 현지까지 방문해서 실사단을 환영하기도 했다. 낭보는 이어진다. 지난 2007년 4월 17일에는 인천의 아시안게임 유치가 확정되었다.

40) 전국 가구의 소득 5분위 배율은 2003년 7.23일에서 2004년 7.35, 2005년 7.56, 지난해 7.64로 껑충 상승했다(〈이데일리〉, 2007. 2. 6).

1993년 이후 세 차례 조사결과, 주택자산 지니계수는 1993년에 0.489에서 2002년 0.510으로 커진 데 이어 2006년에는 0.568로 더욱 확대되었다.[41]

소득격차의 심화는 대내·외적 요인의 합작이다. 대외적으로 "고용 없는 성장"이 이루어지고 있는 세계화라는 시대조류, 그리고 대내적으로, 정계·학계가 한 목소리로 비판하는, 시장을 거스르는 무리한 부동산정책 등 파행적 경제정책에서 연유한다.[42]

전세계적으로 세계화가 몰고 온 큰 문제점 하나는 정보엘리트 대 중산층 사이의 엄청난 소득격차 심화다. 미국의 경우, 지난 20년 동안 미국 고급기업 관리자의 연봉은 40배에서 많게는 110배로 증가해서 세계적 축구스타 데이비드 베컴에 빗댄 '베컴식 대박'(*Beckhamesque bonanza*)을 거두고 있는 데 반해, 전형적 근로자의 임금상승률은 생산성증가율의 절반에 불과했다. 인구의 백분의 일, 또는 천분의 일에 불과한 정보엘리트들이 기업이익의 대부분을 차지한 데 반해, 생산직과 사무직은 기업의 경비절감정책에 무방비로 노출되어 있다.[43]

---

41) 통상 지니계수가 0.4 이상이면 불평등 정도가 심각한 상태로 분석된다. 이 심각성은 지난 5년간 수도권 아파트 가격의 급등이 그 주범으로 지목된다. 이 기간 전국 주택가격은 35.7%가 오른 반면, 서울 아파트는 73.1%, 수도권 아파트는 68.6% 상승했다(〈문화일보〉, 2007. 4. 11.).

42) 정운찬 전 서울대 총장은 2007년 2월 중순 한국경제학회장에서 퇴임하면서 "참여정부 들어 부동산 문제는 눌러도 다시 튀어나오는 도깨비 상자의 용수철처럼 우리 모두를 괴롭혀 왔다. 현 정부 4년을 거치면서 우리 국민의 대부분은 잠재적인 투기꾼이 됐고, 또 그러한 투기광풍의 피해자가 됐다"고 지적했다. 포퓰리스트 정권의 최대 수혜자들을 대변한다고 알려진 민주노동당의 권영길 의도 비슷한 시기에 "노무현 정권 4년은 말로만 양극화 해소와 민생을 외치고 정작 현실에선 민생을 외면함으로써 서민들에게는 '고통의 나날'이었다" 했다.

43) 이 까닭에 대해 경제학자들 사이에도 논란이 분분하다. 기술과 세계화 가운데서 무엇이 노동 몫 보다 자본 몫이 훨씬 앞지르게 하는 지에 대한 논

우리와 가까운 사례인 일본의 경우, 재계의 입장은 임금인상을 억제해야만 국제경쟁에 이길 수 있다고 주장해왔고, 그 결과 1992년에 일본 노동력에서 20%를 차지하던 비정규직이 최근엔 33%에 달한다. 실상이 그러함에도 집권정부는 '일억총중류'(一億總中流)라는 구호 아래서 일본을 중산층의 나라로 만든다는 목표로 '상대적 빈곤층의 비율', 곧 중간소득 절반 이하로 살아가는 사람의 비중을 줄인다고 공언한다.

아베 일본 수상은 "경제성장은 기업체를 위한 것이 아니고 공중을 위한 것"이라고 호언하지만, 재계는 재정부담을 일반 근로자에게 떠넘길 셈인지 법인세를 낮추고 소비세를 올려야 한다고 주장한다. 현재 실상은 고급 차와 가장 싼 차가 가장 잘 팔렸음이 말해주듯이 양극화는 여전히 엄연하고, 일파만파로 고용의 불안이 일본의 출생률을 낮추고 있다.[44)]

11. 소득격차 해소의 방안은?

이 시대에 지역간, 계층간 격차를 해소할 수 있는 방도는 무엇인가. "신분계층적으로 '이동가능' 사회를 만드는 일이다. 그리고 격차는 실력주의(*meritocracy*)와 전반적 경제진척(*general economic advance*)과 맞

란은 주제의 결정적 중요성에도 불구하고 내막이 복잡해서 결론을 얻지 못하고 있다. 정보엘리트들의 임금고공 행진과 지지부진한 중간계층의 임금은 개도국의 노동력이 노동시장에 끼어들 수 있게 만든 세계화 탓이라 한다. 이 입장은 기술과 세계화를 구분해서 외국노동력은 비판하고 컴퓨터는 반기고 있다는 말이다. 이 학파는 기술이 중간계층의 생산성을 높여주고 마침내 임금도 올려줄 것이라고 예측한다. 반대론자는 기술이 금방 임금을 올려주지 않을 것이고, 오직 정보기술이 대신 자본수익률을 높여줄 것이라 반박한다.

44) 〈Time〉 2007. 2. 27.

물리면 국민들은 감내할 만하다고 판단할 것이다. 이건 신자유주의를 신봉하는 선진국의 보편적 인식인데",[45] 우리도 유의미하게 참작할 가치가 있다.

신분계층적 성취는 바로 현대한국의 이정표였다. 사농공상의 신분제가 왕조시대가 끝나고도 무언중에 오랫동안 관성을 유지해오다가 1960년대 초 이래 절대가난을 벗겨주는 경제성장이 가시화되자 어느새 공상(工商)에 해당하던 기업인이, 그즈음 여대생의 선호 결혼대상이 바로 대기업체 직원으로 지목되었음이 말해주듯이, 사회적 엘리트로 부상했다.

특히 이른바 일류대학의 입학이 신분계층 이동의 상징코드였다. 일류대학에 오로지 머리 하나로 들 수 있었던 것이 현대한국이었다. 이 점에서 영미의 일류대학 입학 찬스보다 훨씬 자유롭고 평등적이었다.

신분계층적 이동을 담보해주는 장치는 고품질의 열린교육이다. 하지만 중고생은 물론 초등교생까지 다투어 해외유학 길에 오를 정도로 오늘의 한국교육은 심각한 위기에 놓여 있다. 교육의 공급적 측면에 대한 불신이 만연한 탓에 자식교육에서 시행착오를 절대로 범하지 않으려는 부모들이 마침내 과잉투자(*over-investment*)를 결행하고 있기 때문이다. 불확실한 상황에서는 과잉투자만이 대안임을 생활의 지혜로 통감한 끝이다.

오늘의 우리 교육 부실은 이른바 '2불(不)'[46] 곧 고교등급제[47]·본

---

45) 〈The Economist〉 2007. 1. 20.

46) 대통령 이하 참여정부 관계자는 기여입학제를 포함해서 '3불'이라 말한다. 그런데 기여입학제는 일부 사립대학에서 제기한 문제이고, 공립대학 쪽의 당면현안은 아니다. 그럼에도 모든 대학이 기여입학제를 선호한다고 말함으로써 가진 사람만이 대학에 들 수 있다는 인상을 주어 서민들의 반발을 유도하는 미끼로 사용하고 있다. 정권 관계자의 교묘한 얕은 수작이다.

47) 대입의 중요 관문인 수능시험의 경우, 모의고사를 통해 학교별 실력을 비교해본 결과, 400점 만점에 평균이 364점짜리 학교와 평균 109점짜리 학

고사 금지가 그 화근이다. 이 금지 때문에 우리 교육은 하향평준화되었고, 그래서 창의성 있는 인재양성이 뜻대로 이뤄지지 못해 꾸준히 2불에 대한 재검토의 필요성이 누적되어왔다. 하지만 특히 참여정부에 들어 대통령이 직접 나서서 금지해제는 절대불가를 선언하고 있다.

문제의 요체는 결국 자유 대 평등의 대척가치에서 정부는 후자에 역점을 두고 있고, 교육학자 등 발전론자들은 전자에 가치를 두어야 한다는 주장 사이에 있다. 세계화의 바람 속에서 미국과 FTA 협정이란 태풍마저 몰아칠 상황인데, 국내적 가치에 치중하는 평등 대 세계 속에서 살아남자면 따라야 할 자유가치 둘 중에 어디에 무게의 중심을 두어야 할지 궁극의 결론은 자명하다. 그런데도 정부는 포퓰리즘의 한 축으로 듣기 좋은 말인 평등에 연연하고 있음이 오늘의 안타까운 우리 사정이다.

교가 나왔다. 이 문제점에 대해 참여정부는 평균이 높은 학교 학부모는 부자여서 비싼 과외를 시켰고, 평균이 낮은 학교는 학부모가 그렇지 못한 차이뿐이니 대학입시에선 두 학교 내신을 똑같이 취급해야 한다는 것이다. 이건 "입시가 아니라 제비뽑기일 따름"이라는 것이 비판론자의 지적이다.

| 제3장 |

참여정부 균형발전정책의 폐해와 정리방향*

신도철

1. 서론

우리나라는 지난 50년여 년 동안 고속의 경제성장을 이룩하였다. 이러한 빠른 속도의 경제성장은 급격한 산업구조의 변화를 수반하는 것이었다. 1950~1960년대의 우리나라는 기본적으로 농업사회였으나, 그 이후 제조업의 비중이 점차 늘어났고 이제는 서비스업의 중요성이 더욱 커져가고 있다. 그와 함께 우리나라는 그동안 아마도 세계역사상 가장 빠른 속도의 도시화를 경험하였다.

한편 우리나라는 그동안 상당 정도의 민주화를 이룩하였다. 형식적인 선거에 의한 독재적 지도자의 선출은 과거지사로 되었고, 이제 국민의 지지를 많이 얻는 정당이나 후보가 권력을 잡고 국정과 지방행정을 운영한다는 것은 국민 모두에게 하나의 상식이 되었다. 그리고 정

* 이 논문은 〈한국경제학회〉가 2007년 5월 21일 "국가 균형발전 전략의 득과 실"이라는 주제를 내걸고 개최한 정책포럼에서 발표된 원고에 약간의 수정 보완을 가한 것임.

당이나 후보들에게는 국민의 표를 많이 얻는 것이 그만큼 더 중요해지게 되었다.

성공적 산업화와 민주화를 바탕으로 우리나라는 이제 선진국으로 발돋움하려 하고 있다. 국민들의 교육수준은 크게 향상되었으며, 세계와의 교류와 협력은 날로 증대해가고 있다. 성장잠재력을 키우고 법치를 확립하며 문화를 창달해 나간다면 우리나라가 머지 않은 장래에 선진국의 일원으로 되는 것은 충분히 가능하다고 본다.

그러나 우리나라의 선진국 진입이 자동적으로 보장되어 있는 것은 결코 아니다. 사실 많은 나라들이 중진국에서 선진국으로의 진입에 실패했다. 오히려 성공사례가 드물 정도이다. 선진국으로의 진입을 가로막는 요인은 많이 있을 수 있지만, 가장 흔하게 관찰되는 요인으로는 민주주의가 포퓰리즘의 포로로 되는 것이다. 정치인들은 국가의 장기적 전체적 이익을 위하기보다는 득표를 위해 대중영합적 혹은 단기적 정파적 이익에 봉사하는 정책과 프로젝트를 제시할 수 있으며, 그러한 정치인들이 국민다수의 지지를 얻어 득세할 수 있는 것이다. 선진국으로의 진입을 가로막는 또 다른 중요한 요인은 사회의 발전원리에 대한 정치인과 지식인과 국민들의 이해부족이다. 그로 인해 퇴행적 이념과 정책이 제시되고 받아들여지고 실행될 수 있다.

지역개발과 관련해서는 그 성격상 포퓰리즘적 정책이 제시될 개연성이 크다. 지역개발로 이익을 보는 집단이 명백하게 규정되고 비용은 전 국민에게 분산되며, 정치 행정의 단위도 지역에 기초하여 정해지기 때문이다. 그리고 무엇이 올바른 지역개발 정책인지에 대해서는 잘못된 관념이 형성될 가능성도 높다. 도시화는 개별 경제주체들의 나름대로의 선택의 결과 나타난 것으로서 인적 물적 자원의 효율적 배분에 이바지하는 것이지만, 피상적 관찰에 기초하여 대도시가 과밀해졌고 농촌지역이 낙후하기 때문에 대도시로의 집중을 억제하고 낙후지역을 지원해야 한다는 식의 대증적 정책이 제시되기 쉬운 것이다.

참여정부의 균형발전정책은 해방 이후 우리나라 최대의 포퓰리즘 정책이라 할 수 있다. 수도이전 공약은 특정 정파의 정치적 이해를 위해서는 대단히 성공한 것이었을지 모르지만, 수도이전 혹은 '반쪽 수도이전' 정책은 대규모의 자원낭비와 국민불편 그리고 우리나라 국제경쟁력의 손상을 초래할 것이다. 기본적으로 행정복합도시가 건설되지 않는 지역의 불만을 무마하기 위해 추진된 공공기관 지방이전과 그와 연계된 이른바 혁신도시의 건설정책도 재정낭비, 지역간 갈등조장, 업무의 비효율, 직원과 국민의 불편 등을 초래할 것이다.

참여정부 균형발전 정책의 문제의식, 즉 수도권 집중과 지방의 침체로 나타나는 지역간 불균형을 대도시 집중의 억제, 낙후지역 지원 등을 통해 교정하겠다는 생각도 도시화와 지역발전에 대한 올바른 이해에 바탕을 둔 것이라 할 수 없다. 수도권 내지 대도시권의 수용능력은 가변적인 것으로서 잘만 정비한다면 대도시는 더 많은 집적의 이익을 누릴 수 있다. 대도시권으로의 집중은 더 이상 과거와 같은 급격한 속도로는 일어나지 않겠지만, 세계화 정보화의 추세는 광역화되고 집적화된 대도시의 중요성을 더욱 부각시킬 것이다. 그리고 도시지역으로의 인구이동은 사실 국가경제의 전반적 생산성 향상뿐만 아니라 농촌인구의 소득증대에도 이바지하는 것이었다. 낙후지역의 지원은 가난한 사람이 가난한 지역에 계속 남도록 유인하는 효과를 낼 수 있다. 올바른 정책은 지역을 지원하는 것이 아니라 (보다 생산성이 높은 부문으로 쉽게 이동할 수 있도록) 사람을 지원하는 것이다.

이 글은 다음과 같이 구성되어 있다. 제 2절에서는 참여정부 균형발전정책의 전개과정과 특징을 간단히 살펴본 다음, 그 정책은 포퓰리즘적 성격을 강하게 가지고 있으며 여러 가지 폐해를 낳고 있거나 낳을 것임을 이야기한다. 제 3절에서는 도시화와 지역발전에 대한 올바른 시각을 제시하고, 이에 기초하여 "지방분권에 기초한 자율적 지역발전"이라는 새로운 패러다임으로 문제에 접근할 것을 제안한다. 제 4절에서는 우리나라가 산업화 민주화의 성과를 이어받아 선진화로 나아가는 데 있어 참여정부의 허구적 포퓰리즘적 균형발전정책을 하루 빨리 정리하는 것이 중요하다는 문제의식하에, 다른 나라 균형발전정책 전개과정의 시사점을 참조하면서 참여정부 균형발전정책의 정리방향을 제시한다. 제 5절에서는 논의를 종합하면서 이 글을 마무리 짓는다.

2. 포퓰리즘의 전형으로서의 참여정부 균형발전정책

1) 참여정부 균형발전정책의 전개와 특징

2002년 9월 노무현 후보 선거캠프는 수도이전을 공약했고, 노무현 정부가 출범한 후 2003년 12월 국회는 충청지역에 새로운 행정수도를 건설할 것을 내용으로 하는 신행정수도건설특별조치법을 통과시켰다. 그러나 2004년 10월 헌법재판소는 서울이 수도라는 사실은 관습헌법에 해당한다면서 이 법이 위헌이라고 결정했다. 그 후 2005년 3월 국회는 '신행정수도 후속대책을 위한 연기·공주지역 행정중심복합도시 건설을 위한 특별법'(행정도시특별법)을 통과시켰다. 이 법에 의하면, 국회, 청와대, 대법원, 헌법재판소 등은 서울에 남고 12부 4처 2청이 연기, 공주지역으로 이전하게 된다. 현재 관련토지보상 절차가 거의 마무리되었으며 도시건설을 위한 각종계획이 수립된 상태이다.

한편 노무현 대통령은 취임 몇 개월 후인 2003년 6월 "국가 균형발전을 위한 대구 구상"에서 국가 균형발전을 위한 공공기관 지방이전 방침을 발표했다. 그 뒤 2004년 1월 '국가균형발전특별법'이 제정되었고, 2005년 6월에는 공공기관 지방이전 최종계획안(이전대상기관 명단, 시·도별 배치방안, 지원방안, 향후 추진계획 등)이 국무회의에서 심의·확정되었다. 최종계획안은 수도권 소재 340여 개 공공기관 중

170여 개 기관을 이전대상기관으로 선정했다. 또한 이전하는 공공기관을 수용하기 위하여 충남을 제외한 11개 시·도에 혁신도시(지구)를 건설하기로 했다.

아래에서 좀 더 자세히 살펴보겠지만 "수도이전"과 "공공기관 지방이전"은 원래 포퓰리즘적 발상에서 시작된 정책이다. 참여정부는 이들 정책에 낙후지역 발전촉진, 지역특화발전특구 지정 및 활성화, 혁신도시 건설, 지역혁신역량 증대, 수도권의 계획적 관리 등을 더하여 "국가 균형발전"이라는 명목으로 포장하였다.

참여정부의 국가 균형발전 정책은, 지난 40여 년 동안의 수도권 일극 중심 불균형발전 전략으로 인해 수도권은 심각한 과밀의 문제로 시달리고 지방은 정체와 저발전의 악순환을 벗어나지 못하고 있다는 판단에 기초하고 있다. 이러한 문제인식하에 행정도시를 만들고, 공공기관을 지방으로 이전하고, 이전하는 공공기관과 지역전략사업을 연계하여 혁신거점도시를 건설하는 한편으로, 과밀방지를 위해 수도권에서의 공장 신증설 등을 억제하고, 수도권기업의 지방이전을 지원·촉진하고자 한다.

참여정부의 균형발전 정책은 수도권 집중현상이 나타나게 된 나름대로의 역사적, 사회적, 경제적 요인과 그러한 현상에 수반하는 나름대로의 효율성 증진효과 등에 대한 깊이 있는 이해가 없이, 문제가 있어 보이는 현상을 곧바로 바로잡으려는 대증적 처방을 제시하고 있다. 뿐만 아니라 참여정부의 균형발전정책은 말로는 지역의 자율과 창의의 중요성을 내세우고 있지만 실제로는 중앙정부가 주도적 역할을 담당하고 있다. 이러한 중앙정부 주도의 대증적 처방이라는 특징을 가지는 참여정부 균형발전 정책은 아래에서 보는 바와 같이 많은 부작용을 낳고 있다.

2) 참여정부 균형발전정책의 포퓰리즘적 성격

2002년 9월 노무현 후보 선거캠프가 수도이전을 공약했을 때, 많은 국민들은 그 타당성에 의심을 품었으며 그러한 공약의 실현가능성은 극히 낮다고 생각했다. 수도이전 정책이 현실화되기는 어려울 것이라는 국민들의 예상은 그러나 어긋났다. 노무현정부가 출범한 후 2003년 12월 국회는 신행정수도건설특별조치법을 찬성 167명, 반대 13명, 기권 14명으로 통과시켰다.

어떻게 하여 더 많은 국민들이 바람직하지 않다고 생각하는 수도이전이 선거공약으로 제시될 수 있는가? 예컨대 A, B 양당이 있고, X, Y, Z의 세 유권자그룹이 있다고 하자. X그룹은 주로 A당을 지지하고 Y그룹은 주로 B당을 지지하며, Z그룹에는 A당 지지자와 B당 지지자가 반반 정도 된다고 하자. 즉 Z그룹에는 이른바 부동표가 많다고 하자. 이 경우 세금을 더 거둬서 Z그룹에 이익이 되는 국가프로젝트를 추진한다고 하자. 이런 정책공약으로 X그룹과 Y그룹의 A당 및 B당에 대한 지지율은 크게 변하지 않는 반면, 그런 공약을 제시한 당에 대한 Z그룹의 지지율은 크게 오를 수 있다. 결국 그런 공약을 제시한 당이 선거에서 승리할 가능성이 높아질 것이다. 수도이전 공약도 이런 성격의 공약이라 할 수 있다. 노무현 대통령은 당선 후 "수도이전 공약으로 재미 좀 보았다"고 말한 바 있다. 수도이전 공약은 특정 정파의 정치적 이해를 위해서는 대단히 성공한 공약이었다고 할 수 있다.

그러면 어떻게 하여 더 많은 국민들이 바람직하지 않다고 생각하는 수도이전이 국회에서 법제화될 수 있었는가? A당의 주된 지지기반은 X그룹이고 B당의 주된 지지기반은 Y그룹일 때, 그리고 Z그룹에는 부동표가 많을 때, 예컨대 A당이 Z그룹이 좋아하는 정책을 제시할 경우 B당은 이에 반대하기가 어렵게 된다. B당이 그러한 정책에 반대할 경우 B당에 대한 X그룹이나 Y그룹의 지지율은 다소 상승할지 모르지만,

Z그룹의 지지율은 크게 하락할 수 있기 때문이다. 그리하여 국가 전체의 관점에서 봤을 때 비용-편익 측면에서 전혀 타당성이 없는 프로젝트, 국민투표에 붙일 경우 부결될 것이 확실한 프로젝트라 하더라도 국회에서 다수의 지지를 획득하면서 채택될 수 있는 것이다. 2003년 12월 신행정수도건설특별조치법이 국회에서 압도적 다수로 통과된 것은 바로 그러한 사례라 할 수 있다.

그런데, 신행정수도건설특별조치법은 위헌이라는 취지의 헌법소원이 2004년 7월 제기되었고, 2004년 10월 헌법재판소는 서울이 수도라는 사실은 관습헌법에 해당한다면서 이 법이 위헌이라고 결정했다. 여기에서 우리는 헌법과 헌법재판소가 민주주의가 포퓰리즘의 포로로 되는 것을 막는 데 중요한 역할을 할 수 있음을 확인할 수 있다.

오늘날 민주주의는 독재정치의 폐해를 막아내는 성과를 상당 정도 거두어온 것도 사실이지만, 다른 한편으로 포퓰리즘에 빠질 위험도 함께 가지고 있다. 포퓰리즘은 원래 정치인이 자신의 단기적 정파적 이익을 위하여 국가의 장기적 전체적 이익을 저버린 채 국민들의 눈앞의 요구에 아부하고 영합하는 행위를 의미한다. 어떻게 보면 우리사회의 포퓰리즘은 이러한 대중영합의 소극적 포퓰리즘을 넘어 대중조작의 공격적 포퓰리즘으로 나아가고 있는 것 같다. 공격적 포퓰리즘은 국정과제에 대한 논리적 분석과 합리적 토론을 거치지 않고 국정과제를 단순화하고 구호화한다. 그리고 선과 악을 이분화하여 정치적 상대를 악의 집단으로 몰아간다. 이를 위하여 대중의 감성을 자극하고 정서적 여론을 선동한다. 참여정부의 수도이전 정책은 공격적 포퓰리즘의 대표적 사례로 꼽을 수 있을 것이다.

헌법재판소가 신행정수도건설특별조치법은 위헌이라고 결정했을 때에는 이러한 포퓰리즘을 우리나라의 헌법적 장치가 막아내는 듯이 보였다. 그러나 불행하게도 공격적 포퓰리즘의 힘은 생각보다 강력했다. 혹은 국민들과 정치권은 포퓰리즘의 함정에서 쉽게 벗어나지 못했다.

신행정수도건설특별조치법의 위헌결정 후 정부는 신행정수도후속대책 마련에 착수했고, 2005년 3월 국회는 '신행정수도 후속대책을 위한 연기 · 공주지역 행정중심복합도시 건설을 위한 특별법'(행정도시특별법)을 다시금 압도적 다수(찬성 158, 반대 15, 기권 4)로 통과시켰다. 이 법에 의하면, 앞에서 언급한 바와 같이, 국회 청와대 대법원 헌법재판소 등은 서울에 남고 12부 4처 2청이 연기 공주지역으로 이전하게 된다. "반쪽 수도이전"을 정한 행정도시특별법은 어떻게 보면 신행정수도건설특별조치법보다 더 문제가 많은 법이라 할 수 있다. 행정도시특별법에 대해 다시 위헌소원이 제출되었으나, 2005년 11월 헌법재판소는 재판관 7대 2의 의견으로 이 법에 의한 청구인들의 기본권침해가 없다면서 각하결정을 내렸다. 이 법률이 대한민국의 수도는 서울이라는 관습헌법의 취지에 위반되지 않는 경우 대통령과 국회에 헌법개정의 절차준수의무가 발생하지 않게 되고 따라서 청구인들의 국민투표권이라는 기본권이 침해받을 가능성은 없게 되는데, 이 법률에 의해 건설되는 행정중심복합도시는 수도로서의 지위를 획득하는 것으로 평가할 수 없다는 것이 헌법재판소의 논리였다. 헌법재판소도 공격적 포퓰리즘을 막아내기에는 역부족이었던가?

행정도시 건설의 경우와 마찬가지로 공공기관 지방이전 정책과 여타의 참여정부 국가 균형발전 정책도 전반적으로 포퓰리즘적 성격이 강하다. 170여 개의 공공기관을 지방에 강제로 분산 이전시키는 것은 행정복합도시가 건설되지 않는 지역의 불만을 무마하고 나아가 이들 지역의 정치적 지지를 얻기 위한 것이라 할 수 있다. 여타의 균형발전 정책도 지역을 수도권과 비수도권으로 이분화하고 사람을 기득권층과 비기득권층으로 나누어 대립시킴으로써 대중들의 이성적 판단이 아니라 감성적 정서에 호소하고 있는 것으로 보인다. 정부는 균형발전 정책과 관련하여 전문가에 의한 엄밀한 비용—편익 분석을 의도적으로 회피하고 있다. 대형 국가프로젝트일수록 중립적이고 엄정한 영향평가를 해야 할 것임에도 불구하고, 그러한 평가를 오히려 회피하려는 것은 행정도시 건설, 공공기관 지방이전 등 참여정부의 균형발전 정책이 지극히 정치적 성격의 프로젝트임을 반증하는 것이라 하겠다.

3) 참여정부 균형발전정책의 폐해

행정중심복합도시가 건설되면 결국은 "반쪽 수도이전" 내지 "수도분할"이 이루어지게 되는 셈이다. 이러한 "반쪽 수도이전" 내지 "수도분할"은 진실로 우리나라 장래를 생각한다면 결코 해서는 안 될 일이다.

우선, "반쪽 수도이전"은 엄청난 경제의 낭비와 행정의 비효율을 가져 올 것이다. "반쪽 수도"를 건설하는 데 드는 재정부담과 민간투자비용이 엄청난데, 얻는 것은 오히려 국무회의, 차관회의, 예결산심의, 국정감사, 상임위출석 등과 관련한 막대한 규모의 행정적 비효율과 낭비일 뿐이다. 다수의 공무원들이 기러기가족이 되는 불편을 겪어야 할 것이고, 일반국민 그리고 기업들이 서류를 가지고 서울과 지방을 뛰어다녀야 할 것이다. 결국 국가행정의 생산성이 크게 떨어지고 국민부담과 불편만 가중될 것이다.

그리고 "반쪽 수도이전"은 통일시대를 감안하더라도 올바른 길이 아니다. 통일한국의 수도는 세계화시대, 동북아시대에 걸맞은 위치에 두어야 할 것이다. 우리나라가 통일된 후 행정수도 이전을 혹시 논의한다 하더라도 그 방향은 남쪽으로 내려가는 것이 아니라 북쪽으로 올라가는 것이 합당할 것이다. 현재의 "반쪽 수도이전"은 통일시대에 대한 고려가 전혀 없다.

나아가, "반쪽 수도이전"은 수도 서울의 국제경쟁력을 크게 떨어뜨릴 것이다. 이제 세계화시대, 동북아시대에는 각국의 수도들과 대도시들이 서로 경쟁하게 된다. 어느 나라 수도가 보다 매력적인가, 어느 나라 도시가 비즈니스하기에 보다 편리한가를 놓고 서로 경쟁한다.

"반쪽 수도이전"은 서울이 대한민국의 수도로서 가지는 매력과 경쟁력을 크게 손상시킬 것이다.

"공공기관 지방이전" 정책도 "반쪽 수도이전"과 마찬가지로 혹은 그 이상으로 엄청난 업무의 비효율, 직원과 국민의 불편을 가져올 것으로 보인다.

우선 새로운 부지를 마련하고 새로운 건물을 짓기 위해서는 엄청난 비용이 소요될 것이다. 그리고 이렇게 비용을 들여 이전을 하더라도 업무효율이 높아지기는커녕 훨씬 낮아질 것이다. 각 공공기관은 관련 기관이나 수요자와 유기적인 지리적 관계를 맺고 있는 경우가 많으므로 새 입지에서 부여된 기능을 제대로 수행할 수 있을 지에 대한 면밀한 검토가 우선되어야 하는데, 그러한 검토가 제대로 이루어지지 않았기 때문이다. 직원들이 주말가족이 되는 불편을 겪을 수 있고, 우수한 신규직원을 뽑는 데 어려움을 겪을 수도 있을 것이다. 수요와 동떨어진 곳으로 공공기관이 이전하게 될 경우, 당해 공공기관의 서비스를 필요로 하는 국민과 기업의 불편이 증가하게 될 것이다.

뿐만 아니라 남북통일의 요인을 감안하면, 현재의 이전계획은 더욱더 타당성을 잃는 것으로 될 것이다. 예컨대 통일이 될 경우 북한지역에 기존 국영기업을 민영화하고 새로운 도로를 건설하며 토지를 개발하고 전기를 공급하는 등의 국가적 과제가 대두될 것인바, 현재계획에 의하면 한국자산관리공사는 부산에, 한국도로공사는 경북에, 한국토지공사는 전북에, 그리고 한국전력공사는 광주에 이전하는 것으로 되어 있다.

또한 세계화, 국제교류의 증대의 측면에서도 "공공기관 지방이전" 정책은 많은 문제점을 가지고 있는 것으로 보인다. 주요한 경제 금융 산업, 문화관련 공공기관들을 지방에 분산 이전시켜 놓고 서울을 동북아교류의 허브로 만들 수는 없을 것이다.

이와 같이 "반쪽 수도이전"과 "공공기관 지방이전" 정책은 그 자체만

놓고 보더라도 대규모의 비효율을 초래하겠지만, 이들 정책을 포괄하는 "국가 균형발전" 정책은 전반적으로 중앙정부 주도의 대증적 처방이라는 성격을 가짐으로써 많은 부작용을 불러일으키고 있다.

우선 참여정부 국가 균형발전 정책은 말로는 중앙정부의 주도보다는 지역의 자율과 창의의 중시를 내세우고 있지만, 대부분의 시책과 사업은 중앙정부의 주도와 지시 및 지원에 의해 이루어지고 있다. 중앙정부는 마치 지방에 시혜를 베풀듯이 혁신도시나 기업도시는 어느 지역에 건설할 것인지, 공공기관은 어느 곳으로 보낼 것인지, 어떤 대학을 이른바 혁신역량 강화를 위한 산학협력 중심대학으로 지정하고 지원할 것인지 등을 정한다. 이와 같이 주요 균형발전사업의 개발계획 수립 및 실시와 관련한 핵심권한이 중앙정부에 집중됨에 따라, 지역안배 등 정치논리가 앞서고 전반적 이전비용과 공공기관 하나 하나의 구체적 업무효율에 대한 고려는 뒷전으로 밀리게 되었다. 중앙정부 통제하의 시혜성 정책은 지방정부로 하여금 중앙정부만 쳐다보게 함으로써 지방정부의 자율과 창의를 손상시키며, 아울러 지역간에 분열과 갈등을 부추긴다. 각 지방자치단체는 전반적 국가경쟁력 향상으로 이어지는 생산적 활동에 신경 쓰기보다는 중앙정부로부터 어떻게 하면 많은 것을 얻어낼 수 있을 것인가에 몰두하게 되기 때문이다.

참여정부의 균형발전정책이 중앙정부 주도로 될 수밖에 없는 이유는, 수도권은 과밀하고 지방은 정체되어 있다고 보면서 이러한 문제가 있어 보이는 현상을 곧바로 바로잡으려는 대증적 처방을 실행하려고 하는 데에서 찾아볼 수 있다. 지역간 균형을 이루기 위해서는 어떤 물리적 조치가 요구되는 것으로 보이고 이러한 물리적 조치는 중앙정부가 적임이기 때문이다. 그런데, 어떤 현상에 대한 깊이 있는 이해가 부족한 상태에서 이루어지는 대증적 처방은 자연스러운 인적, 물적 자원의 흐름과 교류협력 관계에 왜곡을 가져옴으로써 사회에 커다란 부담을 안긴다. 대증적 정책처방을 내놓는 정책담당자는 잘못된 것을 바로잡는다는 확신에 사로잡혀 비판에 귀 기울이지 않는다. 예컨대 수도권 과밀을 내세우면서 시행하고 있는 수도권의 계획적 관리는 기업이나 공장의 입지에 대해서도 기업 스스로의 판단을 존중하기보다는 규제 등 각종 수단을 동원하여 수도권에서의 공장 신증설 등을 과도하게 억제하고 있는바, 그 결과는 우리나라 산업의 국제경쟁력 약화이다. 지역발전의 동학에 대한 이해가 부족한 상태에서 어떤 바람직하지 못하다고 자의적으로 판단한 현상에 기계적으로 대응하는 정책은 진정한 지역발전을 가져오기는커녕 국가자원의 낭비와 국민정신의 훼손을 초래할 뿐이다.

3. 새로운 패러다임의 지역발전정책

1) 새로운 지역발전정책 정립의 필요성

이른바 균형발전 개념으로 이념화된 획일적 대규모 정부부처 및 공공기관 지방이전계획과 이와 연계된 행정도시 및 혁신도시 건설계획 등은 앞에서 본 바와 같이 그대로 실행될 경우 엄청난 비용부담과 업무효율 저하를 가져올 것이다.

지역개발 내지 대형 국책사업이 선거과정에서 득표를 위해 혹은 특정지역의 이익을 위해 대중영합적으로 공약되거나 계획됨으로써 국가경제에 주름살을 안긴 사례는 수없이 많다. 대표적인 것이 1987년 노태우 후보의 선거공약으로 시작된 새만금 사업이라 할 수 있다. 현재 적자를 보고 있는 지방공항들과 잡초만 무성하게 키우고 있는 공업단지들도 많은 경우 선거공약으로 시작되었다. 국책사업이 정략적 계산으로 시작될 경우, 그 효율성은 보장되지 않고 대형 예산낭비로 이어질 가능성이 높은 것이다. 행정도시 건설과 공공기관 지방이전 프로젝트는 그 규모 면에서 이전의 어떠한 국책사업보다도 큰 것이고, 정략적 목적으로 시작된 이들 프로젝트가 그대로 시행될 경우 국가적 규모의 낭비와 비효율을 가져올 것이다.

그런데, 이러한 낭비적 대형 국가프로젝트도 일단 시작될 경우 되돌리기가 쉽지 않다는 특성이 있다. 프로젝트와 관련된 특별 이해관계가 형성되기 때문이다. 이전예정지구의 개발업자와 건설업체, 프로젝트를 이끌어 가는 공무원 기타 관계자, 이전예정지구 근처에 토지 주택 등을 이미 구입해 놓은 이전대상 기관의 직원 등은 프로젝트의 계속 수행에 큰 이해관계가 걸려 있다. 특정 공공기관의 이전을 기대해왔던 지역주민들의 입장에서도 이전으로 인한 이익은 확실하게 드러난다. 국회의원들도 여야를 불문하고 자신의 지역구 이익을 염두에 두고서 공공기관 이전 등의 프로젝트를 지지할 가능성이 높다. 프로젝트의 계속수행으로 이익을 보는 이들 집단은 뭉쳐 있는 데 반해, 비용을 부담하는 집단 즉 일반 납세자들은 흩어져 있고 따라서 그 비용은 잘 드러나지도 않는다. 결국 뭉쳐져 있는 수혜자들은 자연스럽게 프로젝트 중단 내지 철회를 반대하는 강력한 연합체를 형성하여 프로젝트의 차질 없는 수행을 희망할 가능성이 높다.

그러나 행정도시 건설과 공공기관 지방이전 프로젝트는 지금이라도 되돌려야 한다. 이미 지불한 비용이 아까운 것은 사실이지만 계속 진행될 경우 더 큰 비용과 낭비를 초래할 것이기 때문이다. 이들 프로젝트를 되돌리는 데 대한 저항이 엄청나겠지만, 우리나라 선진화를 위해서는 그러한 저항을 반드시 극복해야 한다. 우리나라 역사상 최대의 포퓰리즘적 국책사업을 가능한 한 빠른 시일 내에 저지하느냐 못하느냐는 우리나라가 선진국으로 진입할 수 있느냐 없느냐에 커다란 영향을 미칠 것이다.

이들 포퓰리즘적 프로젝트의 저지가 성공할 수 있기 위해서는 국민들이 그 폐해를 알고 저지운동에 동참할 수 있어야 한다. 헌법재판소 등 헌법적 장치가 포퓰리즘의 저지에 일정역할을 할 수 있지만 한계도 있다는 것을 최근의 경험은 알려주었다. 일반국민들이 참여정부 균형발전정책의 허구성을 알아차리고, 보다 장기적 관점에서 그리고 국가전체의 관점에서 어떠한 지역발전 정책이 올바른 것인가에 대한 이해를 가질 필요가 있다. 국민들의 의식이 높아졌을 때에만 포퓰리즘을 극복할 수 있다. 무엇이 올바른 정책인지에 대한 인식과 믿음이 확고할 때에만 포퓰리즘의 선동에 넘어가지 않고 이를 저지할 수 있다. 성숙한 국민들 앞에서는 선동적 포퓰리즘이 맥을 추지 못하는 법이다. 민주주의가 장기적 경제발전과 사회발전을 이끌어낼 수 있기 위해서는, 국가전체의 관점에서 봤을 때 타당성이 없으나 특정집단의 이익에 봉사함으로써 득표에 도움이 될 것으로 보이는 포퓰리즘적 국책사업을 공약하는 정치가들을 국민들이 걸러내고 제재할 수 있어야 한다.

포퓰리즘적이고 허구적인 참여정부 균형발전정책과는 대비되는 새로운 패러다임의 지역발전정책을 제시하는 것은 눈앞의 행정도시 건설과 공공기관 지방이전을 저지하기 위한 것 이상의 의미가 있다.

원래 지역개발과 관련해서는 포퓰리즘적 공약이 제시될 개연성이 크다. 지역개발 프로젝트의 경우 이익을 보는 집단이 가시적으로 명백하게 규정되고 비용은 전국민에게 분산되며, 정치행정의 단위도 지역에 기초하여 정해져 있기 때문이다. 정치가는 특정지역에 개발프로젝트를 공약함으로써 해당지역 주민의 지지를 얻고자 하고, 지역주민들도 자기지역에 개발프로젝트를 가능한 한 많이 유치하기를 원한다. 지역구 출신의 국회의원은 해당지역에 국책프로젝트를 얼마나 유치했는가에 따라 그 능력을 평가받고, 따라서 헌법이 요구하는 바에 따라 국가를 위해 일하는 것이 아니라 표를 의식하여 지역을 위해 일하는 경우가 허다하다.

새로운 패러다임의 지역발전정책은 감성적 이념적 구호보다는 국가전체적 비용—편익 차원의 이성적 분석에 기초하여 정책이 결정되도록 함으로써 앞으로도 지속적으로 포퓰리즘적 공약의 소지를 줄이는 것으로 되어야 한다. 새로운 패러다임의 지역발전정책은 또한 중앙정부의 개입을 줄이고 지역의 자율과 창의를 존중함으로써 지역간에 배타적 대립과 갈등이 아니라 선의의 경쟁과 협력이 지배하도록 하는 것이어야 한다.

2) 도시화와 지역발전에 대한 올바른 이해

참여정부가 제시하고 있는 국가 균형발전의 문제의식과 비전은, 현재의 수도권 집중과 지방의 침체는 국가 국가경쟁력 차원에서 볼 때 더 이상 용인할 수 있는 수준이 아니며, 따라서 낙후지역의 자립기반 조성, 지역혁신역량 증대, 수도권 기능의 지방분산, 수도권의 계획적 관리 등을 통해 그동안 심화돼온 지역간 불균형을 교정하고 자립형 지방화를 달성하며 나아가 국가경쟁력을 극대화해 나가겠다는 것이다.

이와 같이 참여정부 국가 균형발전 정책의 기저에 깔려 있는 것이 수도권은 과밀화되어 있다는 인식이다. 전국토의 11.8%에 불과한 면적을 가진 수도권에 인구의 48%, 금융거래와 조세수입의 70%, 중앙정부부처의 100%, 기타 공공기관의 84%, 100대 대기업 본사의 91%, 10대 명문대학의 80%, 벤처기업의 77%가 집중되어 있다는 것이다. 그리고 수도권 집중현상으로 지방은 인구의 절대규모가 줄어드는 가운데 활력을 잃어가고 있고, 수도권과 지방의 격차가 심화됨에 따라 전체적 국가경쟁력이 약화되고 있다는 것이다.

그러나 이러한 인식은 그럴듯해 보일지 모르지만 실은 심각한 오류에 빠져 있다. 경제발전과 산업구조의 변화, 그리고 도시화와 지역발전에 대해 올바른 이해를 가진다면 결코 참여정부의 균형발전 정책과 같은 대증적 처방을 올바른 것이라 생각하지 않을 것이다.

우리나라는 1960년대 이후 본격적인 고속성장기에 접어들었는데,

이러한 경제성장은 산업구조의 변화를 수반하는 것이었다. 1963년에 농업에 종사하는 취업자 비중은 63%였으나 지금은 8% 수준으로 줄어들었다. 그리고 그와 함께 도시화가 빠른 속도로 진행되었다.

인적 물적 자본의 축적과 새로운 기술의 개발 내지 도입으로 생산량이 늘어나고 국민의 소득이 높아짐에 따라, 재화와 서비스에 대한 수요패턴도 변해간다. 예컨대 식료품에 대한 수요의 증가율은 소득 증가율에 미치지 못하며, 교육 의료 관광 등에 대한 수요의 증가율은 소득 증가율보다 높은 것으로 나타난다. 수요가 더 빠르게 늘어나는 재화와 서비스는 그렇지 못한 재화·서비스에 비해 상대적으로 가격이 높아질 것이고, 그러한 산업 분야에 종사하는 노동자의 임금이나 그러한 산업 분야에 투자된 자금의 수익률은 다른 분야 임금이나 수익률보다 상대적으로 더 높아질 것이다. 수요가 증가하는, 따라서 수익성이 더 좋은 산업분야로 인적 물적 자원이 모여들게 되고, 그 과정에서 산업구조는 지속적으로 변화해간다. 지난 수십 년 동안의 농업인구의 감소는 이러한 산업구조의 변화를 반영한 것이다. 제조업이나 서비스업 등 비농업 분야 산업은 생산된 재화나 용역의 판매, 자금 및 인력의 조달, 기술의 개발이나 도입 등 여러 가지 측면에서 도시 내지 도시 근교에 입지하는 것이 유리하다. 결국 농업 비중의 감소를 특징으로 하는 지난 수십 년간의 산업구조의 변화는 인구 및 각종 자원의 도시권으로의 집중을 수반하는 것이었다.

이러한 도시화현상은 경제성장을 이룬 나라라면 어느 나라에서나 관찰되는 현상이다. 예컨대 현재 미국에서는 농업부문 취업자 비중은 2%에 불과하다. 미국에서도 한때는 인구의 대다수가 농업에 매달려야 겨우 식량문제를 해결할 수 있었으나, 이제는 전체 취업자의 2%만이 농업에 종사해도 농산물 생산량은 전체 인구를 먹여 살리고도 남아 일부가 외국에 수출되고 있는 상황이다. 그만큼 타 분야에서와 마찬가지로 농업 분야에서도 장족의 기술진보가 이루어졌던 것이다. 우리나라에서도 경제성장에 수반하여 산업화와 도시화가 진행되어 왔다. 실로 우리나라의 경우 산업화·도시화는 고속의 경제성장에 발맞추어 다른 어느 나라보다도 급격하게 이루어졌다. 농산물의 상당한 정도의 수입이 이러한 과정을 가속화시키는 요인으로 작용한 것도 사실이다.

한편, 급격한 도시화와 함께 도시지역에서 주택 부족, 도로 혼잡, 범죄 증가, 빈민가의 형성 등의 현상이 관찰되고, 농촌지역에서도 인구의 감소, 노령인구 비율의 증가, 소득과 생활수준의 상대적 낙후 등의 문제가 나타났다. 그러나 도시의 주택부족이나 빈민가 형성문제, 농촌의 상대적 낙후문제 등은 시간이 가면서 상황이 차츰 호전되어가고 있다. 그것은 도시와 도시주변에 더 나은 주택이 많이 건설되었기 때문이며, 농촌인구의 감소로 더 적은 농업종사자가 더한층 자본 및 기술 집약적으로 농사를 지을 수 있게 되었기 때문이다. 결코 도시권으로의 인구유입을 막는 대증적 처방으로 상황이 호전된 것이 아님에 유의할 필요가 있다.

사실 참여정부 이전에도 역대 정부는 수도권 인구와 산업집중 억제정책을 펴왔다. 1964년의 대도시 인구집중 방지책, 1973년의 대도시인구분산정책, 1984~1996년의 수도권정비기본계획 등이 그것이다. 이러한 수도권집중 억제정책은 수도권이 밀려드는 인구와 산업을 효과적으로 수용하는 데 필요한 각종 사회간접자본과 공장, 주택 등의 건설이 다소의 여유를 가지고 행해질 수 있도록 시간을 벌어준 측면이 있다.

그런데 참여정부는 이러한 역대의 수도권집중 억제정책이 소극적 정책추진과 정책일관성 결여로 수도권 인구비중의 증가 등에서 보는 바와 같이 실패했다고 판단하면서, 국가 균형발전 정책을 정부부처와 공공기관의 지방이전 등의 물리적 수단까지 동원하여 역대 어느 정부보다도 더욱더 강력하게 추진해나갈 것을 천명하고 있다.

그러나 이러한 발상은 시장경제에서의 경제성장과 산업구조의 변화 그리고 입지신댁의 원리에 대한 무지에서 비롯된 것으로써 심가한 위험요소를 내포하고 있다. 시장경제에서 가계, 기업 등 경제주체는 스스로 가장 유리하다고 생각되는 곳에 주택이나 사업장, 공장 등의 입지를 정한다. 필요하면 거주지나 사업장을 옮기기도 한다. 그동안 수도권 및 대도시권으로 인구와 산업이 모여든 것은 이러한 개개의 경제주체들의 자발적 의사결정의 결과로 나타난 현상이다. 역대정부의 수도권집중 억제정책에도 불구하고 수도권으로 인구와 산업이 몰려든 것은 개개의 경제주체들이 수도권으로 오는 것이 여러모로 유리하다고 판단했기 때문이다. 이러한 경제주체들의 자발적 의사결정이 모여 자원배분의 효율성과 전반적 생산성의 증대, 국민경제의 성장과 삶의 질의 향상이 이루어진 것이다. 농산물의 수입도 더 많은 노동력이 생산성이 더 높은 비농업분야에 종사할 수 있게 함으로써 경제성장에 이바지했다고 할 수 있다.

만약 수도권집중 억제정책이 문자 그대로 성공하여 1960~1970년대 이후 수도권으로의 인구 및 산업유입이 더 이상 없었다면 우리나라 경제성장률은 실제보다 훨씬 낮았을 것이다. 일반적으로 인구이동과 공장 등의 적소입지가 경제성장에 기여하는 몫이 상당한 것으로 분석되고 있기 때문이다. 그리고 수도권 등 대도시권에의 인구이동이 원활하게 이루어지지 않았다면, 대도시권과 농촌낙후지역 사이의 소득 및 삶의 질의 격차는 훨씬 커졌을 것이다. 생산성이 상대적으로 낮고 토지 등 자원이 한정되어 있는 농촌지역에 더 많은 인구가 머물러 있었다면 그들의 일인당 소득은 더 낮았을 것이며, 생산성이 상대적으로 더 높은 도시지역에 노동력이 제대로 공급되지 않았다면 그곳에 이미 거주하고 있던 사람들의 일인당 소득은 더 높았을 것이기 때문이다.

앞으로 당분간 수도권 내지 대도시권으로 인구 및 산업이 모여드는 현상은 계속될 것으로 전망된다. 정보화 세계화의 진전으로 정보와 지식이 더욱더 중요해지고 인적 물적 자원의 세계적 교류와 이동이 보다 활성화되어 갈 것인바, 이와 관련하여 대도시권이 농촌이나 소도시 지역에 비해 비교우위를 가질 것이기 때문이다. 다른 한편으로 수도권 내지 대도시권의 수용능력은 도로 등 사회간접자본이나 주택공급능력 등의 측면에서 옛날보다 많이 향상되었다. 앞으로도 산업구조의 변화는 지속적으로 일어날 것이고, 특히 농업 부문 취업자 비중은 지금의 8%대에서 3~4%로 감소해갈 것이다. 미국의 경우 농업부문 취업자 비중은 앞에서 언급한 바와 같이 2% 대이며, 일본은 4%대, 영국은 1%대이다.

다만 이제는 수도권 내지 대도시권으로의 인구 및 산업의 집중이 더 이상 과거와 같은 급격한 속도로는 일어나지 않을 것이다. 인구 내지 노동력의 이동이 자유로운 나라에서 농업종사자와 비농업종사자의 소득격차, 농촌지역 주민과 도시지역 주민의 소득격차는 탈농업화 및 도시화의 초기에는 확대되다가 탈농업화와 도시화가 완성되어감에 따라 차츰 축소되는 현상이 일반적으로 관찰된다. 우리나라 수도권의 인구 증가율도 현재 차츰 감소해가는 추세를 보이고 있다.

3) 새로운 패러다임 : 지방분권에 기초한 자율적 지역발전

지역발전 정책은 우선 앞에서 언급한 산업구조의 변화와 세계화의 추세를 반영한 것이어야 한다. 이제 한 나라의 대도시권역은 다른 나라의 대도시권역과 교류하고 경쟁한다. 세계의 주요 대도시권의 면적과 인구를 보면, 일본의 동경권은 1만3천여km^2의 면적에 3천4백만여 명의 인구, 중국의 북경권은 1만7천여km^2의 면적에 1천5백만여 명의 인구, 상하이권은 6천3백여km^2의 면적에 1천9백만여 명의 인구, 미국 뉴욕권은 1만7천km^2의 면적에 1천9백만여 명의 인구를 각각 가지고 있다. 한편 우리나라의 수도권(서울, 인천, 경기도)은 1만2천여km^2의 면적에 2천4백만여 명의 인구를 가지고 있다. 우리나라 수도권의 단위 면적 당 인구는 동경권이나 상하이권의 그것보다는 낮지만 북경권이나 뉴욕권보다는 높은 것으로 나타난다. 참고로 중국의 중경시는 8만2천여km^2의 면적에 3천2백만여 명의 인구를 가지고 있는 바, 그 면적은 거의 남한 전체면적(10만여km^2)과 맞먹는 크기이다.

우리나라에서 수도권과 같은 인구밀집 대도시권역이 있다는 것은 세계도시간의 교류와 경쟁이 활성화되어가고 있는 현 상황에서 볼 때 하나의 자랑이다. 앞으로 수도권은 잘 정비하고 발전시켜 산업, 교육, 문화 등의 제반 측면에서 세계적 경쟁력을 갖추어나갈 필요가 있다. 이렇게 본다면, 수도권집중 억제를 목적으로 하는 각종 규제정책은 이제 폐기 내지 완화될 필요가 있다. 런던, 파리, 동경 등 선진국 대도시권들도 한때 수도권집중 억제를 위한 중앙정부의 강력한 개입이 있었으나, 규제로 인한 부작용을 경험한 후 이제는 국가경쟁력 강화를 위해 집중억제정책을 폐기하고 나아가 수도권을 경제중심지로 육성하기 위한 노력을 기울이고 있다.

이미 국내기업이든 해외기업이든 세계적 차원에서 공장이나 사업장의 최적입지를 물색하고 있다. 수도권의 수용능력은 이미 상당수준 향상되었다고 할 수 있다. 반면에 수도권으로의 집중은 그 속도가 완만해져가고 있다. 이제 입지선택은 기본적으로 개인이나 기업의 자유선택에 맡기는 것이 옳을 것 같다. 공장이나 사업장이 새로이 들어섬으로써 환경오염, 교통혼잡 등 부정적 외부효과를 발생시킨다면 거기에 상응하는 정화시설 설치의무나 부담금을 부과하면 될 것이다. 수도권 과밀을 내세우면서 공장의 신증설 자체를 금지시킨다면, 그 결과는 해당기업과 국가경제의 경쟁력 훼손일 뿐이다.

다음으로 낙후지역의 발전촉진 정책도 조심스럽게 접근할 필요가 있다. 농업부문 취업자비중이 앞으로 3~4% 수준으로 감소해갈 것이라는 점을 언급한 바 있지만, 산업구조와 지역간 인구분포의 변화방향에 대한 올바른 이해에 기초하여 인구의 산업간 지역간 이동을 용이하게 하는 방향으로 정책을 설계할 것이 요구되고 있다. 올바른 정책은 낙후된 지역을 돕는 것이 아니라 빈곤층을 돕는 것이다. 낙후된 지역에 사회간접자본을 과도하게 건설하거나 낙후지역 주민들에게 보조금을 지급하는 식의 지역간 균형발전 정책은 심각한 부작용을 가져올 가능성이 높다. 특정지역이 어떤 요인으로 생산성과 주민 소득수준이 낮을 경우, 그 지역을 지원하는 정부정책은 가난한 사람이 가난한 지역에 계속 남도록 유인하는 셈이다. 앞에서도 강조한 바와 같이 우리나라에서 그동안의 고속성장을 가능하게 한 중요한 요인 중 하나는 사람들이 생산성이 낮고 일자리가 적은 지역을 떠나 생산성이 높고 고용기회가 많은 지역으로 옮겨갈 수 있었다는 점이며, 그러한 인구이동이 낙후지역의 여러 가지 경제적 사회적 문제의 해결에 이바지하였던 것이다. 지역을 대상으로 하는 정책의 또 다른 문제는 정부지원의 혜택이 그 지역의 가난한 사람들이 아니라 대부분 그 지역의 부동산 소유자 내지 건설업자에게 돌아간다는 점이다.

결국, 수도권이 과밀해 보이고 지방이 낙후해 보인다고 하여 수도기능을 지방으로 이전하고 지방에 혁신도시 기업도시를 건설하고자 하는 것은 대증적 처방으로서 자원의 낭비와 국가경쟁력의 훼손을 초래할 가능성이 농후하다. "균형발전" 내지 "균형을 통한 발전" 정책은 언뜻 보아 그럴듯해 보이지만, 실현될 수 없는 허구이다. 경제발전과 산업구조 변화, 인구이동과 도시의 형성 등에 대한 이론과 경험은 오히려 "발전을 통한 균형"이 올바른 개념임을 이야기해준다. 2%대의 농업인구를 가진 미국에서 낙후된 농촌지역의 문제는 거의 없으며, 농업과 비농업, 농촌과 도시의 일인당 소득수준은 대체로 큰 격차를 보이지 않는다. 자유로운 인적 물적 자원의 이동에 기초한 경제발전은 일인당 소득이나 생활수준의 측면에서 지역간 균형을 가져오는 경향이 있는 것이다.

이제 포퓰리즘적이고 허구적인 참여정부 균형발전정책은 폐기되어야 한다. 수도권은 세계적 대도시권으로 발전시켜 동경, 북경, 상하이, 싱가포르, 홍콩 등 국제적 대도시권과 교류·경쟁할 수 있도록 해야 한다. 지방은 각자의 개별적 특성과 잠재력을 스스로 살릴 수 있도록 해야 한다. 중앙정부는 직접적으로 지역에 자원을 배분하고 규제를 가하는 방식에서 벗어나서 자율적 지역발전을 지원하는 체제로 전환하여야 하며, 이를 위해 재정 및 계획·규제 권한의 대폭적 지방이양을 추진할 필요가 있다.

지방분권에 기초한 자율적 지역발전을 위해서는 우선적으로 광역자치단체에 경제적 규제권한을 내려줌으로써 이른바 지역간 경쟁이 활성화될 수 있는 체제를 구축하는 일이 중요하다. 자본이나 기업 등 지역간 이동이 가능한 요소들을 두고 지역간 경쟁이 광역자치단체를 단위로 일어날 수 있도록 해야 한다. 광역자치단체가 지역발전을 주도하도록 함으로써 정책적 투자의 효율성을 증대시키고, 중앙정부와 지방정부간의 협력을 제고시키며, 주민과 기업의 보다 적극적 참여를 유도할 수 있을 것이다. 규제권한에 더하여 재정에 대한 권한도 지방에 내려주어야 할 것인바, 재정권한의 이전과 관련하여 중요한 것은 지방정부가 지출할 수 있는 재정의 규모를 늘리기보다는 지방이 스스로의 힘으로 확보할 수 있는 재원의 비중이 늘어나도록 재정수입권을 대폭적으로 이양할 필요가 있다는 점이다. 아울러 재정권이 실질적으로 이양되면 지방정부의 재정관리의 부실문제는 스스로 책임지도록 하고 중앙정부가 지원하는 일은 가급적 일어나지 않도록 해야 할 것이다.

우리가 주장하는 지방분권에 기초한 자율적 지역발전 정책은 시장경제, 자율과 창의의 존중, 평등주의의 지양 등의 가치와 맥을 같이하는 것이다. 시장결과를 가능한 한 넓게 받아들이는 사회는 번영한다. 자율을 존중하되 그 결과에 책임을 지게 할 경우 불가피하게 사람과 지역들 사이에 소득수준이나 생활정도 상의 차이를 가져올 수밖에 없으나, 장기적으로 보면 사람들로 하여금 열심히 일하도록 하고 창의를 발휘하게 하며 종국적으로는 분배상의 형평성도 제고시키는 경향이 있다. 반면에 평등을 강조하고 분배를 우선시하여 정부개입을 늘린 사회는 정체를 겪어왔을 뿐만 아니라 분배상의 불평등 정도도 오히려 더 높았다. 역사적으로 "능력에 따라 일하고 필요에 따라 분배받는다"는 달콤한 말에 넘어간 사회는 수십 년간 빈곤과 예종, 그리고 권력에 의한 국민의 차별적 취급을 경험했음을 상기할 필요가 있다.

4. 참여정부 균형발전정책의 정리방향

1) 해외 사례의 시사점

앞에서 언급한 바와 같이 참여정부의 균형발전정책은 수도권이 과밀 되어 있다는 인식에 기초하고 있다. 그러나 도시권의 수용능력은 가변적이며, 세계도시와의 경쟁을 생각하면 수도권이 결코 너무 비대해진 것이 아니다. 오히려 수도권이 국제경쟁력을 가지고 우리나라의 발전을 견인할 수 있도록 만들 필요가 있다. 허구적 균형발전정책을 지방분권에 기초한 자율적 지역발전정책으로 전환하는 문제와 관련하여 다른 나라들의 경험은 우리에게 시사하는 바가 크다.

일본정부는 급격한 대도시의 인구집중에 대응하기 위하여 1951년 수도권정비법, 1959년 수도권공업등제한법, 1963년 오사카권정비법, 1966년 나고야권개발정비법 등을 제정하였다. 1962년에는 "지역간의 균형 있는 발전" 내지 국토균형발전을 목표로 제 1차 전국종합개발계획을 수립하여 1966년까지 전국에 걸쳐 15개의 신산업도시를 선정하였다. 그러나 대도시권으로의 인구유입은 계속되었고, 인구와 산업의 구조변화에 제대로 대응하지 못한 대부분의 신산업도시는 실패로 끝나게 된다. 1967년에 수립된 제 2차 전국종합개발계획에서는 신칸센 및 각종 고속도로 건설을 추진하고 과밀과소 및 지역격차를 해소하고자 하였다. 그러나 대도시권에로의 인구집중이 계속되자 1977년에는 제3차 전국종합개발계획을 마련하여 국토균형발전을 위해 수도이전을 주요정책과제로 제기하게 된다. 제3차 계획에서는 또한 매력 있는 지방도시를 만들어 인구분산을 촉진하고자 모델정주권 구상이 제시되었고, 이것은 1980년에 통산성의 테크노폴리스 구상과 연결되어 그 이후 일본 지역개발정책의 주축을 이루게 된다. "다극분산형 국토의 구축"을 기본목표로 내세운 1987년의 제4차 전국종합개발계획에서도 테크노폴리스 프로젝트는 계속 추진되었다.

전국에 걸쳐 26개의 지역에 수도기능 유치를 전제로 지정된 테크노폴리스는 그러나 극한적 지역갈등을 초래하였고, 지역의 자생적 산업발굴을 도외시하였으며, 막대한 예산이 투입되었고, 중앙집권적으로 추진됨으로써 차별성을 갖지 못했다는 평가를 받고 있다. 결국 대부분의 테크노폴리스들은 자생력을 갖지 못하고 중앙정부와 지방정부 모두에게 재정적자를 불러오는 주요요인으로 작용하였던 것이다. 대규모 토목공사를 중심으로 한 국토균형발전정책은 전국적 지가급등과 부동산투기를 초래하였으며, 막대한 공공사업 예산투입으로 국가부채의 급등을 가져왔다.

국토균형발전 정책의 폐해와 그에 대한 반성에 기초하여 1993년에는 지방분권추진에 관한 결의가 채택되었으며, 2000년에는 지방분권일괄법이 제정되었다. 2002년에 집권한 고이즈미 수상은 국토균형발전정책의 주요 추진 기구였던 4개 공사를 민영화하였고, 대도시중시정책을 천명하면서 각종 대도시권 규제를 완화하였으며, 지방분권에 따른 지방정부의 책임과 의무를 강화하는 개혁을 단행하였고, 49개의 광역지방정부를 9개 내지 12개의 도주(道州)로 개편하는 도주제를 추진하고 있다. 일본은 이제 수도이전을 이야기하지 않고 있으며, 많은 비용을 치른 후 국토균형발전이라는 주술에서 깨어나고 있다. 일본은 그동안의 국토균형발전정책이 지역간 1인당 소득의 격차를 오히려 심화시켰고, 중앙집권적 정치행정체제를 강화시켰으며, 대규모 국가부채의 누적에 크게 기여했음을 통절히 깨닫고 균형발전정책을 폐기한 것이다.

영국에서는 인구와 산업이 런던 수도권으로 계속 몰려들고 북부지역이 상대적으로 낙후해지자 1940년대에 수도권에서의 공장 및 사무실 등의 개설에 대해 허가제를 도입하여 수도권 과밀을 막는 한편 낙후지역에 대해서는 재정적 지원을 해주는 정책을 시작했다. 그러나 이와 같은 규제정책은 대상지역과 강도를 사회적 변화에 따라 신축성 있게 조정하면서 운영되었고, 노동당 정부시절인 1966년도부터는 계속 완화되어 왔다. 그 뒤 대처수상은 수도권 규제가 국가경쟁력 향상에 도움이 되지 못한다는 판단하에 수도권 규제정책을 폐기하였다. 노동당 정부가 들어서서도 수도권 규제를 없애는 정책기조는 변함없이 지속되었고, 런던권에 대한 대규모투자를 통해 경쟁력을 강화시키고자 노력하였다. 1980년 전후의 수도권 규제정책 폐지 이후 중앙정부는 런던지역에로의 인구와 산업의 집중에 대해 더 이상 문제제기를 하지 않고 있으며, 오히려 런던권에 대해서는 인근 파리권과의 경쟁에 관심을 갖고 고급 우수인력 양성, 비즈니스 서비스 강화 등을 위한 정책에 관심을 집중하고 있다.

프랑스의 파리권에로의 인구집중 억제를 위한 정책은 초기에는 직접규제보다는 계획적 통제와 비수도권 개발 유도방식을 선택하였으나, 1950년대 이후에는 기업의 신·증설 허가제, 사무실허가제, 과밀부담금제 등을 도입하였다. 특히 프랑스는 그 뒤 국가기관의 지방이전 시책을 20여 년 동안 시행했다. 그러나 1980년대 초부터 유럽통합에 대비하여 파리 수도권기능을 강화하기 위해 종전 파리권 규제를 대폭적으로 완화하고 수도권 경쟁력 강화방향으로 정책을 전환하게 된다. 1985년에는 사무실 공장 등에 대한 허가제를 파리중심만 제외하고 폐지하였으며, 그 뒤 파리 주변지역에 라데팡스 등 신도시를 건설하여 상업시설과 사무공간 등을 확충하였다. 이제 수도권 규제를 통한 국가 균형발전은 더 이상 이야기되지 않고 있는 바, 파리 대도시권정책은 경쟁력강화를 위한 거점개발과 교통체계 확충, 빈곤층 주택지원 등에 중점을 두고 있으며, 지방발전정책은 지방 스스로의 자율에 기초한 분권시스템의 확립, 광역자치단체의 권한강화, 도시연합 형성 등에 중점을 두고 있다.

최근 2007년 3월 29~30일에 스페인 마드리드에서 열린 "세계로 가는 도시의 정책"이라는 주제의 콘퍼런스에 모인 도시전문가들은 도시경쟁력의 가장 중요한 원천을 집적화에서 찾았다. 도시는 날로 중요성을 더해 가는 지식산업의 소비의 장인 동시에 생산현장인바, 도시가 경쟁력을 갖추기 위해서는 도시의 광역화, 규모화가 수반되어야 한다는 것이다. 그리고 참석자 중 한 저명한 학자는 도시란 살아 있는 생물체 같아서 일부 기능을 따로 떼어내 옮기면 그 옮긴 기능이나 남아 있는 도시 전체에 결코 유익한 결과를 얻기 어렵다고 하면서, 서울의 기능일부가 행정도시로 이전될 경우 서울 전체의 경쟁력 저하가 우려된다고 말했다. 그리고 정보기술의 발전이 도시로의 집중을 완화시켜줄 것이라는 기대가 있었지만 현실은 반대로 나타나고 있다는 점, 그런 점에서 행정도시 건설에 따른 기능이전은 서울과 행정도시간의 대면접촉을 위한 엄청난 교통수요를 유발할 수 있을 것이라는 점 등이 지적되었다.

이러한 해외사례들이 지역발전문제와 관련하여 시사하는 바를 몇 가지 적으면 다음과 같다.

첫째, 어느 나라든지 산업의 고도화와 도시화의 동학을 잘못 이해하여 대증적 도시집중 억제정책을 쓸 위험성이 상존한다. 그러나 도시화와 집적화 광역화의 추세는 스스로를 관철하며, 이러한 추세를 과도하게 물리적으로 막으려는 정책은 국가경제에 엄청난 부담만 남긴 채 실패하기 마련이다.

둘째, 개인과 기업에게 주택 및 사업장 입지 선택의 자유를 보장해 주어야 한다. 입지관련 규제를 최소화하고 민간의 자율적 선택을 가급적 존중해야 한다. 선택의 자유는 시장이 작동하도록 하고 효율적 자원배분을 이끈다. 수도권으로의 집중 압력이 계속되고 있다면 그것은 수도권으로의 사람과 자원의 이동이 경제의 전반적 효율성을 높이기 때문일 가능성이 크다.

셋째, 수도권의 발전이 지방주민들의 어려움을 가져온다는 관념은 잘못된 것이다. 지방의 생활수준 향상은 오히려 수도권으로의 인구이동과 수도권의 발전에 힘입은 바 큼에 유의할 필요가 있다.

넷째, 지역보다는 사람에 초점을 맞추어 논의가 이루어지고 정책이 강구되어야 한다. 지역발전정책이 지방정부의 지역주의적 단견적 주장과 요구에 매몰되어서는 안 된다. 국민의 주거이전의 가능성을 감안하면 지방정부의 이해관계와 지역주민의 이해관계가 반드시 일치하지 않을 수 있는 바, 정책은 지방정부나 정치인보다는 국민의 후생증진이라는 관점에서 강구되어야 한다.

다섯째, 지역개발에 대한 권한을 지방정부로 대폭 이양하여 지방정부가 지역발전의 주도적 역할을 수행할 수 있도록 해야 한다. 노동력이나 자본 등 지역간 이동이 가능한 요소들을 두고 지역간 경쟁이 활발하게 이루어져야 한다. 지방정부가 자율적 자족적 지역발전정책을 수립·집행할 수 있도록 하기 위해서는 지방자치의 단위를 상당히 광역화할 필요가 있을 것이다.

2) 포퓰리즘적 균형발전정책의 종결과 정리 방향

우리나라가 산업화 민주화의 성과를 이어받아 선진화로 나아가는 데 있어 참여정부의 허구적 포퓰리즘적 균형발전정책을 하루 빨리 정리하는 것은 중요한 의미를 가진다. 그 정리과정을 통해 포퓰리즘적 공약이 얼마만큼 국민적 부담으로 이어지는지, 올바른 제도와 정책과 의식이 얼마나 사회발전에 중요한 역할을 하는지 등에 대한 정치인과 국민들의 이해가 제고될 수 있을 것이다. 이제 참여정부의 포퓰리즘적 균형발전정책을 어떻게 종결 내지 정리해야 할 것인지 그 방향을 간략히 제시하기로 한다.

행정중심복합도시의 건설은 가능한 한 빨리 중단되어야 한다. 국가행정의 효율성을 저하시키고 국민과 기업의 불편과 부담을 가중시키며 수도의 국제경쟁력을 떨어뜨릴 시대착오적 대형프로젝트에 더 이상 국민의 혈세가 투입되는 것을 막아야 한다. 현 정부는 행정중심복합도시의 건설프로젝트의 진행을 지금이라도 멈추는 것이 역사에 죄를 적게 짓는 길이다. 국민들은 수도분할로 이어질 행정중심복합도시 건설의 폐해를 간파하고, 단기적 국지적 이해관계에서 벗어나 장기적 관점에서 그리고 국가전체의 관점에서 어떠한 지역발전정책이 올바른 것인지에 대한 이해를 가져야 한다. 우리나라 역사상 최대의 포퓰리즘적 국책사업을 가능한 한 빠른 시일 내에 저지하느냐 못하느냐는 우리나라가 선진국으로 진입할 수 있느냐, 없느냐를 가늠케 하는 하나의 시금석으로 될 것이다.

5년 전 노무현 후보 선거캠프는 수도이전을 공약하면서, 당선되면 그 찬반을 국민투표에 부치겠다고 했다. 2004년 10월 헌법재판소는 서울이 수도라는 사실은 관습헌법에 해당하므로 국민투표 등 헌법개정 절차를 밟지 아니하고 수도를 이전시키는 신행정수도건설특별조치법은 위헌이라고 결정했다. 그리고 우리나라 헌법 제72조는 "대통령은 필요하다고 인정할 때에는 외교 국방 통일 기타 국가안위에 관한 중요정책을 국민투표에 붙일 수 있다"고 규정하고 있다. 수도분할로 이어질 행정중심복합도시 건설을 계속할지 여부는 국민투표에 회부되어야 한다고 본다. 올해는 대선이 있는 해이다. 행정중심복합도시 건설을 계속할 지에 대해 국민투표에 붙이겠다는 대선후보가 나올 것을 기대한다.

행정중심복합도시의 건설이 폐기될 경우 이미 확보한 용지는 어떻게 활용할 것인가? 용지 활용방안은 추후 여러 방향으로 모색해볼 수 있겠지만, 대학도시를 만드는 것도 하나의 대안이 될 수 있을 것이다. 기숙사가 구비된 여러 대학을 유치함으로써 학생들로 하여금 일반사회와 어느 정도 격리된 환경 속에서 공부에 매진하도록 할 수 있을 것이다. 동북아 3국이 주축이 되어 만드는 가칭 아시아대학이나 기타 외국대학의 분교도 이 대학도시에 유치할 수 있을 것이다.

공공기관의 지방이전을 전제로 하고 있는 혁신도시의 건설도 일단은 전면 중단하는 것이 바람직하다. 우선 동시다발적 공공기관의 지방이전계획 자체가 국가적 낭비와 비효율을 가져올 것으로 예상되기 때문이다. 그리고 중앙정부 주도로 어떤 지역에 공공기관을 이전시키고, 주위의 대학에 자금을 지원하고, 기업을 유치하기 위해 인센티브를 제공한다고 하여 이른바 '혁신'이 일어난다는 보장이 없기 때문이다. 이웃 일본의 경험은 이런 식으로 인위적으로 계획된 도시는 막대한 예산의 투입에도 불구하고 자생력을 갖지 못했으며 그 추진과정에서 극한적 지역갈등만 초래하였음을 보여주고 있다. 여러 가지 사정으로 볼 때, 이른바 혁신도시가 건설되면 인근의 기존 도시가 공동화될 가능성이 큰 것으로 보인다. 170여 개 공공기관을 한꺼번에 이전하여 수도권과 대전권을 제외한 12개 시도에 걸쳐 혁신도시를 건설하겠다는 무모하기 그지없는 계획은 지금이라도 중단되어야 한다.

물론 어떤 개별 공공기관을 두고볼 때 입지를 옮기는 것이 업무효율이나 국민과 기업의 편의 등의 측면에서 바람직한 것일 수 있다. 그러나 참여정부는 국가 균형발전을 내세우면서 중앙에서 이전대상 공공기관을 대거 선정하고 이들 기관을 여러 지역에 걸쳐 새로이 건설될 혁신도시에 배분하였다. 이 경우에는 지역안배 등 정치논리가 앞설 뿐 이전비용과 업무효율 등에 대한 구체적 검토가 이루어지기 어렵다. 그리고 최적입지에 대하여 가장 잘 판단할 수 있는 당해 공공기관의 의견이 반영될 통로도 거의 막혀 있었다. 공공기관의 입지 변경은, 권한과 재정의 지방이양, 공공기관의 자율성과 책무성 제고 등을 바탕으로 지방정부와 공공기관이 서로의 필요에 의해 개별적으로 이전을 상호 협의하는 방식으로 되어야 할 것이다. 이러한 방식하에서는 어떤 공공기관이 지방으로 이전하는 경우에도 그 입지는 기존 도시근처 등 구체적 타당성이 있는 곳으로 정해질 것이다.

참여정부의 기타의 균형발전정책도 재검토가 필요하다. 우선 많은 지역에 걸쳐 이른바 지역혁신체제를 새롭게 인위적으로 만들려고 하고 있지만, 그러한 계획은 성공 가능성이 낮다. 사실 성공적 지역혁신체제는 대부분 정부가 의도적으로 만들었다기보다는 자생적으로 생겨난 것이다. 혁신체제란 지식을 기반으로 이루어지는 것인 만큼 지식이 보다 쉽게 창출될 수 있는 광역경제권을 중심으로 혁신체제가 생겨날 수 있도록 정부는 여건을 조성할 필요가 있을 것이다.

다음으로 낙후지역 개발정책의 경우, 현재와 같이 여러 부처에 다기화되어 있는 지원정책을 통합 내지 연계하여 운용할 필요가 있다. 아울러, 각 지역이 고유한 특성을 활용하여 내생적으로 성장해 나갈 수 있도록 여건을 조성하는 방향으로 정책을 설계해야 할 것이다.

참여정부 균형발전정책의 또 다른 주요 축을 이루는 수도권에 대한 규제정책도 재고할 필요가 있다. 수도권 규제는 수도권이 과밀 되어 있다는 인식에 기초하고 있다. 그러나 도시권의 수용능력은 가변적이다. 최적 도시규모 자체가 인프라 구축과 기술의 발전으로 변화한다. 세계도시와의 경쟁을 생각하면, 수도권이 결코 너무 비대해진 것도 아니고, 과밀 되어 있는 것도 아니다. 수도권에로 인구 및 산업이 이동하려는 압력이 아직도 존재한다면, 그러한 압력을 수용하는 것이 지역간의 소득수준과 생활수준의 균등화에 이바지하는 것으로 되며, 수도권과 국가경제의 국제경쟁력을 높이는 것으로 된다. 수도권 집중이 부정적 외부효과를 낳는다고 판단되는 경우에도 직접적 물리적 집중억제

규제보다는 부담금 부과방식이 바람직할 것이다.

이제 우리는 참여정부의 포퓰리즘적 균형발전정책에서 벗어나 지방분권에 기초한 자율적 지역발전을 도모해야 한다. 각 지역은 각자의 개별적 특성과 잠재력을 스스로 살릴 수 있도록 해야 한다. 각 지방정부가 중앙정부로부터 얼마나 많이 받아내느냐를 두고 서로 경쟁하게 하는 것이 아니라, 주민과 기업에 얼마나 행정서비스를 잘 제공하느냐를 두고 경쟁하도록 해야 한다. 이러한 경쟁이 가능하도록 권한과 재정을 지방에 대폭 이양할 필요가 있다. 지역에서 제공하는 각종 서비스에 기초하여 영업활동이 이루어질 경우 기업과 종사자가 내는 국세에 대해서도 해당 지방자치단체가 일정 지분을 갖도록 하는 방안도 생각해볼 수 있을 것이다. 지방이 스스로 확보할 수 있는 재원의 비중이 늘어나면, 재정관리는 지방정부가 스스로 책임지도록 하고 중앙정부가 지원하는 일은 가급적 삼가야 할 것이다. 이 경우 광역지방자치단체는 인구가 줄어들고 재정이 취약해진 기초자치단체의 통폐합을 자발적으로 원할 수도 있을 것이다.

지방정부로 하여금 기본적으로 스스로 확보한 재원의 범위 내에서 사업과 지출의 내역을 자율적으로 정할 수 있도록 하기 위해서는 지방자치의 단위를 광역화할 필요가 있을 것이다. 연방제에 준하는 지방자치제도를 도입하면서 남한지역을 예컨대 경기도 강원도 및 금강 이북의 충청도지역을 포괄하는 가칭 경강주(京江州), 경상남도를 경상북도를 합친 가칭 영남주(嶺南州), 전라남북도와 금강 이남의 충청도 지역 및 제주도를 포괄하는 호남주(湖南州) 등 3개 주로 나누는 것도〔통일 후에는 우리나라를 예컨대 북한지역의 2개 주를 포함 모두 5개 주로 이루어지는 (준)연방국가로 만드는 것도〕 생각해볼 수 있을 것이다. 그리고 기초자치단체의 수와 크기, 기초자치단체와 광역자치단체간의 업무 내지 권한 배분 등도 재조정할 필요가 있을 것이다.

5. 결론

포퓰리즘의 지배는 당분간 우리나라가 선진국으로 되는 데 가장 큰 걸림돌로 될 가능성이 높다. 사회의 발전원리에 대한 이해의 부족으로 퇴행적 이념과 정책이 제시되고 받아들여지는 것도 선진화를 어렵게 하는 한 요인이다.

정치공학적 포퓰리즘적 성격을 가진, 그리고 경제·사회현상에 대한 잘못된 진단에 기초한 참여정부의 균형발전정책은 조속히 폐기·정리되어야 한다. 참여정부의 균형발전정책을 빠른 시일 내에 정리하느냐 못하느냐는 우리나라가 선진국으로 진입할 수 있느냐를 가늠케 하는 하나의 시금석이 될 것이다.

행정중심복합도시의 건설은 가능한 한 빨리 중단되어야 한다. 차기정부는 국민투표를 통해 행정중심복합도시의 건설계획을 폐기하고, 이미 확보한 토지는 대학도시 건설 등으로 용도를 변경해야 할 것이다. 공공기관의 지방이전과 혁신도시의 건설도 중단되어야 한다. 일본 등 외국의 경험은 인위적 혁신도시의 건설은 자생력 있는 도시를 만들어내지도 못하면서 막대한 예산낭비와 국가부채의 증가를 가져오게 될 것임을 시사하고 있다. 오히려 정부는 광역 경제권을 중심으로 혁신이 자생적으로 이루어질 수 있도록 여건을 조성할 필요가 있다.

지역발전정책은 산업구조의 변화와 세계화 정보화 등의 추세를 반영하는 것이어야 한다. 그리고 지방자치단위의 광역화, 각종 권한의 대폭적 지방이양 등에 기초하여 지방정부가 지역발전의 주도적 역할을 담당하도록 해야 한다. 자본, 인력, 기업 등을 유치하기 위한 지역간 경쟁이 국내 및 국제적 차원에서 이루어지도록 해야 한다. 불합리한 수도권 규제를 과감히 정리하여 수도권의 대도시권으로서의 국제적 경쟁력을 높여야 한다.

참여정부의 균형발전정책은 민주주의가 어떻게 포퓰리즘의 포로가 될 수 있는지, 이념적으로 편향된 사회현상에 대한 인식이 어떻게 잘못된 정책처방을 가져올 수 있는지를 극명하게 보여주고 있다. 이와 관련하여 오늘날 우리나라 지식인들의 사명은 크다는 생각이다. 정치가 경제에 미치는 영향은 지대하므로 우리는 정치경제학적 시각을 가질 필요가 있을 것이며, 이념이 정책을 이끄는 측면이 있으므로 우리는 사회발전의 원리에 대한 사회과학적 연구성과물을 정치인, 일반국민 등에게 쉽게 이해할 수 있도록 제시하는 노력을 기울일 필요가 있을 것이다.

2

무엇이 문제인가

| 제4장 |

수도이전과 수도분할

정 성 옥

1. 신행정수도건설법과 행정중심복합도시건설법의 정치입법

제16대 대통령선거를 앞둔 노무현 대통령후보자는 충청도유권자의 표를 겨냥해서 충청도에 수도를 이전한다는 공약으로 충청도에서만 당시 이회창후보자 보다 256,286표를 더 얻어 대통령에 당선되었다.

그 후 노무현대통령의 참여정부는“신행정수도건설을 위한 특별조치법(2004. 1. 16 법률 제7062호)을 제정하였으나 수도이전반대국민연합의 위헌소송에 의한 헌법재판소의 위헌결정으로 무효가 되었고 수도이전이란 용어는 역사 속으로 사라졌는가 했다.

그러나 노무현 대통령의 오기는 헌법재판소의 결정에 승복하지 않았고 또다시 “신행정수도 후속대책을 위한 연기·공주지역 행정중심복합도시건설을 위한 특별법”을 열린우리당의 의원입법으로 발의케 하고 열린우리당과 일부 야당의원의 비합법적 국회의결(2005. 3. 2)을 거쳐 제정, 공포(2005. 3. 18 법률 제7391호) 되었다.

위 두 법률은 명칭도 유사하지만 그 내용 면에서도 대체, 반복법률이다.

명칭에 있어서 “신행정수도”를 “신 행정수도후속대책을 위한 행정중심복합도시”로 바꾸었고, 제정목적에 있어서는 “국가중추기능의 수도권 집중에 따른 부작용 시정”을 “수도권의 과도한 집중에 따른 부작용 시정”으로 바꾸었으며 예정지역을 “대전광역시, 충청북도 및 충청남도”를 “충청남도 연기군 및 공주지역”으로 지정하였다.

그리고 헌법재판소의 위헌요소로 밝힌 국가의 정치·행정의 중추기능인 헌법기관과 안보·통일기능의 6개 부처만 서울에 두고 나머지 총리실과 12부 4처 2청을 연기·공주지역으로 옮긴다는 것이다.

이에 수도이전반대국민연합은 행정중심복합도시 건설은 수도이전보다 국익에 더 나쁜 수도분할이며 당연히 무효가 되어야 한다는 취지로 헌법재판소에 위헌소송을 제기(2006. 6. 15)하였으나 참여정부와 헌법재판소의 횡포로 각하(2006. 11. 24)되었다.

2. 행정중심복합도시건설법이 폐지되어야 할 이유

행정중심복합도시건설법이 위헌법률이란 헌법재판소의 판결을 비록 얻어내지 못하였으나 폐지되어야 마땅한 이유를 밝혀 두고자 한다.

1) ‘행정중심복합도시’는 ‘신행정수도’의 복제판이다

(1) 행정중심복합도시(이하 ‘행정도시’)의 근거는 “신행정수도 후속대책을 위한 연기·공주지역 행정중심복합도시 건설을 위한 특별법”(이하 행정도시법)이다. 헌법재판소에서 위헌판결을 받은 “신행정수도의 건설을 위한 특별조치법”(이하 신행정수도법)의 후속대책이라는 것이다.

"신행정수도후속대책을 위한… 특별법"이라는 법 이름을 보더라도 헌법정신에 어긋난다고 판결을 받은 법안의 명칭일부('신행정수도')를 넣어 새로 법을 만드는 것이 과연 상식적으로 납득할 수 있는 일인가? 그것도 위헌 판결(2004. 10. 21)을 받은 지 반년도 채 안된 시점에서이다. 비록 위헌판결을 받았다 하더라도, 국가적으로 해야 할 일이고 또 정당하다고 여겨 다시 추진해야 한다고 판단했다면 이에 대해 균형 잡힌 전문가의 의견수렴과 국민여론을 묻는 것이 순리이다. 그래야 국민들은 국가경영을 올바르게 한다고 믿을 수 있을 것이기 때문이다.

(2) '행정도시'는 온전한 나라의 정책이라 볼 수 없는 허물투성이다.

"같은 허물을 두 번 되풀이하지 않는"(不二過) 사람은 성인의 반열에 들만하다고 공자는 말했다. 이 도덕기준은 나라경영의 수준을 따지는 데도 참고할만하다고 믿는다. 도덕성 진작과 함께 개혁의 선풍을 불러일으키겠다고 철석같이 약조한 참여정부가 아니었는가.

그런데도 참여정부의 국토균형개발정책은 같은 허물을 되풀이하는 막무가내이다. 신행정수도법이 위헌 판결을 받기 무섭게 '화장'을 조금 고쳐 거의 같은 얼굴, 거의 같은 내용을 담은 것이 행정도시법이다. 따라서 행정도시법은 신행정수도법의 위헌성을 무시한 채 불문곡직하고 재입법한 것이기에 아류가 분명하다.

2) 행정도시건설 취지의 자가당착이다

(1) 행정도시는 중앙행정의 기능성과 통합성에 차질을 초래한다.

행정도시법의 골자는 수도란 무엇보다 대통령의 소재지라는 헌재 판결의 지적에 빗겨가고자 대통령부와 중앙정부 18개 부처 가운데 6개 부처는 서울에 남겨두고 나머지 12개 부처 4처 2청을 국무총리실과 함께 '행정도시'로 이전한다는 내용이다.

대통령제 아래서 대통령의 권한은 한마디로 막강하다. 그만큼 대통령부와 중앙부처의 긴밀한 업무연계는, 국무회의 개최에서 보듯이, 면접접촉이 그 핵심이요 요체이다. 이 점은 한때 해양부 장관을 지낸 적 있는 노 대통령이 누구보다 통감(痛感)한 바 있다.

2000년 9월에 부산으로 출장간 자리에서 현지유지들로부터 해양부의 부산이전을 건의 받자 노무현 당시 장관은 이렇게 반응하였다. "취임 후 30일 만에 39차례 출장을 했는데, 그중 3분의 2가 국회, 정당, 국무회의, 청와대 등과 관련된" 만큼 "해양부가 부산으로 옮긴다면 서울에 따로 사무소를 둬야하고 장관은 거의 서울에 있어야 할 것"이라고 했다. 이 말은 수도를 분할하고 정부부처를 분할해서는 안 된다는 뜻이다. 행정 각부는 머리의 대통령을 보좌하는 몸통이다. 아메바도 아닌데, 몸통을 잘라내고도 과연 머리가 작동할 수 있겠는가?

행정도시로 옮겨간 정부행정은 청와대와 국회를 오가느라 '삼분의 이' 이상의 시간을 길에서 허비해야 한다. 결국 수도에서 전개해야 마땅한 중앙행정의 기능성과 통합성에 큰 차질이 발생할 수밖에 없다.

대통령과 국무총리실 그리고 중앙정부부처의 기능적·공간적 근접 필요성에 대해서는 유기체(有機體)인 벌집에 비유할 수도 있다. 벌집에서 여왕벌과 일벌을 갈라놓으면 벌집은 그대로 해체되고 만다는 말이다. 그 결과 특히 위기관리능력 등 국가의사결정은 합리성을 확보하기 어렵게 되고 시간은 지연될 수밖에 없다.

⑵ 행정도시의 건설로 말미암은 국정관리의 비능률성은 곧바로 국가경쟁력 저하로 이어진다.

헌법재판소의 위헌판결문에서도 수도는 "국가의 대표기능 내지 통합기능이 수행되는 곳", "정부기능을 수행하는 국가기관들의 활동장소"라고 했다. 정부는 경제정책을 포함한 대내외의 제반 정책들을 책임있게 수행함으로써 정치적·행정적으로 국가를 이끌어 나가야 한다.

더욱이 경제정책의 중요성은 아무리 강조해도 부족한 일인데, 경제부처를 모조리 행정도시로 옮기려 한다. 그렇게 해놓고서 수도권의 민심을 달랜다고, 이를테면 동북아 금융허브로 만들겠다고 하지만 서울에 자리잡은 국제금융 전문가들이 연기·공주에 있는 경제부처를 찾아가는 불편을 감수할까? 세계화시대에 서울의 증권시장과 금융기관들의 역할을 염두에 둘 때 모든 경제·산업·금융부처를 지방으로 이전시켜 놓고서는, 단언컨대 서울을 동북아의 경제중심지, 금융의 허브로 만들 수 없다.

⑶ 행정도시건설에 다른 복선이 숨어 있는 것 같은 의심이 든다.

전문가 말에 따르면 옮겨갈 예상 공무원 1만 명 수용에는 15만 평 과천 수준이면 뒤집어쓰고도 남는다 했다. 그런데도 신행정수도건설 예정면적 2천1백6십만 평 보다 더 넓은 2천2백5만 평을 수용한다.

이는 무엇을 의미하는 것인가? 나중에 뒤늦게 정부행정의 능률성을 살려야 한다면서 제 2청와대도 짓고 모든 부처를 이전하는 사실상의 수도이전을 하겠다는 저의가 숨어 있다는 의심을 가지지 않을 수 없다.

행정도시에 대한 정부측 변명은 현재의 과천 제 2청사의 입지적 특성에 비유한다. 실상은 전혀 그렇지 않다. 과천은 서울의 노동시장권 안에 자리잡고 있는 데 반해, 연기·공주는 대전의 생활권에 들어있기 때문이다. 그래서 사실상의 수도분할이라고 하는 것이다.

3) 행정도시는 수도의 분할이자 수도이전의 전조(前兆)이다

⑴ 수도분할은 무엇보다 한민족 공동체의 상징장소인 서울의 진정성을 파괴한다.

수도 서울이 한민족의 정신적 안식처이기 때문이다.

잉글랜드인에게 런던이 있다. 하지만 잉글랜드에게 왕국이 망했던 스코틀랜드인 마음속에는 아직도 잃어버린 왕국의 수도 에딘버러가 그들 마음의 수도이자 고향이다. 예루살렘은 솔로몬왕의 영광이 숨쉬던 곳이지만 지금 통곡의 벽만 남아 있다. 세계에 흩어져 반세기 전만 해도 나라 없이 살았던 유태민족에게는 텔아비브가 아니라 예루살렘이 영원한 마음의 수도이다.

인도인들은 영국이 만든 식민통치의 수도 캘커타를 끝내 거부하고 멸망한 무굴제국의 수도 델리를 그들의 수도라 고집하면서 저항운동을 벌였다. 결국 영국은 인도인들의 마음을 잡기 위해 델리 옆에 뉴델리를 만들어 새로운 인도수도로 삼았다.

⑵ 수도란 '장삼이사(張三李四) 적' 여느 도시가 아니다. 국체의 엄연한 상징이다.

때문에 한 나라의 정복은 그 나라의 수도를 빼앗는 일이었음은 역사가 말해준다. 중국역사를 통해 왕도인 경(京)과 그 주변지역 기(畿)를 차지하느냐에 따라 왕조가 바뀌었다. 장안, 낙양, 북경이 그러했다.

전쟁에서 수도가 함락되면 패전과 항복으로 간주하는 이유도 거기에 있다. 또한 수도서울은 대한민국의 수도이자 북한주민과 해외교민을 포함한 한민족 전체의 정신적 구심점이자, 한민족 번영의 출발점이다.

전 국무총리 이홍구 박사는 교수시절, 한민족의 미래를 위해 영연방(英聯邦, *British Commonwealth*)에 비견되는 '한연방'(韓聯邦, *Korean Commonwealth*)을 주창하고 그 중요성을 설파한 것으로 유명하다.

오늘날 수많은 나라에 흩어져 살아가는, 6백만을 헤아리는 한민족 핏줄은 일본혈통이 살고 있는 나라보다 더 많은 숫자의 나라에 흩어져 있음을 먼저 지적했다. 그들 상당수가 망국에 따른 유민(流民)들의 후손이었던 사실은 아픈 역사로 남아 있지만, 이제 대한민국이 번영의 궤도에 들어선 마당에서 이들은 우리의 세계화를 유리하게 이끌 수 있게 도울 수 있는 촉수(觸手) 내지 첨병(尖兵)이 될 수 있다 한다. 그래서 영연방의 영화에 비견될만한 가능성이자, 우리의 숙원이던 일본 따라잡기의 디딤돌이라 했다.

(3) 우리 현대사에서 수도 서울이 사회계층적 균형효과에 끼친 공로도 결코 과소평가 할 수 없다.

서울로 유입된 저소득층에게 생존할 수 있게 취업기회를 제공하였다. 정치권 일각에서 서울을 마치 "악의 소굴"처럼 폄하하지만, 이건 '천부당 만부당'한 말이다. 임금이 있는 곳이라 해서 서울의 옛 별칭을 '수선'(首善, 으뜸 착함)이라 했다면, 오늘날 서울은 특히 저소득층에게 으뜸 착함이었다. 균형도 장소간 균형이 아니라 결국 사람 내지 계층의 균형이어야 한다는 점에서 더욱 그렇다.

다시 말하거니와 한민족 핏줄에게는 대한민국의 상징은 바로 서울이다. 한반도에 살고 있는 7,000만 국민뿐만 아니라 세계에 흩어져 살고 있는 동포들의 마음의 고향은 서울이다. 따라서 서울에 자리한 수도의 지위에 대한 변경은 그에 상응한 명분과 이유가 있을 때 "민족전체의 합의로, 축제 분위기 속에서" 이루어져야 한다.

4) 선진국의 수도이전 : 수도권 비대와 지역불균형과 무관하다

(1) 행정도시 건설의 절대적 정당성을 수도권 과밀과 그에 따른 지역불균형에서 찾고 있는데, 이는 현실을 외눈으로 바라보는 고집스런 편견이다.

세계대도시 수도 치고 문제가 없는 수도가 없다. 그리고 지역간 불균형이 없는 나라가 없다. 결국, 수도권 비대는 "사람이 병을 친구 삼아 살아가는" 노릇에 비유할 수 있다. 우리보다 앞서가는 영국도 런던의 별명이 '위대한 낭종(囊腫)'이다. 영국인들에겐 런던은 대도시문제뿐만 아니라 지역불균형의 암적 존재란 말이다. 그러나 "거대한 낭종"

으로 받아들이면서도 수도를 옮긴다는 생각을 해본 적이 없다.

프랑스는 "파리와 나머지 프랑스 사막"(*Paris and the French Desert*)으로 된 나라라고 자학적 표현을 쓴다. 하지만 파리를 버리고 수도를 옮긴다는 말을 들어본 적이 없다.

(2) 우리보다 앞서가는 나라가 수도이전이나 수도분할을 한 나라가 어디 있는가? 오랜 역사와 고유한 문화를 가진 나라가 행정부를 신도시에 갖다놓은 예는 없다. 이는 신생독립국에서나 있는 일이다.

우리보다 생각이 짧아 그대로 살고 있다고 보지 않는다. 지역불균형 문제가 있다고 수도를 둘로 쪼개고 해체시킨 나라는 세계 어디에서도 없다. 행정부를 둘로 쪼갠 나라는 더구나 없다. 서울과 수도권에 문제가 있다고 수도를 분할시키고 국가통치체제를 해체시키는 것은 "빈대 잡자고 초가삼간 태우는 꼴"에 다름 아니다.

따라서 수도분할과 수도해체는 수도이전보다 더 나쁘다. 세계 어느 나라도 수도를 이전하여 성공한 사례도 없거니와 행정부를 공간적으로 분리한 사례는 전시비상사태나 망명정부를 제외하고는 없다. 교각살우(矯角殺牛)의 오류에 다름 아니다. 따라서 수도분할과 수도해체는 수도이전보다 더 나쁘다. 세계에 수도를 이전하여 성공한 사례도 없거니와 행정부를 공간적으로 분리한 사례는 전시비상사태나 망명정부를 재외하고는 없다. 수도를 분할하면 국제적 웃음거리가 될 수밖에 없을 것이다.

우리 시대에 자타가 공인하는 빼어난 소설가 박경리의 말을 경청할 필요가 있다. 스스로 세상사 뒷전으로 물러나 시골에 묻혀 사는 초부(樵婦)에 지나지 않는다고 겸양하지만, 이 시대 식자들은 무당 같은 직감(直感)에 한평생 자신만을 꿰뚫어본 구심력의 성찰 끝에 세상과 우주를 꿰는 원심력의 세계관을 갖고 있는 분이라며 이 시대 식자들이 한결같이 존경하는 분이다. 수도분할, 이어서 수도해체가 국토균형개발을 위한 노릇이라고 듣자, "수도 서울은 이 나라 땅이 아닌가. 문제가 있다면 고쳐가면서 살아야제!"라고 했다.

(3) 수도이전은 개도국만 시도했을 뿐 성공한 경우는 없다.

아예 수도를 옮긴 몇 나라가 있음은 사실(史實)이다. 하지만 패전 때문에 수도를 옮길 수밖에 없었던 독일도 통일 뒤에 원상회복을 했다. 수도이전은 신생독립국에서나 할 수 있는 일이다.

브라질 사람들은 2백년 넘게 수도를 옮겨야 한다고 궁리했다.

신수도 건설이야말로 식민의 오랜 아픔에서 일거에 해방되는 길이라 믿었기 때문이다. 드디어 1950년대 중반에 착수해서 브라질리아를 건설했다. 그러나 무리한 수도건설로 말미암아 브라질은 엄청난 재앙에 시달렸다. 수도건설이 안겨준 국가부채가 20억 달러에 이르러 이를 상환하려고 통화남발을 서슴지 않아 1960년대에 미증유의 인플레가 발생했다. 그래서 군부독재가 수도이전 이후 20년간 계속되었다.

5) 수도를 분할하고 약화시켜 지방을 발전시킬 수 있다는 것은 어불성설이다

(1) 수도를 약화시켜 지방을 발전시킨다는 전략은 성공한 예가 없다.

서울과 지방은 상보관계에 있다. 지방을 잘 살게 하는 노력을 지속해야 하지만 수도분할로 풀 일은 아니다. 수도권에 위치한 인적·물적 자원의 지방 분산이 자동적으로 지방경제의 활성화를 가져올 것이라는 주장은 지극히 단순한 논리이다. 수도권 경쟁력은 단순히 인적·물적 자원이 몰려 있어서가 아니라, 그런 자원들이 경제적 가치를 창출하는 유기적 구조물로 이루어져 있기 때문이다. 철제 몸통과 바퀴 두개가 서로 제대로 연결됐을 때에만 자전거라는 제품이 만들어지며, 그 가치는 각각 부품의 가치보다 훨씬 크다는 이치와 같다.

⑵ 수도의 분할이 지방의 균형발전을 보장하지 않는다.

수도권과 지방을 양분해서 대립시키고 지방의 균형발전을 위해서 행정도시를 건설해야한다는 논리는 지나친 비약이다. 충청권에 행정도시를 만들면 지방이 고루 발전한다는 데 그때의 지방은 어느 지방을 말하는가? 충청이 모든 지방의 문제를 푸는 열쇠는 아니다. 충청이 발전하면 다른 지방이 고르게 발전한다는 논리가 어떻게 성립될 수 있을까? 역시 소설가 박경리의 말이다. 수도 보전보다 국토균형개발이 시급한 우선 과제라는 말에 “균형개발 한다고 충청도로 옮겼다가 나중에 균형개발이 또 절실하다며 전라도로 다시 수도를 옮긴단 말인가?!”하고, 일침을 가했다.

⑶ 지역특화사업은 의욕만으로는 안 된다. 현실적 사업성 검토가 이뤄지지 않은 채 지역을 위해 좋은 사업이라는 명분에만 사로잡혀 일을 시작하면 엉뚱한 결과가 나온다.

대구를 세계적 패션중심지로 만들겠다는 이른바 ‘밀라노 프로젝트’는 사업타당성과 재원조달방안에서 감사원의 미흡판정을 받았던 사실이 그걸 말해준다.

수도권과 비수도권이라는 관점에서 균형을 달성하려는 정책은 그럴듯하게 보이나 전국을 골고루 균형적으로 발전시킨다는 것은 지나친 기대이기 쉽다. 대신, 지방을 능력껏 발전시키기 위해서는 실질적 분권이 결정적으로 중요하다.

⑷ 수도분할에 따라 서울과 행정도시의 연계는 강화될 것이므로 결과적으로 수도권의 평면적 팽창을 가져올 것이다.

지역균형발전에 기여할 수 있는 여지는 지극히 제한적이다. 반면, 행정도시에 정부의 집중적 투자와 특혜를 베풀게 되면 여타지역의 개발사업에 들어갈 예산은 그만큼 줄어들 수밖에 없다. 이는 다른 지역의 상대적 박탈감을 가중시켜 지역간 갈등을 오히려 조장하는 결과를 가져올 것이다.

6) 행정도시는 국토균형발전의 수단이 될 수 없을 뿐, 오히려 악화시킬 소지가 크다

(1) 행정도시 건설은 서울의 새로운 위성도시화다.

행정도시는 자생적 생산기능을 갖지 못해 결국은 모든 것을 수도권에 의지해야 하는 서울의 또 다른 위성도시가 될 것이다. 그리하여 서울과 행정도시 사이의 도시연담화가 급속히 진전되면서 오히려 수도권이 충청권으로까지 확장되는 결과를 가져올 것이다.

또한 행정도시 주변의 토지이용을 왜곡시킬 것이다. 행정도시 예정지 주변지역의 개발이익에 대한 기대심리와 부동산업자들의 농간으로 부동산가격을 급상승시키고 부동산투기장으로 만들어 놓았다. 이미 그런 조짐은 나타났고 정부가 철저히 규제하겠다고 했지만 정부가 시장을 이길 수 있으며 또 이긴 적이 있기는 했는가?

(2) 균형발전은 높은 이상인지라 참 듣기 좋은 말이다. 누가 이말 자체에 이의를 걸겠는가?

그러나 그 실현은 난제중의 난제이기 때문에 실현가능성과 수단선택의 타당성에 대한 깊은 검토가 있어야 한다. 행정도시 · 혁신도시 · 기업도시 건설, 공공기관 지방이전 등을 통해 전국을 골고루 잘 사는 곳으로 만들겠다는 의욕은 의욕으로 그칠 공산이 높다.

예컨대 공공기관 지방이전은 국토균형발전을 위해서라는 명분을 내세웠지만 공공기관을 지방으로 흩어놓는다고 지역이 고루 잘 살게 된다면 어처구니없는 일이다. 공공기관은 고유의 기능이 있고 이전할 지역의 인프라도 중요하다. 특히 공기업은 사기업과 마찬가지로 이익창출이 목적이다. 이익을 내려면 효율을 따져야 한다. 경영손실이 나면 사기업은 주주의 몫이지만, 공기업은 고스란히 국민의 부담이다. 공기업의 민영화는 오래 전부터 주장되어 왔고 추진되어 왔다. 공기업의 민영화는 어떻게 되는가? 민간기업이든 공기업이든 입지(立地) 선택은 기업의 특성에 따라 각기 다름에도 불구하고 강제로 지역배분을 한다면 그에 따른 경영의 비효율성은 누가 책임질 것인가?

7) 행정도시건설취지에 어긋나는 수도권 과밀화정책이다

(1) 수도권 집중을 억제하려고 행정도시를 건설한다면서 거꾸로 수도권 성장촉진정책을 쓰고 있다.

수도분할과 공공기관 지방이전은 수도권집중 억제가 정책목표라고 했다. 그러나 최근 부동산 대책과 관련한 정부의 발표를 보면 수도권 과밀화 억제정책과는 거리가 한참 멀다. 무엇보다 국가발전정책 상호간에 일관성이 없다. 일자리는 쫓아내면서도 집은 더 짓는 일이 벌어지고 있는 것이다. 수도권 인구 50만 명을 지방으로 분산시킨다고 하면서 서울에 200만 평의 송파신도시뿐만 아니라 5~6개 미니신도시를 건설하려는 것은 앞뒤가 어긋난다. 200만 평에 10층 높이 아파트만 건설한다 해도 60만 명의 인구를 수용할 수 있다. 50만 명을 분산시킨다는 것과 60만 명의 인구를 수용할 수 있는 계획을 세운다는 것이 어떤 연관이 있는 것인지 알 수가 없다. 수도분할 및 공공기관 지방이전이 목적인지, 아니면 부동산대책이 목적인지, 목적과 수단의 전도현상이 벌어지고 있다.

(2) 수도권 지자체의 이익은 안중에도 없다.

미니신도시 개발은 해당 지방자치단체인 서울도 경기도도 원치 않는다. 얼마 남지 않은 공공녹지와 개발제한구역을 해제하는 신도시 개발은 누구도 원치 않는다. 서울은 기존 도시재개발을 통한 '도시 내 신도시'(*new town in town*) 개발정책을 펴고 있고, 경기도 또한 "신시가지 추가개발 불가", "난(亂) 개발 불가", "성장일변도 불가" 내용의 '3불'(三不) 정책을 표방하고 있기 때문이다. 일찍이 서울과 경기도는 집만 짓는 판교 신도시개발을 극렬히 반대했다. 그러나 토지공사를 앞세운 땅 장사, 집 장사의 논리로 개발을 강행하다 보니 집 값 상승을 유발한 정책실패를 경험했다. 그리고 나서 다시 집 값 잡겠다고 부동산대책을 내놓았다. 병 주고 약 주는 꼴이 아니고 무엇인가? 수도권 미니 신도시개발은 부동산투기를 가중시킬 가능성 때문에 수도권 과밀화 억제정책과는 정면으로 충돌하고 있다.

(3) 균형개발 한다면서 지방 죽이기를 계속하고 있다.

공공기관 지방이전으로 떠난 자리에 택지를 개발하려한다. 택지개발을 위해 공공기관을 이전하는 것인지 묻지 않을 수 없다. 엄청난 국민세금을 투자하여 수도권의 택지공급을 늘리고 집 값을 잡겠다는 것은 또다시 지방을 죽이는 노릇이다. 보다 좋고 싼 집을 수도권에 더 많이 짓는 것은 오히려 수도권 인구 집중요인이 되는 것을 모른단 말인가? 오히려 서울의 집 값과 땅값이 올라가게 그냥 두는 것이 인구분산효과가 있다는 것은 경제논리이다. 서울과 수도권의 집 값을 내리고 수도권 과밀을 억제할 수 있는, 곧 두 마리 토끼를 동시에 잡을 수 있는 길이 결코 존재하지 않는다.

8) 행정도시 건설은 촌각을 다투는 세계경쟁의 포기다

(1) 국가경영과 정치의 요체는 경제문제 해결인데, 행정도시 건설은 여기에 역주행(力走行) 하는 노릇이다.

오늘 우리가 당면한 심각한 문제는 지금의 저성장과 불황보다 앞으로 성장할 힘, 다시 말해 성장잠재력이 잠식되고 있다는 점이다. 우리가 지금 힘을 쏟아야 할 일은 성장 잠재력 확충이다. 우리 경제의 주력산업이라는 반도체, 자동차, 무선통신기기, 컴퓨터, 조선, 철강산업 등은 1970년대에 씨앗을 뿌려 1980년대와 1990년대에 걸쳐 집중적으로 육성한 산업이다. 앞으로 20년 30년 후에도 이들 산업이 계속 주력산업일 수는 없다. 미래산업을 육성하는 일에 매달려야 한다. 지금 경제 이외의 일에 매달려 머뭇거릴 시간이 없다. 단순히 경기회복만이 시급한 게 아니다. 지금 미래를 준비하지 않으면 낙후하고 만다.

(2) 행정도시 건설이 위헌이냐 아니냐를 따지는 것은 사실 본질적 문제가 아니다.

그것은 근본적으로 법 이전의 문제이기 때문이다.

법적으로 문제가 없다면 어떤 사업이든 추진해도 되는 것은 아니기 때문이다. 심각하게 따질 일은 '해야 할 사업인가', '경제적 타당성이 있는가'를 가려야 하는 일이다. 그런데도 정부가 막무가내로 일을 추진하고 있으니 어쩔 수 없이 위헌여부를 가리자고 헌법소원을 한 것이다. 정부는 "하고 싶은 일"을 하는 것이 아니라, "해야 할 일"을 한정된 자원을 갖고 우선 순위에 따라 해야 한다. 바람직한 일이 아니면 돈이 적게 들더라도 해서는 안 된다. 더욱이 행정도시 건설에 투입될 비용을 다른 용도에 쓴다면 국가경쟁력 향상에 얼마나 보탬이 될 것인가를 생각해야 한다. 기회비용을 감안해야 한다는 것이다.

(3) 기회비용으로 따져 국가재원의 낭비는 막대하다.

국가채무는 2002년 133조 원에서 2004년 200조 원, 2005년 246조 원, 2006년 279조 원으로 늘어났다. 국방개혁에 289조 원(15년간), 농어촌지원에 119조 원(10년간), 국가 균형발전 5개년 계획에 115조 원, 장기 공공임대주택 건설, 176개의 공공기관 지방이전, 대북에너지 등에 상상할 수 없는 돈이 더 들게 되어 있다. 국책사업에 드는 돈은 대략 700조 원이 넘는다. 재정을 고려하지 않는 국책사업의 남발이 아닐 수 없다. 사정이 이러한데 수도를 쪼개는 일을 벌여야 하는가? 그러고도 국제경쟁력과 국민경제를 살릴 수 있겠는가? 행정도시는 생산기능도 가지지 못하고 자급자족도 할 수 없는 단순한 소모적 소비도시이다. 때문에 신도시 건설비용은 고스란히 국민부담으로 전가될 것이다. 나라 빚 갚고, 안보 다지고, 복지혜택 늘리고, 생산적 부문과 민생경제를 살리는 데에 써도 모자라는 돈을 이런데 써야 할 것인가? 정부예산에 대한 이야기를 할 때 빠지기 쉬운 오류로 '총액의 오류'라는 것이 있다. 총액규모가 큰 경우 그 총액을 이용하여 무엇이라도 할 수 있을 것 같지만, 그 구성내역을 자세히 살펴보면 실제로 전용할 수 있는 것은 거의 없다. 그래서 다른 부문의 예산을 줄여야 하는데, 어떤 항목을 줄일 수 있겠는가.

9) 세계사적 대세인 세계화에 역행하는 노릇

(1) 세계는 바야흐로 세계화에 따른 국가경쟁력 강화에 사활을 걸고 있다.

오죽했으면 유력신문이 "대통령은 과거(過去)로 가도, 국민은 미래(未來)로 가자"(〈동아일보〉, 2005. 8. 17)이란 사설제목을 붙였겠는가. 국가간 자본이동이 자유로운 세계화시대에 수도권과 비수도권이라는 국내적 시각의 경쟁의 문제는 별 의미가 없다. 수도권의 기능을 떼어낸다 해도 그 기능이 비수도권지역에 정착된다는 보장이 없기 때문이다. 행정도시건설은 국가경제성장의 견인차인 서울의 역사적 브랜드 가치를 손상시키고 있다. 서울이 조선왕조의 수도로 정해진 이후 한국민족사의 중심지로 지난 6백년 이상 이 민족과 영욕을 같이 했다. 한때 일본의 시민지 수도가 되면서 경성(京城)으로 개칭된 아픈 역사가 있지만, 현대한국이 자랑하는 경제성장을 "한강의 기적"이라 말하듯이 이 모두가 서울을 중심으로 일어난 역사이다.

고향을 떠난 이향민(離鄕民)들도 출신지역의 행정구역 개편이나 그 지역 고유기능을 타 지역으로 이전하게 되면 반발할 것이다. 작은 장소도 그럴진대 하물며 수도분할은 남북분단에 더해 지역분할을 가중시켜 국민통합을 저해하고 있다. 행정구역 개편 하나에도 주민투표를 한다. 수도를 옮긴다는 데 국민적 합의를 위한 국민투표는 왜 거부하고 있는가.

⑵ 오늘날은 초대형도시의 경쟁력이 곧 국가경쟁력의 지표이다.

그래서 거대도시의 문제점 때문에 강력한 분산정책을 썼던 런던, 파리, 로마가 지금 유럽과 세계경제의 헤게모니를 놓고 집중을 통한 경쟁에 나서고 있다. 세계시장에서 '살아남아야' 하기 때문이다.

오늘날 국가간 경쟁은 분초를 다틀 정도로 치열하게 전개되고 있다. 그런 경쟁에서 서울은 선두주자 역할을 하고 있다. 그런데 서울 대신에 과연 '선수'를 바꾸고 그걸 장차 키워 경쟁대열에 들어선다는 것이 말이 되는가? 대한민국에서 서울의 경제적·문화적 역할을 대신할 도시를 찾는 것은 불가능하다. 전 세계 1천만 이상의 인구가 살고 있는 거대도시는 약 20개인데, 그 중에 12개 도시가 아시아권에 있다. 그만큼 경쟁이 치열하다는 말이다. 서울은 운명적으로 일본의 도쿄, 중국의 상하이와 베이징, 싱가포르 등과 경쟁해야 한다. 국가의 정부행정적 국제경쟁력은 싱가포르가 1위, 대만이 16위, 중국 21위인데 우리 한국은 고작 36위에 머물고 있다.

수도 서울이 해체되면 세계적 컨벤션이나 국제대회 등의 유치가 이전보다 더 어렵게 될 것이다. 그 반사이익은 고스란히 도쿄, 상하이, 베이징, 싱가포르 등지로 흩어질 것이다.

⑶ 따져보면 오늘의 서울 브랜드 가치는 막대하다. 수도해체는 그래서 한마디로 '자살골'이다.

오늘날의 국제경쟁에서 브랜드 가치는 강력한 경쟁력을 높여주는 엔진이다. 브랜드 가치는 단시간에 이루어지는 것도 아니고 쉽게 이루어지는 것도 아니다. 국가홍보기관이 아무리 애를 써도 연기·공주를 한국의 제 2수도로 세계에 알려 서울만큼 인지도를 높일 수 있는 가능성은 영원히 없다. 지난 1988년 서울올림픽, 2002년 월드컵 등으로 서울은 전 세계에 알려져 있다. 실제로 코리아를 알고 있는 사람들보다 서울을 알고 있는 사람들이 더 많다. 만약 수도분할을 강행하여 연기·공주로 한국의 제 2수도로 삼게 되면 이미 세계에 알려진 서울의 브랜드 가치는 크게 훼손 당할 것은 불을 보듯 뻔한 일이다. 서울의 경쟁력이 그래서 중요하다. 다시 말해, 수도가 바뀌면 우리나라 지도는 물론 세계지도와 백과사전을 바꾸어야 한다. 몇십 년이 걸릴 일인데 그 사이 서울의 브랜드 가치는 소멸하고 말 것이다.

10) 수도분할은 반통일적이다

⑴ 수도분할은 수도이전과 마찬가지로 통일에 반(反)한다.

서울은 대한민국의 수도이자 북한주민과 해외교민을 포함한 한민족 전체의 정신적 구심점이기 때문이다. 국민의 통일의지를 희석하고, 통일수도 논의를 가로막을 것이며, 비용의 낭비를 초래하고 통일에 대비할 여력을 소진시켜버릴 것이다. 지금 남북화해무드가 국내외적으로 조성되어 있어 평화공존 및 통일의 가능성마저 느껴지기도 한다. 통일이 이루어지는 그날 통일한국의 수도는 어디에 위치해야 하는가? 북한이라는 상대가 있기 때문에 통일한국의 수도를 결정해 둘 수는 없지만 우리가 미리 수도를 분할해야 할 이유는 어디에도 없다. 지금 남한의 수도가 분할되어 있다면 비록 국토가 통일되더라도 수도는 서울—평양—연기·공주 등으로 3분되리라 예상된다. 그럴 경우, 결국 연기·공주는 임시수도 역할밖에 못할 것이므로 오로지 국력의 낭비에다, 통일 후 수도설정에 불필요한 장애요인이 될 것이다.

(2) 국제정치환경에서 북한은 '정상국가'(*normal state*)가 아니라고 낙인찍혀 있다.

핵문제도 인도 등과 달리, 북한을 가장 위험요소로 간주하는 까닭은 "가장 위험한 무기를 가장 예측할 수 없는 지도자가 손에 쥐고 있다"는 사실 때문이다. 따라서 외형상 남북화해무드가 늘고 있다지만, 한시도 우리는 경계를 늦출 수 없다. 이런 시점에서 시도되는 수도해체는 안보환경을 급격히 악화시키고 일시적으로 그리고 지속적으로 막대한 추가 안보비용을 발생시킬 것이다.

11) 행정도시가 국민에게 안겨줄 비용 : 예측불허일 정도로 엄청날 것이다

(1) 수도가 해체된 분도체제의 정부는 위기상황의 대처능력이 급격히 저하될 수밖에 없다.

우리의 국정상황은 'IMF사태'나 '북핵 사태'에서 경험한 것처럼 국민의 생명과 안전을 위협하는 과제가 언제, 어느 방향으로부터 표출할지 모르는 상시적 위기상황에 처해 있다. 지금 우리가 맞고 있는 오일쇼크도 그러한 상황의 한 예가 된다. 위기상황의 진단과 처방에 관련된 부처들을 두 도시에 분산배치하고, 위기대응의 사령탑인 대통령과 총리를 떨어져 있게 하는 것은 촌각을 다투는 위기대처능력을 심각히 훼손할 것이다.

(2) 행정시스템이 비효율화로 치달을 것이다.

수도분할로 인한 공간적 분리로 부처간 상호 접촉과 협력이 원활하지 못함에 따라 행정업무의 조정과 통합이 어려워진다. 뿐만 아니라 행정절차가 지연되어 행정시스템의 기능을 저하시키게 된다. 이전(移轉) 부처들은 필연적으로 서울출장소를 설치하게 될 것이므로 불필요한 예산낭비와 연락사무소 직원들의 추가증원 등 조직의 비대화를 가져올 수밖에 없다. 국민들에게도 민원업무상의 불편과 시간낭비가 막심할 것이다. 이전하는 중앙부처는 대부분의 민원업무 담당기관이다. 중앙부처를 가장 많이 찾는 민원인들은 수도권 주민과 기업체들이므로 민원 업무처리를 위하여 직접 서울—행정도시간을 오가야 함으로 그들의 시간과 금전적 낭비는 결코 적지 않을 것이다.

(3) 행정도시 근무공무원의 기율을 저하시킬 것이다.

서울에 근거를 둔 채 행정도시로 직장을 옮겨가는 공무원들은 교육문화 시설의 미비를 핑계로 서울과 행복도시간의 출퇴근과 이중생활체제가 불가피할 것이다. 이런 사태는 직무수행의 전념도를 저하시켜 국정효율을 크게 낮출 것이다. 이전 공무원들 가운데 맞벌이 부부 및 자녀의 교육 이유로 가장과 남은 가족이 별거하여 '두 집 살림' 많을 것이다. 두 집 살림으로 불필요한 추가 가계부담뿐만 아니라 별거로 인한 불편과 가정의 행복지수에 악영향을 미칠 것이다.

행정도시가 성공할 수 있을 지에 관해서는 정부안에서도 회의적이었다고 듣고 있다. 법에다 '행정중심복합도시'라는 억지 이름을 붙인 것부터 그것을 말해 준다. 농촌과 달리 도시는 그 기능이 복합적인 데에 절대적 특성이 있다. 그럼에도 굳이 '복합'이란 말을 넣는 것은 수도의 기능을 장차 넣겠다는 말로 들린다. 관련정부기관에서는 행정중심복합도시란 말을 줄여 '행복도시'라고 말한 바 있다. 동서고금에 이상향이니 무릉도원이 있을 리 만무할 진데, 행복은 사람이 만드는 것이지 땅이 보장하는 것이 아니다. 이 점을 모를 리 없을 터인데도 정부당국이 무언가 중요성 내지 필요성을 강조하려다 보니 그런 조잡스런 말이 생겼다. 최근에는 행복도시란 말은 쑥 들어가 버리고 지금은 행정도시라고만 한다. 일련의 조치가 '억지춘향'임을 말해 주는 또 다른 증거이다.

(4) 차기정권에서 불필요한 정치적 부담을 안겨줄 것이다.

수도분할 계획은 단기사업이 아니라 10여 년 이상 걸리는 장기사업이다. 행정도시법을 통과시켰지만 실제의 건설사업추진은 현 정권의 집권말기에 시작하게 되어 있어 본격적 건설사업은 차기정권에서 이어받을 수밖에 없다. 차기에 집권정권에서 수도분할을 근본적으로 찬성할지, 않을지는 알 수 없으나 합법적 국민합의를 얻지 못한 까닭에 건설사업 추진은 차기정권에 커다란 정치적 부담이 될 것이다. 국민들의 합의를 얻지 않은 채 추진하던 국책사업들 예컨대 "새만금 방조제사업"은 환경단체 등으로부터 심한 반대와 저항을 받아 얼마나 많은 차질을 빚었는가? 국민적 합의 없이 행정도시를 건설하려면 차기 정권 또는 차차기 정권에서 중도 폐기되는 사태가 발생하지 않는다고 누가 장담할 수 있겠는가? 그렇게 되면 막대한 국가 재원의 낭비는 물론, 또 다시 충청도민들을 실망시키고 우롱하는 처사가 될 것이다.

3. 결어

1) 건너가면 필시 만나게 될 파탄의 강이라면 지금이라도 되돌아옴이 상책이다

참여정부는 미래에 대한 투철한 비전제시 없이, 과거를 캐는 이른바 '퇴영(退嬰) 주의'에 사로잡혀 있다. 국정을 책임진 정부는 당면문제 해결을 위한 정책수립도 중요하지만 국가장래를 위한 비전을 제시하고 장기발전계획에 따라 정책을 집행하는 데 전력투구해야 한다.

정치는 현세의 관리이고, 종교는 내세의 관리라 했다. 다른 유력 종교지도자도 한결같은 말씀이지만, 최근 불교지도자 한 분도 너무 딱한 나머지 오죽했으면 "앞으로 가야지, 지난 일 파면 뭐해!"(〈동아일보〉, 2005. 8. 22) 라고 말할 지경이 되었겠는가.

행정도시 건설에 낭비될 막대한 재원은 미리 막아야 한다. 행정도시 건설에 정부부담은 8조155천억 원으로 정해 놓았다. 당초 신행정수도 계획에는 정부 부담 11.2조 원 민간부담 34.4조 원으로 총 45.6조 원이 소요되는 것으로 추산한 데 반해, 행정도시 건설에 정부 몫은 8조5천억 원이라 못 박고 있다. 돈이 적게 든다는 것을 선전하기 위한 숫자놀음에 지나지 않다. 경부고속전철 등 대형국책사업의 경험으로 미루어보아 정부가 아무리 부정해도 비용은 늘어나게 돼 있다. 법률이나 국가예산은 필요하면 국회에서 얼마든지 바꿀 수 있다. 건설비는 늘어나게 되어있는데도 이 금액을 지키겠다면 제대로 도시를 건설할 수 없다는 말로도 들린다. 정부부담이냐 민간부담이냐는 걸 따지는 건 무의미하다. 누가 부담하든 그것은 우리 국민경제가 부담하는 것이다.

2) 참여정부가 자행하고 있는 해체주의는 꼭 막아야 한다

역사 이래 인류는 문명을 축적한다며 밤낮 없이 무언가 만들어내는 조성주의에 집착해왔다. 국가, 기업, 개인 모두가 마찬가지였다. 그런데 줄기차게 만든 만큼이나 부서지고, 버려지고, 무너지는 해체도 엄연한 현실이란 성찰도 가능할 것이다. 해체는 인문정신에서는 하나의 의미 있는 발상이 되었고, 예술정신 쪽에서는 일종의 폐허미로 다가오곤 했다. 그러나 해체 내지 폐허는 사람들이 적극적으로 일구어 나가는 일상의 삶 그리고 역사의 축적에 도움이 될 때만 의미 있는 것이다. 일상사, 세상사, 나라 경영에서 해체가 의미 있으려면 그건 옳은 조성은 어떤 모습이어야 할 지에 대한 반(反)교육적일 때 가능한 것이다. 지금 참여정부는 나라경영의 지침으로 도저히 용납할 수 없는 해체주의에 빠져 있다. 우선 "과거사 청산문제"가 바로 해체성 흠집내기의 생생한 보기이다. 모 현직 고위공직자가 현 대통령을 정조대왕에 비유했다. 당대에 정쟁에 휘말려 유배 가듯이 고향으로 밀려났던 임란 당시의 영의정 류성룡에게 제사를 올린 임금도, 연전연승이 화근이 되어 위험인물로 낙인찍혔던 충무공 이순신 통제사에게 영의정으로 추증(追贈)한 임금도 바로 정조대왕이었다는 사실을 기억한다면 참으로 기막힌 비유라 하겠다. 결론적으로 수도이전을 위장한 수도분할은 저지되어야 한다.

| 제5장 |

참여정부 기업도시정책의 비판적 고찰

서순탁

1. 서론

참여정부는 지역간 균형 있는 발전을 촉진하기 위해 모든 지역의 발전잠재력을 최대한 활용하여 선진한국으로 발전할 수 있는 기틀을 만들어나가자는 취지로 국가 균형발전과 지역경제 활성화의 방법으로 대규모의 도시개발정책을 추진하고 있다. 정부기관 지방 분산을 위한 행정중심복합도시, 공공기관 지방이전을 통한 10개의 혁신도시, 지방의 민간기업 투자 활성화를 위한 6개의 기업도시 건설 등이 그 예이다.

그 중 기업도시건설 정책은 '기업'을 보는 인식과 가치관의 차이에 따라 관점이 달라지는 것을 볼 수 있다. 먼저 기업도시가 본래의 취지대로 수도권집중 완화와 낙후된 지역의 개발과 지역경제 진작에 기여하기 위한 방향으로 건설이 이루어져야 기업도시건설 정책이 성공할 수 있다고 보는 관점이 있다. 반면에 기업이 기업도시를 한다면서 산업투자, 기술혁신, 지역개발, 지역사회와의 조화로운 협력의 역할을 감당하기보다 부동산개발로 인한 지대추구, 환경규제 회피, 개발이익에 인한 사업 영위, 입지적 이익 우선, 지역경제의 지대추구 등의 경향을 띄게 되어 기업주도의 개발인 기업도시 건설정책은 성공하기 힘들 것이라는 견해가 있다. 일부 시민단체가 기업도시특별법을 반대하는 이유는 후자를 우려하기 때문이다. 정부는 이러한 기업도시의 양면적 특성을 충분히 이해하고 정책을 추진해야 할 것이다. 기업도시의 제도화를 건의한 전경련의 주장과 비판적 입장을 보이고 있는 시민단체의 주장을 감안하여 기업도시 특별법의 집행과 기업도시 건설과정에 대한 지속적인 모니터링과 평가가 필요하다.

이 글에서는 이러한 맥락에서 기업도시 건설 정책에 관해서 그 취지와 추진현황 및 제기되고 있는 문제점을 주요 쟁점별로 살펴보고, 비판적으로 검토해 보는 데 초점을 두었다.

2. 기업도시 건설정책 및 법제도 개관

1) 기업도시정책의 추진배경 및 과정

기업도시특별법은 경기침체와 내수불황하에서 투자활성화와 일자리 창출을 명목으로 기업에 대한 제반규제의 철폐를 통해 투자위기를 최소화하고 이윤창출의 극대화를 원하는 기업가들의 이해와 지속적 경기침체와 내수불안으로 인한 단기 경기부양의 필요성과 국토균형발전을 주요 정책목표로 삼은 정부의 이해와 거기에 더하여 지방정부의 지역경제 활성화와 지방재정 확충 의도가 맞아떨어져 만들어진 정책이다. 2003년 10월 전경련의 제안부터 현재까지 진행되어온 상황을 간단히 정리하면 〈표 5-1〉과 같다.

〈표 5-1〉 기업도시 건설정책 추진현황

일자	내용
2003. 10	전경련(全經聯)에서 기업도시개발 제안
2004. 6	특별법 건의
2004. 7~12	법안에 관한 관계기관·전문가·시민단체 등 협의 —실무협의회(2회), 전문가회의(3회), 시민단체 토론회(2회), 복합관광레저단지 공청회(9. 7), 법안공청회(9. 22, 11. 3) 등 —국무조정실 주관으로 異見사항 조정 등 관계부처 협의 —건교위 심의공청회(11. 24), 법제처 심사(12. 7), 본회의 의결(12. 9)
2004. 12. 31	기업도시개발 특별법 제정공포(법률 제7310호)
2005. 1. 11	기업도시 시범사업 추진계획 공고
2005. 4. 30	기업도시개발 특별법 시행령 제정 공포 (대통령령 제1818818호)
2005. 5. 6	기업도시위원회 발족
2005. 5. 13	기업도시개발 특별법 시행규칙 제정 공포 (건설교통부령 제438호)
2005. 7. 8	기업도시 시범사업 4개 지역 선정 —산업교역형(1): 전남 무안 —지식기반형(2): 강원 원주, 충북 충주 —관광레저형(1): 전북 무주
2005. 7. 29	기업도시 예정지역 및 주변지역 관리지침 수립·시행 (건교부훈령 제542호)
2005. 8. 25	기업도시 시범사업 2개 지역 추가선정 —관광레저형(2): 충남 태안, 전남 영암·해남
2005. 12. 29	기업도시 이주대책 기준 제정

자료: 건설교통부 기업도시 추진현황(http://enterprisecity.moct.go.kr/).

2) 기업도시정책의 개념과 목적

(1) 기업도시정책의 개념

기업도시[1]는 기업이 직접 개발주체가 되어 기업활동을 효율적으로 영위하기 위해 필요한 일체의 것을 직접 개발하는 도시이다. 따라서 최종 수요자와 개발주체가 동일하다. 개발 당사자인 기업은 기업의 운영에 필요한 제반시설을 건설하면서 기업 근로자들에게 필요한 주택·의료·학교 등의 물리적 시설과 관련서비스도 제공하게 된다. 수요자가 바로 개발의 주체가 된다는 것이 기업도시 개발의 핵심이다(김현아 외, 2004).

기존의 우리나라 산업 및 공업 도시와 신도시 개발이 주로 생산이나 주거 기능에 치우쳐 위성도시로서의 역할에 그쳤다면 기업도시는 '자족도시'로서의 면모를 갖춘 도시이다. 또한 물리적 도시로서의 역할에 그쳤던 도시개발뿐만 아니라, 도시 내 직주 근접, 공공서비스의 제공과 운영, 지역커뮤니티를 함께 계획하는 개발방식이다(성소미, 2004).

기업도시와 기존 산업단지의 차이점은 기업도시에서 기업이 개발주체인 동시에 최종수요자라는 점과 민간기업이 토지이용계획의 수립권은 물론 토지 조성과 인프라 건설, 건물 및 시설의 건설과 공급, 사용 및 관리를 일괄하여 담당하는 개발·행정·소유의 주체라는 점이다.

(2) 기업도시정책의 목적

기업도시특별법에서는 동법의 목적을 민간기업이 산업·연구·관광·레저분야 등에 걸쳐 계획적·주도적으로 자족적 도시를 개발·운영

1) 건교부가 발표한 자료에 따르면 제조업·관광업 등 산업입지와 경제활동을 위해 민간기업 주도로 개발된 도시로서, 산업·연구·관광 등의 주된 기능과 함께 정주에 필요한 주택·교육·의료·문화 등 자족적 복합기능을 가진 도시로 정의하고 있다(건교부 기업도시 개발방향과 특별법 제정에 관한 공청회 자료. 2004. 9. 22).

〈표 5-2〉 기업도시와 기존 산업단지와의 차이

구 분	기업도시	산업단지
개발 주체	· 민간 원칙 · 민간+공공도 가능	· 공공 원칙 · 민간은 직접사용분에 한해 개발 가능
개발 절차	· 조성+분양 동시진행 (산업입지와 기업투자가 동시 발생)	· 先 개발, 後 입주기업 모집 (산업단지 미분양 빈발)
단지 규모	· 유형별로 최소규모 규정 (100만 평~200만 평 이상)	· 지방산업단지: 15만㎡ 이상 · 국가산업단지: 규모관련 규정 없음
소요 기간	· 단기간 개발가능 (기업이 원하는 곳에 직접개발)	· 장기간 소요
생활 여건	· 복합도시로 정주여건 마련 (교육 · 의료 · 문화 등)	· 생산기능 위주 개발로 정주여건 부족

자료: 기업도시 개발제도 설명자료, 건교부, 2005. 10

하는 데 필요한 사항을 규정하여 국토의 계획적 개발과 민간기업의 투자를 촉진함으로써 공공복리를 증진하고 국민경제와 국가 균형발전에 기여함을 목적으로 한다고 규정하고 있다. 특별법상의 규정은 물론 기업도시 개발정책의 도입 배경 및 주요내용 등을 기초로 하여 기업도시 개발의 구체적 목적 또는 필요성을 다음과 같이 살펴보고자 한다. 즉 기업도시는 기업하기 좋은 환경을 조성하여, 기업투자 촉진과 일자리 창출을 통해 국가경쟁력을 강화시키고, 기업도시에 특정산업과 연구 · 교육기능을 집적시켜 낙후지역의 경제활성화를 구현함으로써 국가 균형발전을 도모하려는 등의 목적으로 추진되는 정책이라 할 수 있다. 세부내용은 다음과 같다.

첫째, 기업하기 좋은 환경 조성을 목적으로 한다. 기업의 경쟁력 강화를 위해 산업시설과 주택, 교육, 의료, 체육, 문화시설 등을 동시에 계획하고 건설할 수 있도록 규제완화와 의제처리 등 정부지원 확대를 위한 종합제도화의 계기로 활용하고, 기업 입장에서는 복합개발을 통해 투자비를 절감하고 기업이 원하는 위치에 도시를 개발하여 경쟁력을 강화할 수 있다.

둘째, 기업의 투자를 촉진시키는 것을 목적으로 한다. 기업도시는 기업이 필요한 곳에 민간의 기술과 자본을 활용하여 생산시설을 포함한 제반시설을 건설하는 민간주도의 도시를 개발해서 기업의 국내설비투자를 확대시키고 경제를 활성화하기 위한 기업의 투자의욕을 고취시킬 수 있다(김현아, 2004a). 건설교통부 자료에 의하면 기업도시의 투자효과는 산업형 기업도시는 27조9천억 원, 관광레저형 기업도시의 경우 29조5천억 원의 건설투자 효과가 발생할 것으로 추정하고 있다(건교부, 2004b).

셋째, 일자리 창출을 목적으로 한다. 기업도시를 건설함으로써 설비투자와 건설투자 확대에 따른 고용창출 이외에도 기업도시 내 설립될 학교, 의료기관 및 각종 공공서비스와 관련된 서비스산업의 고용창출이 가능하다(유재준, 2004). 기업도시의 고용창출 효과는 기업도시의 유형과 규모, 운영방식 등에 따라 더 커질 수도 있고 그 파급효과도 더욱 확대될 수 있을 것이다.

넷째, 국가의 균형발전을 목적으로 한다. 기업도시는 지역간 교류와 연계발전을 통한 협력적 국토기반을 구축하고 지역혁신과 자립적 지방화를 통한 수도권과 지방의 균형 및 상생발전 전략으로 직주근접과 산·학·연 연계체제가 구비된 기업도시를 개발하여 국가 균형발전을 위한 새로운 거점으로 육성할 필요가 있다(주성재, 2004).

마지막으로 수도권의 인구분산과 주택문제 해결에 목적이 있다. 기업도시 건설은 만성적인 수도권의 주택문제를 해결하는 수단이 될 수 있다. 수도권 주택문제는 투기 수요를 억제하는 것과 동시에 주택수요를 분산시키는 일이 불가피하기 때문에 기업도시 개발이 수도권의 인구를 분산시키는 효과로 인해 수도권 주택문제 해결에도 실마리를 제공해 줄 것이다.

3) 기업도시 특별법의 주요내용

법률의 명칭은 도시개발의 주체가 민간기업이 되는 점을 쉽게 인식할 수 있고 도시의 특성에 보다 부합하도록 기업도시 개발 특별법으로 하였다. 법안의 내용은 법안은 크게 기업도시의 정의 및 유형, 기업도시의 개발절차, 사업촉진을 위한 지원 사항, 공공성 확보를 위한 조치 등의 부분으로 구성되어 있으며 각 부분별 주요내용은 다음과 같다.

(1) 기업도시 정의 및 유형 구분

기업도시를 "민간기업이 산업·연구·관광 등의 주된 기능과 함께 정주에 필요한 주택·교육·의료·문화 등 자족적 복합기능을 가진 도시"로 정의하고, 이를 다음과 같이 구분하고 있다(법 제2조 제1호).

① 산업교역형 기업도시: 제조업과 교역위주의 기업도시
② 지식기반형 기업도시: 연구개발 위주의 기업도시
③ 관광레저형 기업도시: 관광, 레저, 문화 위주의 기업도시
④ 혁신거점형 기업도시: 지방이전 공공기관을 수용하여 지역혁신의 거점이 되는 기업도시

(2) 기업도시 유형별 개발구역 면적기준 및 토지의 직접사용

기업도시 개발구역은 330만 평방미터 이상으로 기업도시의 유형을 고려하여 대통령령이 정하는 면적 이상이어야 하며(법 제6조 제2항), 기업도시의 주된 용도로 사용되는 토지의 20% 이상 50% 이하의 범위 안에서 대통령령이 정하는 비율 이상의 토지를 직접 사용하여야 한다. 다만, 혁신거점형 기업도시를 개발하는 경우에는 대통령령이 정하는 바에 따라 경감할 수 있도록 하고 있다(법 제16조 제1항). 이를 법과 시행령의 내용을 종합하여 표로 나타내면 〈표 5-3〉과 같다.

개발구역의 최소면적과 주된 용지조성 비율 및 주된 용지 중 시행자

〈표 5-3〉 기업도시 유형별 개발구역 면적기준 및 토지의 직접사용 비율

구 분	산업교역형	지식기반형	관광레저형	혁신거점형
최소면적	150만 평	100만 평	200만 평	100만 평
가용토지 중 주된 용지율	40%이상	30%이상	50%이상	30%이상
주된 용지 중 직접 사용률	30%이상	20%이상	50%이상	30%이상

자료: 기업도시개발정책의 이해. 건교부 복합도시기획단. 2005.

의 직접사용 비율 등을 지정해 개발사업이 지속적으로 발전 가능하도록 유도하고 있다. 즉 기업도시의 난립을 방지하고 기업도시로서의 복합기능과 자족성을 확보하기 위해 도시 유형별로 최소개발면적기준을 정하는 것이며, 기업도시의 유형별로 특성에 맞는 도시개발을 위해 주된 용도로 사용되는 토지의 최소 조성비율을 정하고, 또한 시행자가 기업도시 조성토지의 일정면적을 직접 사용하도록 의무화하는 것으로 이해할 수 있다.

(3) 도시개발 관련권한의 부여

우선, 기업에게 도시개발에 관한 권리(제안권, 계획권 및 개발권)를 부여하되 구체적 사업인정(개발구역의 지정 및 개발계획의 승인)에 있어서는 그것의 공공성을 철저히 분석하여 검증하도록 되어 있다. 내용적으로는 해당사업이 국토균형개발 및 국민경제발전에 기여하는지, 환경적으로는 지속가능한 개발인지, 사업계획의 적정성·경제성 등을 감안하여 실현가능성이 있는지, 개발이익의 정도와 인프라 등에 대한 재투자가 가능한지, 지역사회와의 협력관계 등이다. 절차적으로는 개발계획에 대한 주민의견 수렴, 시군과의 협약, 관계부처 협의, 중앙도시계획위원회 심의, 기업도시위원회 심의 등 일련의 절차를 거치면서 타당성과 적정성을 심사하는 것이다. 바꾸어 말하면 실체적·절차적으로 공공성이 검증되어야 사업을 인정하고 도시개발권을 부여하는 것이다.

(4) 기업도시 개발절차

기업도시 개발사업은 개발구역 지정, 개발계획 승인, 실시계획 승인, 준공단계로 크게 구분할 수 있으며, 개발절차는 다음과 같다.

첫째, 민간기업이 필요로 하는 지역에 입지를 선정하여 시장·군수와 공동으로 건설교통부장관에게 기업도시 개발구역의 지정을 제안할 수 있으며(법 제4조 1항), 제안이 현저하게 지연될 우려가 있거나 해당 도와 공동으로 사업을 시행하고자 하는 경우에는 도지사와 공동으로 제안할 수 있다. 이때 민간기업은 시장·군수와 기업도시의 개발에 관한 사항, 관리·운영, 기반시설의 설치·운영 등을 협약으로 체결하도록 하며, 공동제안을 요청 받은 시장·군수는 그 사항을 공고하여야 하고, 공고 이후에 공공에 미치는 파급효과가 큰 사업을 제안·요청한 자가 있으며 이를 제안자로 선정하도록 하여 초기단계에서부터 공공과의 협력관계를 확보하도록 하였다.

둘째, 민간기업이 기업도시개발구역의 지정을 제안할 때 개발계획을 수립하여 동시에 제출하도록 하였다. 따라서 기존 개발사업은 지구지정과 개발계획을 분리하여 추진하던 것을 동시에 처리함으로써 사업기간을 단축할 수 있도록 하였다.

셋째, 개발구역을 지정하는 데 있어 건설교통부장관은 관할 광역시장·도지사의 의견을 듣고 관계중앙행정기관의 장과 협의를 거쳐 중앙도시계획위원회와 기업도시위원회의 심의를 거치도록 하고, 또한 주민 및 관계전문가의 의견을 듣고 공청회를 개최하도록 하였다(법 제5조 1, 2항).

넷째, 사업시행은 개발구역 지정을 제안한 민간기업에서 맡는 것을 원칙으로 하고 민간기업과 공공이 공동으로 사업을 시행하는 경우에도 민간기업의 지분이 과반을 넘도록 하여 언제나 민간기업이 사업을 주도하도록 하였다(법 제10조 1, 5항).

개발사업 시행자는 개발사업에 관한 실시계획을 작성하여 승인을

〈그림 5-1〉 기업도시 개발절차도

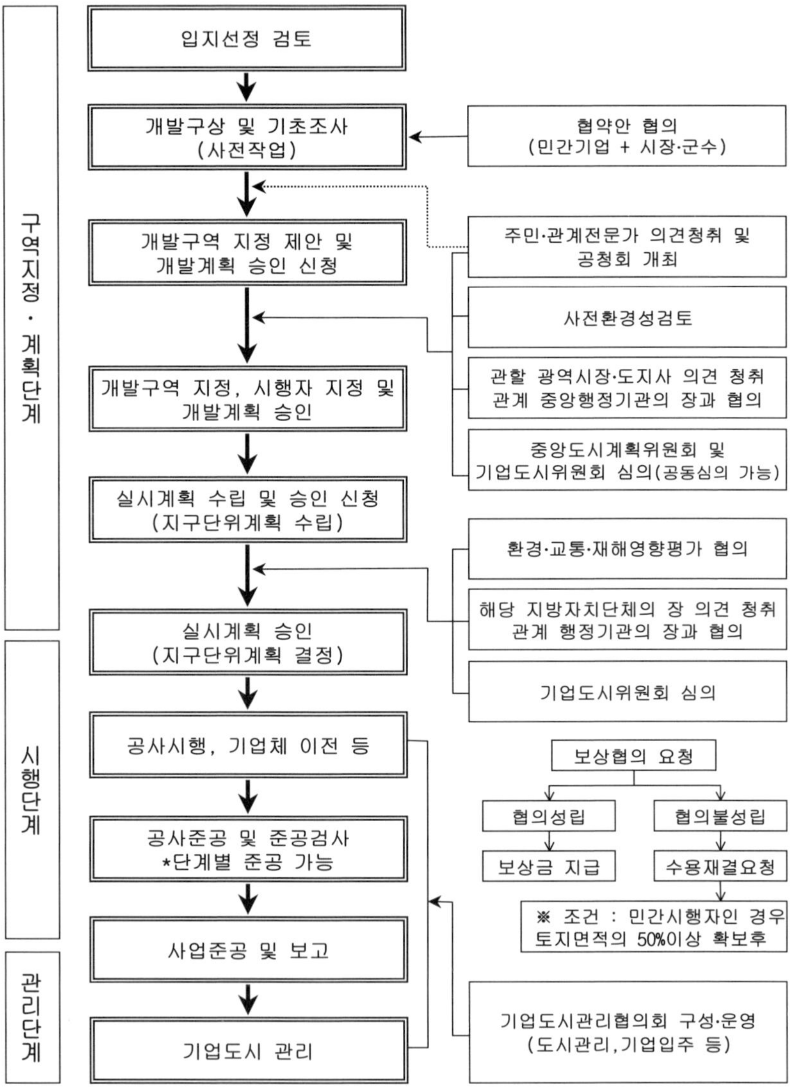

얻어 공사를 착공한 후 실시계획대로 완료되었을 경우 준공검사를 통해 사업을 준공하도록 하였다.

(5) 사업촉진을 위한 지원사항

기업도시는 대부분 대규모 개발사업이므로 이의 촉진을 지원하기 위해 다음과 같이 사업시행을 지원하는 규정을 마련하였다.

첫째, 사업의 원활한 시행을 위해 행정절차 간소화차원에서 41개 법률 88개의 인허가 사항을 실시계획 승인 시 일괄하여 의제 처리한다(법 제13조).

둘째, 민간기업에서 시행하고 있는 개발사업에 있어서 큰 어려움 중 하나인 알 박기 등의 문제를 해소하기 위해 민간기업이 대상 토지 면적의 50%이상을 확보한 경우 토지수용권을 부여하였다. 한편 공공부문과 공동으로 사업을 시행하는 경우에는 토지수용권이 제한 없이 부과된다(법 제14조).

셋째, 기업도시는 대규모 사업으로 막대한 자금이 소요되므로 원활한 사업시행을 도모하는 차원에서 자금조달을 위한 토지상환채권 발행, 선수금 수령 등을 허용하고 출자총액제한과 신용공여 한도상의 완화 등도 제한적으로라도 협의하여 허용하는 방안을 강구하였다. 국세 및 지방세와 각종 부담금 또한 감면하도록 하였다(법 제15, 21조).

넷째, 민간기업이 기업도시 내 조성한 토지 및 주택의 공급·처분에 있어서 민간기업의 자율성을 최대한 보장하도록 하였다. 예를 들면 기업도시 내 입주업체 등에 종사하는 직원들에게는 주택공급의 특례를 주어 자족성 확보에 기여하도록 하는 것이다.

다섯째, 기업도시가 성공하기 위해 산업·관광 등의 유치는 물론이고 정주여건의 개선이 아주 중요하다. 따라서 교육, 의료, 체육, 문화시설의 확충을 통해 입주민의 정주생활 여건을 개선하여 자족성을 확보할 수 있도록 여러 가지 방안을 강게가 있는 만큼 시행자와 하교와 병원에 대하여 직접 설립할 수 있도록 하였으며, 현재 자율성이 인정되는 자립형 사립고, 특수목적고 등 자율학교를 최대한 허용하고 교육인적자원부 장관의 승인을 별도로 받아 외국대학(전문대학 이상)을 설립·운영할 수 있도록 하였다(법 제35조, 38조).

마지막으로 기업도시에 관한 기본정책과 제도에 관한 사항, 기업도시의 지정 및 개발계획 등에 관한 사항 등을 심의하는 민·관 합동의 기업도시 위원회를 설치하고, 기업도시의 관리에 관한 사항, 혁신클러스터 구축 및 기업입주·사업지원에 관련된 사항을 심의 또는 조정할 수 있도록 지방자치단체·사업시행자·입주기업·주민 및 관련전문가로 기업도시협의회를 구성·운영할 수 있도록 하였다.

(6) 공공성 확보를 위한 방안

시민단체 등 일부에서는 기업도시가 기업에게 특혜를 준다는 오해가 있으나 동 법에서는 타 사업에 비해 민간기업에게 폭넓은 지원혜택을 부여하고 있는 만큼 이에 상응하는 공공성 확보방안이 마련되었다.

첫째, 기업도시는 낙후한 지방에 입지하므로 개발이익이 적을 것으로 예상되나 개발이익을 민간기업이 사유화하는 것을 방지하기 위해 적정범위를 초과하는 개발이익은 개발구역 밖의 도로 등 간선시설을 설치하게 하고 간선시설 설치 후 나머지 개발이익에 대해 조성된 토지를 국가나 지방자치단체에 무상으로 양여하게 하거나 그에 상응하는 부담을 부과하도록 하고 있다(법 제8조). 개발이익 산정은 구역지정시 전문기관의 검증을 받고 준공 시에는 회계법인의 확인을 받는 등의 방법으로 전문성 및 투명성을 확보하고 있다(법 제8조 및 제20조).

둘째, 기업이 산업투자보다 부동산개발에 치중할 우려를 방지하기 위하여 시행자가 토지면적의 20～50% 이상을 기업도시의 유형별 주된 용도에 의무적으로 직접 사용하도록 하고 있다(법 제16조 1항). 이를 이행하지 않는 경우에는 사업추진계획에 따른 사업체의 이전 및 시설·장비의 설치 등의 이행에 관한 명령, 조성토지 등의 처분을 제한하는 명령, 주택공급의 특례를 제한하는 명령 등을 발할 수 있고(법 제 16조 제 2항), 개발계획의 승인 또는 실시계획의 승인 등을 취소하는 조치를 명할 수 있다(법 제 47조). 특히 직접 사용하도록 계획된 토지에 개발사업을 착수하지 아니하거나, 개발사업진행의 정도가 사업추진계획에 비추어 현저히 부진한 경우에는 시행자 지정을 취소할 수 있도록 하고 있다(법 제 48조).

3. 주요 쟁점에 대한 비판적 검토

기업도시개발 특별법에 대해 재계 등 일부에서는 기업도시 건설참여를 위한 유인 면에서 미흡하다는 주장이 제기되고 있으며, 시민단체에서는 기업도시 특별법이 지나치게 기업에게 특혜를 주고 있다고 주장하고 있다. 그동안 많은 논란을 거친 끝에 법령이 제정·시행되었고 이에 따라 개발계획 승인 신청까지 진행되고 있는 점을 고려하여, 현재의 시점에서도 여전히 중요하고 논란이 계속되고 있는 핵심쟁점을 중심으로 살펴보고자 한다.[2)]

1) 주요 쟁점

(1) 민간기업이 기업도시개발구역 지정을 제안할 수 있는가?

기업도시법에 의하면 민간기업이 국가기관 또는 지방자치단체, 정부투자기관, 지방공기업, 제주국제자유도시개발센터 등이 관할 광역

2) 공청회단계에서부터 입법과정까지 전경련과 시민단체 및 건설교통위원회의 자료를 검토했고, 시범사업선정 및 개발계획승인 신청단계에서는 전경련, 건교부, 현대경제연구원 및 각종 언론 등의 자료를 종합 정리하였다.

시장·시장 또는 군수와 공동으로 건설교통부장관에게 개발구역의 지정을 제안할 수 있도록 하고 있다. 이 경우 개발구역의 명칭·위치 및 면적, 기업도시의 기본성격 및 개발의 기본방향, 기업도시의 개발계획에 관한 사항, 제안자의 재무상태에 관한 사항, 조성된 토지의 직접 사용에 관한 사항, 총사업비 산정자료 및 연차별 투자계획 등 사업성 분석자료, 시장·군수와 협의한 사업추진 등에 관한 협의안, 환경보전대책에 관한 사항 등에 대해 서류 및 도면을 첨부하여 제출하도록 하고 있다(법 제4조 1, 2항).

기업과 국가기관과 공동으로 제안할 수 있도록 한 이 법안에 대해 전경련은 민간기업의 자율적 선택권 보장을 통해 개발 당시부터 수요자의 요구에 맞는 개발계획의 수립이 중요하다는 것을 요구하고 있는 반면, 투자활성화를 위해 공공의 고유역할이라 할 수 있는 도시개발권 전체를 민간에게 넘기는 것은 관련법의 문란과 더불어 사회적 공공성의 문란 등 도시개발과 운영에서 많은 문제를 야기할 수 있다는 주장(조명래, 2004)도 제기되고 있다. 법에서는 공동제안을 규정하나, 실제로 민간 단독제안의 경우를 배제할 수는 없다. 지방자치단체의 고유권한인 계획고권을 침해할 우려(성소미, 2004)가 큰 만큼 쟁점사항이 되고 있다.

(2) 민간기업에게 토지수용권을 부여할 수 있는가?

개발사업의 시행자가 개발구역 토지면적의 50%이상에 해당하는 토지를 확보 후 개발계획의 고시일로부터 2년 이내에 공익사업을 위한 토지 등의 취득 및 보상에 관한 법률의 규정에 따라 토지·건물 또는 권리를 수용 또는 사용할 수 있도록 하고 있다(법 제14조).

기업도시의 목적이 공익목적과 배치되지 않는 경우 수용권 부여가 가능하다는 점을 들어, 사업의 공익성(지역균형발전, 주거안전, 택지조성, 기반시설의 설치 등)을 주장하며 토지수용의 당위성을 주장하는 반면, 기업에게 토지수용권을 부여하는 것에 대해 본질적으로 영리를 추구하는 민간기업에게 토지수용권을 부여하는 것은 수용권 남용 및 사적소유권 침해 등 위헌소지가 있거나 토지수용권 행사요건을 보다 엄격히 규정할 필요가 있다는 주장이 있다. 수용권은 택지조성, 산업단지 조성 등과 같은 개별사업의 효율적 추진을 위한 것으로서, 도시개발법에서 사업대상토지의 2/3 협의매수시나 잔여 토지 소유자의 2/3 이상 동의를 득한 경우 토지수용권이 주어지지만, 이는 어디까지나 도시의 일부이지 기업도시법과 같이 도시 전체를 대상으로 하는 것이 아니라는 점을 지적하면서 민간기업에게 수용권을 부여하는 것은 적절치 않음을 강조하고 있다(소병래, 2004).

토지수용과 관련하여 주민과의 지속적 갈등을 유발할 가능성이 높아 기업과 주민, 지방자치단체간의 유기적 협조와 신뢰를 통해 얻어질 수 있는 기업도시 건설의 목적이 훼손될 우려가 있다는 주장도 제기되고 있다(변창흠, 2004).

(3) 개발이익을 환수할 것인가?

민간기업이 개발이익을 사유화하는 것을 방지하기 위해 적정한 개발이익을 초과하는 경우에는 일정한 기간 이내에 그 초과이익의 범위 안에서 시행자에게 개발구역 밖의 간선시설과 개발구역 안의 도서관·문화회관·운동장 등 공공편익시설을 설치하도록 하고 그 나머지 개발이익에 대하여는 조성된 토지를 국가나 지방자치단체에 무상으로 양여하게 하거나 그에 상응하는 부담을 부과하도록 하고 있다(법 제8조).

이에 반해 재계에서는 개발이익 환수에 관한 사항은 법률로 규정하기보다 기업과 해당 지방자치단체가 협의하여 기반시설 투자로 유도하는 것이 바람직하다는 입장을 밝히고 있다. 그 근거로 전경련은 기업도시법에서 사업시행자의 토지의 직접사용 의무를 규정하고 있을 뿐 아니라, 기본의 택지개발·산업단지 개발사례를 보더라도 도로·공원 등 정부 · 지자체에 제공하는 무상공급 용지만 전체의 35~45%에 달하고 있으므로 엄청난 개발이익은 발생하지 않으며 나아가 개발이익의 대부분을 해당지역 간선시설에 재투자하도록 규정되어 있다는 점을 들고 있다(전경련, 2004).

반면, 재계나 정부에서는 기업도시의 개발후보지가 상대적으로 낙후된 지역을 대상으로 하고 있으므로 현실적으로 개발이익은 없거나 매우 낮을 것으로 예상하고 있으나, 이는 현실성이 떨어진다는 지적이 있다(변창흠, 2004). 또한 기업이 직접 사용하는 토지에 대해서는 개발이익을 환수하지 않고, 다만 나머지 토지에 대해서만 개발이익을 환수하도록 함으로써 민간기업에 특혜를 주고 있다는 주장도 있다(황선자, 2004). 특히 토지수용 · 조성 · 처분, 아파트 및 상가의 분양, 학원 · 병원 · 체육시설 등 기업도시의 건설 · 운영과정에서 막대한 개발이익이 발생할 것이며, 이는 고스란히 기업에게 돌아갈 가능성이 크다는 점이 강조되고 있다.

나아가 기업이 개발이익을 위해 기업도시를 만들면 해당지역의 고용인력, 산업, 문화와 유기적으로 결합하지 못한 채 '개발의 섬'으로 전락하고, 개발이익 등이 고갈되거나 제품 사이클이 바뀌어 경쟁력이 약화되면 기업들이 일시에 철수해 '유령도시'가 될 것이라며 보다 근본적 사유를 제시하기도 한다(조명래, 2004).

(4) 체육 · 카지노 · 교육 · 의료시설 등의 설치 특례를 인정할 것인가?

체육시설과 관련, 개발구역에서 체육시설의 설치 · 이용에 관한 법률의 규정에 의한 등록체육시설업을 하고자 하는 자는 동 법 제12조의 규정에 불구하고 사업계획서를 작성하여 관할 시장 · 군수의 승인을 얻어야 한다(법 제29조)로 규정하여, 중앙정부 및 시도지사의 업무를 관할 시장 · 군수에게로 위임하는 등의 특례를 인정하고 있다.

카지노시설과 관련하여 법에서는 문화관광부장관은 관광진흥법의 규정에도 불구하고 관광레저형 기업도시의 실시계획에 반영되어 있고 ① 대통령령이 정하는 일정규모 이상의 금액을 투자하는 사업시행자 ② 신청내용이 실시계획에 부합 ③ 관광진흥법령에 의한 카지노업에 필요한 시설·기구 및 인력 등을 확보하였을 것(법 제30조)을 명시하여, 카지노 설치를 소정 요건만 충족하면 허가하도록 특례를 인정하고 있다.

교육과 관련, 시행자가 학교를 설립하고자 하는 경우 개발계획과 실시계획에 학교설립계획을 포함하여 작성하도록 하되 학교법인을 설립한 후 학교법인이 설립인가를 신청하도록 하고(법 제35조) 초·중등교육법 특례의 적용을 받는 학교 또는 교육과정운영(법 제36조) 초·중등교육법에서 규정한 학교를 제외한 외국교육기관 설립에 대한 특례(법 제38조)를 규정하고 있다.

의료기관과 관련해서는 시행자가 기업도시의 의료기반시설 확보를 위하여 의료기관을 설치·운영하고자 하는 경우에는 개발계획과 실시계획에 의료기관의 설치계획을 포함하여 작성하도록 하고, 개발구역 내 의료법인은 대통령령이 정하는 부대사업을 할 수 있도록 하여(법 제37조) 다양한 특례를 인정하고 있다.

재계에서는 체육 및 카지노시설 등은 관광레저형 기업도시의 기간시설에 해당될 뿐만 아니라 사업의 특성상 고위험과 대규모 투자 등이 요구되므로 더욱 신축적으로 설치 운영이 가능하도록 할 필요가 있다고 주장한다. 그리고 근로자들이 지방근무를 꺼리는 가장 큰 이유 중의 하나가 교육·의료 문제라고 강조하면서, 교육경쟁력 강화 및 의료서비스산업의 발전이라는 차원에서 보다 포괄적 규제완화가 필요한 실정임을 주장하고 있다(전경련, 2004).

민간기업에게 체육, 카지노, 학교, 병원 등의 시설을 광범위하게 설립·운영할 수 있도록 허용함으로써 이의 상품화를 통한 이윤창출의 특권을 부여하게 되고, 이로 인해 기업도시는 다수 주민을 위한 도시가 아니라 소수 상류층을 위한 특권도시가 되어 공공성을 침해하고 불평등을 심화시킬 가능성이 높다는 점을 지적하고 있다(황선자, 2004).

체육시설에 대한 특례는 골프장, 스키장 등과 같이 사업성이 큰 체육시설의 인·허가를 보다 쉽게 받게 하기 위한 것에 불과하며, 특히 카지노시설의 경우 소정요건만 충족하면 무조건 허가하도록 한 규정은 민간기업에 특혜를 주는 것이라는 주장이 많다. 기업도시의 대부분이 관광레저형인 현실에 비추어볼 때, 이 유형의 핵심은 골프장과 카지노 사업이 될 것이고, 이는 결국 골프장과 카지노의 과잉을 가져와 도산 가능성을 높이게 될 것을 우려하고 있다.[3]

학교와 병원 등에 대해서 현행의 법규정과 달리 기업도시에 특권적 예외를 허용해야 할 특별한 이유가 없고 이와 같은 광범위한 특례들로 인해 난개발과 지역환경 파괴를 사전에 예방하는 것을 어렵게 할 수 있다는 점도 지적되고 있다(조명래, 2004).

2) 쟁점에 대한 비판적 검토

(1) 개발구역 지정주체문제

기업도시특별법상 개발구역의 지정에 대해 민간기업과 시장·군수가 공동제안을 원칙으로 하고 있더라도 기업도시 특성상 민간기업이 주도하는 도시개발은 자칫 지방자치단체의 계획고권을 침해할 수 있다. 따라서 개발구역의 지정제안 과정에서 기업이 시장·군수와 협약을 체결 시에 진정한 의미에서의 공공제안이 될 수 있도록 충분한 협의가 이루어져야 하며, 다양한 주체들이 참여하는 기업도시 건설을 원활히 진행하기 위한 중앙정부와 지방정부, 기업, 지역주민간의 유기적 협조체제가 필요하다(이수희, 2004).

---

3) 기업도시 특별법 저지를 위한 시민단체 연대의 주장. 2004.

그러나 현실은 그렇지 못하다. 기업도시 건설에 다양한 주체가 참여하지 못하고 지역주민과의 유기적 협조체계도 구축되지 못하고 있는 실정이다. 즉 정부와 민간기업만이 움직이고 있을 뿐이다. 현재 개발구역 지정과 개발계획 승인을 추진하고 있는 태안기업도시의 경우, 기업도시개발구역 지정의 타당성과 개발계획을 검토한 결과, 많은 문제점이 제기되고 있다. 해안골프타운 조성을 주목적으로 하고 있어 기업도시 개발 취지에 부응하고 있지 못하고 있으며, 지역전략산업 뿐만 아니라 인접지역의 발전전략과도 연계되지 못하고 있다. 당해 지역의 해안자원과 역사문화자원의 잠재력을 활용하지 못하고 있으며, 자연생태계 보전 측면에서도 문제점이 드러나고 있다.[4]

(2) 토지수용권 부여와 보상문제

토지수용은 공익을 전제로 하고 있어 그동안 공공이 수용의 주체로 인식되어 왔다. 이 문제의 핵심은 기업도시 건설을 공공사업으로 볼 수 있는가에 달려 있다. 기업도시 건설이 현실적으로 불가피하고 민간의 자본과 활력이 필요하다고 인정되는 경우, 공공과 민간의 역할 분담을 통한 사업추진 방안으로써 토지수용권 부여 여부를 판단할 필요가 있다.

우리의 경우, 공공이 수용하는 경우에도 최근 구역 내 주민들의 저항이 커지고 있어, 기업에게 수용권한을 부여한다고 해도 현실적으로 많은 저항에 직면하게 될 것이다. 실제로 대규모 공공사업의 경우 토지를 수용 당하는 사업구역 내와 사업으로 지가상승의 덕을 보는 사업구역 밖의 토지소유자간에 심각한 불평등이 존재하여 사업시행의 장애가 되고 있다(예, 택지개발예정지구 내 토지소유자들의 사업반대 또는 시

4) 서순탁, 태안기업도시 지구지정 및 개발계획(안) 검토(미발간 자료), 2006. 7. 19.

가보상 주장). 따라서 현실적으로는 시가보상을 하던지, 아니면 개발택지지구 안팎의 불공평성을 해소하는 제도적 장치가 선행되어야 할 것이다. 시가보상의 경우 사업주체가 누구이든지 관계가 없으며, 수용의 경우 공공이 주체가 되어야 주민 합의를 도출하기가 용이해 질 것이다.

여러 가지 이유로 기업도시 개발에 따른 보상은 이주대책(이주자택지 공급, 주택특별공급, 이주정착금 및 주거이전비 지급 등) 뿐만 아니라 생활대책(상가용지 또는 상가의 우선공급, 대체농지 공급, 직업훈련 및 취업알선, 창업지원, 학비지원 등)까지를 포함하고 있다.[5)]

(3) 개발이익환수문제

당초 정부가 발표한 안에는 추정이익의 70%정도를 인프라 구축에 투자하는 방향으로 잡고 개발에 참여한 기업은 30%정도의 이익을 예정하였다. 그러나, 의원 발의된 법안과 통과된 법에서는 개발이익의 환수비율에 대해서는 직접적으로 명시하지 않고, 기업에 대한 개발이익환수 조치는 대체적으로 기반시설에 재투자하는 것으로만 규정하고 있다. 개발이익의 환수 정도가 공공성 확보를 위한 매우 유효한 수단이 되는 만큼, 현행법에서 "대통령령이 정하는 적정한 개발이익을 초과한 경우"와 같이 '적정한 개발이익'이라는 불명확한 개념과 대통령령에 위임하여 정한 것은 재고해보아야 할 부분이라 판단된다.

통상적으로 개발과정에서 발생하는 이익을 개발이익이라 정의하며, 이것은 정부의 공공투자, 각종 토지개발관련 인·허가 토지이용계획 결정 등으로 인한 토지가치의 증가분을 의미한다. 기업도시 건설은 기업이 추진하지만, 그 이외의 것은 정부의 획기적 지원과 규제완화 등

---

5) 〈한국토지공법학회〉, 기업도시 개발에 따른 이주대책 등에 검토, 2005. 12. 2.

을 통해 도시개발의 독점적 지위를 인정하고 막대한 개발이익을 허용하고 있는 실정이다. 이와 같은 개발이익의 허용은 부동산개발 과정에서 발생하는 막대한 개발이익의 사유화를 제도적으로 허용한다는 점에서 고지가와 부동산투기문제를 재현시킬 가능성이 크며, 개발이익환수시스템의 정상화를 어렵게 한다. 또한 개발이익의 지나친 사유화는 부동산시장 안정이나 국민경제에 전혀 도움이 되지 않는다. 따라서 기업도시 건설추진과정이라 하더라도 개발이익 환수시스템의 정상화를 위해서 관계기관의 협의를 통한 제도정착이 필요하다.

(4) 체육 · 카지노 · 교육 · 의료시설 등에 관한 특례

기업도시를 개발하고 도시를 발전시키기 위해서는 기업도시의 핵심주체인 민간기업에게 위의 시설을 신축적으로 설립 · 운영할 수 있도록 예외를 인정할 필요는 있다. 특히 학교와 병원 등의 시설은 매력적인 정주지가 되기 위해 필수불가결한 요소로 인식되고 있다.

이러한 시설들에 대한 특례는 기업의 적극적 참여를 유도할 수 있는 수준과 함께, 기업도시에 상주하는 주민이나 유입되어올 근로자들에게 적절한 수준의 유인을 제공할 수 있는 것이어야 한다.

다만, 기업도시에서 상기 시설의 설치가 기업도시의 자족성과 정체성을 제고하기 위한 목적보다 그동안 설치가 불가능했던 지역이나 기업들에게 골프장, 스키장, 카지노 등을 설치하게 하는 수단으로 전략하는 것을 방지할 수 있는 장치가 마련되어져야 한다. 그리고 난개발 및 환경파괴를 방지하고 지속가능한 개발을 담보할 수 있는 세부적 대책도 강구되어야 한다.

4. 결론

지금까지 기업도시 건설의 긍정적 측면과 실행가능성을 강조하고 있는 전경련을 비롯한 재계의 입장과, 기업도시의 부정적 측면 내지 '공공성' 확보를 중시하는 학자 및 시민단체의 주장을 대비하여 고찰해 봤다. 이는 결국 기업도시 건설에 대한 지원을 우선해야 하는가 아니면, 사업의 공공성 확보를 우선해야 하는가에 대한 논의로 집약된다.

기업도시가 기업의 지속적 성장과 이윤창출에 기여하므로 연속성을 가지고 운영되어야 함에는 이견이 없을 것이다. 그러나 기업도시 건설이 재벌기업에 대한 특혜라는 반대의 목소리와 국민들의 반기업적 정서를 해결하지 않고서는 이 땅에서 기업도시의 성공을 장담할 수 없다.

기업도시 건설 정책에 있어서 공익이 우선시 되어야 함은 명백한 대전제이다. 그러므로 기업도시건설이 기업의 사익에 머무르지 않고 국민경제와 국가 균형발전이라는 공익으로 승화되기 위해서는 다양한 수단과 정책이 보완되어야 할 필요가 있다.

많은 논란 속에서 기업도시특별법이 국회를 통과하여 현재 추진 중에 있다. 기업도시건설 정책을 추진하기로 결정된 이상 국가 균형발전이라는 대전제를 이루기 위한 기업도시 건설과 운영이 제대로 될 수 있도록 하는 것이 우선되어야 하고, 과정 속에서 공공성 확보에 유념해야 할 것이다. 기업도시 건설 정책이 공공성을 견지하면서 성공적으로 추진된다면 국가 균형발전에 크게 이바지하는 정책으로 자리잡을 수 있을 것이다.

기업도시 건설정책은 민—관 파트너십에 의한 사업의 추진이 무엇보다 중요하다. 중앙정부(국가 균형발전 및 권한이양), 지방정부(주민복지 및 경영마인드), 기업(지역사회 공헌 및 경쟁력 확보), 지역주민(적극적 참여) 간 협력적 의사소통체계의 구축을 통하여 성공적 한국형 기업도시 모델을 만들어 가는 데에 모두의 지혜를 모아야 할 때이다.

참고문헌

건교부a. 2004. 9. 기업도시 개발방향과 특별법 제정에 관한 공청회 자료.

건교부b. 2004. 9. "민간복합도시개발 제도화 방안," 민간복합도시 개발방향과 특별법 제정(안)에 관한 공청회 자료.

건교부c. 2005. 2. "기업도시개발 시범사업 추진계획 및 개발제도," 건교부.

김정렬a. 2004. "기업도시개발특별법 해설," 국토연구원.

김정렬b. 2004. "민간복합도시(기업도시) 건설을 위한 지원제도," 국토연구원.

김현아 외. 2004. 5. "기업도시건설의 방향과 과제," 도시정보.

김현아a. 2004. 일석사조의 참신한 대안—기업도시개발. 〈건설저널〉 통권 332호. 건설산업연구소.

김현아b. 2004. "한국형 기업도시의 건설," 국토연구원.

변창흠. 2004. "기업도시건설 논의의 쟁점과 과제," 〈기업도시와 경제정의〉. 민주노총 토론회.

서순탁, 2006. 7. 태안기업도시 개발지구 지정 및 개발계획(안) 검토.

성소미. 2004. 12. "기업도시건설의 법적 쟁점," 국회사무처 법제실.

유재준. 2004. "기업도시건설의 경제적 효과," 〈한건협〉 제 4호. 한국건설경제협의회.

이수희. 2004. "기업도시 실현을 위한 관련주체간 협력," 국토연구원.

전경련 보도자료, 2004. 11. "기업도시 특별법은 획기적으로 기업의 투자를 유인할 상품이 되어야."

조명래. 2004. 10. "민간복합도시 특별법 제정안의 주요 쟁점과 대응," 한국노총 정책토론회.

주성재. 2004. "기업도시 건설과 지역발전," 〈국토〉 10월호. 국토연구원.

한국토지공법학회, 2005. 12. 기업도시 개발에 따른 이주대책 등에 대해 검토.

황선자. 2004. 10. "민간복합도시 특별법 제정안의 추진배경과 문제점," 한국노총 정책토론회.

현대건설주식회사, 2006. 5. 태안관광레저형 기업도시 개발계획(안).

http://enterprisecity.moct.go.kr(건교부 기업도시 홈페이지)

http://moleg.go.kr(법제처 기업도시개발특별법, 동법시행령)

http://www.fki.or.kr/curiss/comptown(전경련 기업도시 홈페이지)

| 제6장 |

수도분할 환경영향평가로 막아야

박석순

헌법재판소의 행정중심복합도시 건설 위헌소송에 대한 각하판결로 수도분할이 가시화 되고 있다. 대선공약으로 시작된 행정수도 이전이 총선 득표에 눈멀었던 국회를 통과하고 헌법재판소의 오락가락 판결을 거치더니 결국 수도분할로 나타났다. 많은 사람들은 이제 법적 절차가 모두 끝난 것으로 알고 있지만, 아직 사업의 시행여부를 판가름할 수 있는 중요한 절차인 환경영향평가가 남아 있다.

현행 제도는 30만 평방미터 이상의 토지구획 정리가 있는 도시개발사업은 환경피해가 크기 때문에 환경영향평가를 의무화하고 있다. 환경영향평가는 사업이 환경에 미치는 영향뿐만 아니라 사회·경제성과 타당성 등 여러 분야를 세밀히 검토하게 된다. 평가 결과에 따라 피해를 최소화할 수 있는 대책이 요구되기도 하고 사업이 축소 또는 취소되기도 한다. 충남 공주·연기 지역에 예정된 행정중심복합도시는 예정지역 7,300만, 주변지역 22,400만 평방미터 규모로, 평가대상기준의 수백 배기 넘기 때문에 매우 신중한 평가를 반드시 거쳐야 한다.

1. 환경파괴 자초하는 또 하나의 무모한 개발

지금까지 우리는 대선 공약을 통해 시작된 무모한 개발사업을 수없이 보아왔다. 국제공항이라고 만들어 놓고 국제는 고사하고 국내용으로도 뜰 비행기가 없어 활주로에 고추나 말리는 곳이 있는가 하면, 잡초만 무성한 공업단지가 곳곳에 만들어지기도 했다. 주민 숙원사업이라는 이유로, 득표에 도움이 된다는 이유로 공약을 마구 남발하고 당선되고 나면 내세운 공약에 대한 자존심 때문에 무모한 추진을 감행하게 된다. 그리고 그 피해는 고스란히 국민이 지고 있다.

단군 이래 최대 규모의 도시개발사업인 행정중심복합도시 개발은 또 하나의 무모한 개발사업임이 틀림없다. 이 사업으로 수천만 평의 산과 들이 깎이고 잘려 아스팔트와 콘크리트로 덮이게 된다. 모든 도시 개발 사업이 그러하듯이 이 사업도 물, 대기, 토양, 생태계에 오염과 파괴로 이어지는 각종 환경문제가 필연적으로 따르게 된다. 우리의 국토는 대부분 산지이기 때문에 도시개발과 같이 대규모 정지작업이 이루어지는 사업은 환경파괴가 매우 심하다. 또한 지금의 수도권 사이에 교통량 폭증으로 여러 개의 고속도로가 추가로 건설되어야 할 것이다. 특히, 이 도시에 공급될 수자원과 하류에서 겪게 될 수질오염은 환경영향평가 통과에 중대한 요인이 될 것이다.

국회 보고자료에 따르면 현재 대청댐에서 하루 20만 톤, 용담댐 40만 톤, 충주댐 21만 톤, 수도권 광역상수도(팔당댐) 40만 톤의 여유가 있기 때문에 인구 50만에는 물 문제가 없다고 한다. 이 자료를 보면 우리나라는 물 부족 국가가 아니라 곳곳에 물이 남아도는 물 풍요 국가인 듯하다. 정부 발표가 필요에 따라 오락가락 한다. 댐을 만들고 싶으면 물 부족 국가, 도시를 만들고 싶으면 물 풍요 국가로 둔갑한다. 여기에다 공급가능한 물의 반 이상(61만 톤)을 한강 수계에서 기대하고 있다.

한강 수계는 지난 1998년 영월댐 백지화와 늘어나는 신도시로 물 부족은 당연한 것으로 보고 있다. 그래서 지금 빗물 받아쓰기, 하수 재이용, 상수도 누수방지 등 각종 물 부족 대비책이 이루어지고 있다. 금강 상류의 용담댐도 현재 지하도수 터널을 통하여 우리나라에서 물 부족이 가장 심각한 만경강 유역에 하루 20만 톤을 공급하고 있다. 앞으로 이 지역의 개발이 진행됨에 따라 그 수요는 더욱 증가할 것이다.

이러한 여건을 고려하면 행정도시의 물 공급은 수도권과 전주권에 이르기까지 상당한 파장이 예상된다. 또한 금강에서 간과해서는 안 될 것은 하류에 건설된 하구언으로 물이 정체되기 때문에 상류에서 방류되는 오염으로 수질악화가 심화될 것이다. 한강의 경우 하류가 바다로 열려 있지만 금강은 닫혀 있기 때문에 그 피해는 더욱 증폭된다.

2. 공정한 환경영향평가를 위한 특별평가제 도입해야

행정도시가 갖는 이러한 문제에도 불구하고 지금까지 모든 대선 공약 사업이 그러했듯이 환경영향평가를 무사 통과할 것이 뻔하다. 지금도 논란이 되고 있는 새만금이나 천성산도 대선공약이었기 때문에 환경영향평가를 아무 문제없이 쉽게 통과했다. 그 결과 진행도중 사업 타당성과 환경문제로 수 년간 진퇴양난에 빠지게 되었고 수조 원의 국고 낭비와 국가혼란을 초래하게 되었다.

대선공약 사업이 환경영향평가를 무사통과하고 도중에 진퇴양난에 빠지는 이유는 제도적 결함에 있다. 환경영향평가의 최종결정은 환경부장관이 하고 그 장관은 대통령이 임명한다. 그래서 대통령 공약사업을 거부할 환경부장관은 당연히 없다. 여기에 대한민국 환경부장관이 되기 위한 첫 번째 조건인 '환경을 몰라야 한다'라는 사실이 무사통과를 더욱 쉽게 해준다. 풍부한 환경지식이나 확고한 환경철학 없이 여

성용, 연극배우용, 지방선거용 등으로 장관이 되었으니 제대로 된 판단을 할 수 없다.

행정도시사업이 무사통과·진퇴양난이라는 전례를 따르지 않으려면 특별평가제를 도입해야 한다. 지금과 같이 환경부장관이 최종결정을 할 것이 아니라 특별검사제도처럼 제3의 독립조직을 만들어 환경영향평가를 해야 한다. 현재 특별검사제도는 검사가 사건에 연루되어 있거나 국가권력이 사건에 개입되었을 경우에 실시하게 된다. 이렇게 보면 정권창출과 함께 나타나 국가권력이 깊숙이 개입된 대선 공약사업은 특별평가해야 하는 것이 당연하다.

3. 국가 균형발전은 국토복원과 소득격차 축소로

인구 50만 도시를 만들기 위해 수십 조를 투자하려는 행정중심복합도시가 내세우는 명분은 국가 균형발전이다. 국민 모두가 국가 균형발전을 원하지만 충청권 50만 도시가 이를 달성할 수 있다는 데 대해서는 의문이다. 여기에 충청권으로의 이전에 따른 수도권의 불만을 해소하기 위하여 수도권 규제완화 정책이 나오고, 소외된 나머지지역은 다시 분노하고 있다. 수도권의 비대를 막자고 하면서 결국 수도권 확대를 가져오는 꼴이다. 대선과 총선의 득표전략에서 시작된 무모한 개발계획이 지역간 반목과 국론분열, 엄청난 예산낭비를 초래하고, 명분으로 내세우는 국가 균형발전에도 역행하는 결과로 이어질 전망이다.

지금 우리가 직면한 가장 큰 국가 불균형은 도시와 농촌의 소득격차이다. 그리고 이로 인한 농촌과 중소 읍면의 쇠락이다. 수 년 동안 아기 울음소리를 듣지 못한 읍면이 전국에 산재하고 버려진 마을과 학교가 계속 늘어나고 있다. 뿐만 아니라 지난 세기 이 땅에 저소득 산업사회가 지속되면서 생존을 위한 무모한 국토개발이 계속되어 왔고 그

흔적은 그대로 남아 있다. 과거 우리는 식량증산을 위하여 산을 깎아 논과 밭을 만들었고 하천부지에 자갈밭을 일구었다. 또한 연료와 자원을 얻기 위하여 전국 곳곳을 광산으로 파헤쳤다.

국가 균형발전을 위해서 먼저 해야 할 일은 훼손된 국토를 복원하고 낙후된 옛 고장을 다시 살려내는 일이다. 수십조 원을 투자하여 수천만 평의 산천초목을 갈아엎을 것이 아니라 피폐해진 농촌과 중소 읍·면을 되살려야 한다. 가장 낙후된 군 단위를 중심으로 일군일사(一郡一社) 정책을 추진하여 지식기반, 고부가가치 산업으로 전환하고 선진 교육과 문화를 정착시켜 나가야 한다. 산비탈에 만들어진 한계농지를 산림으로 전환하고 훼손된 국토를 다시 자연으로 되돌리며, 낙후된 지역에 새로운 산업을 유치하여 풍요로운 삶을 제공하는 제 2의 새마을 운동이 국가 균형발전을 위해 지금 우리가 해야 할 일이다. 지방의 중소도시에 세계적 대기업이 세워져 지역주민에게 일자리와 고소득을 보장하는 사례는 미국과 유럽과 같은 선진국에서 쉽게 찾아볼 수 있다.

4. 맺음말

굶주린 북한 동포의 탈북행렬이 끊이지 않고 중국이 고구려의 역사를 훔치려 하는데, 우리의 정치인들은 대선과 총선의 득표에 눈멀어 남하천도를 시도하다 결국 수도분할로 가게 됐다. 나라가 둘로 쪼개진 것도 서러운데, 이제 수도마저 두 동강나게 생겼다. 조국과 민족의 염원을 배신하고, 국가 균형발전에 역행하며, 수천만 평의 환경파괴를 자초할 수도분할을 막을 수 있는 마지막 보루는 환경영향평가이다.

행정도시 개발은 무사통과로 일관된 과거의 대선공약처럼 잘못된 환경영향평가제도에 그냥 버려두지 말아야 한다. 대통령이 임명한 환경부장관으로부터 독립된 특별평가제를 도입하여 사업으로 인한 자연환경, 생활환경, 사회경제문화에 이르기까지 세밀하고 공정한 평가가 이루어져야 한다. 정치적 입김이 완전히 배제된 상태에서 환경영향평가가 이루어진다면 사업취소가 당연한 결론이다. 선거 때 표를 위해서라면 하늘의 별도 따준다 하고 마당의 개를 보고도 절을 하는 정치인들이 저지른 수도분할을 이제 환경인들이 막아내야 한다.

행정도시가 내세우는 국가 균형발전은 환경상식에서 찾아야 한다. 21세기 환경의 키워드는 재활용이다. 자원도 재활용하고 국토도 재활용해야 하는 것이다. 옛 땅을 버리고 새로운 곳을 찾아가는 것이 아니라 그 땅을 복원하고 재활용하는 것이 우리가 가야 할 길이다. 개발의 광란을 멈추고 피폐해진 옛 고장을 풍요의 땅으로 다시 살리는 것이 국가 균형발전으로 가는 첫걸음이다.

| 제 7 장 |

참여정부 부동산정책, 무엇을 남겼는가

김 영 봉

1. 참여정부 부동산 정책의 여정 (旅程)

참여정부의 부동산정책은 청와대의 힘과 정신이 모두 실린 "깃발정책"이라 할 만하다. 노무현 대통령의 "하늘이 두 쪽 나도 부동산을 잡겠다"던 발언이 그 의지를 보여준다. 이 정부는 생각할 수 있는 거의 모든 충격처방을 다 도입하였고, 투기를 잡고 주택가격을 안정시키는 것 이외에도 불로이득자 및 기득권자 징벌, 서민의 주거권리, 지역균형개발 같은 그들의 정치적 사회적 이념을 모두 담아 실현시키고자 하였다.

따라서 노무현 정부의 집권기간에 우리의 부동산시장은 난자(亂刺) 당할 대로 당했다. 현재 우리나라처럼 부동산정책이 많은 나라는 세계 역사상 없고, 미래에도 아마 없을 것이다. 동시에 우리는 부동산문제로 가장 시끄러워진 나라가 됐다. 도대체 부동산문제가 많아서 정책이 많아진 것인가, 정책이 많아서 부동산문제가 많이 생긴 것인가. 훗날 값비싼 시행착오를 피하기 위해서라도 참여정부 부동산정책이 끼친 공과(功過)는 반드시 규명되어야 한다.

노무현 대통령이 취임한 2003년 이후 현재까지 현 정부가 내놓은 크고 작은 부동산대책은 40차례나 가까이 되어 정리하기도 힘들다. 우선 그동안의 부동산시장 사정과 정부가 쏟아낸 제도, 정책 중 중요한 내용을 간추려 보자.

참여정부 초년 '5·23 주택가격 안정대책'이 발표됐다. 부동산문제의 근원을 강남의 투기세력으로 보고 당시 가격이 급등하던 재건축단지 아파트를 대상으로 재건축이 어려워지도록 후분양제 도입, 안전진단기준 강화 등 규제수단을 도입한 것이다. 분양권 전매가 금지되는 투기과열지구를 수도권 전역과 충청지역 일부까지 확대시키고 당시 틈새시장으로 주목받던 주상복합아파트의 분양권 전매도 금지시켰다. 이것이 효과를 보지 못하자 9월 5일 '재건축시장 안정대책'을 다시 발표해 재건축 때 중소형주택을 60% 건설함을 의무화하고 재건축조합원 지위를 양도함을 금지시켰다. 1가구 1주택 양도세 비과세 요건도 강화했다.

그러나 투기규제에 목적을 둔 이 대책은 오히려 초과수요가 있는 주택의 공급통로를 모두 막았으므로 시장이 역행할 수밖에 없었다. 이제 집 값 상승이 강남권 밖으로까지 확산되자 정부는 부동산시장 규제와 불로이득 환수대책을 총망라한 '10·29 주택시장안정 종합대책'을 내놓았다. 10·29 대책의 모두(冒頭)는 장기공공임대주택 150만 호 건설, 판교, 화성, 김포, 파주 등 4개 신도시에 주택 19만 호 건설 등 시장의 안정을 위한 거창한 주택공급계획으로 장식했다. 그러나 보다 주택시장에 충격을 가하는 내용은 재건축으로 늘어나는 용적률의 일정비율을 임대주택으로 지어야 한다는 개발이익 환수제와 당초 2006년으로 예정되었던 종합부동산세를 2005년으로 앞당겨 시행한다는 발표이다. 이와 더불어 투기과열지구를 지방광역시로 확대하고, 취득세 및 등록세를 실거래가로 신고해 납부하는 주택거래신고지역 지정과 주택거래 허가제를 도입했다.

2004년 잠시 안정세를 보이던 집 값은 저금리에 의해 증대된 시중 유동성과 각종 개발계획으로 풀린 막대한 토지보상비가 부동산시장으로 밀려들자 2005년 다시 들끓기 시작했다. 이후 주택가격상승의 원인자로 간주된 투기세력을 가는 곳마다 찾아가 두드리는 대응책이 쏟아졌다. 강남주택지를 대체할 후보지로 판교신도시에 대한 인기가 올라가 분양가상승이 예상되자 2005년 2월 17일 '판교 투기방지대책'을 내놓았다. 판교신도시 분양가를 억제하기 위해 채권—분양가의 병행입찰제를 실시하고 청약통장 불법거래행위를 현장에서 집중단속하고 판교신도시 주택을 11월에 일괄 분양하는 등의 대책이 그 내용이다.

그러나 강남의 주택수요를 흡수한다면서 시작한 판교개발에 임대주택과 소형을 마구 섞어 넣었기 때문에 판교지역에서 중대형 아파트공급의 역할은 제한될 것이 확실해졌다. 이에 따라 이제는 분당, 용인 등 주변 집값이 들썩이게 되었고, 강남 재건축 아파트값도 급등하기 시작했다. 정부는 다시 재건축단지의 규제완화불가 방침을 발표하고 강남 등 6개 주택거래신고지역 신고실태 조사를 하는 등 행정력 동원을 철저히 할 것을 천명했지만 집값 급등현상이 꺾이기는커녕 오히려 평촌, 산본, 강남 중대형 아파트 등으로 상승세가 확산됐다. 정부가 이에 내놓은 것이 '5·4 부동산대책'이다. 이에 따라 1가구 2주택 비(非)거주주택에 대한 양도세 실거래가 부과 및 보유세 인상, 투기지역의 주택담보대출을 1회로 제한, 투기혐의자 세무조사를 수시로 실시할 것 등이 발표됐다. 한편 행정복합도시, 혁신도시, 공공기관이전 등 정부의 각종 개발계획에 따라 전국을 온통 부동산 투기세력이 들쑤셨기 때문에 이를 잡기 위한 토지거래허가구역 지정 등 토지대책도 뒤따르게 되었다.

그러나 이 모든 대책을 비웃듯 주택과 토지가격 상승세는 도무지 수그러들지 않자 정부여당은 10여 차례 당정대책회의를 거듭하며 곧 "획기적 대책"이 나올 것임을 예고했다. 7월 3일 김병준 청와대 정책실장은 "헌법만큼 바꾸기 힘든 부동산제도를 만들 것"임을 선언했다. "새로운 부동산세제로 인해 늘어나는 세수를 어떤 특정 부분에 활용하면 그로 인해 득을 보는 사람들이 생기게 되고, 그 분들은 제도를 유지하기 위해 계속 감시하고 노력하게 될 것"이라는 것이다. 부동산제도를 지역 및 집단간 "이익 나누기" 수단으로 삼아 영구히 바뀌지 못하게 하겠다는 집념의 의지를 천명한 것이다. 이리하여 유명한 '8·31 부동산 종합대책'이 탄생했다.

8·31 대책의 핵심은 부동산 보유세와 양도세를 획기적으로 중과하는 것이다. 우선 종합부동산세 대상 기준금액을 공시가격 9억 원에서 6억 원으로 낮춰 대상을 크게 확대하고, 개인별 합산과세를 세대별 합산과세로 조정했다. 종합부동산세 과세표준 적용률은 2005년 50%에서 다음해 20% 포인트, 그 다음해부터는 매년 10% 포인트씩 올려 2009년에는 100%에 이르도록 조정하고, 세율(주택분)은 과세표준 3억 원 이하 1%부터 누진적용해서 최고 3%까지 이르게 했다. 양도소득세에 있어서는 실거래가 기준과표를 2007년부터 모든 주택에 도입하게 했고, 1세대 2주택의 경우 종전에 9~36%였던 양도소득세율을 50%로 모두 올렸다. 이와 함께 주택공급대책으로 향후 5년간 300만 평씩 총 1,500만 평의 공공택지를 공급하고, 송파·거여지구 등의 국·공유지 200만 평을 택지지구로 개발하고, 김포 신도시, 양주 옥정지구 등의 택지지구를 1,000만 평 확대 개발하는 등 대규모 택지공급계획을 발표했다.

그러나 주택시장 자체가 시중자금은 넘치고 주택공급은 막힌 상황이었으므로 8·31 극약처방도 효과가 나타나지 않았다. 정부의 부동산 정책은 신뢰도를 잃고 철저히 시장에서 외면당하는 모습이 된 것이다. 결국 2006년 들어 재건축 규제, 주택수요 규제 및 공공택지 추가공급 계획을 담은 '3·30 부동산종합대책'과 '11·15 부동산시장 안정화방안'이 또 마련됐다.

3·30 대책은 재건축 개발이익을 최대 50%까지 환수하고 재건축 안전진단 기준을 크게 강화하는 것이기 때문에 강남, 서초, 송파 등 노른자위지역의 노후된 아파트 단지의 재개발을 거의 불가능하게 만들었다. 다른 한편 이때 도입된 총부채상환비율(DTI)은 투기지역 내 6억 원을 초과하는 아파트의 담보대출 요건을 총 부채상환비율의 40% 이내로 묶었다. 11·15 방안에 이르러서는 DTI 적용대상을 수도권 투기과열지구로 확대하고 주택담보인정비율(LTV) 규제도 훨씬 강화했다. 이리하여 축소되는 금융기관들의 부동산담보대출이 시중의 주택수요자금을 효과적으로 조이기 시작했다. 즉, 양질의 주택공급도 끊어지고 수요도 막혀 시장에서 부동산 거래를 실종하게 한 것이다.

작년 후반기 이후의 부동산정책은 공공택지주택 공급, 신도시 건설, 그리고 분양가 규제에 초점이 맞추어졌다. 10월 추병직 건설교통부 장관은 검단·파주 신도시 계획을 흘려 개발예정지에 대한 투기수요를 불 지르는 과정에서 "검단·파주로도 안 되면 앞으로 신도시를 무제한 세우겠다"고 발언해 주목을 끌었다. 이어 발표된 11·15 방안에는 공공택지주택 12만5천 가구를 추가 공급하고 신도시 택지개발을 1~2.5년 앞당기고 공공택지 주택 분양가를 25% 인하하는 내용이 포함됐다.

금년 발표된 1·31 대책은 이름부터가 주택시장에 있어서 "공공부문 역할강화 방안"이다. 앞으로 10년간 무주택 서민 및 중산층을 위해서는 저가의 장기임대주택 260만 호를 추가로 공급하고, 필요하면 그린벨트에서도 택지를 확보하고, 이를 위해 2019년까지 매년 평균 7조 원씩 총 91조 원 수준의 '임대주택펀드'를 조성한다고 한다. 정부의 이러한 주택공급자 역할에 발맞추어 민간공급자가 할 시장기능도 '1·11 부동산시장 안정대책'을 통해 극도로 제한했다. 향후 수도권과 투기과열지구 내 민간택지의 분양원가를 공개하고 분양가 상한제를 실시하며, 공공택지에만 적용하던 채권입찰제를 민간아파트에도 적용하도록 했다. 주택시장의 전문가와 정부—여당의 고위책임자들도 한때 반대한 것이지만 부동산시장에서의 참여정권의 "반(反)시장 사회주의화"추세는 돌이켜질 수 없었던 것이다.

최근에 이르러서는 이른바 "버블세븐 지역" 집값이 현저히 하락하는 추세다. 이에 정부·청와대는 "집값 잡았다, 투기억제 효과가 나타났다"며 웃음꽃을 피운다고 한다. 그러나 우리 부동산 시장은 이미 광풍이 몰아쳐 폐허가 된 상태이다. 집값은 이미 소득에 비해 더 오를 수 없을 만큼 올랐지만 주택시장 불균형은 시정될 전망이 없고 주택거래는 실종된 형국인 것이다. 시장이 다 죽은 뒤 기침을 안 한다면 즐거울 것도 없고 약효도 없는 것이다.

2. 무엇이 문제인가

참여정부의 부동산정책은 세 가지 측면에서 왜곡됐다.

첫째 시작부터 목표를 잘못 잡았다. 부동산투기자와 강남아파트 소유자를 잡아 시장도 안정시키고 서민들의 인기도 얻을 목표를 세웠다. 투기 때문에 강남아파트 가격이 오르고 강남아파트 가격이 오르므로 다른 지역도 오른다, 따라서 강남의 투기만 잡으면 모든 문제가 해결된다는 가정 아래 부동산 개발이익의 봉쇄 및 수요억제 수단에만 집착했다.

둘째 시장을 다스리려 했다. 이들은 시장원리를 너무 모르고 경시(輕視)했기 때문에 반(反)시장적 처방을 동원해서 시장을 이기려 했다. 또한 자신들의 능력을 과신하고 임기 내에 모든 부동산문제를 해결하겠다고 공언(公言)했기 때문에 기호지세(騎虎之勢)로 생각나는 극단대책을 모두 동원해야했다. 결국 무리만 쌓여 부동산시장을 망가트렸고, 결과적으로 서민주택 수요자를 울리고 강남주택소유자를 부자로 만들었다.

마지막으로 주택문제를 다룸에 있어서 누구를 벌주고 누구를 혜택 주려는 의도가 지나쳤다. 정부 마음대로 세금을 불리고, 아파트 가격을 규정하고, 도시 및 택지개발계획을 남발함으로써 시장의 신뢰를 잃고 시장참여자의 사보타지를 초래하고 있다. 따라서 미래에 어떠한 시장의 징벌이 기다릴지 아무도 확신할 수 없는 주택상황을 만들었다.

1) 오도(誤導)된 대책 : 반(反)시장 정책의 결과

참여정부는 임기 내내 부동산과 전쟁을 해왔는데, 이렇게 혼신의 노력으로 정책을 추구할 때는 그만한 목적과 효과가 있어야 한다. 예컨대 3·30 대책의 이름은 '서민주거복지 증진과 주택시장 합리화 방안'이다. 과연 이 정부의 수많은 대책이 "국민주거복지"의 이름에 걸맞은 대책이며 그런 효과를 보았는가.

주택산업이 국민복지에 기여하는 효과는 말할 수 없이 크다. 우선 인간의 기본적 욕구인 "살고 싶은 집"을 공급해 준다. 그리고 소득과 소비의 원류(源流)가 되어 국민경제에 투자와 고용을 증진시킨다. 주택건설은 토건부터 시작해 중장비, 철근, 레미콘, 설비, 전기, 보일러, 마루, 문짝, 주방, 유리, 새시, 미장, 도배, 칠, 커튼, 등(燈), 기타 이루 헤아릴 수 없는 수요를 유발한다. 상가건 주택이건 집주인이 바뀌면 작게는 도배와 칠부터 시작해 많게는 인테리어, 소파, TV, 냉장고를 바꾸고 여유가 생기면 승용차까지 바꾸게 한다.

참여정부 4년이 지난 오늘날 수도권의 주택거래는 거의 전멸하다시피 줄었다. 거래가 안 되면 건축이 일어날 수 없다. 서울의 경우 주택공급은 2002년 16만 가구에서 2005년 5만 2천 가구로, 수도권은 37만6천 가구에서 2005년 19만 8천 가구로 격감(激減)했다. 건축, 설비, 내상, 가구, 이사관련 업자들의 일거리가 끊어졌으므로 전 경제에 불황이 파급될 수밖에 없었다. 참여정부 집권기간 내내 하락한 체감경기, 특히 서민경제 악화의 주범이 누구인지를 가늠할 수 있는 대목이다.

이렇게 주택이 부족해지면 그 철퇴를 맞을 사람은 집 없는 서민들이다. 강남 등 버블지역에서 이미 주택을 소유한 사람들에게는 오히려 대박을 안겨줄 뿐이다. 금년 4월 인천에서는 공급된 아파트 물량이 전혀 없고, 서울에서 419가구, 경기도 651가구 등 1,070가구만 공급됐는데, 이는 당초 건설업체가 계획한 분양물량의 22.8%에 불과하다고 한다. 더욱이 많은 사업체들이 금년 분양사업을 아예 포기하는 등 사업계획을 전면 수정하고 있다고 한다. 이렇게 분양물량이 줄어들 것은 분양가 상한제와 원가공개가 예고되고 주택담보대출이 어려워졌을 때 당연히 예견했어야 할 결과다. 이로 인한 집부족이 언젠가는 우리 부동산시장에 크나큰 폭풍을 몰아오고 집을 구하는 서민들의 어려움도 그만큼 심각해질 것임을 지금 우리는 예상해야 한다.

주택건설이 안 되면 주택의 질이 좋아질 수 없다. 외국에 비해 우리나라 주택의 질은 낮고 주거의 비용은 너무 높다. 그러므로 우리 주택정책의 목적은 기본적으로 좋은 주택을 많이 짓게 하고 거래를 원활하게 해서 서민층과 중산층이 모두 양질주택에 접근하는 기회를 높이는 데 중점을 두어야 함이 마땅하다. 이런 목적을 수행하기는커녕 참여정부의 주택정책은 수요자가 원하는 지역에서의 새로운 주택공급과 거래를 철저히 막고 있다.

예컨대 미국의 경우 주택정책이 따로 없다. 있다면 주택산업이 경기에 미치는 영향이 큼을 감안해서 경기조절수단으로 주택대출이자율이 조정되는 것 정도라고 할 수 있다. 미국은 이 주택금융과 함께 원론(原論)적 조세제도만 활용해서 보다 좋은 주택이 공급되도록 주택의 수요자와 공급자를 유도한다. 재산세와 양도세율은 각 지방자치단체의 사정과 용도에 따라 자율적으로 정해지며 재산세율은 통상 1%, 예외적으로 2~3%까지 간다. 그러나 "취득시점에서 주택소유자가 보여준 재산세지불의사"를 존중해서 현재 집 값이 아닌 취득가격을 기준과표로 삼기 때문에 미국인들은 주택구매가 일정기간 가져올 비용과 편익을 미리 추산할 수 있다.

따라서 집을 소비수단을 넘어 조세절약 수단으로 활용할 유인(*incentive*)이 제공된다. 주택구입자는 통상 모기지론을 빌려 은행과 공동소유하고 지불이자에 대해 소득공제를 받을 수 있으므로, 100만 달러 짜리 주택을 구입해 70%를 대여받고, 그 이자(6%)로 지불한 42,000달러를 소득공제 받는다면 그가 받는 세금혜택은 재산세 1만 달러를 흔히 초과하기 때문이다.

한편 주택소유자가 매도시점에서 주택가격이 올라 자본이득(*capital gains*)을 얻는다면 그 이득분에 대해 정부는 가차없이 세금을 징수한다. 그러나 새로 주택을 구입하는 금액만큼 통상 과표가 공제되므로, 만약 100만 달러에 주택을 구입해 200만 달러에 매도해도 그 이상의 주택을 구입한다면 양도세를 낼 필요가 없다. 현금으로 실현되지 않은 소득에 대해서는 세금을 물리지 않기 때문이다.

이렇게 상식적인 조세 및 금융제도는 주민들을 보다 나은 주택으로 이사하게 이끈다. 이에 따라 질 좋은 주택이 많이 공급되고, 이것은 경기활성화를 이끌고 국가경제의 투자와 고용에도 도움을 주게 된다. 지방정부는 더 많은 세금을 거두어들여 이를 교육, 치안, 환경 등 지방주민의 생활환경을 개선하는 데 쓸 수 있게 된다.

그런데 우리의 주택정책은 정반대로 전개되어왔다. 10·29, 8·31, 3·30 등 대책이 도입될 때마다 주택수요, 공급 및 거래가 더욱 어려워지도록 설계되었다. 주택정책의 핵심은 보유세를 징벌적 수준으로 높이고, 개발이익과 양도소득을 모두 환수하는 것인데, 그 논리는 강남을 잡는 것에서 시작한다. 강남아파트 가격폭등은 재개발에 몰린 투기세력 탓이므로 강남의 주거비용을 고통스럽게 높이고 시세차익을 절대 용납하지 않으면 실(實)거주자는 못 견더 도망기고 주택투기자도 얼씬 못할 것이다. 이리되면 강남주택가격이 안정 내지 폭락하고 다른 지역도 따라 내릴 것이라는 가정을 한 것이다.

그러나 참여정부기간에 정반대의 효과가 나타났다. 원래 강남 집값은 1990년대 초 분당, 일산 등 신도시가 들어설 때만 해도 정체해서 강북의 집 값과는 그저 그런 차이밖에 없었다. 그러던 것이 지방도시의 고교 비평준화가 폐지되면서 급격히 오름세를 타기 시작했고 노무현 정권이 들어선 이후 가속이 붙은 것이다. 재개발이익 환수와 각종 투기단속대책은 신규주택 공급을 거의 중단시켰고, 과중한 양도소득세로 강남거주자들이 팔 주택을 거의 내놓지 않았기 때문이다. 여기에 당국이 푼 토지보상금과 늘어난 시중유동성이 알짜배기 주거지역으로 실수요와 투기세력을 몰아들이게 했다.

거래세가 보유세보다 높으면 주택소유자들을 그 지역에 묶어놓는 이른바 "잠금효과"(*lock-in effect*)가 발생해서 기존 주택물량이 시장에 나오지 않는다는 것이 기본적 조세원리다. 그러나 참여정부는 보유세도 높였지만 양도소득세를 지나치게 높였다. 실제로 "보유세 폭탄"의 효과는 참여정부 후반기에나 체감할 수 있게 됐으나 높은 양도소득세는 즉각적 효과를 발휘함으로써 이 정부의 말기에는 강남아파트가 강북의 몇 배가 되도록 폭등한 것이다.

참여정부 출범 당시 강남, 목동 및 개발로 들썩이는 충청도 등의 지역을 제외하면 주택가격은 안정되어 있었다. 따라서 정부가 전국에 퍼져 사는 서민들의 상대적 박탈감을 해소한다는 목적을 가지지 않았다면 꼭 강남 집값을 안정시킨다고 소동을 피울 이유가 없었던 것이다. 이 소동의 덕을 본 것은 때 아니게 거대한 집 부자가 된, 바로 노무현 정부가 응징하려 했던, 강남의 주택소유자들 뿐이다. 오히려 서민들은 피해만 보았다고 할 수 있다. 정부정책마다 역효과가 발생했으므로 작년 하반기 이후에부터는 정책발(發) 가격폭등의 위협을 느낀 서민—중산층이 급히 주택구매에 달려들어 수도권 소형아파트의 가격이 급등했기 때문이다.

이제 우리 주택시장은 무리한 부동산세제가 겹쳐 그 기능을 정지하다시피 하고 있고 장래 어떤 사태가 발생할지 아무도 예상할 수 없게 됐다. 특히 사람들의 주거를 선호하는 지역에서 참여정부기간에 주택의 질은 전혀 개선될 수 없었고 앞으로도 저하될 요인만 늘어났다. 그 어떤 목적과 결과에 있어서도 참여정부 주택정책은 실패했음을 인정하지 않을 수 없게 된 것이다.

만약 정부가 오래 전부터 재산세만 올리고 실현된 소득에만 과세하는 양도세를 적용하고 재개발 등을 그저 시장에 맡겨두었다면 어떤 결과가 기대됐을까. 수요가 급증하는 대치동이나 한강변은 초고층 아파트가 서는 등 강남지역에 신개축과 재개발이 줄을 이었을 것이다. 호화주택단지로 탈바꿈하는 단지가 늘어나면 물론 부자들이 먼저 이를 즐긴다. 그러나 높아지는 보유세에 의해 그 수량과 가격은 적정한 수준에서 조절되었을 것이다. 재산세 등 높은 주거비용을 감수할 여유나 의사가 없는 사람들은 적당한 가격에 주택을 팔고, 대통령과 경제장관이 일러주지 않더라도, 차선(次善)의 주거로 이주했을 것이다.

재개발사업에 대한 주민들의 욕심과 기업의 경쟁적 참여는 강남 등 주택선호지역의 아파트 공급을 크게 늘릴 것이며, 그 가격을 보다 많은 수요자에게 기회가 닿도록 끌어내릴 수도 있을 것이다. 이렇게 해서 노른자지역의 고밀도화가 진행되면 교통체증과 기타 불편한 생활여건을 불러와 고급주택가가 수도권의 다른 지역으로 확산되거나 이전될 수 있다. 부동산거래도 활성화할 것이며 이에 따른 경기진작은 부동산산업과 소비자를 모두 도울 수 있었을 것이다. 실제로 이것이 자유기업의 시장체제가 가져오는 효과다. 자유로운 주택시장은 과거 자동차와 전자제품에서 보듯이 한국의 주거산업을 발전시켜 국민의 주거수준을 대폭 개선할 수 있는 것이다.

물론 우리의 좁은 택지조건에서 증대한 자유는 집값 폭등과 투기자의 세상을 만들 수도 있다. 그러니 투기는 언제나 신뢰를 잃은 시장에서 활개침을 유의해야 한다. 오히려 무지한 정부가 주택시장을 마음대로 주무를 수 있다는 믿음 아래 극약대책을 동원하는 것이 시장을 망치고 국민에게 고통을 안겨줄 위험이 훨씬 클 것이다.

오늘날 정권이 국민에게 할 수 있는 최선의 주택정책은 서민층 등 특정집단을 위해 저가주택을 공급하는 것인데 이 역할은 국가재원이 충실해야 효과적으로 수행될 수 있다. 역설적으로 주택시장의 자유를 증대함으로써 민간부문 주택산업을 크게 키우고 이로 인해 이 부문의 세원(稅源)이 확충되어야 공공부문의 서민주택 공급 역할도 증진될 수 있는 것이다.

2) 무리한 처방 : 종부세 및 양도세

참여정부 주택정책의 요체(要諦)는 ① 공급증대보다는 수요억제를 통해 주택가격 안정을 이끌고, ② 조세형평, 서민의 주거권리, 소외지역의 지원 등 정치사회적 목적을 함께 이루자는 것이다. 과중한 주택보유세, 양도세, 재개발 억제, 투기단속 등 계속 이어온 대책들은 이런 목적에 보(補)하도록 설계됐다.

먼저 수요억제정책으로 시장안정이 가능한가? 양도세와 개발이익 환수로 투기를 억제시키고 행정력을 동원해 아파트 수요를 꺾으려던 조치는 오히려 매물(賣物)을 격감시켜 강남 집값을 수직 상승시키는 결과로 나타났다. 또한 기본적으로 공급 진작(振作)보다는 시장을 축소시키는 네거티브 정책이기 때문에 강남의 주거조건도 악화시키는 역할을 했다. 결국 참여정부 부동산정책은 시장을 존중하지 않는 어떤 정책도 성공할 수 없음을 생생히 보여주는 증거가 됐다.

시장에서 주택의 가격은 그 지역에 물건이 얼마나 존재하고 그 적정가치가 얼마가 되던 한계수요와 한계공급에 의해 결정된다. 즉, 주택이 아무리 많아도 시장에 공급되는 양이 없다면 집 한 채의 수요만으로도 가격은 무한대로 뛸 수 있기 때문에 제약(制約) 없는 수요와 공급환경이 중요한 것이다. 정상적 주택시장에는 값의 고하(高下)에 따라 사거나 팔겠다는 수많은 잠재적 수요자와 잠재적 공급자가 존재하고, 누가 왜곡시키지 않는 한 시장은 이들을 유효(有效)적 수요 및 공급자로 끌어내어, 그들의 구매의사와 판매의사가 일치하는 시장가격을 찾아주는 것이다.

수요측면에서 볼 때, 강남지역은 우리나라 비즈니스의 중심지가 되고 고용이 증대됨에 따라 고소득 주거수요자가 계속 늘어나는 추세다. 한편 교육, 졸부, 체면, 기타의 이유로 아파트 값이 높아도 꼭 강남에 입성(入城)하겠다는 수요자가 존재한다. 따라서 이 지역 주택가격의 전반적 상승추세는 불가피하다. 다른 한편, 공급측면에서는 이런 시장의 힘이 재개발 등 이 지역의 주택공급을 유인하는 작용을 한다. 그리고 주택가격의 상승에 따라 크게 오른 보유세를 피하거나 은퇴이후의 생활자금을 마련하려는 등 강남 아파트를 처분하려는 사람도 점점 증가한다. 그러나 이 모든 잠재적 주택공급 세력을 정부가 철저히 차단했기 때문에 강남주택시장에는 오직 수요압력만 넘쳐 막힌 땜처럼 가격상승의 수위(水位)가 올라간 것이다. 정부가 지목하는 투기행위는 이 틈을 이용해서 번성하는 것이고, 정부가 공급자의 시장(*seller's market*)을 만들었기 때문에 발생한 것으로 보아야 한다.

다음, 재산세, 종합부동산세 등 주택보유세율은 형평의 관점에서 적정한 수준인가? 과거 우리나라는 주택재산세가 너무 쌌으므로 이제는 주택부자들도 정당한 세금을 내야 한다. 지나치게 낮은 재산세는 국민의 주택선호성향을 높여서 과거 집값 상승을 유도한 효과도 있으므로 보유세율을 인상할 명분은 이론적으로도 충분히 인정된다. 이에 따라 참여정부는 가구가 보유하는 주택가치의 합산이 기준시가 6억 원 이상분에 대해 "선진국 사례인 시가(時價)의 1~2% 세율"을 규정하여 누진 적용하는 종합부동산세를 도입했다.

그러나 선진국의 주택세율은 한국의 특수한 주택소유 실정을 감안한 것이 아니다. 선진국에서의 고가주택은 주로 소비재로서 가치를 가지기 때문에 그 가격만큼 사치스럽다. 따라서 높은 부동산 보유세를 낼 여유와 의사가 있는 부자들이 그 재산의 일부를 호화주택으로 구입해서 안락한 생활을 즐기는 것이다. 반면 한국 사람들에게 집은 자산축적의 수단이 되어왔기 때문에 집값은 터무니없이 비싸고 가격만큼 소비의 효용가치가 없다. 이것은 과거 보유세는 낮고 다른 저축수단은 신통치 않아 근면 선량한 시민이면 그저 일생 동안 벌어서 집만 늘리도록 정부가 환경을 만든 때문이기도 하다. 이런 사람들에게는 갑자기 중과(重課)된 보유세를 낼 능력도 없고 그 정도 세금을 낼 만큼 좋은 집에 살지도 않는다.

따라서 우리나라의 종부세는 단순히 고가주택을 소유하므로 부과하는 부유세(富裕稅)의 성격을 가질 수밖에 없다. 이런 부유세는 첫째 개인이 보유하는 모든 재산의 순(純)자산가치의 합계금액을 과세표준으로 삼아야 이론적으로 합당하다. 그러나 한국의 종부세는 주택에 대해서만 부과되므로 주택만 소유한 사람을 차별적으로 처벌한다. 특히 금융부채를 안고 주택을 소유한 사람을 부당하게 처벌하는 비형평과세가 된다.

둘째 부유세는 부자에게 부과하는 세금이므로 납세자의 부담능력을 고려해야 한다. 따라서 개인의 소유자산 중 주택자산의 비중이 압도적으로 높은 한국의 실정을 고려할 때, 주택 및 금융자산을 고루 소유하는 선진국과 똑같은 세율을 적용하는 것은 지나친 부담을 주는 것이 된다. 현재 미국의 소득 대비 재산세 납부액 비율은 3.2%, 영국은 3% 수준으로 알려졌다. 2009년 시가 대비 보유세 비율이 1%가 되면 수도권에서 흔한 현재시가 10억 원의 주택 소유주는 년 1,000만원의 세금을 내야한다. 그에게 년 3억 원 이상 소득을 얻는 외국인과 똑같은 세금을 부담시키는 것은 도저히 합당한 수준이라고 볼 수 없다.

합리적 정부라면 우리 주택소유자의 이런 재산과 효용대비 과세 체감(體感) 효과를 감안해서 적정한 부동산세율을 디자인함이 옳다. 그렇게는 못하겠다면 최소한 그들이 주택을 팔고 다른 자산으로 전환할 기회를 주어야 한다. 그러나 투기방지 및 불로이익 환수의 명분으로 설치한 거의 응징적 수준의 부동산 양도소득세가 이들의 퇴로를 막고 있다. 현 조세체계는 막대한 양도세로 집 가진 자의 탈출구를 막고 보유세 폭탄으로 두들기는 꼴이니 부자에 대한 징벌과세라 해도 할 말이 없는 것이다.

3) 반(反)시장 대책의 결정판 ; 민간분양원가 공개와 분양가 상한제

금년에 도입된 1·11 대책은 민간건설업체의 분양원가 공개와 분양가 상한제를 핵심으로 한다. 이 대책은 과거의 수요억제대책을 넘어서 아예 공급가격을 통제하겠다는 발상이므로 과거 어느 대책보다도 자유기업 경쟁시장의 기본질서를 깨는 사회주의적 조치가 된다.

원가공개 같은 정책개념은 당초 재정경제부 차관이 "비용을 싸게 해서 이익을 남기겠다는 기업의 가장 기본적 부분에 장애를 초래한다"고 직접 비판했던 것이다. 이것은 정부와 여당 내 고위정책당국자들도 다 인정할 만큼 부당하지만 인기정책에 몰두한 청와대와 여당의 정치세력이 밀어붙여 탄생하게 됐다. 임기 말에 이른 정부가 내놓은 규제의 결정판이고 태생부터 잘못된 것이므로 이런 정책에서 좋은 효과를 기대하기는 당초부터 난망하다.

분양원가를 공개하고 상한가를 도입하겠다는 것은 발상 자체가 시장경제와 기업을 부정하는 것이다. 기업이 원가초과분을 이윤으로 챙기는 것은 저희가 기여하지 않은 것을 챙기는 것이므로 부당하며 따라서 인정 못하겠다는 것이다. 즉 상품가치에서 노동과 원자재에 지불한 것을 뺀 잉여는 모두 "착취"(*surplus*)라는 맑스적 이론을 따른 것이다.

그러나 시장에서 기업은 자본과 창의력을 동원해서 생산을 조직하고 위험(*risk*)에 도박한다. 그 대가로 이윤(*profit*)을 얻고 기업이 과거 쌓은 평가나 행운에 따라 특수이익, 곧 지대(*rent*)도 누린다. 기업은 이것을 위해 경쟁하고, 이 경쟁적 시장과정을 통해 크게 자라기도 하고 겨우 생존에 허덕이기도 하고 부지기수로 도태한다. 이런 사실을 청와대 등 참여정권은 모르거나 외면하는 것이다.

분양원가를 공개해서 이윤을 불허한다면 이윤을 쌓을 수 있는 기업, 곧 능력과 실적이 인정된 기업일수록 많이 처벌받게 된다. 위험과 파산은 노상 도사리고 있지만 불확실성에 대한 도전, 그 위험의 대가(代價)가 전혀 없는 시장에 누가 머물겠는가. 당장은 생산성을 키워 원가를 낮춘 기업, 질 좋은 집을 지어 승부해 보겠다는 기업이 퇴거하고, 장래에는 이런 잠재력을 가진 기업가, 경영자, 기술, 자원이 주택시장을 외면할 것이다. 따라서 아주 단기적으로는 분양단가 하락의 효과를 볼지 몰라도 중장기적으로는 민간아파트 공급이 줄어들고 오히려 값이 오를 가능성이 커질 것이 불을 보듯 뻔하다. 결국 서민을 위하려는 정부의 의도가 오히려 서민에게 더 비싸고 질 나쁜 주택을 공급할 환경을 만들 수 있는 것이다.

대한주택건설협회 고담일 회장은 이 대책을 "주택품질의 하향평준화"정책으로 규정했다. 실제로 정부의 원가산정이 현실을 반영시킬 수 있는가도 문제된다. 협회에 따르면 매입하는 토지면적의 30~40%는 알 박기 등으로 시세보다 비싸게 사들이고 양도세를 대신 내주는 조건을 붙이는 경우도 많지만 이런 비용은 택지 원가로 인정받지 못한다고 한다. 더욱 수백 개가 넘는 자재에 대해 일일이 제기될 자재가격의 적정성 여부 논란, 최대 10년인 미래의 하자보수기간에 있을 수 있는 집단민원, 기타 갈등요인이 무수히 많을 터인데 누가 이런 사정에서 집을 지으려 하겠느냐고 묻는다.

이 모든 문제에도 불구하고 정부가 노리는 것은 집 값 안정의 효과다. 그러나 이런 주택건설 환경에서라도 기업이 정말 나쁜 자재도 안 쓰고 부실시공도 안 해서 좋은 주택을 지어 공급한다면 그 주택가격은 언젠가 오를 수밖에 없다. 과거 판교 같은 지역의 아파트 당첨이 복권만큼 어렵고 분양권에 거액의 프리미엄이 붙은 사실을 누구나 다 지켜보았다. 따라서 시장과 괴리된 분양가통제는 단지 프리미엄 이익을 얻는 집단, 그리고 그 비용을 부담하는 집단을 만들뿐이다. 정부도 이런 사실을 알기 때문에 그동안 채권입찰, 분양권 전매 금지, 의무보유기간 등 온갖 거래제약장치를 설치해왔던 것이다. 결국 원가공개는 정부가 목표로 삼는 "당초의 분양가"를 낮출 수 있을 뿐이지, 좋은 주택에 프리미엄이 붙고 집 값이 뛰는 것까지 막을 수는 없다.

이 대책이 나오자마자 건설업계는 정부 시책에 따르느니 아예 주택사업을 접겠다고 엄살을 폈다. 실제로 이런 엄살 내지 엄포는 어느 정도 사실로 나타나고 있다. 앞에서 살폈듯이, 금년 4월 수도권에서 공급된 아파트 총 물량은 당초 건설업체가 계획한 분양물량의 22.8%에 못 미친다. 정상적 기업과 시장이라면 정권이 바뀌어 이런 제도가 철폐될 때까지 잠시 쉬겠다는 이른바 "동면효과"를 보이는 것은 지극히 합리적 반응인 것이다.

이상 살핀 바와 같이 과거 참여정부가 도입한 주택정책은 어떤 목적과 결과에 있어서도 실패했음을 인정하지 않을 수 없다. 주택가격의 안정에 실패했고, 주택산업이 국민의 주거수단을 개선시키거나 국민경제에 이바지하는 것에도 실패했다. 오늘날 우리의 주택시장은 그 기능을 정지하다시피 하고 있어서 장래 어떤 폭풍, 곧, "시장의 복수"를 불러올지 아무도 예상할 수 없는 것이다.

따라서 이러한 부동산 정책체계는 가능한 한 빨리 바뀌어야 한다. 그러나 참여정부는 그들의 부동산정책이 "역사와 명분을 담았으며 향후 어떤 정권도 못 바꿀 것"이라고 선언하고 있다. 이 역사적 명분과 못 바꿀 이유는 참여정부가 서민층을 시혜하는 비용을 불로이득을 챙긴 기득권집단에게 부담시키는 구조이기 때문으로 보인다.

만약 그렇다면 참여정부의 부동산대책은 진정한 부동산안정정책이라기보다 이념적 동기에 유래한 정치의 한 책략에 불과할 뿐이다. 이런 부동산정책은 국민을 분화(分化)하고 갈등시키는 역할만 할 뿐, "국민주택복지증진"에 오히려 해악만 끼치므로 차라리 없는 편이 나을 것이다.

| 제8장 |

늘어나는 국가채무, 어떻게 관리할 것인가

류동길

1. 늘어만 가는 국가채무

국가채무(나라 빚)가 눈덩이처럼 불어났다. 앞으로도 불어날 것이다. 노무현 정부 출범 전 2002년 말 133조 6,000억 원(GDP의 19.5%)이었던 국가채무는 2005년 248조 1,000억 원(GDP의 30.7%), 2006년 말에는 282조 8,000억 원(GDP의 33.4%)으로 늘어났다. 노무현 정부 4년 만에 증가된 국가채무는 149조 2,000억 원이나 됐다. 2007년 말에는 300조 원이 넘을 것으로 전망되고, 2010년 말에는 350.5조 원에 이를 것이라는 전망도 나온다. 1997년 60조 3,000억 원(GDP의 12.3%)이던 국가채무에 비하면 그 동안 너무 빠르게 늘어났다.

국가채무는 어느 날 갑자기 늘어난 것이 아니다. 모든 국가정책과 경제실적의 결과적 현상이다. 국가채무가 많은가 적은가를 따지기에 앞서 국가채무가 늘어난 까닭을 따져야 한다. 또한 국가채무를 적정수준에서 관리하려면 정부는 불요불급한 일이나 경제능력을 고려하지 않은 일을 추진해서는 안 된다. 노무현 정부 들어 국가채무가 크게 늘어났지만 그것은 외환시장 안정을 위한 외환평형기금채권 발행이나 외환위기 극복에 사용한 공적자금의 국채전환 등에 따른 것이라고 설명한다. 물론 모든 책임을 노무현 정부에 돌릴 수는 없다. IMF 위기극복을 위해 김대중 정부 때 예금보험공사·자산관리공사 등에서 쓴 공적자금을 2003년부터 국채로 전환한 금액 54조 원은 노무현 정부의 책임이라고 할 수 없기 때문이다.

그러나 과거 정부에서 빚이 넘어왔다고 하더라도 과거정부에 탓을 돌리는 것으로 책임에서 벗어나는 것은 아니다. 과거정부에서 넘어온 빚이 많다면 더욱 이를 줄이는 정책적 노력을 해야 마땅하다. 그런데도 한편으로 과거 탓하면서 다른 한편으로 국가채무는 아주 낮은 수준일 뿐 아니라 충분히 관리할 수 있어 걱정 없다고 장담하고 있다. 국가채무를 줄이는 노력을 하지 않고 하고싶은 일을 하면서 빚을 늘려가겠다는 뜻이다.

국가의 빚이 많아지면 그에 따라 이자지급액도 당연히 많아진다. 국민으로부터 세금을 더 많이 거둬들일 수밖에 없다. 국가채무에 대한 이자지급액은 2003년 7조 1,600억 원에서 2004년 8조 8,310억 원, 2005년 10조 1,840억 원, 2006년에는 11조 6,000억 원으로 매년 크게 늘어났다. 2007년에는 12조 6,000억 원에 이를 것으로 전망되고 있다. 2007년의 이자지급액은 일반예산 156조 5,000억 원의 8.0%에 해당하는 액수다. 세금 가운데 8.0%는 국가채무 이자 갚는 데 쓰인다는 뜻이다. 국가채무의 원리금은 채무를 늘린 정권이 갚는 게 아니라 국민이 갚는 것이다.

2. 국가채무에 어떤 것이 포함되는가

국가채무는 정부가 재정적자를 메우기 위해 돈을 빌려 생긴 빚이다. 재정적자는 왜 생기는가. 근본적으로 정부가 국민으로부터 거둬들이는 세금보다 지출을 많이 하기 때문이다. 재정적자를 없애려면 세금을 더 많이 거두거나 지출을 줄여야 한다. 세금을 거두는 데는 한계가 있다. 정부가 급하지도 않고 하지 않아도 될 일을 한다면 재정적자는 쌓이고 국가채무는 늘어날 수밖에 없다. 정부는 '해야 할' 일이라도 예산을 고려하고 우선순위를 따져 추진해야 한다. 그렇지 않고 '하고 싶은' 일을 하면 적자는 계속 쌓일 뿐이다.

2006년 말 282조 8,000억 원이라는 국가채무는 IMF 기준에 따라 계산한 것이다. 그러나 정부의 범위를 어떻게 정할 것이냐, 정부가 원리금의 상환을 책임져야 하는 채무의 범위를 어떻게 정할 것이냐에 따라 채무의 규모는 달라진다. 국가채무의 개념은 여러 가지 존재하기 때문이다.

IMF 기준에 따르면 국가채무는 일반정부(중앙정부+지방정부)가 직접적 원리금 상환의무를 지고 있는 확정채무를 의미한다. 이 기준에 따르면 보증채무, 사회보장기금의 잠재채무(준비금 부족액), 중앙은행채무, 공기업채무는 국가 확정채무에 포함시키지 않는다. 채무의 발생가능성과 발생규모가 확정되지 않은 우발채무라고 보기 때문이다.

국가채무가 많다는 걸 자랑할 정부는 없다. 하지만 국가채무를 의도적으로 축소한다면 이는 일종의 분식회계와 다를 바 없고 실질적 국가채무부담을 과소평가할 가능성이 크다.

우리나라는 국가채무에 보증채무, 사회보장기금의 잠재채무(준비금 부족액), 중앙은행채무, 공기업채무는 국가채무에서 제외되고 있다. 국가보증채무는 직접 빚이 아니라고 할 수 있을지라도 상환의무기관이 의무를 이행하지 못할 경우 자동적으로 정부가 채무를 인수하게 되기 때문에 확정채무가 될 가능성이 있다. 실제로 김대중 정부에서 발생한 공적자금 손실분이 국채로 전환됐다. 즉, 보증채무가 확정채무로 바뀐 것이다. 공기업의 채무도 해당기관이 파산 또는 파산위기에 처할 경우 정부가 불가피하게 채무를 인수해야 할 가능성이 있다. 실제로 철도청이 철도공사로 바뀌면서 철도청채무를 정부가 갚아달라고 한 요구가 바로 이런 경우다. 연금채무의 경우는 더욱 심각하다. 국민연금법, 군인연금법, 공무원연금법에 따르면 연금기금이 적자가 날 경우 정부가 국민의 세금으로 연금을 지급하도록 되어 있다. 실제로 군인연금과 공무원연금의 경우 이미 정부가 국민의 세금으로 적자분을 보전해주고 있다.

그래서 국가가 직접 빚을 낸 '직접채무'에다 직접 빚을 내지 않았지만 보증을 선 '보증채무'와 사실상 국가가 책임져야 하는 공적연금, 통화안정증권 잔액도 국가채무에 포함시켜야 한다는 주장이 나온다.

한나라당 이한구 의원은 2005년 말 현재 직접채무 248조 1,000억 원에다 보증채무 55조 원, 4대 공적연금 책임준비금부족액 489조 2,000억 원, 통화안정증권 잔액 155조 2,000억 원, 113개 정부출연기관 부채 35조 3,000억 원, 14개 정부투자기관 부채 86조 4,000억 원 등 사실상의 국가채무를 1,088조 7,000억 원으로 추산한다. 이들 항목 전체를 국가채무로 잡는 것은 물론 무리다. 하지만 이런 주장에서 보듯 국가채무에 포함시킬 항목을 어떻게 정하느냐에 따라 채무규모는 달라진다. 여기서 중요한 것은 어떤 것은 빚이고 어떤 것은 빚이 아니라고 하는 것보다 빚이 될 가능성이 있는 항목을 살펴 대처하는 것이 현명하다는 사실이다. 빚을 좁게 잡을 것이 아니라 앞으로 빚이 될 가능성이 있는 것까지 살펴 대처하는 것이 올바른 살림살이 자세다. 빚이 적다고 큰소리칠 일이 아닌 것이다.

나라살림에 쓸 재원은 세금을 걷어 충당하지만 제대로 걷히지 않을 경우 부족분을 메우기 위해 적자국채를 찍어낸다. 적자국채를 포함한 적자성 채무는 국민이 내는 세금으로 갚아야 한다. 적자성 채무는 2006년 말 현재 국가채무의 42.4%인 119조 9,000억 원에 이른다. 금융성 채무(외국환평형기금채권 등)는 자산매각이나 융자금 회수 등으로 자체 상환이 가능한 채무이며 2006년 말 현재 국가채무의 57.6%인 162조 9,000억 원이었다. 외환시장안정용 국채와 같은 금융성 채무는 자산이나 기금운용 과정에서 손실이 발생할 때만 '간접적'으로 국민부담으로 연결된다.

적자국채의 발행규모는 매년 8~9조 원에 이른다. 외환위기 직후에는 재정의 적극적 대응이 요구돼 불가피하게 매년 10조 원 내외의 적자국채를 발행했다. 하지만 외환위기 충격이 거의 해소된 2005년 이후에도 적자국채가 매년 발행되고 있는 것은 재정건전성에 큰 위험요소라고 하지 않을 수 없다. 적자국채 발행규모는 2006년 7조 9,500억 원, 2007년 8조 원에 이어 2008년에는 10조 원을 넘어설 가능성이 높다. 적자국채의 발행잔액은 2006년 말 50조 원을 넘었고 2006년 누적 이자지급액만 15조 5,493억 원에 이르렀다. 정부가 세입여건을 개선하지 않은 상황에서 대형 재정사업을 잇따라 새로 시작하면 적자국채를 발행하지 않고는 방도가 없다.

3. 국가채무 아주 적다고 착각하는 정부

국가채무는 크게 늘어났는데, 노무현 대통령은 "국가채무는 그냥 낮은 게 아니라 아주 낮다"고 했다(2006년 8월 노사모 회원들과 가진 청와대 간담회). 노무현 대통령은 2002년 대통령후보시절 "집중적 국가채무관리로 재정의 건전성을 달성하겠다"고 공약한 바 있다. 국가채무가 늘어나는 것이 바람직하지 않다는 걸 말한 것이다. 그러나 노무현 정부의 세출감소 노력은 전혀 없었다. 대형 국책사업을 벌이고 각종 장기비전 발표 등으로 돈 쓸 일만 벌였다. 국가채무가 아직도 아주 낮다고 착각하는 것인지, 아니면 채무불감증에 걸린 것인지 알 수 없다.

국가채무가 어느 수준이면 적정한가. 이에 대한 정답은 없다. 정부는 "현재의 국가채무수준은 국제기준이나 정부 보유자산 등을 고려할 때 충분히 관리할 수 있는 수준"이라며 "통제 가능하다"고 장담하고 있다. 과연 그런가.

채무의 국가비교는 신중해야 한다. 국가채무는 우려할 수준이 아니라고 장담할 것이 아니다. 국가에 따라 조달금리에 차이가 있고 채무증가의 원인도 다르기 때문에 선진국들과의 단순비교는 의미가 없다. 장래 국가에 부담이 될 수 있는 요인을 철저히 점검하고 관리하는 것이 옳다.

우리의 국가채무 규모는 아직 낮은 편이니 걱정할 필요가 없다는 정부주장의 근거는 무엇인가. 한국의 GDP 대비 국가채무 비중은 2006년 33.4%로 미국(64.1%) 독일(69.6%) 영국(47.2%) 일본(172.1%) 프랑스(76.5%)나 OECD평균 77.7%(2005년)에 비해 낮은 건 사실이다. 그러나 채무의 개념을 달리 적용하면 이야기는 달라진다. 더욱이 노무현 정부 들어 국가채무 규모가 2배 이상 빠르게 늘어났고 앞으로 대형국책사업을 추진하려면 정부지출은 계속 늘어날 것이다. 다른 나라보다 빚이 적다고 안심하기보다 빚이 빠르게 늘어나고 있다는 사실에 주목해야한다. 빚이 남보다 적다는 건 빚을 갚을 능력이 많다는 걸 의미하는 건 아니다. 자기보다 성적 나쁜 사람이 많다고 안심하고 공부 게을리한다면 그 학생의 실력이 향상될 수는 없는 일이다.

정부는 국가채무 비중이 OECD 평균보다 크게 낮아 아직은 재정이 건전하다고 주장하지만 그건 아전인수격 주장이다. 우리나라는 대외의존도가 높고 경제안정성과 성숙도 등에서 크게 뒤져 있어 선진국들과 단순 비교할 수 없다. 또한 나라마다 국가채무에 대한 기준도 다르다. 예컨대 시중에 풀린 돈을 흡수하기 위해 한국은행이 발행하는 통화안정증권은 미국의 재정안정증권에 해당한다. 미국은 이것을 국가채무로 잡는데, 우리는 그렇지 않은 것이다.

빚이 늘어나는데 걱정 없다고 큰소리치는 건 아무래도 이상하다. 걱정 없는 빚이 어디 있는가. 고령화와 저출산, 잠재성장률 하락에 따른 세수증가율 감소, 사회복지비 지출 증가, 국민들의 삶의 질 향상요구 강화, 통일관련 비용 등을 고려하면 정부지출은 계속 늘어나게 될 것이다. 채무를 늘리지 않고 감당할 길이 있는가. 국가채무가 너무 빨리 늘어나고 있다는 점과 미래의 재정수요 등을 감안하면 국가채무는 이미 위험수위에 접근하고 있는 것이다. 이런 점을 가볍게 보아서는 안 된다.

정부가 발표한 국가채무에다 덩치 큰 예보기금과 부실채권정리기금, 공공기관채무를 합치고 다시 한국은행의 통화안정증권, 민간투자사업 중 정부재정 지원금을 넣으면 그 규모는 크게 늘어난다. 이런 항목이 정부가 규정한 국가채무에 포함되지 않아 채무규모가 작다고 할 것이 아니다. 더욱이 국가채무에 포함되지 않는다 하더라도 채무와 다름없다고 여겨 국정을 운영하는 것이 올바른 자세다. 재정건전성에 신경을 쓰지 않고 걱정 없다고 장담하면서 빚을 늘려 가는 게 제대로 된 정부가 할 일은 아니다.

현재 국가채무 통계에는 미래의 연금재정 적자부분이 포함돼 있지 않다. 우리나라는 연금제도를 늦게 시작했기 때문에 아직 많은 국민이 연금을 지급받지 않고 있다. 따라서 국가는 국민에게 부채를 지고 있다고 할 수 있다. 연금 불입금은 낮은 반면 지급률은 높고 연금의 운용수익률 또한 높지 않기 때문이다. 지금의 연금구조를 고려하면 시간이 흐를수록 연금재정의 적자는 누적될 것이다. 이러한 적자분이 결국 국가부채 증가로 나타날 것을 예상하면, 비록 지금의 채무규모가 선진국보다 낮다고 안심할 수 없는 것이다. 프랑스 사르코지 대통령은 당선되자마자 국민연금을 더 오래 내고 뒤에 받을 연금은 줄이는 것을 골자로 하는 국민연금개혁을 하겠다고 했다. 그만큼 연금개혁이 중요하다는 걸 말해주고 있다.

4. '큰 정부'가 국가채무를 늘렸다

국가채무는 어느 날 갑자기 늘어난 것이 아니다. 그럴만한 이유가 있는 것이다. 국가채무가 노무현 정부에서 크게 늘어난 요인은 '큰 정부'와 공공부문 비대화, 무분별하게 벌인 국책사업, 성장보다 복지에 치중한 정책 등으로 요약할 수 있다.

노무현 정부는 재정지출과 공무원을 대폭 늘렸다. 노무현 대통령은 기회 있을 때마다 '작은 정부'가 아니라 '책임 있는 정부', '일 잘 하는 정부', '효율적인 정부'를 지향한다고 했다. 노무현 정부는 '책임 있는 정부'를 지향한다는 명분 아래 재정지출과 공무원을 대폭 늘렸다. 청와대브리핑은 2008년 예산에서 "역대 정부와는 복지예산 비중을 20%에서 28%로 늘려 경제분야(18%)를 앞질렀다"고 자랑했다. 경제성장보다 복지를 중시하면 복지를 늘려갈 바탕이 잠식된다는 사실을 모르고 하는 소리다.

노무현 정부는 책임 있는 정부라고 주장한다. 무엇을 책임진다는 것인가. 책임진다는 것은 결국 공무원 수를 늘려 '큰 정부'를 지향해서 정부가 해서는 안 될 일, 하지 않아도 될 일까지 챙기겠다는 것 아닌가. 복지예산을 늘리면 경제에 부담을 주게 되는 건 물론이고 복지예산을 비효율적으로 집행하면 있는 것을 나눠먹는 데 그칠 뿐 먹고살아가는 데 중요한 열매를 키우는 데는 기여하지 못하는 것이다.

경제성장이 둔화되고 정부 씀씀이가 커지면 국가채무는 얼마든지 증가할 수 있다. 한국역사상 지난 10여 년만큼 단기간에 재정적자와 국가채무가 늘어난 적이 없다. 노무현 정부는 2003~2006년 4년간 공무원을 48,000명이나 늘렸다. 정권 마지막 해인 2007년에 12,000명을 증원하는 것을 포함, 2011년까지 51,000명 늘린다는 계획을 세웠다. 다음 정부의 공무원 증원계획까지 미리 짜놓겠다고 한다.

국민 세금에서 나가는 공무원 인건비는 1999년의 10조 9,000억 원에서 2002년 15조 3,000억 원, 2006년 20조 4,000억 원으로 늘어났다. 2005년 직원 29,600명인 철도청이 철도공사로 전환된 걸 감안하면 노무현 정권 중 공무원이 9만여 명이 느는 셈이다. 정부가 할 일이 새로 생긴 게 아닌데, 공무원을 늘린다는 것은 무엇인가. 정부는 정부조직이 효율적이 돼서 인력이 더 필요하다고 설명한다. 정부조직이 효율적이 되면 공무원 수가 줄어야 할 텐데 공무원 수를 늘이면서 이런 모순된 이야기를 한다. 민간에선 효율성을 높이겠다며 뼈를 깎는 구조조정을 하는데, 정부는 철밥통 조직을 키울 궁리만 하고 있다. 몸집 불리기는 공기업도 정부와 마찬가지다. 11개 정부투자기관에서만 2003년~2006년까지 25,686명이 늘어났다.

큰 정부를 지향하는 나라는 어디에도 없다. 작은 정부를 만들어야 규제가 대폭 줄고, 민간의 움직임이 활발해지고, 국가경쟁력이 커진다. 한 번 늘어난 공무원 수는 줄이기도 어렵다. 가뜩이나 경제는 어렵고, 세금은 눈덩이처럼 불어나는데, 국민이 부양해야 할 공무원은 늘기만 한다.

'효율적 정부'를 지향한다는 정부가 정부효율은커녕 국민 생활수준 향상이나 일자리 창출에 무엇을 얼마나 기여했는가. 2003년 18개였던 청와대 위원회는 2006년에는 29개로 늘었다. 예산도 당연히 늘었다. 대통령직속 자문위원회가 기구적 성격을 뛰어넘어 부처와 같은 역할과 지위를 갖는 경우도 있다. 대통령직속 위원회가 정부부처들의 업무에 지나치게 간여하고 정책을 발표함으로써 해당업무를 담당하고 있는 각 부처들은 위원회가 발표하는 정책의 뒤처리를 하는 기관으로 전락한 경우가 많다.

'일 잘하는 정부'를 지향한다고 했지만 '덩치만 큰 정부'가 돼버렸다. 의도가 좋다고 해서 결과도 좋아지는 것은 아니다. 정부가 커지면 정부는 재정지출을 늘릴 뿐만 아니라 규제를 통해서도 민간의 경제활동에 개입한다. 규제가 갈수록 심해지는 이유는 자명하다. 규제를 만들어냄으로써 인력과 자리를 유지하려는 관료조직이 비대해졌기 때문이다. 지난 10여 년 동안 한국 정부는 계속 커져왔다. 과다한 재정지출은 조세부담과 국가채무를 늘리고 지나친 규제는 민간의 경제활동 자유를 제약하고 시장의 활력을 저해한다. 기업규제를 통한 시장개혁, 평준화를 통한 기회균등을 추구한다면서 개혁이라는 이름을 붙였다. 규제강화는 결국 큰 정부, 작은 시장으로 이어지고 경제는 활기를 잃게 된 것이다.

노무현 대통령은 2006년 4월 12일 "일 잘하는 공무원은 철밥통이면 어떻고 금밥통이면 어떠냐"며 "해야 할 일이 수없이 많다. 결코 공무원이 많다고 생각하지 않는다" "새로운 일을 계속 찾아서 봉사하고 신뢰만 얻으면 그건 떳떳한 철밥통"이라고 말했다. 정부규모를 줄이기는커녕 늘리려고 했으니 큰 정부의 문제점을 지적하는 건 우이독경이나 다름없는 일이었다.

노무현 정부의 장·차관 자리는 137명(장관급 40명, 차관급 97명)으로 김대중 정부 시절인 2002년의 106명(장관급 33명, 차관급 73명)에 비해 30% 가까이 늘었다. 우리나라 정부조직상 장관으로 호칭되는 자리는 무려 27개로 미국의 14개, 일본의 11개와 비교도 안 될 정도로 많다. 프랑스도 니콜라 사르코지 대통령은 당선된 후 첫 조각과 동시에 31개에 이르는 장관급 자리를 15개 이하로 줄이겠다고 했고, 실제로 내각구성에서 부장관을 포함해 각료회의에 참석하는 31명의 장관 자리를 15개로 대폭 줄였다. 지난 26년간 분배중심의 정책과 '큰 정부'를 추구해 온 프랑스가 작은 정부를 통해 경제활력을 추구하는 세계적 흐름에 동참하려고 하는 것이다.

우리 정부기구는 18부 4처 17청으로 미국과 일본보다 크다. 과기부와 교육인적자원부, 여성가족부와 노동부와 보건복지부, 해양수산부와 농림부, 산업자원부와 정보통신부로 세분해 놓은 나라는 전 세계에서 한국이 유일하다. 여성직업교육의 경우 여성부와 노동부에 비슷한 프로그램이 공존한다. 차세대 국가성장동력 사업이라는 디지털멀티미디어방송(DMB) 기술개발의 경우 산업자원부와 정보통신부가 주도권 다툼을 벌이다 각자 기술개발에 나서 관련사업을 따로 발주했다. '비전 2030'에서는 보건복지부의 장애인 선택적 복지사업과 여성가족부의 장애가정 아동양육지원이 겹친다.

정부부처를 통폐합하는 구체적 방법을 모색해야 한다. 비만해진 정부조직을 개편하는 동시에 공기업도 민영화해야 한다. 그래야 국가채무도 줄일 수 있다. 세금폭탄 운운하며 국민의 고혈을 짜고, 하지 않아도 될 일을 벌이는 비만정부로 국가경쟁력을 높일 수 없다. 큰 정부는 국민의 조세부담 증가와 국가채무증가로 이어질 뿐이다.

스위스 국제경영개발원(IMD)의 2007년 국가경쟁력 순위 발표에서 55개국 가운데 한국은 2006년의 32위에서 29위로 3계단 올랐다. 결코 만족할 일이 아니다. 한국이 30위 자리를 오르락내리락 하는 사이에 중국은 지난 5년 동안 27위에서 15위로, 인도는 42위에서 27위로 뛰어올랐다.

한편 산업정책연구원이 내놓은 '2007년 국가경쟁력 연구보고서'에서는 66개국 중 우리나라는 2006년에 비해 한 단계 하락한 23위를 기록한 반면 중국은 세 단계나 오르며 우리를 처음으로 앞지른 것으로 평가했다. 더욱이 우리의 경쟁국들이 몰려 있는 아시아태평양지역에서 한국보다 경쟁력이 낮은 나라는 태국, 필리핀, 인도네시아뿐이다. 국가순위 자체에 울고 웃을 일이 아니다. 그 내용을 보고 경쟁력을 높이는 노력을 해야 한다.

5. '작은 정부'가 시대정신이다

노무현 대통령은 "큰 정부라도 일만 잘하면 된다"고 주장하지만 '아주 크고도 일 잘하는' 정부는 세상에 없다. 일본은 2006년 5월 29일 행정개혁추진법을 제정, 향후 5년간 공무원을 5%이상 감축하게 돼있다. 독일도 2010년까지 공무원의 2.6%를 감축한다는 것이다. 선진외국에서는 최근 성과주의 등을 근거로 '작은 정부'를 지향하고 있는데, 우리는 반대로 가고 있다.

큰 정부를 유지하기 위해서 필요한 돈은 국민들이 부담한다. 복지지출을 강조하고 가난을 정부가 책임진다는 정책은 멋있는 정책으로 비쳐지지만 복지지출을 늘리면 경제성장은 낮아질 수밖에 없다. 저성장은 복지지출 증가의 대가로 치러야하는 비용인 셈이다. 성장이 저조하면 복지지출을 또 늘려야하는 악순환에 빠진다.

정부지출규모가 커지면 자연스럽게 공무원 수도 증가하기 마련이다. 관료사회가 팽창하게 되면 민간시장에 대한 규제가 강화된다. 민간에 대한 규제가 많으면 관료의 힘은 당연히 커진다. 민간시장을 규제할 수 있는 논리가 조금이라도 존재하면, 관료사회는 공적이윤 논리를 앞세워 규제를 강화한다. 관료들은 재정지출규모를 극대화 하려한다. 그래야 민간을 조정하는 힘이 커지는 것이다. 사회주의가 쇠퇴한 이유는 무엇인가. 큰 정부, 작은 시장 때문이었다.

큰 정부로 경제성장과 국가경쟁력을 높이는 건 불가능할 뿐 아니라 시대착오적이고 반(反)시장적이다. 선진국에서는 큰 정부와 작은 정부에 대한 논쟁은 이제 볼 수 없다. 큰 정부를 지향한다는 노무현정부는 세계의 흐름에 역행하고 있는 것이다.

기업은 정부의 규제장벽에 숨이 막힌다고 한숨이다. 대한상공회의소 보고서에 따르면 공장 설립을 하는 경우 규제는 무려 35개(수도권은 39개)에 15개월이 걸리고 비용도 엄청나게 든다는 것이다. 시장흐름을 따라잡기 위해 하루 빨리 공장을 지어야 하는 기업으로서는 규제의 장벽 앞에 어쩔 수 없이 한숨만 터뜨릴 수밖에 없다.

국가재정이 새는 구멍은 곳곳에 즐비하다. 전국 농촌에는 상당수의 미곡종합처리장 시설이 비어 있다. 국내의 연간 쌀 생산량은 500만 톤인데, 전국 미곡처리장의 시설용량은 2,600만 톤이다. 미곡처리장을 너무 많이 만들었으니 그럴 수밖에 없다. 미곡처리장에서 낭비된 예산이 1,300억 원에 이른다고 감사원은 지적한 바 있다.

농산물 저온저장고도 보관할 물량이 없어 어린이 놀이터가 돼 버린 곳도 많다. 1994년 우루과이라운드(UR) 타결 이후 정부가 투입한 막대한 농어촌 구조조정 자금이 낭비되거나 잘못 쓰여진 흔적이 곳곳에 남아 있다. 앞으로 농어촌에 투입될 막대한 지원자금이 제대로 쓰이지 않으면 재정은 새고 국가채무는 늘어날 수밖에 없을 것이다. 도시에서는 해마다 멀쩡한 보도블록을 교체하는 모습을 흔히 본다. 예산이 낭비되는 현장의 모습이 아니던가.

6. 황당한 행정도시 건설과 공공기관 지방이전

2002년 대선에서 "재미 좀 봤다"는 신행정수도건설계획은 헌법재판소의 위헌판결을 받았다. 그런데도 신행정수도특별법과 거의 같은 내용을 담은 행정도시건설법을 또 만들어 행정도시건설을 밀어붙이고 있다. 수도권 과밀화 방지와 국토균형발전을 위해 행정도시를 건설한다고 강변하지만 행정도시는 행정부를 분할하고 수도를 두 동강내면서 충청표를 얻기 위한 정치적 술책이라는 건 천하가 다 아는 일이다. 행정도시를 충청도 연기·공주에 건설한다고 수도권 과밀화가 방지되고 국토균형발전이 이루어진다는 주장은 억지고 황당할 뿐이다.

지역균형발전을 위해 수도를 옮기거나 행정도시를 건설하려는 건

목적달성을 위해 수단을 잘못 쓰는 무모한 책동이다. 국민은 먹고살기 어렵다고 아우성인데, 급하지도 중요하지도 않은 행정도시에 왜 매달려야 하는가.

공공기관 지방 이전도 명분은 국토균형발전이다. 공공기관을 지방으로 흩어놓는다고 국토균형발전이 된다고 생각한다면 이거야말로 어처구니없는 일이다. 공공기관은 각각 고유의 기능이 있기 때문에 그 기능을 잘 수행할 수 있는 곳에 자리잡아야한다. 그래야 경영 효율성을 높일 수 있다. 그런데 공공기관을 지역별로 배분하는 정치적 흥정을 했다. 지역간 나눠먹기나 다름없다. 경영효율은 고려 밖이었다.

민간기업이든 공기업이든 또 어떤 기관이든 어디에 자리 잡을 것인지는 스스로 선택할 일이다. 공공기관 이전 역시 지역에 선심 쓰는 자선사업일 수도, 정치적 흥정의 대상일 수도 없다. 더욱이 정부가 지자체로부터 신청을 받아 공공기관 이전을 추진한다는 게 말이 되는가.

7. '비전 2030'은 허구로 가득한 장밋빛 청사진

정부는 2006년 8월말 2030년까지 1,100조 원~1,600조 원(국채를 발행하는 경우)이 들어가는 '비전 2030'을 발표했다. 2030년에는 전 국민이 먹을 것은 물론 집, 병원비, 교육비, 육아비, 노후걱정을 안 해도 되는 사회를 건설하겠다는 것이다. 노무현정부는 실행할 능력도 시간도 없는 계획을 정부예산을 짜는 기획예산처에서 만들었다. 성장동력을 확충할 생각은 않고 성장의 결과로 나타날 복지에만 주력하면서 세계 7~8위 경제대국으로 올라가겠다는 것이다.

과연 달성 가능할 것인가. 현실을 무시한 희망사항을 적어놓은 것이라면 배고픈 사람에게 음식은 주지 않고 메뉴판을 보라고 하거나 요리책을 읽어주는 격이 되기 때문이다.

제대로 된 비전이라면 국민에게 땀을 요구하고 고통을 참아달라는 메시지는 있어야 하는 것이다. 나랏빚은 늘어나고 국민의 살림살이는 어려운데, 막대한 재원을 누가 어떻게 마련할 것인가에 대한 구체적 내용이 없다. 1,100조 원~1,600조 원만 투자하면 국민들이 풍요로운 삶을 누릴 수 있다고만 이야기하고 있을 뿐이다. 결국 국민들이 그 비용을 부담해야 하는데도 말이다.

분명한 것은 '비전 2030'은 분배중심의 청사진이라는 점이다. 분배가 중심이 되면 정부의 역할이 강화되어 '큰 정부'가 될 수밖에 없다. 국민들이 잘먹고 잘살기 위해서는 민간부분의 투자가 활성화될 수 있어야 하는데, 분배 중심의 큰 정부에서는 경제의 활성화를 기대할 수 없다. 전체 재정에서 복지재정의 비중을 크게 올리면 성장활력은 둔화될 것은 분명하다.

8. 남발하는 국책사업

노무현 정부 출범 이후 20가지가 넘는 대형사업을 발표했다. 주로 총선과 지방선거를 앞두고 집중 발표된 이 사업들의 대부분이 사업비만 수십 조 원 또는 수백 조 원 이상 들고, 10~25년이 걸리는 장기 프로젝트다.

돈 들어갈 곳은 너무 많다. 정부는 기초노령연금 등에 필요한 재원 대책이 서지 않으면 국채를 더 발행하는 상황에 직면할 수 있다고 밝힌 바 있다. 그러면서 돈 많이 들어갈 사업으로 한·미 자유무역협정(FTA) 대책, 2단계 국토균형발전 등을 꼽았다. 기초노령연금이 시행되면 재정부담은 2008년 2조5,000억 원에서 2030년 19조 원으로 불어날 전망이다. 한·미 FTA 대책과 2단계 국가 균형발전에는 돈이 얼마나 들어갈지 가늠조차 어렵다. 어디 그 뿐인가. 이미 큰돈이 들어가고 있는 사업만 해도 농촌대책, 국방개혁, 국가 균형발전 등 나열하기에도 어려울 정도다.

2007년 5월 18일 노무현 대통령은 "대선판에 2단계 국토균형발전계획(관련법안)을 국회에 내놓고 밀어붙여 보자"고 언급했다. 지난 4년간 행정도시 혁신도시 기업도시 공공기관 지방이전 등 정부가 벌인 각종 지역균형발전 정책만으로도 전 국토는 부동산투기장이 됐다. 이는 정부의 강조와는 달리 양극화를 심화시켰다. 2003~2006년까지 무려 61조 원의 토지보상비가 풀렸고 2007~2008년에도 30조 원 이상이 풀리게된다. 엄청난 금액의 토지보상비는 모두 국민의 세금으로 충당한다. 이렇게 풀렸거나 풀리는 돈은 집 값을 올리는 데 한몫 했다. 그런데도 특정지역에 집 가진 사람을 투기꾼으로 몰면서 집 팔고 떠나라고 했다. 정부가 부추긴 땅값상승은 집 값을 올릴 뿐만 아니라 기업의 투자를 어렵게 하고 국가경쟁력을 떨어뜨린다. 그런데도 다시 2차 국토균형발전계획을 성급하게 밀어붙이겠다고 한다. 각 정당과 대선후보가 지역주민의 표를 의식해 반대하기 어려울 것이라고 판단했다면 이것 또한 신행정수도 건설계획과 같이 선거용으로 이용하려는 것이 아니고 무엇이겠는가.

국방개혁에 들어갈 돈은 정책을 발표할 때마다 그 액수가 달라진다. 이는 얼마가 들어갈지 가늠하기 어렵다는 걸 나타내는 것이다. 첨단국방장비 마련에 드는 돈은 천문학적이라는 건 다 아는 일이다. 장기공공임대주택, 대북지원사업, 저출산·고령화대책, 행정중심복합도시, 동북아물류중심, 혁신도시 등 규모가 큰 사업을 합치면 천문학적 자금이 소요된다. 구체적 재원마련 계획도 없다. 정부는 쓸 수 있는 수단은 별로 없는데, 달성하고 싶은 목표가 너무 많아 탈이다. 자주국방이라든가 국토균형개발 등 정부가 주장하는 이런 말은 멋지게 들린다. 정부는 돈이 들어올 곳도 없는데, 미리 사업계획을 짜놓는다. 구체적 지출내역과 타당성 여부에 대한 설명은 부실하기 짝이 없다.

그동안 국책사업을 추진하면서 빚은 낭비와 차질은 이루 다 열거할 수 없다. 정부가 갈팡질팡하는 사이에 부안 위도의 방폐장(원전센터) 건설은 많은 상처를 남기고 무산됐고, 경주에 건설키로 한 것도 지역특별지원금 등 돈으로 결정한 셈이다. 현직 장관이 반대시위에 참가하기도 한 새만금간척사업의 공사지연으로 사업비만 2조4,500억 원 증가됐고, 경부고속철도 천성산터널공사 지연으로 2조5,000억 원 손실이 생겼다. 새만금사업이나 천성산공사도 법원의 판결로 해결됐다. 정부는 갈팡질팡했을 뿐이다.

재정사업은 초기엔 큰돈이 들어가지 않지만 시간이 지날수록 많은 예산을 잡아먹는다. 새만금이나 경부고속철도가 그런 예다. 그런데도 2017년까지 10조5,417억 원이 들어가야 하는 호남고속철도 건설사업이 경제적 효과보다는 정치적 배려로 결정됐다.

9. 경제지출비중을 앞지른 복지지출비중

"성장이 바로 일자리 문제와 국민의 후생문제를 해결하던 시대는 지나가고 있다." 노무현 대통령의 언급이다. 그러니 정책방향이 성장에서 복지로 기울일 수밖에 없는 것이다. 성장이 일자리를 창출하지 않으면 무엇이 일자리를 창출한다는 말인가. 일자리는 기업이 만드는 것인데, 정부가 나선다고 될 일이 아니다. 성장 없는 복지는 불가능한 것이고 복지정책에는 엄청난 재원이 소요된다. 제대로 된 일자리를 가진 가족구성원이 있으면 가구의 복지수요가 상당부분 해결될 수 있다. 일자리 창출은 바로 복지로 이어지는 것이다. 경제성장의 가장 큰 부산물이 바로 복지다.

노무현 정부는 출범 때부터 정책기조가 분배·형평·균형이었으며 이를 실현하기 위해 큰 정부를 주창했고 복지지출은 대폭 증가했다.

가난한 사람, 경쟁구조 속에서 상대적으로 소외된 사람들을 정부가 직접 나서서 챙기겠다면서 양극화 문제를 들고 나왔다. 다수 국민인 80%를 위해 복지지출을 대폭 확대하는 정책을 추진, 80% 국민의 정치적 지지를 얻겠다고 한 것이다.

복지지출은 특성상 한번 지출규모를 늘이면 절대 줄일 수 없다. 주로 저소득층에 대한 금전 혹은 비금전적 혜택을 제도화하면 정치적 생명을 걸지 않는 한 축소할 수 없는 것이다. 복지·균형·형평을 정책기조로 앞세우면 정부는 본질적으로 커질 수밖에 없다.

선진국 수준의 복지라는 청사진을 제시하는 '비전 2030'의 필요예산은 1,100조(세금만으로 조달할 때) ~1,600조 원(국채 발행으로 조달할 때)에 이른다. 물론 이들 사업에 필요한 예산 전부가 빚이 되는 것은 아니지만 이중 상당 규모가 국가채무로 이어져 후손의 부담이 될 수밖에 없다.

정부는 '비전 2030'계획에서 알 수 있듯이 복지예산 증대 등 돈 쓸 계획에만 몰두해 있다. 분배중시정책은 성장잠재력을 고갈시켜 일자리를 빼앗고 결과적으로 미래세대에 과도하게 빚을 떠넘기게 되는 것이다.

프랑스 대선에서 "더 많이 일하고 더 많이 벌자"는 구호를 내건 후보를 프랑스 국민은 선택했다. 고용보호가 실업문제를 해결해주는 것이 아니며 성장이 우선되지 않고는 고용사정은 더욱 악화될 뿐이고 나아가 프랑스 경제도 희망이 없다고 판단한 것이다.

노무현정부는 지난 4년간 복지정책을 쏟아내면서 너무 많은 국채를 발행했다. 정부는 복지예산을 늘리면서 이는 사회투자이고 새로운 성장동력이라고 말한다. 이런 주장이 최소한의 설득력을 가지려면 늘린 복지예산이 제대로 쓰여야 한다. 수요파악이 제대로 안 돼 예산을 낭비하는 사례는 많다. 정부는 또 복지를 사회적 일자리와 연계시키고 있지만 그동안 벌여 놓았던 사업들은 복지도 아니고, 고용창출도 아닌

어정쩡한 것들이 한두 가지가 아니다. 이런 고용창출은 당장은 그럴 듯해 보일지 몰라도 결코 지속적일 수 없다.

복지정책도 방향을 제대로 잡지 못하고 있다. 어떤 문제가 경제현안으로 떠오르면 어떻게 대처하는가. 예컨대 출산율 저하가 문제로 떠오르면 출산장려금을 지급하고, 인구 고령화로 노인들의 복지문제가 우려되면 노인요양 시설 확대와 노인수발제도를 도입하며, 실업문제가 심각해지면 공공부문에 그 생산성이 의심되는 일자리를 만든다고 나서는 식이다. 재원은 당연히 세금일 수밖에 없는데, 이런 식의 해결책만 생각한다.

복지정책은 지탱할 수 있는 수준이어야 한다. 2006년 9월 스웨덴 총선에서 '요람에서 무덤까지'식 복지모델을 주도해왔던 좌파정권이 복지축소와 일자리 창출을 내건 우파연합에 패배했다. 일자리를 만들지 못하는 좌파정부에 스웨덴 국민들은 등을 돌린 것이다. 스웨덴모델은 노무현 정부의 '복지교과서'나 다름없는 것이었다. 정부가 발표한 '비전 2030'은 스웨덴 국민조차 수정하려는 스웨덴모델을 실제정책으로 구체화한 것이다. 스웨덴 총선 결과가 나오자 정부는 스웨덴모델을 베끼지 않았다는 것을 설명하기까지 했다. 구차한 설명이 아닌가.

우리에게 머뭇거릴 시간은 없다. 경제성장을 가볍게 여기면서 실패한 유럽국가들의 복지정책을 뒤쫓아갈 이유는 어디에도 없다. 나라경제가 거덜날 수 있는데도 무리하게 국책사업을 벌이고 장밋빛 미래를 약속하는 건 부도수표를 남발하는 것과 무엇이 다르랴. 지금은 하루 늦으면 1년 뒤쳐지는 스피드시대다. 우리 사회 어디를 봐도 미래를 향해 뛰고 있는 것 같지 않다.

복지제도를 확대하는 정부정책은 경제의 효율을 해쳐 경제성장을 둔화시킨다는 게 많은 나라의 역사적 경험이다. 복지확대를 뒷받침할 재원을 증세를 통해 충당하든 국채를 통해 충당하든 그것의 부담은 온전히 국민의 몫이다. 냉전시대에 경쟁적으로 복지를 확대해온 선진국들도 이제 복지에 대해 전혀 다른 정책을 시행하고 있다. 정부가 아무리 선의를 가지고 시행한다 할지라도 국민의 세금을 거두어 모든 복지를 책임지겠다는 '큰 정부' 지향은 실패할 수밖에 없다. 선진국이 한결같이 민간주도로 나아가면서 정부 개입을 줄이는 것은 국가의 선의가 줄어들었기 때문이 아니다. 국민 복지를 진정으로 성취할 수 있는 길이 무엇인가에 대한 역사적 교훈을 얻었기 때문이다.

프랑스는 유럽에서 가장 완고하게 구식 복지국가모델에 매달려 왔다. 그 결과는 공공부문 비대화, 성장 저조, 청년실업률 증가 등이었다. 이른바 '프랑스 병'에 걸린 것이다. 영국과 독일도 경제성장보다 복지증대에 매달렸다가 경제가 활력을 잃어 '영국 병', '독일 병'을 앓았고 그 병을 고쳤거나 고치고 있다. 영국과 독일에 이어 프랑스까지 경제정책 방향을 바꾸고 있는 게 오늘날의 추세다.

복지국가라는 이름에 매력이 생기면 어느 나라든 '영국 병', '독일 병', '프랑스 병'을 피할 길이 없다. 영국은 경제에 활력을 불어넣어 '영국 병'을 치유했고 독일과 프랑스가 그 뒤를 따르고 있다. 아직도 '유럽 모델'의 꿈에서 깨어나지 못하고 있는 한국은 큰 정부 미망에 빠져 있다. 의도가 좋으면 결과도 좋을 것이라는 착각에 빠지고 정부가 시장을 이길 수 있다고 착각한다.

설익은 분배와 복지를 앞세울 것이 아니라 기업과 시장의 활력을 살려 투자를 늘리고 성장기반을 확충하는 개혁에 한국경제의 살 길이 있다.

니콜라 사르코지 프랑스 대통령은 대선 유세기간에 "프랑스인은 더 일해야 한다"는 강한 메시지로 국민의 지지를 받았다. 한국에서는 대선에 나서겠다는 주자들에게서 이런 소리를 듣지 못한다. 지도자가 되려면 미래와 세계를 보는 안목과 용기가 필요한데, 표부터 얻고 보자고 국가가 모든 걸 책임지겠다는 식의 포퓰리즘(대중영합주의) 공약을 하거나 준비하고 있다. 5년 전 노무현 대통령 후보는 "낳기만 하라.

노무현이 책임진다"고 한 걸 기억하고 있는 우리 국민은 2007년 대선에서도 비슷한 이야기를 들을 가능성이 크다.

세계화시대에 정부가 경제를 주도하고 복지까지 책임지는 체제로는 성장도 분배도 불가능하다. 실현 가능성은 제쳐둔 대중영합주의적 공약은 속임수에 다름 아니다. 그러한 공약을 달성하는 데 얼마의 돈이 들어가는지 따져보지도 않고 결과만을 앞세우면서 정책이라고 내놓는 것이다. 공약달성에 막대한 국민의 혈세가 들어가는 걸 감추는 게 속임수가 아니고 무엇이겠는가.

10. 연금개혁은 시급한데 겉돌기만 한다

국민연금 개혁은 시급한 과제다. 연금개혁이 늦어지면 연금 파탄도 파탄이지만 당장 하루 800억 원씩의 잠재부채(걷는 것보다 더 지급되는 돈)가 국민들 어깨 위에 쌓인다. 일년이면 29조 원이다. 그것은 모두 국민이 갚아야 할 부담이다. 국민연금법이 처음 국회에 제출된 2003년 10월에 법이 통과만 됐더라도 지난 3년치 잠재부채 87조 원은 지지 않아도 될 빚이었다.

현재의 국민연금제도는 '덜 내고 많이 받는' 구조다. 이런 제도가 오래 지속될 수 없다는 걸 모르는 사람은 없다. 시한폭탄이나 다름없는 국민연금은 적자가 쌓여도 '더 내고 덜 받는' 체제로 개혁을 못한다. 유권자인 국민의 반발이 두려워서다. 그런가하면 국민연금 개혁보다 급하지도 않은 기초노령연금(65세 이상 노인의 60%에게 지급하는 연금) 제도를 만들었다. 국민의 세금을 쓰는 일에는 앞장서서 생색을 낸다. 노인들의 표를 의식하기 때문이다. 개혁의 본말이 전도된 셈이다.

국민의 혈세 지출을 줄이는 공무원연금법 개정은 여전히 겉돌고 있다. 공무원연금은 적자가 지속돼 국민의 세금으로 메우지 않으면 안

되는 상태에 빠져 있다. 1993년 이후 적자행진이 계속돼 온 공무원연금은 2030년이면 적자액이 32조4,800억 원으로 정부예산의 5%에 이를 것으로 추산되고 있다.

어떤 연금이든 '더 내고 덜 받는' 제도로 개혁해야 한다. 덜 내고 더 받는 제도는 지속될 수 없다는 걸 모를 사람이 있는가. 만일 그런 제도를 개혁하지 않고 지속하려고 한다면 그건 국민을 상대로 한 일종의 '다단계 사기'나 다름없는 일이다.

이탈리아는 연금개혁을 미루다 재정 건전성이 극도로 악화돼 1992년 외환위기를 맞았고 그 바람에 EU(유럽연합) 통화권에서도 쫓겨났다. 그 후 이탈리아가 뒤늦게 연금 깎고 허리띠 졸라매 EU 통화권에 복귀하는 데 12년이란 세월이 걸렸다. 국제신용평가회사 무디스는 초고령국가 일본이 연금개혁을 미룰 경우 2050년쯤 국가신용등급이 남미 수준으로 떨어질 수 있다고 경고했다.

칠레는 1924년에 연금제도를 가장 먼저 도입했지만 50년이 지난 1970년대 말 파탄위기를 맞았다. 정부가 제 주머니 돈처럼 연금을 퍼썼고 국가재정이 바닥이 나면서 연금적자가 쌓였다. 노동단체가 반발하고 정치인들은 노동단체의 눈치보기에 급급하다가 과감한 민영화와 사적 연금 도입으로 사태가 수습됐다.

지금 세계는 '덜 내고 더 받는' 연금과 전쟁을 벌이고 있다. 복지 선진국일수록 급부액을 깎고 보험료를 올리고 지급연령을 한두 살이라도 더 늦추려고 안간힘을 쓴다. 그게 21세기 고령화·저출산 시대에 나라를 살리고 결국은 가난한 계층도 아우르는 길임을 깨달았기 때문이다. 한국은 그런 세계 흐름에 눈감은 채 '국민연금 폭탄 돌리기'에 여념이 없다.

11. 국가채무 줄이려면 정책기조 바로 잡고 정부지출부터 줄여야

예산적자는 국채발행으로 메울 수 있다. 국채를 발행하면 당장은 부담이 적은 것처럼 착시현상을 일으킨다. 그러나 그건 후손에 빚을 떠넘기는 것이다. 더욱이 재정은 한번 부실해지면 되돌리기 어렵다. 재정 건전화를 가볍게 여기고 능력 이상의 일을 하려는 건 빚더미에 앉으려는 것과 다를 바 없다.

프랑스 대통령 선거는 우리에게 많은 점을 시사하고 있다. 사르코지는 과도한 국가채무, 고실업, 저성장의 '프랑스 병'을 수술해서 프랑스 경제를 되살리겠다고 약속했다. 특히 공무원 수를 줄이고 '작은 정부'를 만들어 현재 GDP의 64.6%에 달하는 공공부채를 2012년까지 60%수준으로 축소하겠다고 약속했다.

국가채무를 다스리기 위해서는 무엇보다 먼저 정부지출부터 줄여야 한다. 정부지출 줄이고 작은 정부, 큰 시장으로 가야한다. 급하지도 필요하지도 않은 사업을 정리해야 한다. 하고 싶은 일 다 하면서 국가채무 걱정 없다고 해서는 안 된다.

효율성이 낮은 대형 국책사업 및 분배편향적 재정집행 등 재정의 낭비적 요인을 없애야 한다. 고령화사회는 이미 도래해 있다. 복지사회 구축, 자주국방 체제마련, 남북통일 대비에 엄청난 비용이 예상되는데, 엉뚱하게 돈 쓸 일만 벌일 수 없다. 노무현 정부 출범 이래 계속돼온 분배와 성장을 둘러싼 논란에 종지부를 찍고 정책기조에 더 이상의 혼선이 없어야한다.

앞으로 국가채무 관리를 체계적으로 해 나가기 위해서는 직접채무 외에 보증채무까지도 총액, 금리, 만기구조의 위험도, 직접채무로의 전환 가능성 등을 포함하여 종합적으로 관리해 나가는 것이 필요하다. 덜 급한 일 줄이고 세금 거두기를 미안해하고 국민세금 쓰기를 제돈

아껴 쓰듯이 하는 분위기를 만들어야 한다.

정부는 빚을 내는 손쉬운 정책을 택하기에 앞서 허리띠부터 졸라매야 한다. 정부규모를 적정수준으로 관리하는 국가전략이 절실한 상황이다. 국가채무를 적정하게 관리하는 길은 무엇보다 정책방향을 바로 잡는 일에서 출발해야한다. 능력을 뛰어넘는 복지국가의 미망에서 벗어나는 것도 중요하다. 국가채무가 적다고 큰소리치는 건 만용이나 다름없다.

| 제9장 |

참여정부의 지방분권과 국가균형발전정책의 평가

이규환

1. 문제의 제기

과거 수십 년 동안 실시되어온 중앙집권적이고 권위주의적 국가운영틀에서 벗어나 지방분권과 균형적 발전을 통해 민주적 국가운영과 21세기 세계 속의 한국사회가 선진화된 삶의 질을 누려보는 것은 우리 모두의 바람이라 하겠다.

지방분권은 지방으로의 경제력분산, 행정과 재정의 분권, 교육과 문화의 분권을 의미한다. 지방에 사람과 돈과 정보가 모이고 행정과 재정에서 결정권이 지방으로 이양되는 것이 지방분권이다. 특히 지방행정과 지방재정의 자율성 확보가 지방분권의 핵심적 내용이다.

결정권이 중앙정부에 있는 집권체제로부터 결정권이 지방정부로 이양되는 분권체제로, 집행권이 중앙정부에 있는 집권체제로부터 집행권이 지방정부로 이양되는 분권체제로 체제개혁이 이루어지는 것이 지방분권이다. 따라서 지방분권 없이 참된 지방자치가 있을 수 없고, 지방자치의 정착 없이 지방분권이 제대로 추진될 수 없다 하겠다.

이처럼 지방정부가 결정권이나 집행권을 제대로 갖지 못하면 독자적 지역발전을 위한 시스템을 가동할 수 없다. 지방정부의 자주성 없이는 지역의 자율적 능력이 함양될 수 없고, 지방에 인적·물적 자원이 모이지 않기 때문에 지방분권은 지역발전의 전제조건이다.

지방분권화를 통한 지방자치의 정착으로 민주적 토대를 강화하는 것 못지않게 지역의 균형발전을 토대로 한 지역사회의 건강한 역량 강화 없이 선진화된 삶의 질을 향유할 수 없다는 것이 지극히 당연한 이치라 하겠다.

참여정부가 출범하면서 지방분권과 균형발전에 관한 지극히 당연한 규범적 가치를 정권적 관점에서 새로운 시각과 개념들로 접근하면서 우리 사회는 '지방분권과 균형발전'이라는 단어가 온 국민의 화두로 떠오르고 동시에 전국적으로 이에 관한 논의와 연구들이 봇물처럼 터지듯 넘쳐나고 있다. 특히 지방정부들은 직접적 이해관계자들로서 최근에 발 빠르게 이 문제에 대한 관심과 연구들을 진행하고 이에 맞는 구조와 행정체계 및 조직을 준비해 나가고 있다.

참여정부는 지방분권과 지역균형 발전에 대한 시각과 개념들을 다음과 같은 현상에서 출발하고 있는 것 같다.

> "지난 반세기 동안의 중앙집권과 수도권 집중으로 비롯된 지방의 공동화현상과 극심한 지역간, 계층간 불균형 구조를 극복하는 것을 국가적 과제로 인식하고 있다는 점이다."

이러한 시각에서 참여정부는 정부혁신지방분권위원회와 국가균형발전위원회를 가동시켜 이른바 3분정책 — 분권, 분산, 분업 — 을 국정 최우선 과제로 추진하고 있으며, 수도권과 중앙정부에 집중된 권한과 재정을 지역 및 지방정부에 이양하여 지역간의 균형발전을 이룩하려고 하고 있다. 또한

> "중앙에 집중된 결정권, 세원, 인재 즉, 힘과 돈과 사람이 이제는 집중으로 인한 효율보다 그 부작용으로 인한 비효율이 증대되고, 지방은 역으로 부족으로 인한 비효과가 증폭되어 양자가 즉, 국가 전체가 발전할 수 없는 지경에 이르고 있다. 대한민국이 신뢰사회로 가는 길은 소수와 특정지역에 집중·집권된 권한과 재원을 다수와 모든 지역에 분산시킴으로써 가능하다. 모든 국민이 혜택을 누리는 것이 민주화의 길이요 신뢰공동체를 회복하는 길이라고 인식하고 있다는 점이다."

이러한 시각에서 집권·집중국가를 불신사회로, 분권·분산국가를 신뢰사회로 이해하여 지방분권과 분산을 통하여 불신사회에서 신뢰사회로의 경로를 제시하고 있다.

이처럼 참여정부는 집권 후 국가 균형발전을 핵심국정목표로 내세우고, 이를 달성하기 위하여 네 가지 정책수단을 구사해왔다. 첫째 지방투자비를 크게 늘린 '균형발전특별회계'의 신설, 둘째 행정복합도시·혁신도시·기업도시 건설추진, 셋째 지방의 혁신역량을 높이는 혁신클러스터 조성, 넷째 수도권의 공장 신·증설을 한층 더 억제하면서 지방경제 활성화 방안 등이었다.

그러나 참여정부 4년간(2003~2006년) 지방인구가 수도권으로 집중되는 현상은 더 심해졌고, 수도권과 지방주민간의 재산·소득격차는 회복하기 불가능할 만큼 확대되었다. 기업이 지방투자에 소극적 태도를 보인 데다 부작용을 낳고 있어 참여정부가 국정운영의 핵심목표로 설정한 국가 균형발전 정책이 사실상 실패로 끝나가고 있다.

본문에서는 참여정부의 지방분권특별법과 국가균형발전특별법의 주요내용과 양자간의 상호충돌을 정책목표와 재정운용차원에서 살펴보고 수도권 규제를 통한 지방발전론에 대한 평가와 대안 제시를 하고자 한다.

2. 지방분권 및 국가균형발전특별법

1) 지방분권특별법의 주요 내용

지방분권특별법이 지향하는 바는 동 법 제3조 지방분권의 기본이념에 명시하고 있다. 즉, 주민의 자발적 참여를 통해서 지방정부가 그 지역에 관한 정책을 자율적으로 결정하고 자기의 책임하에 집행하도록 하며, 국가와 지방자치단체 또는 지방자치단체 상호간의 역할을 합리적으로 분담하도록 함으로써 국정의 통일성을 확보하고 지방의 창의성 및 다양성이 존중되는 내실 있는 지방자치를 실현함을 그 근본이념으로 하고 있다.

따라서 지방분권의 추진과제를 다음의 7가지로 설정하고 있다.

(1) 특별지방행정기관의 정비와 교육자치제도의 개선 및 자치경찰제도의 도입

특별지방행정기관의 수행사무 중 지방자치단체가 수행하는 것이 더 효율적이라고 판단되는 사무는 지방자치단체에게 담당하도록 하자는 발상에서 비롯된 것이다.

교육자치제도의 개선을 통한 지방교육에 대한 자치단체의 권한과 책임강화, 지방교육에 대한 주민참여의 확대를 규정하고 있고, 자치경찰제도의 도입을 통한 지방행정과 치안행정간의 연계성 확보, 지역특성에 적합한 치안서비스의 제공을 규정하고 있다.

(2) 지방재정의 확충 및 건전성 강화

자치단체가 사무를 자립적으로 처리할 수 있도록 지방재정의 확충과 건전성을 강화하기 위한 방안으로 ① 국가는 국세와 지방세 세원의 합리적 조정방안 마련, ② 지방자치단체의 자주적 과세권 행사범위의 확대, ③ 지방교부세 법정률의 단계적 상향조정, ④ 국고보조금제도의 합리적 개선, ⑤ 복식부기 회계제도의 도입 등으로 재정력 격차 완화방안을 마련하고 예산, 회계제도의 합리적 개선과 재정운영의 투명성 및 건전성 확보를 위해 노력하도록 규정하고 있다.

(3) 자치행정역량의 강화

지방자치단체의 자치입법권의 강화를 위하여 조례제정범위의 확대, 지방자치단체의 조직운영과 인력관리의 자율성 보장, 지방공무원의 전문성과 역량을 강화하기 위해 국가와 지방자치단체간 또는 지방자치단체 상호간의 인사교류활성화와 교육훈련제도의 개선조치를 취하도록 하고 있다.

(4) 지방의회의 활성화와 지방선거제도의 개선

국가와 지방자치단체는 지방의회의 권한강화를 위한 지방의회의 심의・의결권 확대, 지방선거제도의 개선을 위한 지방자치단체장과 지방의회의원의 선출방법 개선, 선거구의 합리적 조정, 선거공영제의 확대, 지방의회의원의 전문성 제고와 지방의회의장의 지방의회 소속공무원 인사에 대한 독립적 권한의 강화를 위해 노력하도록 규정하고 있다.

(5) 주민참여의 강화

지방정부의 정책과정에 주민이 직접 참여하여 의사를 반영하거나 선출직 공직자의 행정책임을 확보할 수 있는 장치로 주민투표제도의 도입, 주민소환제 및 주민소송제도의 도입방안을 강구해야 한다고 규정하고 있다.

(6) 자치행정의 책임성 강화

지방행정의 공정성과 투명성 확보 및 책임성 강화를 위한 행정체제의 정비, 지방정부에 대한 감사제도의 합리적 개선, 지방자치단체의 행정과 재정운영에 관한 합리적 평가 기준의 마련과 이에 따른 진단과 평가의 실시 등을 규정하고 있다.

(7) 국가와 지방자치단체의 협력체제 정립

국가와 지방자치단체간의 상호협력 관계를 공고히 하기 위해 지방자치단체협의체의 운영을 적극 지원하고, 해당협의체의 의견을 국정에 최대한 반영될 수 있도록 해야 한다고 규정하고 있다. 또한 국가와 지방자치단체 또는 지방자치단체 상호간의 분쟁을 효율적으로 해결하기 위한 분쟁조정기구의 기능을 강화하고 다양한 형태의 지방자치를 구현하기 위해 특별지방단체제도를 도입·활용하도록 노력할 것을 명시하고 있다.

2) 국가균형발전특별법의 주요 내용

국가균형발전특별법은 지역간 불균형을 해소하고 지역혁신 및 특성에 맞는 발전을 통하여 자립형 지방화를 촉진함으로써 전국이 개성 있게 골고루 잘사는 사회를 건설하는 것을 목적으로 하고 있다.

이를 위한 시책으로 지역혁신체계의 구축, 지역전략산업의 선정 및 육성, 지방대학의 육성, 지역과학기술의 진흥, 지역의 정보화 촉진 및 정보통신진흥, 지역문화·관광의 육성, 낙후지역 및 농어촌의 개발, 지역경제활성화의 촉진, 공공기관의 지방이전, 기업 및 대학의 지방이전 등이 주된 내용으로 규정하고 있다. 이를 추진하기 위해서는 특별회계를 설치하고 그 세입으로 주세 등과 같은 기존의 지방양여금 재원과 일부부담금 및 농특세 등 타 특별회계 전입금 등으로 하고 있다.

국가균형발전특별법의 구성내용 중 주요 항목을 선별하여 정부부문의 추진 주체와 기능을 중심으로 구성하면 〈표 9-1〉과 같다.

〈표 9-1〉에서 보듯 국가균형발전특별법은 대통령자문 국가균형발전위원회를 설치하고, 이 위원회를 중심으로 산업자원부를 비롯한 중앙행정기관과 시·도가 상호분업과 협력 아래 국가 균형발전을 추진할 수 있도록 규정하고 있다.

〈표 9-1〉 국가 균형발전의 추진주체와 기능

추진주체	조직과 기능
국가균형 발전위원회 (산업자원부)	▪ 30인 이내의 위원(위원장 1인 포함)으로 구성된 대통령 자문 국가균형발전위원회(이하 위원회)의 설치(제 22조와 제 23조). ▪ 기능: 주요 국가 균형발전 정책에 관한 대통령 자문과 각종 사항(국가 균형발전의 기본방향과 관련정책의 조정, 국가 균형발전 계획, 지역 혁신발전 계획, 국가 균형발전 특별회계의 운용, 공공기관의 지방이전 수도권 관리 등에 관한 사항)에 대한 심의(제 22조). ▪ 위원회 사무의 처리를 위해 위원회 소속하에 '국가균형발전기획단'(이하 기획단)을, 기획단의 업무지원과 시·도지사의 지역혁신발전계획의 효과적 수립·시행을 위해 '산업자원부'에 '국가균형 발전지원단'(이하 지원단)을 둘 수 있도록 함. 지원단은 국회에 제출할 국가 균형발전의 주요시책에 관한 연차보고서를 작성하여야 함(제 27조와 제 21조).
정부 (중앙부처)	▪ 정부는 국가 균형발전을 촉진하기 위해 국가 균형발전의 목표·지역혁신체계의 구축과 활성화·지역전략 산업의 육성·지방대학의 육성·지역의 정보화 촉진·지역경제 활성화·낙후지역과 농산어촌의 개발 촉진·공공기관과 기업 및 대학의 지방이전 등에 관한 사항이 포함된 5년 단위의 국가 균형발전계획을 수립해야 함(제 4조와 제 19조). ▪ 정부는 국가 균형발전의 주요시책에 관한 보고서를 작성하여 매년 정기국회의 개회 전까지 국회에 제출해야 함(제 21조). ▪ 중앙행정기관의 장은 관계 중앙행정기관의 장, 특별시장·광역시장·도지사와 협의하여 '지역혁신발전 계획'을 고려한 '부문별 국가 균형발전 계획안'·연차 '부문별 국가 균형발전 시행계획'을 수립·시행하고, 계획안, 전년도 실적, 당해 연도의 시행계획 등을 국가균형발전위원회에 제출해야 함(제 5조). ▪ 산업자원부 이외의 중앙행정기관에 '국가균형발전 지원팀'을 둘 수 있음(제 27조).

특별시·광역시·도(지방자치단체)	▪특별시·광역시·도에 지역혁신발전계획의 수립, 당해 지역의 국가 균형발전에 대한 협의·조정 등에 관한 사항을 심의하기 위해 '시·도 지역혁신협의회'를 둔다(제 28조). ▪특별시장과 광역시장 및 도지사는 '지역혁신협의회'의 심의를 거쳐 해당 시·도의 혁신역량 강화와 특성 있는 발전을 위해 5년 단위의 '지역혁신발전계획'을 수립하고, 이를 관계 중앙행정기관과 국가균형발전위원회에 제출해야 함(제 6조와 제 7조). ▪특별시장과 광역시장 및 도지사는 관계 중앙행정기관의 장, 관할 구역의 시장·군수·구청장과 협의하여 해당 시·도의 지역전략산업을 선정해야 함(제 11조). ▪(국가와 함께) 지방자치단체는 '지역의 여건과 특성에 적합한 지역혁신체계'의 구축을 위해 지역혁신체계의 유형개발, 산·학·연 협력의 활성화, 지역혁신 전문인력의 양성 등에 관한 시책을 추진하고, 지역전략산업의 육성, 지방대학의 육성, 지역과학기술의 진흥, 지역의 정보화 촉진 및 정보통신진흥, 지역문화·관광의 육성, 낙후지역과 농산어촌의 개발, 지역경제 활성화의 촉진 등을 위한 시책을 추진해야 함(제 10조~제 17조).

5년 단위의 국가 균형발전 계획과 지역 혁신발전 계획의 틀 안에서 부문별 연차시행계획에 따라 국가 균형발전 시책을 시행하도록 한다.

중앙 단위에서는 국가균형발전위원회, 지방단위에서는 지역혁신협의회의 역할이 중요하지만 국가 균형발전을 추진함에 있어 지방정부와 민간부문보다는 중앙정부의 역할이 중시됨을 알 수 있다.

3. 지방분권과 균형발전의 상호충돌과 후유증

1) 정책목표의 우선 순위 상호충돌

참여정부가 출범하면서 지방분권과 관련하여 우선 문제로 지적한 사항은 수도권에서의 과도한 집중이었다. 즉, 이제까지의 수도권 집중문제는 과거정부의 중앙집권적 통치행위에서 그 원인을 찾고 있었음을 알 수 있다. 당시 대통령직 인수위원회의 '지방분권과 국가균형발전 특별전문위원회' 내에 ① 지방분권화 추진, ② 지방대학 및 지방문화 육성, ③ 지역경제 및 특성화 발전, ④ 신행정수도건설 등 네 개의 소주제를 다룰 팀을 구성하였던 것만 보아도 수도권의 문제와 지방분권을 연계시키고 있음을 알 수 있다.

앞서 지방분권특별법과 국가균형발전특별법의 주요내용에서 알 수 있는 바와 같이 참여정부는 출범초기 이상의 두 개의 특별법 외에 신행정수도건설특별법을 포함하여 이른바 '지방 살리기 3대 특별법'이란 구호로 마치 이 3대 특별법을 반대하거나 문제점을 지적하면 지방 살리기에 반대하거나 기득권적, 친수도권적, 반개혁적 인물로 인식하는 사회적 분위기가 있었던 것도 사실이었다. 세계화・지방화 시대를 맞아 지방중심의 자율적 균형발전과 그에 기초한 국가발전이라는 이념 아래 기존의 지역간 불균형의 해소를 통한 공정경쟁의 기반을 조성하고 분권형 국가운영체제를 구축하고자 하는 차원에서 제정된 법이 각각 국가균형발전특별법과 지방분권특별법이고, 신행정수도건설특별법은 국가 균형발전을 뒷받침하기 위한 핵심적인 또 하나의 법안이라고 할 수 있다.

즉, 3대 특별법을 수도권과 지방의 경쟁력을 회복함과 동시에 지방주도의 자율적・자립적 발전에 의한 균형발전사회를 구현하고자 할 때 선행되어야 할 권한과 자원의 재분배를 위해 제정된 법안들로써 상호 밀접한 관계를 맺고 있다고 하였다.

그러나 이들 3대 특별법간에 정책목표의 우선 순위가 전혀 고려되지 않았을 뿐만 아니라 상충 가능성을 언제나 갖고 있다는 문제인식을 못하였다는 점이다.

지방분권을 통해 과도한 지역격차를 해소할 수 있다는 논리는 아직 실증되지 않았다. 또한 균형발전전략은 전적으로 중앙집권적 발상이라는 점에서 균형발전과 지방분권은 상충적 관계에 있다는 점을 간과

하였다.

정책목표는 상호충돌해서는 안 된다. 종종 정책목표를 정책의지로 표현한 나머지 실천력이 떨어지는 경우를 본다. 물론 강력한 정책의지가 구체적 정책수단과 연계될 가능성은 크다. 그러나 정작 정책을 구체화하는 단계에서 목표의 상충은 정책의 실천력을 저하시키는 것도 사실이다.

참여정부의 국정과제 중에서 상호충돌의 가능성이 높은 것이 바로 지방분권과 국가 균형발전 부분이다. 이들 목표간 연계과정이 분명치 않다. 지방분권과 국가 균형발전 개념체계를 보면 정책의 투입—산출 연계가 미흡하고, 지방자치단체의 책임성 강화에 대한 정책요소를 포함하고 있지 못하다.

참여정부는 종래 지역균형의 관점을 국가균형의 관점으로 전환하여 접근하고 있다. 국가균형발전위원회의 성경륭 위원장은 참여정부가 '지역균형발전'보다 '국가 균형발전'이라는 용어를 사용하는 이유로 첫째, 과거의 국가정책에서 주변적 위치에 머물렀던 균형발전이라는 의제가 전국가적 의제, 즉 대통령 국정과제로 격상되었기 때문이고, 둘째 의존형 지방화에서 자립형 지방화로의 전환이라는 새로운 접근방식을 강조하기 때문이라고 하였다.

그러나 이러한 새로운 접근은 자칫 중앙정부의 권한을 강화하는 방향으로 작용하기 쉽다. 지방은 지방의 기준으로 접근해야 한다. 국가적 관점에서 균형감각은 물리적 산술평균에 안주하기 쉬우며 따라서 지역의 특성을 살리기 어렵고 지역을 단순히 국가의 한 부속품으로 전락시키기 쉽다.

국가적 균형발전은 지역분산을 위해서는 효과적일지 모르나 결과적으로 지역의 자치역량과 자율성을 약화시킬 가능성도 가지고 있다. 지방의 자치역량강화는 지방분권의 대전제인 것이다.

분권화된 지방자치 사회에서의 지역균형발전은 강력한 중앙집권체제에서보다 훨씬 수월할 수 있고, 지역의 균형발전 속에서 지방분권화가 보장될 수도 있는 것이다. 따라서 지방분권과 국가 균형발전이 같은 차원에서 논의할 수 있는 것인가, 또한 서로 보완성을 갖는가, 아니면 어느 것이 우선인가 등에 대한 보다 근본적 문제들에 대한 논의가 필요했음에도 불구하고 이에 대해 상대적으로 소홀히 하였고 오직 그 당위성만이 지나치게 강조되었던 것이 사실이었다.

2) 지방분권과 균형발전정책의 추진 후유증

지방분권이나 국가 균형발전의 당위성에 대해 반대하는 사람은 없을 것이다. 하지만 수도권 규제를 통한 지방발전론에 대한 정책은 재검토되어야 한다. 지난 1980년대 이후 우리나라는 수도권정비계획법 등의 제정을 통하여 수도권을 억제해야 지방이 발전한다는 정책기조를 형성·유지해왔다. 참여정부가 출범한 지난 2003년 이후 이러한 정책기조는 교조적 균형발전이념으로 승화시켜 추진시켜왔으나 한국경제 전체를 위축시키는 결과만 초래하고 말았다. 지방경제를 살리기 위해 수도권의 공장 신·증설을 억제하는 정책은 수도권도 지방도 일자리만 빼앗긴 결과만 가져왔다.

기업인들이 공장을 지방으로 이전하는 것이 아니라 아예 규제를 피해 중국·동남아·인도·동유럽 등으로 떠나가고 있기 때문이다. 2007년 1월 25일자 〈조선일보〉 보도에 의하면 역대정부에서 연간 50만 개 가량 증가하던 일자리가 참여정부 들어 30만 개 수준으로 줄어들었다고 한다. 매년 사회로 진출하는 대졸자들이 53만 명인 것을 고려하면 20만 명의 젊은이들이 졸업과 동시에 실업자가 된 셈이다. 삼성경제연구소 분석에 의하면 참여정부 들어 기업들의 대형투자가 줄어들면서 수도권도 지방도 모두 위축되었으며 이런 상태가 계속되면 한국경제 전체가 어려워질 것이라고 하였다.

참여정부는 균가균형개발을 명분으로 행복도시·혁신도시·기업도시 등 수많은 지역개발계획을 추진하였다. 그 결과 전국의 부동산 시장이 들썩였고 아파트 값과 땅값이 급등하였다.

지난 4년간 토지수용의 대가로 지출된 보상비는 약 60조 원, 앞으로 2년간 40조 원의 돈이 더 풀릴 예정이다. 균형발전정책이 전국을 부동산 투기판으로 만든 셈이다. 급등한 부동산 가격은 우리 사회의 빈부격차를 확대시켰다. 작년 말 현재 서울 지역의 아파트 평당 가격은 1,492만 원으로 대구(469만 원), 부산(425만 원), 광주(300만 원), 춘천(331만 원), 전주(340만 원)보다 3~8배 정도 높다고 한다. 따라서 부동산 가격의 급등현상은 결국 수도권과 지방 국민간에 재산상의 빈부격차만 더 크게 벌려 놓은 것이다.

이처럼 그동안 균형발전정책은 우리 사회의 갈등을 부추기는 부작용을 초래하였다. 행정복합도시가 수도권 대 충청권간의 대립갈등을 촉발한 데 이어, 수도권 규제와 혁신도시건설은 지역사회 내부에도 갈등을 가져오고 있다. 하이닉스의 반도체 공장 증설을 둘러싸고 요즘 경기도 이천과 충북 청주 시민들 사이에 심각한 갈등이 발생하고, 한국수자원공사 본사 유치를 놓고 경주시 주민들간에 폭력시위사태가 벌어진 것이 대표적 사례다. 또 혁신도시 선정 작업이 끝났음에도 불구하고 경쟁을 벌였던 지방도시들간에 심사의 공정성을 둘러싸고 법정소송이 벌어질 정도로 후유증이 심각하다.

국가 균형발전 정책이 아무리 당위성을 갖는다 하더라도 정책은 시장원리에 맞고 정책간에 적실성과 적합성 있게 추진되어야 한다. 균형과 형평만 앞세우다 보면 수도권 공장설립을 막아 국가경쟁력을 떨어뜨리고, 세금으로 투기자금을 제공하게 된다. 모든 정책은 균형과 우선 순위가 있어야 한다. 그렇지 않다면 부작용만 커진다.

4. 지방분권과 상충되는 균형발전 재정

정부는 국가 균형발전 특별회계의 재원으로 첫해에 약 5조 원을 계상하였다. 문제는 이 5조 원의 재원을 마련하기 위한 근거가 전혀 새로울 것이 없을 뿐만 아니라 지방자치단체의 재정운용의 자주성을 저해하고 있다는 점이다.

즉 재원을 기존의 지방양여금제도를 폐지하고 종전 지방양여금의 재원인 주세(酒稅)와 일부 부담금(과밀부담금, 개발부담금, 개발제한구역훼손부담금) 및 농특세 등 특별회계 전입금 등을 그 재원으로 명시하고 있다. 그러나 5조 원은 2004년도 전체 지방양여금과 거의 같은 규모의 금액이다. 특히 주세는 1990년 세수가 국세대비 비중이 약 3.8%이었던 것이 2001년에는 약 2.6%로 하락하여 그 신장성이 낮은 세목이다.

종전의 지방양여금 재원정도의 규모로 균형발전 특별회계를 설치한다는 것은 국가 균형발전이라는 거창한 국정과제와 그 실천의지가 의심스러울 정도이다.

균형발전특별회계의 설치로 폐지된 지방양여금은 1991년 지방자치가 30년만에 부활하던 해에 국세수입 중 주세, 전화세, 농어촌특별세 등을 지방정부에 양여하여 지방재정기반을 확충하고 도로정비사업, 농어촌지역개발, 수질오염방지, 청소년육성, 지역개발사업 등을 추진함으로써 지역간 균형 있는 발전을 도모하기 위하여 도입되었던 것이다. 따라서 지방양여금은 지역경제발전에 기초가 될 수 있는 지방도로사업과 같은 지방사회 간접자본의 균형적 공급에 무엇보다도 소중한 재원이었다. 이러한 측면에서 그동안 지방양여금이 지방의 사회간접자본의 확충에 기여한 바는 컸다.

이처럼 지방양여금제도의 순기능을 도외시하고 폐지하여 이를 균형발전특별회계로 하는 것에 대한 타당성 검토와 연구는 과연 있었는지

묻지 않을 수 없다. 특히 지방양여금 폐지로 가장 우려되는 것은 낙후지역의 일선 시·군 자치단체의 도로관련사업이다. 중앙의 관점에서 보면 이제 어느 정도 사회간접자본이 확충되었다고 보고 있으나 낙후지역의 일선 시·군은 아직도 도로 등 지방의 사회간접자본의 확충이 가장 시급한 현안이다.

물론 균형발전 특별회계 재원으로 이의 사업을 수행할 수 있다고는 하지만 민선자치단체장이 현재의 지역 정치적 의식구조하에서 도로사업 등에 특정재원이 한정되지 않는 경우 선심성 내지 전시성 사업에 그 우선 순위가 뒤질 가능성은 충분히 존재한다.

한편, 국가 균형발전 특별회계는 두개의 세출계정을 가지고 있다. 그 하나는 지역개발 사업계정이고, 다른 하나는 지역혁신 사업계정이다. 지역개발사업계정은 기존의 지방양여금 대상사업과 유사하지만 지역혁신사업계정은 기존의 양여금 대상사업이 아닌 대부분 연구사업 분야로 볼 수 있다. 따라서 지방의 입장에서 보면 기존의 양여금 재원과 똑같은 재원이 결국 지방양여금 대상사업이 아닌 지역혁신사업의 세출로 나누어 지출된다는 점이다.

지방분권특별법에서 재정분권의 핵심은 지방재정의 확충과 재정격차의 완화라고 할 수 있다. 그 구체적 수단으로는 국세의 지방세 이양과 지방재정조정제도의 개선 등이다. 그러나 이러한 조세체계의 개편은 지방재정의 규모는 증대되겠지만 지역간 재정격차는 더욱 커질 가능성이 있다는 점이다.

따라서 지방분권과 국가 균형발전을 동시에 추진하기 위해서는 지역간 재정격차의 문제는 지방재정조정제도에 의존할 수밖에 없게 된다. 결국 지방교부세의 교부율 상향조정이나 국고보조금 지원규모 확대방안 등이다. 그러나 지방분권의 본질적 측면에서 보면 지방재정조정제도를 통하여 이전재원의 증대는 자율성을 강조하는 지방분권에 역행하는 것이다. 그런데 국가 균형발전의 차원에서 보면 중앙정부의 이전재원을 통하여 지역간 재정격차를 줄이는 것이 국가 균형발전이 보장될 수 있는 것이다. 결과적으로 현재의 구상대로 하면 지방분권과 국가 균형발전은 서로 상호 충돌되는 측면을 쉽게 발견할 수 있다.

지방분권과 국가 균형발전이 서로 상충된다면 어느 것이 우선인가. 수도권과 같은 상대적으로 부유한 자치단체들은 지방분권을 우선시할 것이고, 재정력이 상대적으로 취약한 나머지 비수도권지역의 자치단체들은 균형발전을 우선시할 것이다. 이처럼 지방분권과 국가 균형발전은 정책목표의 상충뿐만 아니라 자치단체간에 갈등과 상호충돌을 태생적으로 내재하고 있음을 알 수 있다.

5. 수도권 규제를 통한 지방발전론에 대한 평가와 대안 제시

지방분권이나 지방균형발전의 당위성에 대해 반대하는 사람은 없을 것이다. 하지만 수도권 규제를 통한 지방발전론에 대한 정책은 재검토되어야 할 것이다.

지난 1980년대 이후 우리나라는 수도권정비계획법 등의 제정을 통하여 수도권을 억제해야 지방이 발전한다는 정책기조를 형성·유지하여 왔다. 참여정부에 들어서는 행정중심복합도시건설, 혁신도시건설, 공공기관의 이전 등을 통한 선 지방발전 후 수도권 규제완화를 정책기조로 설정하고 추진하고 있다.

지금까지 수도권 발전은 우리나라 국토공간의 블랙홀을 형성하여 지방피폐를 가져왔다는 미신 아닌 미신을 믿어왔다면 참여정부의 균형발전론자들은 아예 신앙으로 믿고 있지만 실물경제 측면에서는 이는 허구임이 입증되고 있다. 김경환 외(2002) 〈수도권과 지방의 제조업간의 인과관계 연구〉에 의하면, 지난 '1970~1998년'까지 수도권 세조업 활성화에 의한 고용증가가 지방제조업 위축에 영향을 미치지 않았으며, 오히려 수도권 제조업 활성화에 의해 국가경제가 성장하면 전국 모든 지역의 고용·부가가치 증가율이 상승하는 것으로 나타났다. 이는 수도권 기업성장이 지방 분공장 설치, 지방 하청업체의 생산증가 유발로 연결된다는 것이다. 따라서 수도권 규제는 수도권경제에 피해를 주고 이로 인해 국가경쟁력이 저하되면 지방경제도 타격을 받아 우리나라 전체가 하향평준화를 초래하게 됨을 알 수 있다.

지난 산업화시대에서는 런던·파리·동경 등 선진국 대도시권들도 수도권집중 억제를 위해 중앙정부의 강력한 개입이 있었던 것도 사실이다. 그러나 규제로 인한 부작용을 경험하면서 1980년대 이후 지식경제시대의 국가경쟁력 강화를 위해 수도권 규제정책을 폐기하고 수도권을 경제중심지로 육성·추진하고 있다. 이는 세계경제를 좌우하는 다국적기업들이 고급인력·금융·IT인프라가 양호한 대도시권에 입지를 선호하며, 결국 대도시권이 세계경제의 중심지역으로 부상하고 있기 때문에 글로벌 다국적기업의 유치를 통해 세계적 대도시권을 육성할 수 있느냐의 여부가 국가경쟁력을 좌우하고 있다.

중앙대 산업경제연구소(2004)에 의하면, 2004년 기준으로 수도권 기업의 6.4%만이 성장총량제를 피해 비수도권으로 이전할 계획이며, 나머지는 중국·동남아 등 해외로 이전할 계획인 것으로 파악되었다.

또한 KDI의 〈2011 비전과 과제〉에서도 정부가 수도권 투자를 억제하는 바람에 국내기업이 규제를 피하기 위해 공장을 아예 지방이 아닌 해외로 옮길 가능성이 있으며, 외국자본이 고급교육산업이나 대규모 테마파크 투자를 기피하는 결과를 낳고 있어 수도권 규제의 폐해를 적시하고 있다. 따라서 수도권정책으로는, 수도권 입지규제를 통한 지역균형발전이라는 소극적 목표에서 벗어나 수도권의 질서 있는 정비를 통한 수도권의 생산성 강화와 국가경쟁력 강화로 전환되어야 하며, 지방육성정책으로는 수도권집중 억제의 반사효과로 지방의 발전을 이룬다는 태도와 중앙정부가 수도권기업을 지방으로 이전하는 소극적 지역정책기조를 탈피하여 오히려 적극적 지방육성을 통한 지방발전시책을 추진해야 함을 강조하고 있다.

지역균형발전을 위해서는 국가 균형발전 정책의 주도권을 지방자치단체에 이양해야 할 것이다. 따라서 중앙재원과 권한의 지방이양에 의한 지방특성화 발전정책을 추진함으로써 수도권에는 자율을, 지방에는 기회를 주는 새로운 균형발전전략이 필요하다 하겠다.

참고 문헌

국가균형발전위원회, 〈국가 균형발전의 비전과 과제〉(국정홍보처, 2003).

김원동, 〈국가 균형발전과 지방분권〉(한국지방분권 아카데미 강의 자료집, 2004).

문환규, "지방분권 및 국가균형특별법과 지방재정," 〈리전인포〉 제 87호(광주전남발전연구원, 2004).

성경륭, "분권 · 분산시대를 열기 위한 국가개혁과제," 《지방분권형 국가 만들기》(나남출판, 2003).

성경륭, "참여정부의 균형발전전략," 〈지방분권과 국가 균형발전을 위한 세미나〉(한국지방 분권아카데미, 2003).

소진광, 《지방자치와 지역발전》(박영사, 2005).

이규환, 《한국지방행정학》(법문사, 2006).

이규환, "국가 균형발전 정책 제고되어야," 〈지방자치〉 2007년 3월호(미래한국재단, 2007).

정부혁신지방분권위원회, "참여정부 지방분권 촉진로드맵 ; 분권형 선진국가 건설"(ppt자료 2003), http://www.innovation.go.kr

정부혁신지방분권위원회, 〈정부혁신지방분권 위원회 뉴스레터〉 제 3호(2004년 1월).

조성호, "수도권 규제를 통한 지방발전론에 대한 평가와 대안 제시," 〈데일

리 경기뉴스〉, http://blog.naver.com/gyeonggi_do/

최상철, "수도권 및 지역균형발전정책의 정치경제학,"〈국토균형발전 월례 세미나 자료〉(안민정책 포럼, 2003).

한국개발연구원, 《2011 비전과 과제: 열린세상, 유연한 경제》(KDI, 2002).

3

외국의 교훈

제 10 장

일본 국토균형발전정책의 전개

5차에 걸친 전국종합계획을 중심으로

김제국

1. 서론

2001년 일본 국토교통성 국토백서는 1962년 이후 지속되어 왔던 국토정책의 기본목표였던 “국토의 균형 있는 발전”이란 용어를 “지역의 개성 있는 발전”이라는 용어로 대체하였다. 이것은 40년간 지속된 일본 국토균형발전정책의 종언을 의미하며 이후에 고이즈미(小泉純一郎) 정권하에서 추진하게 되는 대도시중시정책 및 지방분권정책의 대두를 시사하는 것이었다.

2002년 고이즈미 수상 취임 후, 일본은 우정성 등 정부기구 및 공사의 민영화, 사회보험청의 해체를 포함한 연금개혁, 국립대학의 독립법인화 등 교육개혁, 구조개혁특구제도 도입 및 수도권 등 대도시권 집중억제정책의 폐기, 광역지방정부의 통폐합을 포함한 지방분권 추진 등 정치·경제·행정 등 전 분야에 걸쳐서 대대적 구조개혁을 추진하고 있다.

이러한 변화와 개혁은 전후 일본 사회를 지배해온 중앙집권적 정치 행정구조가 시장친화적이고 지방분권적 구조로 대체되는 과정이라 할 것이며, 그 씨앗은 바로 중앙집권적 국토균형발전정책의 파탄으로부터 비롯되었다고 할 것이다.[1] 1962년 제1차 국토종합계획에서 시작된 일본의 국토균형발전정책은 대규모 공공사업에 과도하게 의존하는 기생적 경제구조를 정착시켰고, 부동산투기와 지가급등의 폐해를 낳은 끝에 1992년 부동산가치 붕괴와 함께 그 막을 내렸다.

21세기에 들어와 전개되고 있는 일본의 구조개혁을 이해하기 위해서는 1980년대 이후 서구 자본주의제국의 공공정책의 기조를 형성한 신자유주의에 대해 살펴볼 필요성이 있으며, 아울러 전후 50년 일본의 중앙집권적 경제정책과 국토정책의 전개과정을 이해하는 것이 필요하다. 본 논문은 전후 일본이 추진했던 국토균형발전정책의 전개과정과 정책전환의 배경과 원인을 5차에 걸쳐 수립된 전국종합계획을 중심으로 고찰하고자 한다.

2. 국토균형발전정책의 기원과 배경

1) 대미전쟁 수행 및 전후민심 수습책으로서의 균형정책

일본에서 "국토의 균형 있는 발전"이란 개념은 제2차 세계대전을 준비하기 위한 국방계획의 일환으로서 탄생하였다. 1936년에 고토(後藤

---

1) 사회주의 붕괴 이후, 선진 자본주의 제국의 공공부문 및 공공정책에서 나타나고 있는 복지축소, 민영화, 기업과세 인하, 기타 규제완화 등 작은 정부를 지향하는 신자유주의적 경향과 무관하지 않다. 이와 관련하여 전후 50여 년에 걸친 일본의 경제정책 전개과정을 고찰한 田代洋一 등의 《現代の経済政策》(東京 : 有斐閣ブックス, 2000)은 참고할 만한 가치가 크다.

隆之助)에 의해 개인적으로 창설되었지만 국정전반에 대한 연구수행과 영향력을 행사하였던 쇼와연구회(昭和硏究會)가 1940년에 작성하였던 〈국토계획에 관한 각서〉에서 '균형 있는 발전'이란 개념이 처음 등장한다. 이후, 이 개념은 1943년 일본 최초의 국토계획인 중앙계획초안(中央計畵素案)에 반영되었다.2)

이에 대해 이토(伊藤敏安)는 제 2차 세계대전을 수행하기 위한 국가총동원체제의 본격화와 관계가 있다는 평가를 하고 있다. 즉, 제 2차 세계대전 수행을 위한 방공계획이자, 국가자원 총동원체제 구축의 일환이었다는 것이다.

전후, 1946년에 입안된 내무성(內務省) 부흥국토계획요강에서도 "균형 있는 발전"이란 개념은 계속해서 사용되는데, 여기서의 균형발전은 "농촌과 도시간의 사회경제적 협조의 밀접화 등에 의한 생활영역의 확대를 도모하는 동시에, 그 지역적 배분의 균등화를 도모"하도록 하고 있으나, 그것은 어디까지나 "국민생활수준의 향상, 실업문제, 식량수급, 물자 수송 등"의 전후 복구 및 민심수습차원의 개념에 불과하였다. 이토(伊藤)는 이들 계획의 용어 분석을 통해 균형 있는 발전이란 개념은 어디까지나 도시와 농촌의 연계발전에 중심을 두고 있었지, 각 지역을 균등하게 발전시킨다는 의미는 없었다는 점을 분명히 하고 있다.

2) 수도권 및 대도시권 인구집중억제 정책

제 2차 세계대전의 패전에 의해 경제체제 전반이 붕괴되었던 일본은 1950년부터 1953년까지 지속된 한국전쟁특수를 통해 신속히 전후복구와 경제재건을 이루어낸다. 이 과정에서 도쿄(東京), 오사카(大阪),

---

2) 伊藤敏安, "地方にとって〈國土の均衡ある發展〉とは何であったか, 《地域経濟硏究》第 14号, 2003年 3月, pp. 3~21.

나고야(名古屋) 등 3대 대도시권으로의 인구집중은 심화되었으며, 전쟁에 동원되었던 농촌인력이 대거 도시에 잔류하면서 더욱 심화되어 주요한 국가적 과제로 제기되기에 이르렀다.

〈그림 10-1〉에서 보듯이, 3대 대도시권으로의 인구집중은 2000년까지의 45년간 중에서도 초기 약 15년간에 걸쳐서 절정에 달하였다. 이 시기에 연평균 최소 40만에서 최대 70만까지의 인구가 3대 대도시권으로 집중하였다. 이러한 급격한 대도시 인구집중에 대응하여 일본정부는 1951년 수도권정비법을 제정하여 대응하였으며, 1959년 수도권공업등제한법[3]을 제정하여 공장과 대학 등 인구집중요소의 입지규제를 추진하게 된다.

〈그림 10-1〉 일본 3대 대도시권 전출입초과 수 추이(1954~1996)

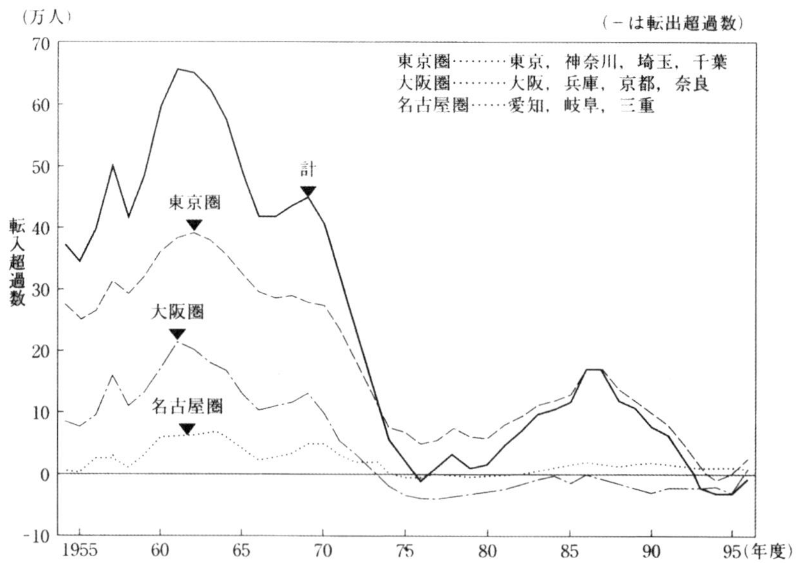

출처: http://koho.osaka-cu.ac.jp

3) 首都圏の既成市街地における工業等の制限に關する法律(1959).

〈그림 10-2〉 일본 3대 대도시권 인구추이(1930~2000)

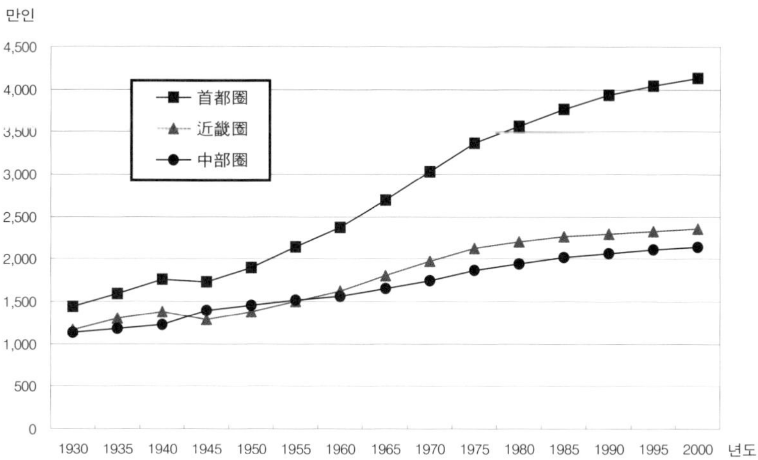

출처: 國土審議會第2回首都圈整備分科會 資料 4, 2001. 10. 29.

1951년 수도권정비법은 1950년에 제정된 수도건설법을 대체하는 법으로서 한국전쟁특수에 따른 영향을 감안하여 수도권의 인구집중을 방지하기 위한 목적으로 제정되었다. 이 법을 근거로 일본 정부는 1954년 제 1차 수도권정비계획을 수립하여 영국의 그린벨트(*Green Belt*) 제도와 같은 '근교지대'를 도쿄 일원에 지정하여 개발을 통제하고, 그 외곽지역으로 공업 등 주요기능을 분산시키고자 하였다.[4)]

그러나 불행히도 그린벨트를 지정하려던 일본정부의 시도는 토지소유권의식이 강한 사회적 환경과 용도지역제 등 건축자유주의에 기초한 국토도시계획제도상의 한계에 의해 해당 토지소유주들과 지방정부의

4) 제 2차 세계대전 후의 전후복구 및 수도의 계획적 정비를 위해 1950년 수도건설법을 제정하였으나, 한국전쟁특수 등에 의한 급격한 대도시권 인구집중으로 도쿄 중심 반경 100㎞를 수도권으로서 일체 정비·관리하기 위해 1951년에 수도권정비법으로 대체되었다(東鄕尙武, 〈都市政策の展開〉, 鹿島出版會, 1987).

〈표 10-1〉 도쿄권 및 오사카권에 대한 입지규제 변화

연 도	제한대상	기준면적(㎡)		대상지역
		공 장	대 학	
1959년	수도권 신설제한	1,600	2,000	도쿄 23개 특별구 등
1962년	증설도 포함	1,000	1,500	
1964년	오사카권 신증설 제한			요코하마, 가와사키 포함
1972년		수도권 500 오사카권 1,000		수도권 임해공단 포함

반대로 실패로 끝났다. 1965년 제1차 수도권정비계획 수정을 통해 "개발을 완전히 금지"하는 '근교지대'를 "계획적으로 개발"하는 '근교정비지대'로 변경했다. 대신에 수도권 공장등제한법의 입지규제[5]를 더욱 강화하는 한편, 1963년에 오사카권정비법(近畿圏整備法),[6] 1964년에 오사카권 공업등제한법, 1966년에 나고야권개발정비법[7]을 제정하여 대도시권 인구집중억제 정책을 전방위적으로 추진하게 된다.

아울러, 제1차 오사카권정비계획(1965)과 제2차 수도권정비계획(1968), 제1차 나고야권기본개발정비계획(1968)을 수립하여 기존의

---

5) 〈표 10-1〉에서 보듯이, 기준면적 이상의 공장과 대학의 입지를 제한하였다. 입지허가권자는 광역지방정부의 장이지만, 3,000㎡ 이상인 경우에는 중앙정부의 동의가 물론, 이러한 대도시권 입지규제는 2002년에 폐지되기까지 1980년대 중반부터 서서히 완화되게 되는데, 그에 대해서는 이하에서 다루도록 하겠다.

6) 원 명칭은 긴기권(近畿圏)이나 여기서는 우리에게 친숙한 오사카권이라는 명칭으로 통일하도록 하겠다. 긴기라는 용어는 우리의 경기(京畿)와 동일한 의미로서 메이지유신(1868) 이전의 수도가 교토였고 그 주변지역인 오사카권은 수도의 주변지역이라는 의미에서 긴기로 불렀다.

7) 원 명칭은 쭈부권(中部圏)이지만, 역시 우리에게 친숙한 나고야권이라는 명칭으로 통일하도록 하겠다. 중부라는 의미는 오사카와 도쿄의 중간지대에 위치하기 때문에 붙여진 것이다.

공업기능의 분산정책을 보다 강화한다. 이러한 분산 및 집중억제정책의 강화는, 〈표 10-1〉에서 보듯이, 공장등제한법의 강화로 나타났다.

3. 일본 국토균형발전정책의 전개과정

1) 국토종합계획 제도의 도입과 수립

일본경제사에서 1960년대는 고도성장기로 불린다. 일본경제의 고도성장기는 1956년부터 1973년까지의 시기를 지칭하는데, 이 시기 일본경제의 연평균 성장률은 9.0%에 달하였다.[8] 1950년대의 한국전쟁특수에 의한 경제재건이 성공하고 그에 기반하여 1960년대에 앞서 언급한 3대 대도시권을 중심으로 일본경제가 급격히 성장하였다.

한편, 이러한 외적 조건 외에도 일본 경제 및 국토정책이라는 내부적 요인이 고도성장기를 견인하였다. 바로 이케다(池田勇人) 수상[9]의 이른바 태평양벨트구상으로 불리는 국민소득배증계획이 그것이다. 이 계획은 명목상 정부와 민간의 역할명확화, 인력개발지원, 일본 경제격차 시정 등을 내걸었지만, 핵심은 기존의 3대 대도시권의 공업지역과 그 중간지역인 태평양 연안을 성장거점으로 집중 개발하여 그 파급효과를 일본 전역으로 확산한다는 경제정책이자 국토정책이었다.[10]

---

8) 名古屋市立大學教授グループ, 《経済大國日本のゆくえ日本経済の話》, 有斐閣, 1993. p. 5.

9) 전후 10대 수상으로서 1960년에서 1964년까지 약 5년에 걸쳐 재임하였다. 소득배증계획, 농업인구 60% 감축 등 경제성장주의 자세를 일관하였다〔草野厚, 《歴代首相の經濟政策全データ》(東京 : 角川書店), 2006〕.

10) "1960년의 국민소득배증계획은 산업구조의 중화학공업화를 통해 고도성장을 실현한다는 경제계획이지만, 그 핵심은 태평양벨트구상이라는 통산입지정책이라고 할 것이다. 즉, 기존의 4대 공업지대를 연결하는 선진지역에

이 계획은 경제계로부터 높은 평가를 받았으나 제외된 지역의 반발이 심하여 정치적으로 수용되지 못하는 위기에 처하였고, 이에 대하여 국토종합계획 수립을 통해 제외지역에 대한 발전계획을 마련한다는 조건으로 계획추진이 허용(1960. 12. 27)되었다.[11)]

그동안 사문화되었던 국토종합개발법(1950)에 의거하여 1962년에 제1차 전국종합개발계획〔이하, 일본식 표현인 전총(全總)으로 통일〕을 수립하여 “지역간의 균형 있는 발전”, 즉 국토균형발전을 국토정책의 최우선 목표로 설정하였다. 아울러, 전국을 산업규제를 시행할 ‘과밀지역’, 공업분산을 유도하기 위해 기반시설을 정비해야 할 ‘정비지역’, 적극적으로 개발을 촉진할 ‘개발지역’으로 구분하였다. 그리고 이를 추진하기 위한 법적 수단으로서 신산업도시건설촉진법(1962)과 공업정비특별지역정비촉진법(1964)을 제정하였다. 1966년까지 15개의 신산업도시가 선정되었고, 6개의 공업특별정비지역이 지정되었다.[12)]

그러나 미야모토(宮本憲一)의 “우선 제1목적은 1965년 국세조사를 통해 그 실패가 명확해졌다. 도쿄, 오사카, 나고야 등 3대 대도시권에 불과 5년 사이에 550만의 인구가 증가하였고, 농촌인구의 감소 등 그 외 지역의 인구는 사실상 급격하게 감소하였다”는 평가대로 제1차 전

중화학공업의 민간투자가 집중하고 있으므로 이것을 국가가 산업입지정책에 의해 지원하기 위해 공공투자를 우선적으로 투입해서 투자효율을 높이고자 하였던 것이다”(田代洋一・萩原伸次郎・金澤史男, 〈日本の経済政策〉, 2006., p. 209).

11) 태평양벨트지역에서 소외되는 지역의 반발이 제기되어 태평양벨트구상에 낙후지역의 개발촉진과 소득격차시정을 위해 조속한 시일 내에 국토종합개발계획을 수립한다는 조건이 부가되었다. 이에 따라 사문화되었던 전국종합개발계획이 수립되게 된 것이다(田代洋一・萩原伸次郎・金澤史男, 〈日本の経済政策〉, 2006., p. 209).

12) 本間義人, 《國土計畫の思想-全國總合開發計畫の30年》, 日本経済評論社, 1993., pp. 6~9.

총은 실패로 끝나고 말았다.[13] 우선, 전국에 걸쳐 지정된 15개의 신산업도시는 대부분 지정 후 약 25년이 경과한 1980년에도 공업용지의 분양실적이 80%대를 밑도는 정도로 저조하였고, 인구와 소득측면에서도 계획목표를 달성하지 못하였다. 그 주요원인은 산업구조변화에 제대로 대응하지 못하고, 기업유치, 인프라정비에만 집중하였기 때문이다. 그 결과는 공해문제의 전국적 확산, 농업과 어업 등 1차 산업의 쇠퇴, 지방재정의 악화 등 지역에 심대한 영향을 미치고 말았다.[14][15] 신산업도시 중에서 성공한 사례는 시카지마(鹿島), 미즈시마(水島), 후쿠야마(福山), 오이타(大分) 등 대부분 태평양벨트 지대에 위치한 지역들이고 그 외의 지역들은 대부분 실패하고 말았다.[16] 종합하면, 신산업도시 등의 거대개발에 의한 공장유치는 대부분의 지역에서 실패하였고, 특히 물리적 기반확충에 과도한 투자를 하였던 지방정부는 재정적 궁지에 몰리는 결과를 초래하였다.[17]

반면에 소득배증계획이 주목한 태평양벨트 지역은 일본의 경제성장을 견인하였고, 그 결과 1960년의 GNP 13조 엔을 1970년까지 10년간에 26조 엔까지 높이는 계획을 초과하여 52조 엔에 달하였고, 1인당 국민소득은 7배 증대시키는 놀라운 효과를 낳았다.[18] 이러한 소득배

---

13) 宮本憲一, 《地域開發はこれでよいか》, 岩波書店, p. 33.

14) 本間義人, 《國土計畵の思想-全國總合開發計畵の30年》, 日本経濟評論社, 1993, pp. 10～34.

15) 2000년 9월 2일자 〈히로시마신문〉(廣島新聞)은 2000년 신산업도시 및 공업정비특별지구제도가 폐지되는 것과 관련하여 다음과 같은 보도를 하였다. "1964년에 공업정비특별지구로 지정 받은 주고쿠(中國) 지방의 4지역은 그동안 보조된 400억 엔을 통해 소득이 8배 증가하였으나, 인구가 유입되지 않았을 뿐더러 환경오염 등 생활환경이 악화되었다."

16) 田代洋一・萩原伸次郎・金澤史男, 《現代の経濟政策》, 2006, p. 210.

17) 川端基夫, 〈大企業のネットワーク型展開〉, 辻悟一編, 《経濟地理學を學ぶ人のために》, 世界思想社, 2000., p. 46.

18) フリー百科事典, 《ウィキペディア》(Wikipedia), http://ja.wikipedia.org

증계획의 효과 덕분에 제1차 전총의 실패는 사회적 이슈로 제기되지 않았으며, 오히려 보수우익의 정치적 위기와 대도시권 집중문제의 심화에 따라 이하에서 고찰하게 될 다나카 가쿠에이(田中角榮) 총리의 "열도개조론"에서 보듯이, 이후 국토균형발전정책은 보다 강화되는 방향으로 전개된다.

〈표 10-2〉 일본 국토균형발전 정책의 전개과정

구 분	결 정	목표연도	배 경	기본목표	개발방식
1차 전총	1962년 10월 5일	1970년	· 고도성장경제로 이행 · 과대도시문제, 소득격차의 확대 · 소득배증계획	지역간의 균형발전	거점개발
2차 전총	1969년 5월 30일	1985년	· 고도성장경제 · 인구, 산업의 대도시집중 · 정보화, 국제화, 기술혁신의 진전	개발가능성의 全국토 확대, 균형화	대규모 개발지의 네트워크
3차 전총	1977년 11월 4일	1987년	· 안정성장경제 · 인구, 산업 지방분산 조짐 · 국토자원, 에너지 등의 유한성	인간주거의 종합적 환경정비	모델 정주권 구상
4차 전총	1987년 6월 30일	2000년	· 인구 도쿄일극집중 · 산업구조 급변, 地方圈 고용문제 심화 · 본격적인 국제화의 진전	다극분산형 국토의 구축	교류 네트워크 구상
5차 전총	1998년 3월 31일	2015년	· 국민의식의 대전환 · 지구시대 · 인구감소 및 고령화시대 · 고도정보화시대	다축형 국토구조의 형성	자립

출처: 國土廳計畫調整局四全總硏究會, 〈第4次全國總合開發計畫の解說〉, 1998.

2) 다나카(田中角榮) 수상의 열도개조론

1970년대 일본의 수상은 사토 에이사쿠(佐藤榮作), 다나카 가쿠에이(田中角榮), 미키 다케오(三木武夫), 후쿠다 다케오(福田赳夫), 오히라 마사요시(大平正芳) 등 5명이다. 이들 가운데 1970년대부터 1980년대까지 일본 정계는 물론이고 일본의 경제 및 국토정책에 지속적 영향을 준 인물은 다나카 수상이다. 그의 재임기간은 불과 2년여에 불과하였지만, 사토 내각하에서 통산성(通産省) 대신을 역임하였고, 정치자금과 언론장악을 통해 1960년대 후반부터 영향력을 행사하였으며, 퇴임 이후에도 정치적 영향력을 행사하였다.

1972년에 다나카 수상이 발표한 일본열도개조론은 일본열도를 고속교통망(고속도로, 신칸센)으로 연결하고, 지방의 공업화 촉진, 과소와 과밀, 공해문제를 동시에 해결하는 구상이었다. 1974년 록히드사건으로 수상에서 물러나고, 이어서 터진 오일쇼크에 의한 경제침체로 그 구상은 순조롭게 추진되지 못하였으나, 이하에서 고찰하게 될 제 2차(1969) 전총은 물론 제 3차(1977), 제 4차 전총(1987)에 그의 구상이 반영되었다.[19] 특히, 제 2차 전총에 대한 다나카 수상의 영향력은 절대적이었다.[20]

1970년을 전후한 시기는 자민당(自民党)을 중심으로 하는 보수지배체제의 위기가 고조되던 시기였다. 1960년대의 급격한 경제성장의 과정에서 발생한 경제적 격차와 환경문제는 공산당과 사회민주당 등 혁

---

19) フリー百科事典, 《ウィキペディア》(Wikipedia), http://ja.wikipedia.org

20) “전총 계획에 오랫동안 참여하였던 계획가의 한 사람에 의하면, ‘전총계획이라는 것은 당시의 총리·총재의 의사의 반영 이외에 그 아무것도 아니었다’라고 하고 있다. … 중략 … 제 1차 전총은 이케다 씨, 제 2차 전총은 다나카 씨, 제 3차 전총은 오히라 씨, 제 4차 전총은 나카소네 씨의 의사가 짙게 반영되었다고 하는 것을 부정할 수 없다”(本間義人, 《國土計畫の思想 全國總合開發計畫の30年》, 日本經濟評論社, 1993., p. 107).

신세력이 광범위하게 지방정부를 장악하게끔 이끌었다. 1960년대 후반부터 약 15년간에 걸친 이 시기를 일본 지방자치사에서는 제1기 혁신자치체의 시대라고 부르고 있다. 국회 등에서는 아직 미약한 존재에 불과하였던 혁신세력은 대도시권 지방정부를 중심으로 해서 광범위하게 그 영향력을 확대해갔다. 그리고 배경에는 앞서 말하였듯이, 급격한 도시화에 따른 환경문제와 과소과밀의 문제가 내재되어 있었다.[21)]

이러한 위기 속에서 다나카 수상을 중심으로 한 자민당은 전후 일관된 성장중심의 국정방향을 균형으로 전면 전환하게 된다. 국토균형발전정책 외에 1972년 아동수당제도의 도입, 1973년 노인의료비 전면무료화, 1974년 해고보험법 제정을 통한 종신고용제도 도입 등의 균형정책을 추진하였다. 1973년을 일본 사회복지의 원년이라 불리는 것은 이러한 배경 때문이다.[22)]

3) 수도기능이전정책 및 수도개조계획

1969년 사토 내각은 제2차 전총[23)]을 책정하였다. 신칸센 및 각종 고속도로 등 교통네트워크를 정비하는 동시에 대규모 프로젝트를 추진하여 국토균형개발을 도모함과 아울러 과밀과소 및 지역격차를 해소하고자 하였다. 그러나 〈그림 10-1〉과 〈그림 10-2〉에서 보았듯이, 도쿄를 비롯한 3대 도시권으로의 인구집중이 지속됨에 따라 1977년 후쿠다 내각은 목표연도 8년여를 남겨둔 제2차 전총을 대폭 수정하여 제

21) 宮本憲一,《日本の地方自治 その歷史と未來》, 自治体硏究社, 2005., 2005, pp. 147~161.

22) 新川敏光, "日本型福祉の政治経濟學,"《大原社會問題硏究所雜誌》, No. 419, 1993年 10月号.

23) 일명, 신전국종합개발계획으로도 불리는 제2차 전총은 1969년 5월 30일 내각에서 결정되었으며 1966년부터 1985년까지를 계획기간으로 하여 1965년 가격기준으로 약 170조 엔의 대규모 투자계획을 담았다.

3차 전총[24])을 마련하였으며, 여기서 국토균형발전을 위해 수도이전을 주요 정책과제로 제기하게 된다.

제 3차 전총에 의거하여 1979년부터 1983년까지 약 5년간 수도이전 구상 및 후보지에 대한 조사연구가 실시되었으며, 〈그림 10-3〉과 같이 ① 미에(三重)현과 기오(畿央: 교토부, 나라현, 시가현 경계)지역, ② 기후(岐阜)현과 아이치(愛知)현 경계지역, ③ 토치기(栃木)현과

〈그림 10-3〉 일본의 수도이전 후보지

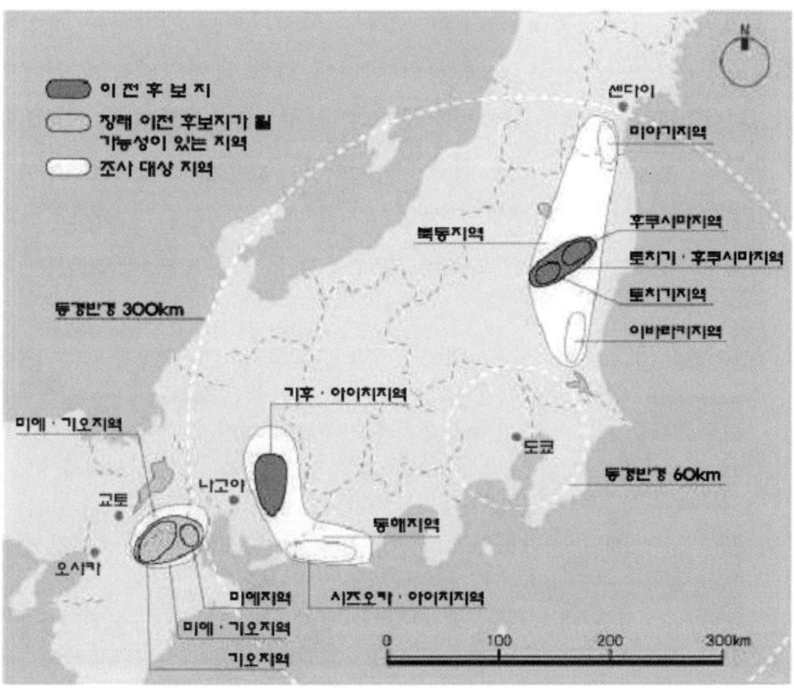

24) 1977년 11월 4일 내각에서 결정된 제 3차 전총은 1976년~1990년의 약 15년간 1975년 가격기준으로 약 370조 엔의 대규모 투자계획을 담았다.

후쿠시마(福島) 현 경계지역 등 세 후보지가 선정되었다.[25]

일괄 천도에서 부분 천도 등 다양한 방식의 수도기능이전 재배치구상에 대한 논의와 지역간 갈등 끝에 1986년 수도개조계획[26]을 통해 일부 정부기관만을 업무핵 도시로 이전하는 전분도(展分都) 방식(〈표 10-3〉 참조)을 채택하게 된다. 그리고 이를 뒷받침하기 위해 1988년 수도기능 일부이전을 중심으로 하는 "다극분산형국토형성촉진법"을 제정한다. 그러나 1988년 대규모공공사업을 중심으로 한 균형발전정책의 여파로 전국적 지가급등이 발생하자, 지가대책이란 명목으로 천도(遷都) 방식으로 전면 전환하고 1990년 국회의결을 하였다.

국회의결 이후, 총리 산하 '수도기능 이전문제를 생각하는 유식자회의'와 국회 양원 산하 '국회 등의 이전에 관한 특별위원회'가 설치되었으며, 1992년 '국회 등의 이전에 관한 법률'이 제정되었다. 이 법률은 당시의 국내외적 여건을 감안하여 국민적 동의를 거쳐 추진할 것과 이전범위와 시기, 이전후보지 선정기준 등에 대한 장기적 조사위원회 설치를 요구하는 등 매우 보수적 형태로 제정되었다.[27] 1996년 사회

25) 메이지유신(1868년) 이후, 일본의 수도는 교토에서 동경(東京)으로 이전되었다. 즉, 관서에서 관동으로 국가의 중심을 옮긴 것이다. 수도이전구상에는 국가중심을 다시 관서로 옮기려는 우파의 의지가 내재되어 있다. 특히, 미에·기오 지역은 역사적으로 일본 신도(神道)의 발상지여서 이 지역에 대한 우파의 선호도가 높다. 한편, 1980년대 후반에는 관동지진 70년 주기설에 대한 우려 속에서 지진에 대한 우려가 가장 적은 토치기/후쿠시마 지역이 수도이전 후보지로서 주목을 받았다.

26) 수도개조계획은 제 4차 수도권정비계획(당시, 계획명칭은 수도권기본계획으로 변경되었음)에 반영되어 법정화되었다(東鄉尙武, 《都市政策の展開》, 鹿島出版會, 1987, p. 19).

27) 1992년의 부동산가치 대붕괴와 1995년에 한신(阪神) 대지진 발생 등에 따라 1996년 〈국회 등의 이전에 관한 법률〉이 개정되었다. 이를 통해 부동산투지의 재발방지를 위한 지가대책을 담았으며, 지진 등 재난대처 등을 위한 후보지선정의 과정을 보다 엄격하게 규정하였다(首都機能移轉施策

〈표 10-3〉 수도개조계획의 수도기능이전재배치형식

수도이전유형	특징
일괄천도형	· 수도기능을 일괄해서 수도권 이외의 신수도로 이전
분천도형	· 수도기능 일부를 수도권 이외의 지역으로 이전 · 나머지는 수도권 이외의 신수도로 이전
전천도형	· 수도기능 일부를 수도권 내에 이전 · 나머지는 수도권 이외의 신수도로 이전
전분도형	· 수도기능 일부를 수도권 내에 이전 · 그 나머지의 일부를 수도권외 지역으로 이전 · 나머지는 현상유지

정세변화를 감안하여 개정되었으며, 이후 경제적 관점에서 수도이전을 재검토하는 등 사실상 장기적 과제로 다루어지고 있다고 하겠다.

4) 모델정주권 및 테크노폴리스 구상

제 3차 전총은, 앞서 살펴보았듯이, 수도기능이전정책을 처음 제기한 계획으로서 이후 제 4차 계획에도 영향을 미쳤다. 그러나 수도기능이전보다 더 오랜 기간 영향력을 미쳤고, 실제적으로 1990년대 부동산가치 붕괴의 단초를 제공한 또 다른 정책을 제안하였다. 그것은 제 3차 전총의 핵심내용인 모델정주권 구상으로서 1980년대 초부터 1999년 관련법률이 폐지될 때까지 약 20여 년간 일본 지역개발정책을 대표한 테크노폴리스건설 구상이다.

제 3차 전총의 모델정주권 구상은 제 1차 전총의 공업거점 중심의 개발방식이 초래한 환경오염과 대도시권 인구집중의 문제, 제 2차 전총의 대규모 교통프로젝트가 초래한 지가급등의 문제 등에 대한 반성에 기초하여 자연환경, 생활환경, 생산환경이 조화된 정주환경을 정

研究會, 《首都機能移轉の歩みと展望》, 人成出版社, 2002).

비하여 매력 있는 지방도시 만들기를 통해 인구의 분산을 촉진하려는 것이었다. 이것은 1980년에 들어와 통산성의 테크노폴리스 구상과 연결되어 20세기 후반 일본 지역개발정책의 주축을 형성하게 된다.[28)29)]

테크노폴리스 구상은 산업구조의 지식집약화와 고가부가가치화의 목표, 그리고 21세기를 향한 지역개발의 목표를 동시에 달성하려는 전략으로서 첨단기술산업을 중핵으로 산(産)·학(學)·주(住)가 일체된 도시 만들기를 촉진하고, 연구개발시설 등 각종 산업기반의 사업정비 등의 추진을 통해서 지역경제의 진흥과 향상을 목적으로 하였다. 1983년 고도기술공업집적지개발촉진법(이하, 테크노폴리스법이라 칭함)에 의해 제도화되었고, 1999년 이 법이 폐기되기까지 전국에 걸쳐 26개의 지역이 지정되었다.[30)]

4. 일본 국토균형발전정책의 성과와 평가

1) 공공사업을 위한 적자재정편성과 국채의 증가

2006년 1월 현재, 일본 중앙정부와 지방정부의 총 재정적자는 약 1,110조 엔으로 추산되고 있다. 이것은 어디까지나 추산일 뿐, 재정적자의 정확한 규모는 아직 밝혀지지 않고 있다.[31)] 〈그림 10-4〉에서 보듯이, 중앙정부가 안고 있는 국채누적잔고의 총액만을 알 수 있을

28) 産業構造審議會, 〈80年代の通商産業政策のあり方に關する答申〉, 1980.

29) 山田克己 等, "テクノポリスと地域産業,"《経營情報科學》(東京情報大學), Vol. 6., No. 4., pp. 347~348.

30) フリー百科事典,《ウィキペディア》(Wikipedia), http://ja.wikipedia.org

31) 물론, 재정적자의 추계는 추정방법에 따라 다소 차이가 나타나고 있는데, 여기서는 http://ueno.cool.ne.jep/gakuten/network/fin.html의 추계를 참조하였다.

〈그림 10-4〉 일본의 일반회계 및 국채발행누적액의 추이(1965~2005)

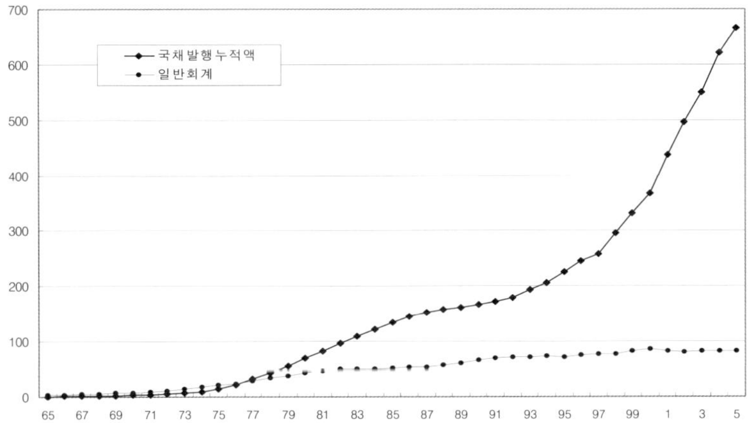

출처: 일본 재무성 재정자료(http://www.mof.go.jp/zaisei)를 참조하여 작성.

뿐인데, 지방정부의 부채를 제외한 중앙정부의 국채누적잔고는 2005년말 현재 약 666조3천억 엔이다.

1990년대 전반까지는 재정적자가 일본 GDP의 약 70% 정도로서 선진제국과 그다지 차이가 없었으나, 부동산가치의 붕괴와 그에 따른 금융위기로 1990년대 후반 급격히 증가하여 2004년 말 현재 GDP의 약 160%를 초과하기에 이르렀다. 따라서 일본의 재정적자 문제가 지난 40여 년에 걸친 국토균형발전정책으로부터 직접적으로 기인한다고 할 수는 없을 것이다.[32]

그러나 1964년까지는 균형예산의 원칙을 견지해오다가 1965년부터 적자국채[33] 발행과 함께 국토균형발전 목적의 사회간접자본정비를 위

32) 일본의 재정적자는 대규모공공사업뿐만 아니라 과다한 사회복지부담에 의한 것으로서 1965년 전체 중앙정부 일반회계에서 17.8%에 불과하였던 사회보장관계비가 1990년도에는 31.7%까지 증가하였다.

33) 일본의 경우, 국채의 종류는 사회자본정비목적으로 발행되는 건설국채와 정부의 경상적 지출목적으로 발행되는 적자국채가 있다.

〈그림 10-5〉 공공사업예산 및 건설공채발행액 추이(1966~1989)

(단위: 조 엔)

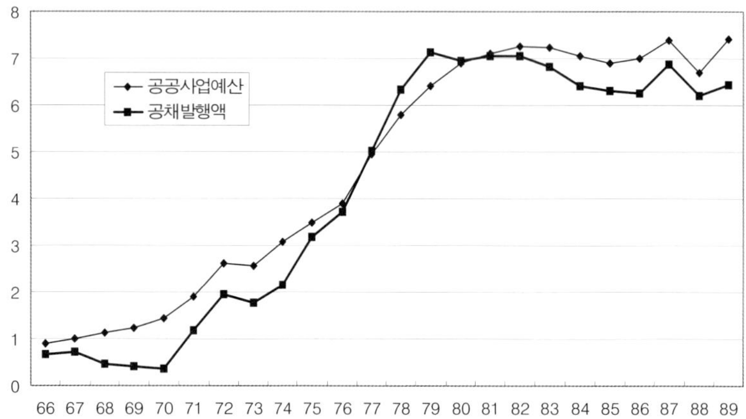

한 건설국채를 발행하면서 균형예산의 원칙이 무너졌다는 점, 그리고 과도한 공공사업추진에 따른 부동산가치의 급등과 투기를 유발시켰고, 그것이 결과적으로 금융위기를 불러왔다는 점에서 일본 재정적자의 문제의 근원을 국토균형발전정책에서 찾을 수 있겠다.

〈그림 10-5〉에서 보듯이, 중앙정부의 공공사업예산은 1966년도에 약 9천억 엔이었으며 그 중에서 건설공채로 조달한 비중이 약 73.6%를 차지하였다. 이후 공공사업예산은 1989년도에 약 7조4천억 엔으로서 그 규모가 약 700% 남짓 증가하였으며, 그 대부분이 건설공채[34]로 조달되었다.[35] 특히, 1975년 이후부터는 건설국채를 매년 발행하여 대규모공공사업에 의한 구조적 재정적자의 문제를 초래하게 되었다.[36]

---

34) 상기 〈그림 10-5〉의 공채발행액은 중앙정부의 건설공채액에 한정한 것이다.

35) 淺子和美等, 〈赤字と再建 : 日本の財政 1975~1990〉, (大藏省財政金融研究所) 《フィナンシャル・レビュー》, November., 1991.

36) "성장하는 도시부로부터 정체하는 농촌부로 소득이전과 공장의 분산을 촉진하기 위한 사회자본정비는 국토균형발전이란 정책목표에 상응하는 것이

자료구득의 한계상 1966년부터 1989년까지 26년간에 한정하고 아울러 그동안의 엔화가치 변화를 고려하지 않더라도, 국토균형발전을 위해 일본 중앙정부가 실제 투입한 예산은 약 111조 3천2백억 엔에 달하며, 그 가운데 약 90.8%에 달하는 약 101조 1천억 엔을 건설공채 발행을 통해 조달하였다.[37] 국토균형발전을 위한 공공사업을 위해 지방정부가 발행한 공채와 이 두 부채의 이자증가분까지 합친다면 그 규모는 일본 정부부채의 상당부분을 차지할 것이다.

2) 국토균형발전정책의 성과

앞서 살펴보았듯이, 과도한 재정적자를 초래한 일본의 국토균형발전정책의 성과는 과연 무엇이었을까? 4차에 걸친 전총계획은 균형이란 계획목표를 측정하기 위한 구체적 지표를 제시하지는 않았다. 이에 대해 많은 계획가들이 균형이란 개념 자체가 매우 모호한 개념일 뿐만 아니라 입장에 따라 다의적으로 해석될 수 있는 정치적 개념이라는 점을 지적하고 있다.[38]

다만, 지역간 격차의 문제와 관련해서 전총계획이 제시하였던 지표를 살펴보면, 균형발전정책의 목표는 지역간 1인당 소득격차의 해소 내지는 지역간 인구와 생산소득의 구성비, 취업 및 교육 등의 기회 등의 균형을 의미하는 것으로 유추할 수 있다. 그러나 〈표 10-4〉에서

었다. 그러나 기업의 해외이전이 심화되고, 경제성장이 정체된 후에도 과거와 마찬가지의 지역간 재배분을 유지해 온 결과가 공적 채무의 누적이다"(八代尚宏, "経済財政構造改革へのシナリオ," 日本経済新聞, 2001年 3月 5日).

37) 淺子和美等, 〈赤字と再建：日本の財政 1975~1990〉(大藏省財政金融研究所)《フィナンシャル・レビュー》, November, 1991.

38) 馬場孝一, 〈"國土の均衡ある發展"の理論的檢討—國土狹小論の誤診—〉, 《明海大學不動産學部論集》第 1号, 1993年 3月, pp. 66~84.

〈표 10-4〉 전총계획에서 제시된 지역간 격차관련 지표

구 분	지 표	지역단위
제1차 전총	1인당 소득격차	7개 지방 블록별
제2차 전총	인구, 생산소득	7개 지방 블록별
제3차 전총	1인당 소득격차	7개 지방 블록별
제4차 전총	소득수준, 취업기회, 교육기회, 교류기회, 정주생활기회	47개 광역지방정부별
제5차 전총	-	-

출처: 伊藤敏安, 전게서, p. 10.

제시된 바와 같이 5차에 걸친 전총계획에서 균형의 측정지표가 일관되지 못하고 있는 점에서 균형정책이 명확한 목표를 갖고 있지 못하였다고 할 것이다.

한편, 가장 낮은 수준의 균형목표인 1인당 소득격차 해소를 보면, 〈그림 10-6〉에서 보듯이, 균형정책이 가장 강도 높게 추진된 1975년부터 1990년까지의 기간에 오히려 악화되었고, 부동산가치 붕괴와 함께 대도시권의 소득수준의 하락으로 1990년대 초부터 격차가 줄어들게 되었다. 2000년대에 들어와 일본경제의 회생과 함께 소득격차가 다시 확대되고 있어 지역격차에 대한 사회적 관심이 다시 높아지고 있다.39)

이러한 지표상의 결과에서 보듯이, 일본의 국토균형발전정책이 과연 지역간 격차를 해소했는가에 대한 의문과 비판이 강하게 제기되고 있다. 국토균형발전정책에 따른 각종 대규모공공투자를 통해 지역의

39) "1990~2003년도에 걸쳐서 전국 7개 지역의 인구 1인당 현민소득을 변동계수로 측정하면, 1990년도부터 1994년도에 걸쳐서 급격히 하락하고, 2001년도까지 미약하게나마 지속적으로 낮아졌다. 그러나 2002년도부터 다시 상승하는 징조가 나타나고 있어, 지역간 소득격차의 확대로 전환되었을 가능성을 지적할 수 있다"(市川拓也, "地域間の所得格差は擴大しているか," 《大和總硏》, 2006年 4月 12日).

〈그림 10-6〉 일본 1인당 현민소득격차의 추이(1975~2003)

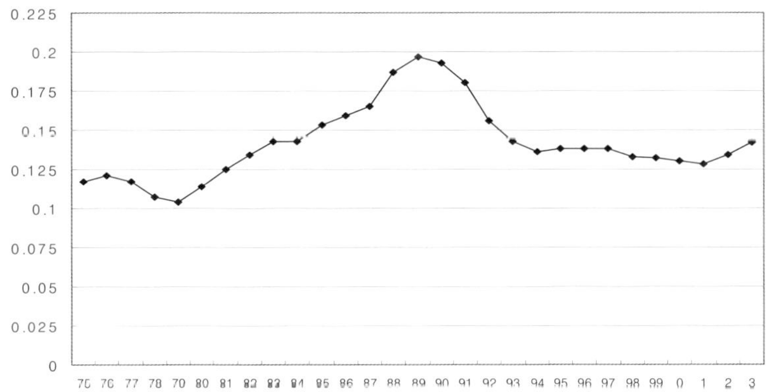

출처: 內閣府, 《縣民経済計算》, 각 연도 자료.
주: 지수는 전국평균을 1로 한 표준편차치임.

소득수준은 향상되었으나, 균형정책이 목표로 하는 지역간 1인당 소득격차를 보면 전혀 해소되지 못하고 오히려 심화되어왔다. 최소한 1인당 소득격차의 차원에서 보더라도, 일본의 국토균형발전정책은 소기의 성과를 얻는 데 실패하였다고 할 수 있겠다.

2001년 일본 국토교통성 국토백서는 "국토의 균형 있는 발전"이라는 정책목표를 삭제하고 "지역의 개성 있는 발전"으로 대체하게 된다. 즉, 국토균형발전정책의 종결이라 할 것인데, 정책종결의 명분으로서 1인당 소득격차의 해소를 들고 있다.[40] 그러나 앞서 살펴보았듯이, 국토균형발전정책이 실질적으로 종결되는[41] 1990년대 초반 이후

40) "이제까지의 전국종합개발계획의 중심적 과제는 대도시권 집중의 폐해를 시정하고, 지방권의 발전을 촉진하는 것이었다. 전후 50년에 걸쳐 인구와 경제활동의 분포가 동경과 태평양벨트에 치우친 일극일축구조는 전혀 시정되어 있지 않았지만, 전국종합개발계획은 지역간 소득격차, 생활격차의 시정 등에 상당한 성과를 올렸다"(國土審議會政策部會・土地政策審議會計畫部會審議總括報告, "21世紀の國土計畫の在り方," 2000. 11).

부터 1인당 소득격차가 완화되어 왔다는 점에서 국토균형발전정책이 소기의 목적을 달성하였다고 하는 것은 무리가 있다고 하겠다.[42][43]

3) 국토균형발전정책에 대한 평가

일본 국내에서 국토균형발전정책에 대해 긍정과 부정의 상반되는 견해가 모두 존재하나, 부정적 평가가 다수를 차지한다. 특히, 1992년 부동산가치 붕괴 이후에는 인구정체 및 고령화와 함께 기업의 해외이전에 따른 산업공동화, 부동산가치의 붕괴에 따른 금융위기와 장기불황, 중앙정부의 과도한 재정적자 등 복합적 사회경제 환경변화에 직면하면서 비판적 견해가 주류를 형성하고 있다(〈그림 10-7〉 참조).

이와 관련하여 세타(瀨田史彦)는 일본 내에서 이루어진 전후 일본 국토균형발전정책에 대한 각종 평가들을 다음과 같이 종합한다.[44]

---

41) 국토균형발전정책의 공식적 종결은 2001년이나, 1998년 제5차 전총이 기존의 전총과 달리 예산사업을 전혀 제시하지 않았고, 2001년 국토백서에서 제시하는 "지역의 개성 있는 발전"이란 정책목표를 제시하였다는 점에서 최소한 제5차 전총이 입안되기 시작한 1990년대 초반부터 국토균형발전정책은 포기되었다고 할 수 있을 것이다.

42) "국토균형발전 정책을 포기한 것은 1인당 소득격차 등이 축소되었다는 것도 한 이유이지만, 오히려 지역격차의 시정을 이유로 효과 없는 공공정책이 지방에 경사 배분되어 온 것에 대한 반성에서 비롯된 것이다"(中村良平, "地域間格差と地域發展(下)," 《RPレビュー》 Vol. 9, p. 67).

43) 국토교통성(國土交通省)의 국토심의회조사개혁부회는 지역간 소득격차 해소와 관련하여 다음과 같은 견해를 밝혔다. "지역간 소득분배는 1990년대 중반부터 개선되어 왔다. 이것은 지방권의 사회기반이 정비되고 자립되어 개선된 것이 결코 아니다. 지역간 격차는 불황기에 개선되고, 호황기에 확대된다. 지역간 격차의 축소는 바로 일본 전체의 성장률이 둔화되어왔기 때문이다. 즉, 대도시권의 경제성장이 약화되었기 때문이다"(國土審議會調査改革部會第2回企畵運營委員會議事概要, 2003. 9. 26).

44) 瀨田史彦, 《地域格差是正政策とグローバル化に伴うその変容過程》, 東

〈그림 10-7〉 명목GDP와 시가지가격지수 변동률(1955~1999)

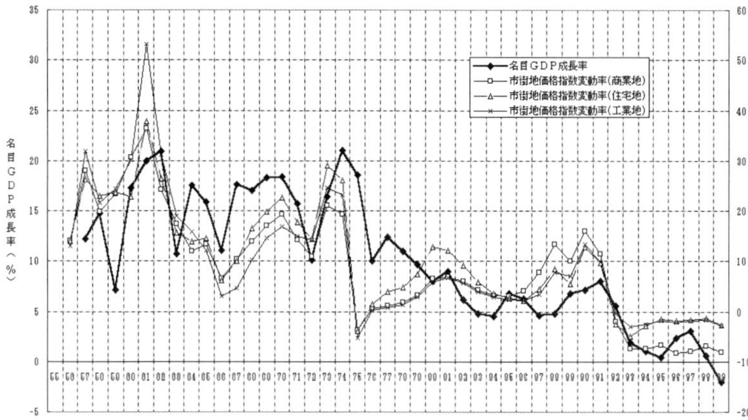

출처: 國土審議會政策部會・土地政策審議會計畫部會審議總括報告, "21世紀の國土計畫の在り方", 2000. 11.

첫째, 일본의 국토정책에 대해 긍정적으로 평가하는 의견은 매우 소수이며 대부분 1990년대 이전의 평가라는 공통점을 갖고 있다. 둘째, 정책목표 달성과 관련해서는 지방분산은 매우 미약하였으며, 지역간 소득격차해소는 국토균형발전정책의 효과로 보기 어렵다. 셋째, 정책의 부수적 효과에 상반되는 견해가 존재하는데, 긍정적 입장은 국토균형발전정책이 지역주민, 특히 농민층의 정치참여를 촉진하였고, 그것이 공공투자 확대와 경제성장을 불러왔으며, 그로 인해 일본 국내의 경제적 평등과 정치적 안정을 가져왔다고 평가한다. 반면에 부정적 입장은 중앙집권적으로 추진됨에 따라 지역의 자립과 경쟁의식을 약화시켰으며, 오히려 중앙정부 지원사업을 둘러싼 불필요한 지역간 경쟁을 초래하였다고 본다는 것이다.

이상과 같이 중립적 입장에서 상반된 견해를 종합하고 있는 세타의 논문에 비추어 보더라도 일본의 국토균형발전정책에 대한 평가는 매우

京大學博士論文, 2004, pp. 81-172.

부정적임을 잘 알 수 있다. 특히, 비교적 객관적이고 중립적 입장을 견지할 것으로 판단되는 일본과학자회의와 일본지역경제학회의 주요 논문을 검토해 보아도 일본의 국토균형발전정책에 대해서는 매우 비판적 견해가 주류를 차지하고 있음을 확인할 수 있었다.

특히, 1992년 부동산가치가 붕괴되기 전인 1980년대 중반부터 일본의 국토균형발전정책은 심각한 자기모순을 드러내고 있었음을 확인할 수 있었다. 1985년 일본과학자회의는 제3차 전국종합계획의 수도이전 및 테크노폴리스정책에 대해 다음과 같이 평가하고 있다.45)

첫째, 테크노폴리스정책은 실현가능성과 예측의 객관적 근거가 없이 추진되었다. 둘째, 수도기능유치를 전제로 하여 극한적 지역갈등 초래하였다. 셋째, 수도기능유치를 전제로 지역의 자생적 산업의 발굴을 도외시하였다. 넷째, 수도기능유치에 의존하다보니 인프라정비에 초점이 맞추어져 막대한 예산투입을 초래했다. 다섯째, 첨단기술개발 등 지역혁신에 의한 지역진흥이 이루어지지 못했다. 여섯째, 중앙집권적으로 추진되다보니 대부분의 사업이 차별성을 갖지 못했다.

일본과학자집단의 견해를 대표하는 이들은 이미 1980년대 중반에 국토균형발전정책이 갖고 있는 구조적 모순과 중앙집권적 속성에 의해 초래될 문제들을 정확히 인식하고 있었음을 알 수 있다. 이와 관련하여 2000년대에 들어와 일본의 지역경제학회를 중심으로 하는 지역경제학자들은 일본의 국토균형발전정책에 대해 다음과 같이 평가하면서 일본과학자회의의 경고가 현실화되었음을 확인해주고 있다.46)

---

45) 鈴木茂, 〈テクノポリスと行財政問題〉, 日本科學者會議, 《テクノポリスと地域開發》, 大月書店, 1985., p. 75.

46) "국토균형발전 정책을 통해 중앙정부는 지방에 대한 영향력을 강화하였고 한편, 지방정부는 중앙정부에 대해 더욱 의존하게 되었다. 지방분권이 제대로 진전되지 못한 한 원인은 국토균형발전이란 이념에 중앙정부와 지방정부가 너무 집착하였기 때문이다"(伊藤敏安, 〈地方にとって"國土の均衡ある發展" とは何であったか〉, 《地域経濟硏究》第14号, 2003年 3月,

첫째, 국토균형발전정책은 40년에 걸친 자민당 장기집권 수단이었다는 것이다. 둘째, 지방의 지지를 획득하기 위한 대규모 공공투자예산 확보 명분으로 활용되었다는 것이다.[47] 셋째, 중앙정부의 지방정부에 대한 관여와 통제를 강화하는 수단으로 남용되었다는 것이다. 넷째, 지방정부의 중앙정부에 대한 의존성과 예속성을 심화시켰다는 것이다. 다섯째, 이러한 문제가 상호작용하여 역설적으로 국토균형발전정책은 지역의 자생력 약화와 도쿄 일극집중을 심화시켰다는 것이다.

이상의 평가들을 종합하면, 우선 일본의 국토균형발전정책은 정책목표가 불분명한 가운데 정권유지와 관료제의 강화수단으로써 활용되었다고 할 것이다. 둘째, 국토균형발전정책이 중앙집권적으로 추진될 수밖에 없는 속성으로 인해 지방의 자생력과 책임의식을 약화시켜 오히려 지역발전을 저해하는 자기모순을 초래하였다고 할 것이다. 셋째, 일본의 국토균형발전정책은 정책목표, 즉 도쿄 일극집중의 공간구조 해소에 실패하였으며, 지역간 소득격차해소에 있어서도 그 효과가 불분명하다는 것이다. 즉, 일본의 국토균형발전정책은 정책의 형성과 집행과정에 있어서도 균형적이지 못하였으며, 정책결과에 있어서도 균형을 달성하는 데 실패하였다는 평가를 할 수 있겠다.

---

pp. 3~21.).

47) "물론, 우리는 공공사업 그 자체를 부정하는 것은 아니다. 그러나 종래의 공공사업은 국토균형발전이란 정치적 미명 아래, 관계자의 이익을 온존시키고, 경기대책과 지방 진흥책의 수단으로써 안이하게 사용되어 왔다(経済同好會, "公共事業の本質-旣得權益構造の打破," 1998년 6월).

5. 일본 국토균형발전정책의 종언과 전환

1) 국토균형발전정책의 종언

앞서 살펴보았듯이, 대규모 토목공사를 중심으로 한 국토균형발전정책은 전국적 지가급등과 부동산투기를 초래하였으며, 1990년대 초반에 들어와 부동산가치의 붕괴와 금융위기를 초래하는 단초를 제공하였다. 이른바 일본인들 스스로 지칭하는 "일본의 잃어버린 10년"을 개막시키는 요인의 하나로 작용하였다고 할 것이다. 그리고 그 결과는 2006년 현재, 1,110조 엔에 달하는 국가부채를 초래하였고 국채의 개인매각을 단행하지 않을 수 없는 미증유의 국가부도사태로 나타났다.[48)]

1990년대 초반의 부동산가치 붕괴는 1993년 대장성(大藏省)의 부동산대출규제가 계기가 되었지만, 40여 년간의 국토균형발전정책을 위해 총 1,500조엔[49)]의 공공사업계획을 추진할 수밖에 없게 만들었던, 국토균형발전정책에 일본정치계는 물론 사회전체가 집착한 결과라 하지 않을 수 없다.

---

48) 2001년도 내각부(內閣府)의 〈국토의 장래상에 관한 여론조사〉에 따르면, 고속도로와 신칸센 등 간선교통망의 정비는 "채산성의 확보를 중시하고, 수요에 맞추어 정비해야 한다"에 대한 지지율이 58.2%에 달하였다. 또한 1996년의 조사시 "지역발전을 중시하고 우선적으로 정비해야 한다"에 대한 비율이 50%를 넘었으나 이번 조사에서는 26.9%까지 줄었다(內閣府, 《國土の將來像に關する世論調査》, 2001).

49) 이 액수는 2차와 3차, 4차 전총의 사업예산액(계획확정 전연도 화폐가차로 환산한 것임)을 단순히 합산한 것이다. 제2차 전총의 사업예산은 1965년 가격기준으로 약 130~170조 엔이었으며, 제3차 전총의 그것은 1975년 가격기준으로 약 370조 엔, 제4차 전총은 1980년도 가격기준으로 총 1000조 엔에 달하였다(國土交通省, 《各全國總合計畫》).

〈표 10-5〉 1990년대 지방분권개혁의 흐름

· 1993년 지방분권추진에 관한 각의결의(민영화, 규제완화, 작은 정부) 채택 · 1995년 지방분권추진법 제정 및 총리부 산하 분권위원회 설치 · 1998년 지방분권계획 각의결정(1차 계획), 1999년 2차 계획 결정 · 2000년 지방분권일괄법 제정

1998년 경제경착륙 및 총선 패배의 책임을 지고 1993년 당시, 대장성 대신이었던 하시모토(橋本龍太郎) 총리가 사임하였다. 그러나 그는 이후 그의 후임자들이 취하게 될 일본의 구조개혁의 기본 틀을 마련하였는데, 이하에서 다루게 될 고이즈미(小泉純一郎) 수상이 추진하게 되는 지방분권 개혁과 정치행정 개혁의 기본방향이 이 시기에 마련되었다.

우선, 지방분권개혁과 관련하여 1993년 여야 만장일치로 '지방분권추진에 관한 결의'가 채택되었으며, 이를 구체화하기 위해 1995년 지방분권추진법의 제정 및 이 법에 근거한 지방분권추진위원회가 총리직속으로 설치되었다. 그리고 그 결과로서 2000년 지방분권일괄법이 제정되어 지방권한 이양과 관련된 475개의 법률을 일괄 개정하였다.[50] 다음으로 부동산가치의 붕괴로 촉발된 경제위기를 극복하기 위해 1995년부터 2000년까지 2차에 걸쳐 규제완화추진계획을 추진하였다. 이와 병행하여 기초지방정부의 통폐합, 구조개혁특구법 제정을 통한 대도시권규제완화의 기본방향을 제시하였다.

그리고 이러한 정책전환을 반영하여 1998년에 승인된 제 5차 전총계획을 21세기 국토그랜드 디자인으로 그 명칭을 변경하고, 계획목표도 국토의 균형 있는 발전이 아닌 지역의 개성 있는 발전으로 변경함과

50) 2000년 4월 지방분권일괄법 제정을 통해 475개 법률을 일괄적으로 개정하여 중앙집권적 국가체계를 작동시키는 주요장치였던 기관위임사무를 법정수탁사무로 전환하고 자치사무를 대폭 확대하였다.

동시에 그동안 관행처럼 제시되었던 균형발전을 위한 공공사업계획을 전면 배제하였고 개발방식을 자립에 의한 발전으로 전환하였다. 이러한 과정에 비추어 볼 때, 1990년대는 일본의 국토정책이 국토균형발전정책에서 지방분권과 대도시권중시정책으로 전환하는 정책적 과도기라 할 수 있겠다.

2) 지방분권과 대도시권 중시정책

2002년에 집권한 고이즈미 수상은 취임과 동시에 우정성(郵政省)의 민영화, 국토균형발전정책 추진의 주요기구였던 4개 공사의 민영화, 연금제도의 개혁으로서 사회보험료의 인상과 사회보험청 해체(2008년 예정), 국채발행을 30조 엔 이내로 유지하는 국채대책[51] 마련, 교육기본법 개정을 통한 경쟁력 제고, 계약노동자 관련규제의 완화 등 사회경제 전분야에 걸친 전방위적 개혁정책을 추진하게 된다.

특히, 대도시중시정책을 천명하고 2002년에 구조개혁특구법을 제정하여 각종 대도시권 규제제도를 완화하였으며, 같은 해 도쿄와 오사카에 적용되었던 공장등제한법, 즉 수도권 및 대도시권 규제법률을 전면 폐지하였다.

이와 더불어, 2003년 지방자치법의 개정을 통해 지방정부의 관리영역을 대폭적으로 민영화할 수 있는 제도(지정관리자제도)를 마련하고 지방정부의 파산제도를 도입하여 지방분권에 따른 지방정부의 책임과

51) 중앙정부 각 성청이 개별적으로 추진해오던 9개 분야별 계획제도를 통합하여 재정위기를 극복하기 위한 목적으로 사회자본정비중점계획법(2003)을 제정하였다. 내용은 공공예산을 매년 20%씩 삭감한다는 목표하에 도로, 주택, 철도 등 9개 분야의 사업을 하나의 계획으로 추진하도록 한 것이다. 즉, 각 성청에서 관련 공공사업계획안을 제안하면 총무성에서 통합하여 중복되거나 불필요한 사업을 배제하는 등 심사조정 및 통합추진을 통해 사업의 시너지 효과를 제고하고 있다.

의무를 강화하는 개혁을 단행하였다. 또한, 전총계획 등 각종 국토계획제도의 전면개편을 추진하고, 49개의 광역지방정부를 9개 내지 12개의 도주(道州)로 개편하는 도주제를 추진하고 있다. 이미, 2000년 지방분권일괄법 제정과 함께 1999년 현재 3,323개에 달하는 기초지방정부를 2006년 말 현재 1,803개로 통폐합하였다.[52]

그동안 일본의 지방분권 정책은 지방분권계획과 지방분권일괄법에 기초하여 추진되어 왔다. 그러나 분권정책은 3할(割) 자치(전체 행정의 60%를 지방정부가 처리하나 세원은 30%에 불과하여 중앙정부에 의존적)라는 한계를 벗어나지 못하였다. 1990년대의 지방분권정책의 한계를 넘어서기 위해 2000년대에 들어와 삼위일체(三位一體), 시정촌(市町村) 합병, 도주제(道州制)라는 세 가지 정책을 추진하고 있다. 삼위일체는 국고보조금의 삭감, 세원의 이양, 지방교부세의 개혁을 핵으로 하는 지방재정개혁을 말하며, 시정촌 합병은 규모의 경제를 도모하기 위하고 광역행정체제를 확립하기 위함이다.

도주제는 이 두 개혁의 완결고리라 할 것이다. 현재는 삼위일체 개혁과 시정촌 합병이 추진되고 있으며, 삼위일체 개혁을 통해 지방세원을 60%까지 이양하고, 기초지방정부는 1,000개까지 축소하는 것을 목표로 하고 있다.

이와 같이 전방위적으로 추진되고 있는 일본의 구조개혁정책은 규제완화와 규모의 경제를 통해 국토균형발전정책에 의해 촉발된 국가재정적자의 문제를 해소하는 단기적 목표를 달성하는 데 그치지 않고, 지방의 창의와 자립이라는 경쟁의 원리 위에 국토균형발전을 달성하겠다는 발상의 전환이라 하지 않을 수 없다. 그리고 이것은 20세기 단순

52) 도주제는 세계화시대에 규모 있는 지역경제정책의 주체로서 광역지방정부의 기능과 역할을 강화하는 것을 목적으로 하고 있으며 2006년부터 향후 3년간 도주제 추진의 비전과 전략을 마련하여 추진될 예정이다(神奈川縣, 《地域主權實現のための中期方針》, 2004).

노동에 기초한 산업경제가 지식에 기반한 지식경제로 전환되고 있는 세계사적 경제구조의 변화에 대한 대응이라고 할 수 있다.[53)]

6. 결 론

이상과 같이 일본에서 국토균형발전이란 개념이 어떠한 배경하에 도입되었는지 살펴보고, 1962년부터 제1차 전국종합계획에서 1998년 제5차 전국종합개발계획에 이르는 일본의 국토균형발전정책의 전개과정을 고찰하고자 하였다. 아울러, 1992년 부동산가치 붕괴 이후 국토균형발전정책이 대도시중시정책으로 전환되는 과정을 살펴보았다.

본 연구는 전후 50년에 걸친 일본의 국토정책의 전개과정을 고찰하기 위한 사전적 기초연구로서 수행되어 많은 부분이 미흡하고 더 많은 고찰과 검증을 필요로 한다. 이러한 본 논문의 한계에도 불구하고 다음의 몇 가지 점은 일본의 국토균형발전정책과 유사한 국가 균형발전정책을 추진하고 있는 우리에게 시사하는 바가 크다.

첫째, 일본의 국토균형발전정책이 정치적 동기 속에서 출발하였고 1970년대 보수정치체제의 위기 속에서 확대 재생산되어 가는 과정에서 국가적 재정위기의 한 원인을 제공하였다는 것이다. 둘째, 모든 정책에 해당되는 사항이지만, 특히 국토균형발전정책은 균형이란 개념 자체가 매우 추상적이고 다의적이라는 점에서 정책목표를 구체화하고

---

53) 2002년 수도권 등 대도시권규제제도의 폐지는 "① 제조업에서 서비스업으로 전환, 산업의 글로벌화 등 산업구조의 변화, 핵가족화 등의 진행 등 사회경제정세가 급격하게 변화되고 있는 점, ② 환경에 관련된 제반제도가 충실하게 갖추어졌다는 점 등에 의해 사실상 '공업등제한법'이 수도권과 대도시권의 산업 및 인구집중을 방지하고, 도시환경정비 및 개선을 도모하는 수단으로서의 유효성과 합리성이 사라졌기 때문이다"(〈國土審議會會議錄〉 2001. 12. 20).

정책수단을 체계화하는 것이 매우 중요하다는 것이다. 셋째, 국토균형발전정책은 속성상 중앙집권적 경향이 강하며, 그렇기 때문에 국토균형발전정책이 지방의 중앙에 대한 의존성과 예속성을 심화시켜 오히려 국토의 균형적 발전에 역행할 수 있다는 것이다. 넷째, 2002년 이후 일본에서 추진되고 있는 대도시권규제완화를 비롯한 대도시중시정책은 물론 정치행정 전반에 걸친 구조개혁 정책은 1980년대 말 사회주의권 붕괴 이후 선진자본주의국가들의 공공정책에 큰 영향을 주고 있는 신자유주의의 영향이 크게 작용하고 있는 것으로 판단된다.

이러한 점에서 일본의 국토균형발전정책과 구조개혁정책으로부터 얻을 수 있는 시사점은 신중하게 취사선택되어야 하며, 향후 일본의 국토정책에 대한 보다 심도 있는 분석과 고찰이 필요하다고 하겠다.

참고문헌

産業構造審議會(1980), 〈80年代の通商産業政策のあり方に關する答申〉

鈴木茂(1985), 〈テクノポリスと行財政問題〉, (日本科學者會議), 《テクノポリスと地域開發》, 大月書店.

東郷尙武(1987), 〈都市政策の展開〉, 鹿島出版會.

淺子和美等(1991), 〈赤字と再建: 日本の財政 1975~1990〉, (大藏省財政金融硏究所), 《フィナンシャル・レビュー》, November.

名古屋市立大學敎授グループ(1993), 《経済大國日本のゆくえ日本経済の話》, 有斐閣.

本間義人(1993), 《國土計畫の思想-全國總合開發計畫の30年》, 日本経済評論社.

馬場孝一(1993), 〈"國土の均衡ある發展"の理論的檢討一國土狹小論の誤診一〉, 《明海大學不動産學部論集》 第 1号.

山田克己 等(1994), "テクノポリスと地域産業,"(東京情報大學), 《経營情報科學》, Vol. 6., No. 4.

國土廳計畫調整局四全總研究會(1998), 《第 4 次全國總合開發計畫の解說》.
経済同好會(1998), 《公共事業の本質-既得權益構造の打破》.
八代尚宏(2001), "経済財政構造改革へのシナリオ," 日本経済新聞.
中村良平(2002), "地域間格差と地域發展(下)," 《RPレビュー》 Vol. 9.
伊藤敏安(2003), "地方にとって 〈國土の均衡ある發展〉, とは何であったか," 《地域経済研究》 第 14号.
田代洋一・萩原伸次郎・金澤史男(2005), 〈現代の経済政策〉, 有斐閣.
宮本憲一(2005), 《地域開發はこれでよいか》, 岩波書店.
草野厚(2006), 《歴代首相の經濟政策全デ-タ》, 角川書店.
市川拓也(2006), "地域間の所得格差は擴大しているか," 《大和總研》.
內閣府(2001), 《國土の將來像に關する世論調查》.
國土審議會政策部會・土地政策審議會計畫部會審議總括報告(2000), "21世紀の國土計畫の在り方."
國土審議會第2回首都圈整備分科會　資料 4, 2001. 10. 29.
國土交通省(각연도), 全國總合計畫.
財務省(http://www. mof. go. jp/zaisei).
內閣府(각연도), 《縣民経済計算》.
日本経済新聞, 2000年 8月 6日.
國土審議會會議錄, 2001年 12月 20日.
廣島新聞, 2000年 9月 2日.

http://koho. osaka-cu. ac. jp
http://ueno. cool. ne. jep/gakuten/network/fin. html
http://ja. wikipedia. org.

|제 11 장|

지역균형발전을 위한 독일수도 이전?

박 성 조

1. 수도이전을 위한 파토스(*Pathos*)와 라티오(*Ratio*)

1990년 독일통일 후 통일독일의 수도를 베를린으로 이전하는 문제에 관하여 많은 토론이 전개되었다. 찬성자는 두 가지의 근거를 말했다. 첫째, 독일의 헌법(*Grundgesetz*)에 이미 선험적(*apriori*)으로 규정되어 있기 때문에, 둘째 수도이전을 통하여 동독에서의 균형발전과 동독의 통합을 위한 견인차적 역할을 한다고 했다. 이 문제에 관해서 본 논문에서 나중에 상세히 논할 것이다. 이에 대조되는 것은 수도이전을 반대한 사람들의 의견이다.

독일수도 이전에 반대한 사람들을 네 부류로 나눌 수 있다.

① 옛날 프러시아의 수도였던 베를린은 "권위주의의 상징", 그리고 1차, 2차 세계대전을 일으킨 장본인이 '베를린 정부'였기 때문에 베를린은 "전쟁과 독재의 상징"이다 라고 주장한 사람들의 대부분은 서독의 지식인들과 일부 좌파정치인들이었다.

② 자그만 마을 "본"(Bonn)에서 안일하고, 편한 생활을 해온 관리, 중산계급, 교사 등은 "정든 고향"을 버리지 않겠다고 했다.
③ 서독의 기업인들은 그들이 40년간 구축한 산업구조, 산업입지 우위, 사업 및 지식 네트워크를 금과옥조처럼 생각했기 때문에 구동독 진출에 아랑곳하지 않았다. 사실상 서독의 경제 중심지는 뒤셀도르프, 프랑크푸르트, 뮌헨, 슈투트가르트, 함부르크이며 수도 베를린의 주위에는 불리한 입지조건 때문에 기업가가 투자할 의욕은 없었고, 그러나 단지 로비활동만을 베를린 쪽으로 옮길 수밖에 없다고 했다.
④ 가장 강도 높은 반대자는 서독인구 1/3인 1,700만의 노르트 라인 베스트팔렌 주였다. 서독수도 "본"은 이곳에 놓여있으며 수도가 이곳을 떠나면 그간 구축된 정부, 산업간의 협력구조 붕괴, 수도주변에서 정부관련 업무에 종사하던 수많은 사람들의 실업자가 된다고 했다.

1991년 7월 20일 연방의회는 불과 17표 차이(337표 찬성, 320반대)로 수도이전을 결의하고 본 시에 수도이전에 의한 '손해배상'으로 14억 유로를 받게 했다. 1999년 수도이전은 연방정부, 의회 및 14개 부서 중 중요한 8개 부서가 베를린으로 이전함으로 사실상 '형식적 수도이전'은 끝났다. 왜 '형식적'? 그 이유는: 6개 부서는 남고, 그리고 베를린, 또는 타 지역에 있는 적지 않은 연방기관들은 본으로 이전되었기 때문이다. 그리고 베를린으로 이전한 부서, 연방의회, 연방정부의 관리들은 그들의 거주지를 본, 또는 그 주변에 갖고 있었기 때문에 수도 베를린은 많은 본 출신사람들에게 '주중의 직장'에 불과했다. 또 중요한 것은 노르드 라인 베스트팔렌 주는 독일 인구의 3분의 1이 거주하며 주정부 정권은 2차대전 후 계속적으로 사민당의 집권하에 있었다. 당시 선거전을 앞둔 시기였기에 '반 조각의 정부기능 이전'은 다분히 콜 수상(기민당)의 정치적 타산이었다고 볼 수 있다.

수도이전에 결정적 요소는 두말할 것 없이 콜 수상의 '지역균형발전' 구상이었고 이러한 전략을 동독출신 국회의원들이 전적으로(초당파적으로) 지원했으며, 북독 출신 일부 의원들은 베를린이 수도가 되면 자기들의 선거구와 가깝게 된다는 것이 주효하게 되었으므로 일부 북독 출신 의원들도 동조했다.

2. 한국에서의 독일수도 이전에 관한 편파적 이해

한국에서 수도이전 논의와 관련하여 독일의 "수도이전"(*Hauptdstadtumzug*)을 성공사례로 평가하는 풍조가 있다. 필자는 1978년 이래 베를린에 살고 있으며 독일의 수도이전이 독일과, 특히 베를린과 동독에 주는 경제적 임팩트 때문에 성공적이었다는 것을 들어본 적이 없다. 그리고 여기서 확실히 해두지만 서독은 동독의 경제재건, 체재변혁, 나아가서 베를린지역의 '지역균형발전으로의 기여'를 위한 계획안의 필요성에 관하여 정책입안자, 전문가들간의 논의대상은 되었었지만 통일당시, 또 그 이후에도 사전계획(*ex ante plan*)은 없었다. 그리고 오랫동안 계획경제에 시달렸던 동독인들은 '계획이라는 용어'자체만에도 거리를 두었다.

한국에서 '베를린 수도이전과 관련된 논의'를 들어 의아심을 가지지 않을 수 없다. 더욱 불가사의한 논리는 한국의 수도이전의 목표를 수도의 '과밀상태의 해소'와 '비수도권 지역의 균형발전에 기여'에 둔다면 베를린의 경우와는 다르다.

'본'(Bonn)이 '과밀상태'였기 때문에 수도이전을 베를린으로 한다 것이 아니고, 단지 '지역균형발전'과 연관하는 선상에만 논 할 수 있다.

베를린의 수도로서의 기능을 이해하기 위해 통일전의 역사로 간단히 소급헌다. 베를린은 독일 통일 전까지 동서베를린으로 나누어져 있었고 서베를린은 서방측의 전승국들 (미국, 영국, 프랑스)에 의하여 점령되어 있었고 동독의 한복판에서 고도와 같아 기능했다. 그럼에도 불구하고 전승국들, 특히 미국과 서독정부는 정치적, 경제적, 문화적, 인프라적으로 서베를린을 지원하고 보호해왔다. 필자가 1978년 베를린자유대에 교수로 취임했을 때를 회상하면 서베를린의 대학교수들의 대우는 서독대학교수들 보다 훨씬 좋았다. 그리고 미국과 서독은 서베를린을 '평화'와 '민주주의의 상징'으로, 안간힘을 다해 서베를린이 서방세계로부터 고립되지 않도록 노력해왔다. 당시 서베를린 인구는 약 2백만이었으며 한때 유럽에서 가장 큰 산업생산능력을 갖춘 도시였으나 2차대전 후 분단 시에는 이렇다 할 산업은 없었고 서베를린은 명실공히 서독정부의 지원에 의존하고 있었다.

동베를린의 경우는 약간 달랐다. 이곳은 동독의 수도였고 인구는 약 160만 정도였다. 동독은 공산권에서 가장 발달한 나라였으며 그 수도인 동베를린은 정치, 경제, 문화, 학술의 중심지였고 공산권의 최전초지에 위치하고 있었다.

그러나 1989년 베를린 장벽이 무너지고, 1990년 10월 3일 통일이 실현되고 난 후 베를린시가 인구 3백60만의 독일에서 가장 큰 도시가 되었다. 베를린시는 옛날 프러시아 때부터 수도였으며 이 상태는 독일이 2차대전 패배시까지 계속 되었다. 인프라, 주거, 교육, 의료, 레크리에이션 등 거의 모든 면에서 완벽하게 갖추어져 있었고 주변지역인 브란덴부르크 주는 과소지역이었다.

베를린의 '지역 균형발전에 기여'에 관해서도 몇 가지 코멘트가 필요하다. 동독경제는 동구 사회주의 경제체제가 무너지기 전에는 사회주의 경제체제 국가 중에서는 가장 '선진화된 경제'였다. 그리고 동독경제는 '비교적 균형화된 경제체제'를 갖고 있었으며 이것은 계획경제 때문이었다고 할 수 있다.

동독경제의 주축이 된 것은 남서부의 작센안할트 주, 남부의 튜링겐

주, 작센 주, 그리고 동베를린과 베를린을 둘러싼 브란덴부르크 주였다. 낙후된 지역이라면 동독 북부 주인 메켈렌부르크 포포메른 주였다. 이곳 북해지역은 조선업, 해운업이 위주였고 경제·지리적으로 다른 동독 주들과 비교해 불리한 위치에 있었다. 그리고 간과해서는 안 되는 것이 동독경제가 갖는 특성인 콤비나트체제는 수직적 협력체제를 이루고 있었고 콤비나트가 있는 지역에서는 '자급자족의 원칙'이 주효했다는 점이다. 동독경제가 통일 후 단시간에 붕괴된 이유는 동독기업의 기술, 시설, 장비의 노후화, 국영기업의 자율적 경영능력 부재, 자원배분의 비효율성, 취약한 사회간접자본, 저조한 노동의욕, 숙련공의 부족, 산업과 연결되는 연구, 개발 미흡, 그리고 무엇보다도 가장 치명적인 것은 1:1의 통화통합에 의한 동독경제의 몰락이었다. 동독경제의 후진성은 폐쇄되어 있었기 때문에 잠식되어 있었으나 개방경제로 전환되면서 동독상품의 국제경쟁력은 대폭적으로 저하했으며, 나아가서는 동구시장과의 관계는 거의 단절되었다.

신탁청(*Treuhandanstalt*)은 급속도로 아무런 구체적 (지역)개발계획 없이 민영화되었고, 이러한 상태에서 신투자는 요구되었고 이를 통한 동독경제의 전반적 구조개선이 필요했었다. 그러나 이러한 상황에서 수도이전에 기대하는 경제발전 유발효과는 베를린과 브란덴부르크 두 지역에 한에서 만이라도 기대를 하게 된 것은 사실이다. 따라서 독일에서 수도이전에 기대한 '지역의 균형발전 효과'는 지극히 제한된 의미에서 이해되어야 한다(Prognos, 2003).

3. 균형발전의 픽션

콜 수상의 머지 않은 장래에 '번성하는 동독경제'(*Bluehende Landschaften*)는 대단히 유명한 표현이다. 이 착상은 콜 수상의 1990년 동독 선거전의 '공약'이지만 그 밑에는 넉서(Nurkse), 로젠슈타인 로단(Rosenstein Rodan)의 균형발전(*balanced growth*) 이론이 깔려 있다. 이것은 서독의 동독 경제재건 프로그램(*Aufbau Ost*)과 직접 연결된다. 이 착상 속에는 베를린이 동독재건에 '견인차 역할'을 할 것이라는 것이 깔려 있었으며 베를린 시는 수도이전 준비를 위해 특별지원(13억 유로)을 받았다. 균형발전이론을 간단히 설명하면 후진국의 개발을 위하여 한 국가의 전 지역에 동시에 수요를 유발하여 이것이 공급(생산)을 견인한다는 것이다. 일부지역의 부분적 발전으로써는 빠른 시일 내 소기의 발전을 기대할 수 없기 때문에 전문가들은 '빅 푸시' (*big push*)를 권장한다. 이때 동시에 (막대한) 투자되는 대상(공장)끼리 일종의 트러스트(*Trust*) 시스템을 구축한다는 것이다. 그러나 동독에서 선택된 전략은 사회주의 경제체재를 자본주의 시장경제 체재로 전환하는 데는 단기적 혁신(*clash*) 전략이었다. 신탁청에 의하여 가속화된 민영화는 바로 이 전략이었다. 이 전략을 시행하는 데 필요한 것은 '막대한 단기적, 동시적 투자'였다. 이것은 서독에서 동독으로의 재정이전(*finance transfer*)이며 우리나라에서는 이것을 '통일비용'이라고 한다. 동독재건 프로그램의 목적은 동독과 서독간의 경제적, 사회적, 사회간접자본 측면에서의 격차를 줄이는 것이다. 즉 동서독간의 균형발전을 기도한 것이다.

통일 후 동독에 투입된 투자총액은 약 1천5백조 유로(2006년 현재)이며 2019년까지〔이것은 연대협정(*Solidarpakt*)에 의하여 실현되는데, 2005년부터 시작하여 2019년까지 책정된 재정이전은 1백56조 유로〕 계속될 총 투입액(1990, 2019)은 약 1천650조 유로에 달할 것으로 예상되고 있다. 2001년 6월 베를린에서 연대협정(*Solidarpakt*) II를 결의하면서 이것을 '동독의 신연방주의 미래를 위한 가장 중요한 계기'(*den wichtigsten Durchbruch fuer die Zukunft der neuen Laender*)라고 했다. 전문연구소들은 동독경제가 2020년에 자립적 경제가 될지 예상은 못하나 2010년까지 동독경제 성장률을 연 4.1%(서독은 1.6%)로 전제했다. 그러나 동독에서는 이러한 성장이 아직 없었다(Mueller, 2005). 현시점에서 2020년에 동독경제가 서독경제수준에 달할 것이라는 예상은 희망이라고 보는 것이 정당하다.

동독의 균형발전전략은 이미 말한 바 자원배분의 선별기준에 의지하는 것이 아니고 '무차별, 십시일반 투입'(*Giesskannenprinzip*)이었다. 이 전략이 가지고 온 결과는 '구걸하는 동독경제'와 '점차 약화되는 서독경제'로써 이렇게 가면 정말 독일경제가 '하향평준화'될 것이라고 우려하는 여론이 팽배해 있다. 바꿔서 말하자면(〈표 11-1〉 참조) 동서독간에는 현저한 경제발전 격차가 나타나고 있다. 동독경제는 통일 후 한때 건설붐에 의하여 호황을 이루어 1990년대 중반까지는 비교적 좋은 결과를 보여 주었으나 건설붐이 끝난 후에는 계속 내리막길로 가고 있다. 그렇기 때문에 위에서 말한 2020년까지 연 평균성장 4.1% 달성은 도저히 불가능하다.

동독에서의 실업은 정말 심각한 문제이다. 대충 독일에서 서독은 10%, 동독은 20%의 실업률을 말한다. 그러나 사실상 동독인들은 사회주의경제의 고용정책에 의하여 통일 전 '실업'이라는 것을 몰랐다. 그러나 지금은 동독의 실업자는 이미 160만을 능가했으며 대부분의 경우는 장기실업자이다. 간단히 말하면 동서독의 경제격차는 더욱 커지고 있다.

진(Sinn)은 동독과 베를린을 통일 독일 내에서 'Mezzogiorno'라고 칭한다. 〈표 11-2〉는 약 10년 전의 동서독 가계당 월 소득(1998)을 비교한 것인데, 서독의 전 주들은 앞장서고 있고 동독의 5개 주와 동

〈표 11-1〉 동독과 서독의 경제 발전 비교

동독의 경제성장(%)

1995	1996	1997	1998	1999	2000	2001	2002	2003	2004	2005
4.5	3.2	1.6	0.4	2.4	1.5	0.0	-0.2	1.0	1.9	-0.1

실 업

	백 만	%
서 독	2.86	8.7
동 독	1.60	18.5
계	4.46	10.8

동독 주별 실업

메켈렌부르크 포포메른	21.5%
작센 안할트	20.7%
브란덴부르크	18.7%
작 센	18.0%
튜링겐	17.1%
베를린	17.0%

출처: Steingart 2004, 6. Auflage; Mueller 2005, 3. Auflage; Jahresbericht der Bundesregierung zum Stand der deutschen Einheit 2006.

〈표 11-2〉 동서독의 가계당 월수입의 비교

(단위: 도이치 마르크)

서독의 전 주	
바이에른 주	5789(가장 높은 주)
헷센 주	5612
함부르크	4520
동독의 전 주	
브란덴부르크	4140
서베를린	4131
맥켈랜부르크 포포메른	3815(가장 낮은 주)

〈표 11-3〉 통일독일에서 동독의 지분

(단위: %)

	1991	1995	2002
인 구	18.1	17.3	16.5
취업인구	17.6	16.2	15.6
실업자	29.5	27.0	31.4
BIP기여도	7.2	11.2	11.1
제조업	4.2	5.9	7.6
수 출	2.6	2.9	5
지방자치단체 부 채	—	15.0	17.1

출처: Arbeitsgruppe 'Perspektiven fuer Deutschland' 2004.

서 베를린은 "6개의 독일 빈민가"라고 한다. 간단히 말하자면 동서독 간에 소득격차는 10년 전의 상태이나 큰 변화는 없다. 오히려 격차는 더욱 커지고 있다.

〈표 11-3〉은 동독의 통일독일에서의 지분이다. 대단히 흥미로운 사실은 BIP기여도는 2002년 11%인데, 실업률을 보면 전독일의 31%가 동독인이다. 그리고 심각한 것은 지방자치단체의 부채비율이 점차 늘어나 전독일 지방자치단체 비율의 17%를 현재 능가했다.

콜 수상의 균형발전정책의 현실적 결과는 예상과는 많이 달랐다.

투입된 지원금은 거의 2/3 정도가 소비목적(실업보험, 실업자교육, 연금 등)에 쓰였고 혁신을 목적으로 하는 투자는 찾아보기 힘들었고 오히려 감소하고 있는 경향이다. 개별 주의 인구를 기준으로 하여 투입된 재정은 각 주가 현실적으로 '선별된 프로젝트 지원을 우선'하는 '불균형발전'(*unbalanced growth*)으로 가고 만 것이다. 예를 들면 드레스덴 지역의 반도체, 자동차산업과 연구·개발 활동, 라이프지역의 자동차산업과 컨벤션산업, 켐니츠와 즈비카우의 자동차산업, 에너지역의 기술개발산업 등을 지적할 수 있으나 베를린, 브란덴부르크 지역은 반대로 산업공동화(*De Industrialisierung*) 현상이 일어났다. 그 전형적 예가 동베를린에 있던 삼성의 SDI공장도 2006년에 폐쇄되었다.

따라서 이러한 과정은 필연적으로 동독 주간의 발전 격차(*inter-state gap*), 또 한 주 내에서 격차(*intra-state gap*)를 만들었다. 동독 주간에 격차는 〈표 11-3〉에서 알 수 있는 바와 같이 북부 3주와 남부 2주간에 있어서 실업률의 차이는 일목요연하게 나타났으며 동독에서 비교적 빠른 시일 내 서독의 수준을 따라올 수 있는 주는 작센 주라고 보고 있다. 그리고 주 내에서 발전 격차도 심각하다. 특히 베를린과 브란덴부르크 주, 맥켈렌부르크 포포메른 주 가 그러하다. 이러한 주는 이른바 말하는 '실업률의 최고지역'인데, 브란덴부르크 주의 노이브란덴부르크(Neubrandenburg)의 실업률은 25%를 능가하고 있고 삼성코닝 공장이 있는 콧부스(Cottbus)와 동베를린의 미테(Berlin Mitte)의 실업률은 21%를 넘었다. 이러한 상황에서 '균형발전'은 아름다운 수사어 외에는 다른 의미를 갖지 않는다는 것을 알 수 있다.

특수지역에서의 고도의 실업률은 동독경제의 구조적 취약성에서 온다. 동독의 생산체제에서는 한 특정지역이 하나의 전문화된 콤비나트에 의하여 독점적으로 점령되고 있었다. 당해지역에서 콤비나트가 폐쇄되든지, 또는 구조조정을 하게 되면 당해지역의 대부분의 취업자는 실업자가 된다. 동독에는 이러한 경우가 비일비재했다. 예를 들면 노이브란덴부르크(Neubrandenburg)의 철강업, 비터펠트(Bitterfeld)의 화학, 슈베트(Schwedt)의 정유가공, 슈트랄준트(Stralsund)와 로스토크(Rostock)의 조선업 등이다.

이러한 동독 내에서, 또 한 주 내에서의 발전층(*development segments*)을 볼 수 있기 때문에 전문가들은 서독의 근대화, 산업화이론으로 분석할 수 없는 새로운 '단층화된(*segmented economy*) 동독경제'의 분석 틀이 절실하다고 말한다(Buss, 2006).

동독 내에서 또 다른 문제는 통일시 합의한 동서독간 임금수준의 2000년 내의 균등화에 따라, 여러 분야에 걸쳐 동독 임금수준이 파격적으로 상승한 것이다. 그러나 임금 상승과 생산성 상승과는 전연 비례하지 않았다. 지금 동독인의 생산성은 서독인의 75%에 불과하다.

지역산업구조개선을 위한 아무런 체계적 계획 없이 신탁청은 기업의 민영화에 과도한 속력을 가했다. 신탁청의 민영화사업의 실적은 괄목할 만했지만 종업원의 고용문제, 기업의 잠재적 연구·개발능력, 지역개발과의 연관에 있어서 평가 받을만한 결과는 없었고 시급히 추진된 구조조정 때문에 많은 실업자를 창출했다(Fischer et al., 1993).

통일 후 일부 전문가들은 동독의 경제재건을 위해 처음부터 불균형발전전략, 또는 일부 전문가들은 '경제특구'를 권장했다. Hirschman이 주장하는 불균형발전의 구상은 전후방 연관효과를 갖는 분야(예: SOC)에 우선 투자하는 전략이다. 일부 전문가들(예: Perroux)은 불균형이론을 수정하여 '성장거점'(*Pôle de Croissance*)이론을 구축하는 것을 주장했다. 진(Sinn), 도나니(von Dohnany) 등은 이러한 전략을 선호했었다. 현실적으로 동독 주들은 개별 주마다 이러한 전략을 강조하면서 외자유치에 노력했었다.

연방정부의 동독재건 프로그램은 실패했다는 것을 전문가들은 이구동성으로 말한다. 그리고 현재로써는 계속적 재정투입이 서독의 경제발전에 큰 걸림돌이 되고 있다. 동독의 5주와 베를린의 현재 독일 GDP 기여율은 불과 14.8%이며 이것은 바덴 뷔르템베르크 주의 기여도와 비슷하다. 동독으로의 재정투입은 서독의 시급한 SOC투자를 불가능하게 하며, 동독의 젊은 노동력은 서독으로 유출되고 있는 형편이다. 전문가들은 '서독은 동독의 식민지로 전락했다'고 한다(Steingart, 2004). 지금 동독의 실업률은 20%를 능가했다. 2004년 연방정부의 동독경제재건 자문위원회 위원장인 도나니(Klaus von Dohnany)는 동독재건에 속수무책이며 현 상태에서 마지막 대안으로써 동독을 '경제특구'로 만들어야 하며 '동독에서는 독일연방에서 유효한 임금협상원칙, 공동결정권법 등을 유연하게 운용하도록 해야하며 장기적으로 조세특혜를 부여하고, 동시에 독일연방노동법, 건설법, 환경법을 유연하게 적용하도록 하는 제안이었다. 대부분의 기민당 지도자들은 이 제안에 동의하면서 기민당 당시 연방의회 원내 부총무인 프리드리히 메르츠(Friedrich Merz)는 동독으로의 재정지원 중단까지 요구했다. 이에 반하여 사민당은, 특히 당시의 동독재건 프로그램 책임자인 슈톨페(Manfred Stolpe)장관은 반대했다. 그리고 동독의 연방주들도 일반적으로 이 제안에 동의했다. 대단히 놀라운 사실은 공산당(PDS)당수인 비스키(Lothar Bisky)는 동독재건 프로그램(Aufbau Ost) 대신, '동독재건을 위한 프로그램 전환'(Wende Ost)에서 '동독은 경제특구가 되어야 한다'고 선언했다(〈Frankfurter Rundschau〉, 2003년 7월 29일).

여기서 확실히 지적하고 싶은 사실은 독일경제의 전반적 여론, 정당들, 경제자문단이 '동독에 경제핵심지역(성장거점) 조성이 시급하다'는 것에 의견을 모으고 있다는 점이다. 예상되는 것은 앞으로 이러한 방향으로 동독경제의 재건이 이루어질 것이다. 이렇게 되면 콜 전 수상의 '지역균형의 발상'과는 대조되는 것이다.

경제특구모델에 관해서는 약간의 코멘트가 필요하다. 하나는 1980년대 초 중국경제의 개방과 개혁은 경제특구로 시작했으며 이곳에서는 중국에서 사회주의체제와 다른 투자조건, 제도적, 법적 조건이 투자가들에 동기부여의 역할을 했었다. 현재 많은 나라들이 이러한 경제특구모델을 운용하고 있는 이상 동독에도 이러한 '실험'은 가능할 것이라고 생각하는 전문가들이 적지 않다(von Dohnany, 2004; Busch 1992).

또 다른 측면이 있다. 독일노조, 사민당의 일부 지도자들은 이러한 착상을 기본적으로 수용하지 않는다. 이유는 지금까지 이룩한 사회복지국가 시스템 전체가 위험에 빠질 가능성이 있기 때문이다. 구체적 예를 들면 동독경제의 비교우위를 높이기 위하여 임금수준, 사회복지

수준을 저하시키고, 노동시간을 늘리고, 휴가일을 단축시키는 등의 노동조건, 사회조건을 변경시키는 것은 필연적이라고 믿기 때문이다.

이와 관련해 최근에 독일에서 논의되고 있는 것은 '최저 임금제도의 성문화'이다. 동독은 동구국가들과 접경하고 있으며 이곳으로부터 노동인구의 유입은 독일에서 한창이다. 시간당 최저임금수준을 보면 프랑스, 네덜란드, 영국에서는 8유로 전후이나 폴란드는 불과 1.3, 리투아니아는 1유로, 불가리아는 0.5유로이다(〈Der Spiegel〉, 2007. 3. 12). 만약 독일에서 최저 임금제도를 도입하지 않는다면 조만간 저임금분야의 고용기회는 거의 예외 없이 동구인들에게 넘어갈 것으로 보고 있다. 그렇다고 해서 프랑스, 네덜란드, 영국 수준으로도 갈 수 없다. 그렇게 되면 최근 독일에서 시행되고 있는 '하르츠 개혁 4'와 정면충돌하기 때문이다.

4. 현황

콜 수상의 수도이전에 의한 동독의 경제부흥, 이에 의한 지역균형발전전략은 완전히 실패로 끝났다. 기대했던 투자 유발효과는 거의 없었고, 투자가 있었다면 정부의 지원금, 세제혜택 등을 노린 것이었다. 외국기업으로서 동독기업을 인수하여 '성공'했던 사례는 희소하고 삼성은 정말 예외였다. 전문가들은 말하기를 "단 하나의 투자가인 정부만으로 균형발전은 불가능하다". 즉 균형발전을 위해서는 다양한 투자자들이 동시에 막대한 투자를 해야하는데, 정부의 지시와 정부주도의 투자로는 불가능하다는 것은 처음부터 지적되어 왔었다. 그럼에도 불구하고 전 콜 수상은 그가 통화통합에서도 발휘한 이른바 '정치적 합리성', 정확히 말하면, '정치적 타산성', 동독인들에게 약속한 '수도이전을 통한 균형발전'은 달성되지 않았다.

연방정부의 '독일통일의 현황'(2006년도 판) 보고서에 대해서는 실망스런 소리만 들린다. 콜 수상이 주장했던 동독 전체를 '경제적으로 번성하는 곳'(*Bluehende Landschaften*)으로 만들겠다는 착상, 즉 균형적 발전은 자취를 감추었고, 그렇다고 해서 각별한 대안도 없다. 다만 눈에 나타나는 것은 '지역의 성장 거점을 육성'하는 전략을 추진하는 불균형개발전략을 권장하고 있을 따름이다.

2005년 5월의 여론조사에 의하면 독일인의 24%가 동서독간의 '장벽'을 다시 원한다. "균형발전"이 자본주의 경제에서 가능하다고 해도 그것의 주인공은 정부가 아니고 기업이기 때문이다. 이미 1960년대 로젠슈타인 로단(Rosenstein Rodan), 넉서(Nurkse)의 균형발전이론이 현실성이 없다는 것이 여러 곳에서 입증된 바 있다. 필자는 EU의 위촉하에 베를린에 있는 '독일경제연구소'(DIW)와 공동으로 구동독지역에 대한 외국인투자에 관한 경험연구를 여러 차례 한 바 있다. 많은 투자저해 요인 중 가장 중요한 것은 "당해 지역에 존재하는 산업구조 및 기업과의 연결 관계"였으며 그 다음으로는 "노사관계" 및 "노동자의 노동의욕"이었다. 즉 임의적으로 "구조"를 조성하는 것이 아니고 "이미 존재하는 구조의 풀(pull) 효과"가 결정적이었다. "정부 보조금", "사회 간접자본", "고급인력 존재" 등은 부차적이었다. 물론 정부 보조금으로 인하여 녹지투자는 가끔 존재한다. 그 예는 라이프치히의 BMW 공장이다.

독일의 경험을 한마디로 말한다면 정부주도의 균형발전은 자본주의 시장경제에서 불가능하며, 가능하다 하더라도 한 정권의 임기와는 절대로 맞출 수 없다. 더욱이 수도이전으로 이를 기대한다는 것은 이해하기 힘들다. 그러나 베를린 자신은 지역의 균형발전에 기여하는 것보다 아직도 동·서 베를린 두 조각 난, 가난한 문화도시로 살아가고 있다. 수도이전을 역사적 운명으로 받아들이면서.

참고문헌

박성조, '실패한 독일의 수도이전,' 〈조선일보〉, 2004년 6월 28일.

박성조, 통독10주년의 교훈, 계간 〈다리〉, 2002년 3-88, p. 110.

Arbeitsgruppe 'Perspektive fuer Ostdeutschland' 2004: Ostdeutschland im 14. Jahr der Einheit Kurswechsel in der Wirtschaftspolitik ist notwendig!

Busch, Berthold 1992: *Sonderwirtschaftszone als Instrument der Systemtransformation*, Koeln.

Buss, Klaus Peter 2006: *Fragmentierung der wirtschaftlichen Entwicklung Ostdeutschlands Eine richtige Perspektive fuer die soziooekoimische Berichterstattung*? SOEB Werkstatt 3: Ostdeutschland.

von Dohnany, Klaus 2004: *Ein allgemeiner Aufbau Pakt ist notwendig*, in: Wirtschaftskurier, 2004 (Mai).

Fischer, Wolfram/Hax, Herbert/Schneider, Hans Karl, eds. 1993: Treuhandanstalt. Das Unmoegliche wagen. Berlin.

Herles, Wolfgang 2004: 'Wir sind kein Volk. Eine Polemik,' Muenchen/Zuerich.

Mueller, Uwe 2005: Supergau Deutsche Einheit, Berlin. 3. Auflage.

Prognos 2003: Bedeutung der Hauptstadtfunktion fuer die regionale Entwicklung in Berlin.

Protokoll zum Wirtschaftsforum Berlin der Investiionsbank und der Berliner Senatsverwaltung fuer Wirtschaft, Arbeit und Frauen am 20. Juni 2002 "Regierungssitz und Hauptstadt Neue Wirtschaftliche Impulse?"

Sinn, Hans Werner 2003: Ist Deutschland noch zu retten? Duesseldorf.

Steingart, Gabor 2004: Deutschland. Abstieg eines Superstars, Muenchen/Zuerich, 6. Auflage.

Jahresbericht der Bundesregierung zum Stand der deutschen Einheit 2006.

|제 12 장|

영국의 공공기관 지방이전 정책과 한국적 교훈

해리 리처드슨
배 창 희

1. 서론

이 보고서는 1928년 이래 근 80년 동안 다양한 형태로 있어 온 영국(United Kingdom)의 도시 및 지역개발 정책을 살펴보고자 한다. 이 글이 발견한 세 가지 주요점들은 다음과 같다: 첫째, 지역균형이란 목표는 달갑지 못한 것일 뿐 아니라, 실현 불가능한 일이다. 둘째, 국가간 경쟁이 늘어난 이 시점에, 서울의 역할을 보존하고 쌓아올리는 것이 결정적으로 중요하다(서울의 거대한 규모와 교통체증 그리고 치솟는 집 값이 만들어내는 문제점들은 고사하고도 말이다). 셋째는, 정부관청(*government office*)을 분산화 하는 정책은 — 그것의 장점이 무엇이든간에 — 도시 및 지역정책의 복합성에 비교하면 너무 단순한 해결책이다. 이 마지막 지적사항에 관해, 이 보고서는 한국이 숙고할만한 방향들을 영국의 경험에 기초하여 제안한다. 이 연구는 영국이 장기적으로 겪어온 공공 정책분야의 경험들로부터, 한두 가지의 폭넓은 일반화를 그려내는 데 만족하고자 한다.

2. 런던의 역할

20세기 초반의 수십 년간 (영국에서는) 경제활동(의 중심)을 런던을 비롯한 동남부지역에서 그 외의 침체된 지역으로 옮기려는 시도가 있었다. 그러나 1970년대 초반에 런던이 성장과 관련한 문제를 직면하고 있다는 인식(특히 도심에서 발생하였던 이러한 문제들에 대한 깨달음)이 불거졌다. 그래서 기존의 경제활동을 이동시키려는 정책은 반전되었고, 런던 도심의 도클랜드(Docklands)와 같은 가난한 지역을 재생시키고 재개발하려는 엄청난 노력이 행하여졌다. 이러한 노력의 대표적 산물이 그리니치(Greenwich) 옆 탬즈(Thames)강가에 위치한 카나리 워프(Canary Warf)인데, 이곳은 현재 런던시(the City of London)보다 더 비중이 큰 금융 중심지이다. 또한, 런던의 세계도시로의 역할은 현재 그 어느 때보다도 중요하다.

1996년 당시 영국 정부의 수석과학자문관이었던 본디(Hermann Bondi) 경은 한 가지 지적을 하였다. 그는 탬즈강에 고비용의 홍수방지 댐(Thames Barrier)의 건설을 제안하였다. 하지만, 런던 외의 지역으로부터, 제한된 기반시설 재원을 댐에 투자하는 것은, 다른 중요한 프로젝트가 진행 중인 다른 지역들을 가난하게 할 것이라는 항의가 들어왔다. 하지만, 본디 경은 우려하지 않았고, 오히려 런던의 중심부는 국가경제의 구심점이며, 이러한 구심점에 큰 혼란과 붕괴를 초래하는 것은 "국가 신경계의 중심에 결정적 타격을 가하는 것"이라 확신하였다. 런던은 최고 우선 순위 대접을 받을 가치가 있으며, 또한 그러한 대우가 필수인 것이다. 미국에서는 최근 국가안보에 관한 토론에서 뉴욕의 결정적 중요성에 대하여 위와 유사한 논의를 하였다.

비록 런던의 메트로폴리탄 지역이 서울의 메트로폴리탄 지역(수도권) 만큼 국가의 도시체계에 있어서 큰 비중을 차지하고 있지는 않지만(국가 총인구의 40%이상이 서울에 집중한 것에 비하여 런던은 12%), 런던은 수세기 동안 세계적 도시의 위상을 이어왔다. 서울은 그 커다란 규모에도 불구하고 최근 세계도시 지표에 있어서 17위를 기록했을 뿐인 반면, 런던은 뉴욕과 도쿄에 이어 3위에 올랐다(Cai & Sit, 2004).

1) 중앙 정부 청사의 지방 분산

이 주제는 근 50여 년간 영국 공공정책의 한 요소가 되어 왔다. 주요 공공문서들은 3명의 기사들 — 플레밍(Gilbert Flemming) 경(1963), 하드맨(Henry Hardman) 경(1973), 그리고 최근에는 라이온스(Michael Lyons) 경(2004) — 에 의하여 준비되었고, 일부 학계의 기여도 포함되었다〔예: 하몬드(Hammond, 1976), 제퍼슨과 트레이너(Jefferson & Trainor, 1993), 마셜(Marshall, 1966)〕. 정부 일자리(*government jobs*)에 관하여 인용된 다양한 수치들을 일치시키기에는 어려움이 있으나, 가장 잘된 예상치에 의하면, 1963년과 2003년 사이에 69,000여 개의 일자리가 재배치되었다고 하며, 또한, 라이온스는 2020년 이전에 20,000개의 일자리들을 추가할 것을 권고하였다(2004). 이러한 수치들을 대략 맞추어 보면, 총 500,000개의 공무원직 중에서 144,000개가 런던과 남동권 지역에 남아 있다. 300,000개의 또 다른 공무직(예: 우체국)들은 지역주민들을 상대한다는 특성 때문에 보다 분산되어 있다. 이러한 지방분산은 정부부처와 공무원의 직급에 따라 크게 다르게 나타났다(상위직 공무원의 직급 중에는 런던에 남아 있는 비율이 3/4정도이다). 1999년 스코틀랜드와 웨일즈, 그리고 북아일랜드로의 지방분권에 의하여 영국 안의 총 공무원 수 중에서 런던의 할당비율이 명백히 줄어들었다. 흥미로운 점은, 런던의 할당분이 줄어들었음에도 불구하고, 런던에 위치한 총 정부 관리직의 수가 1997년과 2002년 사이 약소하게나마 늘어났다는 것이다. 이 모든 사실들은 민간부문의 현저한 고용증가에 뒤덮여, 탄성을 자아내기보다는 뒷전으로 밀려날 하찮은 사실이 될 뿐이다. 공무원은 전체 노동력의 1.7%를 차지하는데, 이 공무원의 1/5정도를 40년 이상 재배치한다 하여도 별로 주목할 만한 결과는 아닌 것이다. 1990년대 초반 이후 이러한 이슈들은 런던의 사무직 시장에서 공급상의 제약 부족 때문에 별로 주목을 받지 못하였다. 런던과 남동권 지역 밖으로의 정부관련 사무직의 증가를 보면, 런던 그리고 남동권 지역 밖의 정부기관 취업 중 37%만이 재배치에 의한 것이었고, 이의 63%가 지역출신(*local recruit*)에 의한 것이었다.

주목할 만한 기본적 사실들은 위와 같다. (이러한 사실들이) 이 보고서에 가지는 가장 중요한 의미는 바로, 이들이 지역정책에 내포하는 점이 무엇인가란 대한 질문이다. 〈그림 12-1〉이 보여주는 바와 같이 정부관련 사무직 재배치의 지리적 분포가 보여주는 가장 두드러진 특징은, 역사적으로 정부보조 수혜지역들이 별로 주목할 만한 결과를 내지 않는다는 점이다. 뉴캐슬(Newcastle)과 리버풀(Liverpool)은(특히 뉴캐슬지역) 좋은 성과를 나타내고 있으나, 산업진흥지역으로 지정된 적이 없는 리즈(Leeds), 버밍엄(Birmingham) 그리고 브리스틀(Bristol) 같은 도시들 또한 좋은 성과를 보이고 있다. 게다가, 이러한 정부 관리직들은 영국 전역에 퍼져 있다. 플레밍의 1963년 연구와 같은 초반의 리포트들은 지역정책의 목표를 강조하였으나 시간이 지남에 따라 그 중요성이 줄어들었다. 장소적 고려에 대한 연구는 대도시들과 관련한 집적경제(*agglomeration economy*), 사무실 공간의 공급, 지역 노동시장의 질과 밀접한 관계를 지녔다. 가장 지배적인 요소는 무엇보다도, 공공부문의 사무실 임대료와 노동비용에 대한 절약 가능성이었다. 라이온스는 그가 제안한 20,000개 일자리 재배치가 15년간 정부에

20억 달러를 절약할 수 있게 할 것이라 추정한 바 있다.

2) 정책 불일치

여러 시책(프로그램)들이 도입되었다가 철회되고, 다시 처음에 소개되었던 형태로 재도입되었는데, 이러한 프로그램들 사이에 일관성이란 거의 존재하지 않았다. 정부보조를 받을 자격이 되는 지역들은 수

〈그림 12-1〉 지역별 공무원 수

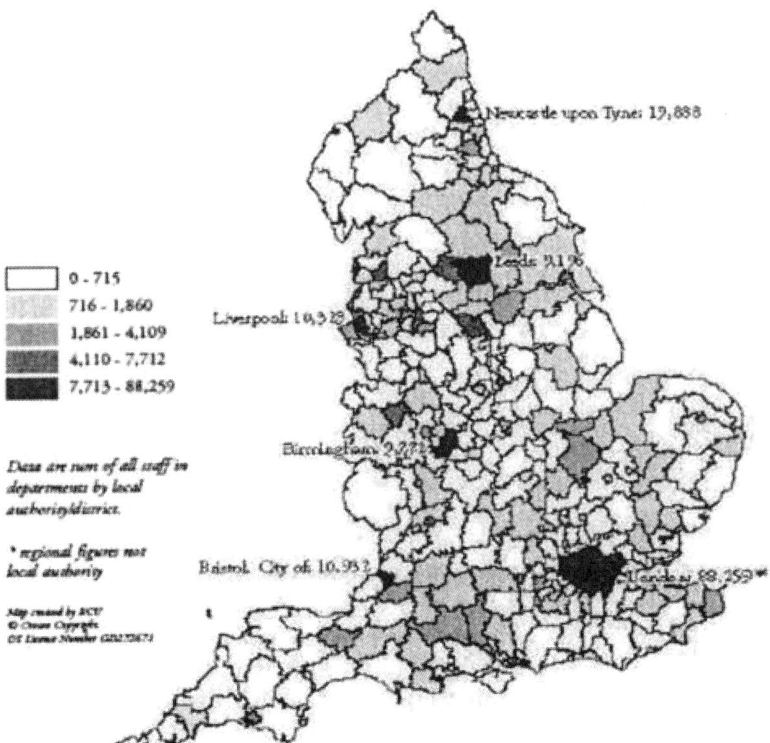

년 동안 근본적인 경제적 형편 변화가 없는 상태로 너무나 많이 변화되어서, 이러한 지역들에 대한 지도들을 싣는 것은 무의미하고 지면의 낭비만 초래할 것이다. 서 코스틀랜드(글래스고 지역), 머지사이드(리버풀), 노스이스트 잉글랜드〔North East England, 뉴캐슬어폰타인(Newcastle-upon-Tyne) 그리고 게이츠헤드(Gateshead)〕, 그리고 남웨일즈는 지속적으로 정부보조의 수익자였지만 그 경계가 자주 바뀌었다. 한때 번성하였던 산업지구인 미들랜드(Midland)에 위치한 지역들은 최근에 산업장려지역 리스트에 포함되었다. 부분적으로 티사이드(Teeside, 역시 북동지역에 위치함), 북 웨일즈와 사우스웨스트〔South West, 특히 콘월(Cornwall)〕는 이 리스트에 들어왔다 사라지고, 때로 되돌아오기도 하였다. 이러한 변화는 보조금의 종류가 끊임없이 변화한다는 사실과 더불어, 민간투자자들과 이동성을 가진 회사(*mobile firms*)들에게 불확실한 환경을 만들어내었다.

3) 공간정책과 정치

이러한 정책수단 도입에서 우여곡절을 겪은 부분적 이유는 노동당에서 보수당으로, 그리고 다시 노동당으로부터 보수당으로 변화는 거듭되었다. 노동당은 좀더 간섭주의적이면서, 침체된 지역들로부터 상당한 정치적 지원을 받았고, 반면에 보수당은〔특히 대처(Thatcher) 집권기간에〕 자유시장경제에 가까운 입장을 도입했다. 그럼에도 불구하고, 보수당 정부마저도 지역정책에의 요구에 대하여서는 겉치레적 정책(*lip service*)이라도 해야했다.

이러한 이데올로기적 입장은 대처 정권 아래 약화되었으나 별반 큰 변화는 없었고, 바로 이 시점에 메이저(John Major)가 정권을 이어받았다. 비록 노동당의 1997년 정권교체가 정책에 있어서 상당한 변화를 제공할 것을 전제로 하였지만, 일부 분석가들은 이러한 추이에 의

문을 제기한다. "이전 정부의 도시정책에 대한 SEU의 비판들—너무 많은 시책들과 규칙들, 제휴적 사고의 부족, 인력에 대한 턱없이 부족한 투자, 그리고 물리적 기반시설에 대한 과도한 강조—을 읽으며, 우리는 도시정책에 근본적 변화를 기대하여 왔는지도 모른다. 그러나 언어적 수사를 떠나, 도시정책은 실질적 변화가 일어나지 않았다" (〈Ball-Petsimeris〉, 2004, p. 179).

1997년 이후 노동당 정부의 입장이 그 이전정권과 비교하여 가지는 한 가지 중요한 차이점은, 지역 및 도시〔공간(*spatial*)〕정책과 다양한 국가차원의 이슈〔비공간적(*non-spatial*)〕에 대한 정책간의 경계를 흐리게 하였단 점이다. 1997년 이후의 노동당정부는 이 둘을 통합하였다. 지역에 기초한 정책들은 고용, 주거, 교육, 보건, 범죄 및 사회개발 정책들의 부분집합, 혹은 적어도 이들 정책들을 보완적으로 접근하였다는 점이다.

4) 지역균형 정책

영국인들은 결코 지역균형개발을 목표로 한다고 사칭한 적이 없다. 가난한 지역과 풍요한 지역간의 실업률 차이는 항상 극복하기에는 너무나 큰 것이었고, 수십 년간 거의 변화하지 않았다. 그래서 공간정책의 목표는 침체된 지역의 실업을 줄이는 것과 지역 고유의 경제를 활성화시키는 두 가지 목표 사이에서 복합된 결과를 수반하며 우왕좌왕 했다.

사실, 지역균형 개발은 키메라(*chimera*)이다. 이는 수십 년간의 경제문헌 조사에서 증명된 바이다. 집적경제(*agglomeration economies*)는 비록 텔레커뮤니케이션으로부터의 발달로 대면적(*face to face*) 의사소통의 필요성을 감소시킨 것을 고려할 때 그 중요성이 어느 정도 삭감된 것이 분명하지만, 대면적 의사소통은 여전히 중요하다. 성장 극(*growth pole*) 이론은 완벽하지 않은 불완전한 정보로 인해 실패에 이르렀을 뿐,

경제부문의 불균형〔페루(Francois Perroux)의 추진력 있는 산업〕과 공간적 불균형의 중요성(Jacques Boudeville)을 강조한다. 일찍이 슈트라스만(Strassmann, 1959)은 슘페터(Schumpter)의 "창조적 파괴"(*creative destruction*)에 대한 강조가 ― 비록 이 분석이 공간적이기보다는 경제부문 관련언어로 표현되긴 했지만 ― 균형성장에 접근하는 것과 일관치 않다는 것을 지적하였다. 이와 유사한 관점들이 보몰(Baumol, 1976)에서부터 라우흐(Rauch, 1994)에 이르기까지 표명되었다. 재차 말하면, 이러한 논의들은 주로 경제부문에 걸친 것들이다. 하지만 공간적 맥락으로의 담론은 이러한 논의를 약화시키기보다는 강화한다.

5) 공간적 규모(*Spatial Scale*)

대처 정권(1980s) 동안 지역정책의 부분적 후퇴는 일종의 전환기를 제공하였는데, 이것은 1990년 이래 공간정책들이 더더욱 지방보다는 도시지향적이었기 때문이다. 논의의 초점은 거시적 관점에서 볼 때, 침체된 지역에 대한 관심으로부터 도시내부(*inner city*)와 도시의 메트로폴리탄 지역 안에서의 역할 확대에 대한 강조로 두드러지게 옮겨졌다. 이것은 오마에 겐이치의 주장(1995), 즉 국가(*nation state*)가 도시지역에 의하여 점점 더 그 중요성이 줄어들고, 도시지역이 광범위한 지역적 접근보다는 능률성과 형평성을 융화시키는 것에 더 나은 가능성을 제공한다는 논의와 일치한다.

적정한 공간규모에 대한 질문 역시 아주 중요하다. 이 규모는 세 가지로 분명히 구분된다: 지역(*region*), 도시레벨(*urban level*), 그리고 근린(*neighborhood*). 위에서의 논의가 암시하듯이 영국에서의 공간정책들은 규모면에서 시간이 흐름에 따라 지역(*region*)에서 도시(*city*), 그리고 근린(*neighborhood*)으로 하향 이동하였다.

이러한 변화에는 납득할만한 이유들이 있다. 지역(*region*)이 지배적인 위치를 차지하고 있던 시기(도시내부 문제에 대한 간헐적 관심이 있긴 하였지만) 주로 제조업 중심이었던 일자리를 고실업지역으로 지방분산시키는 것이 정책의 목표였다. 그러나 탈 제조업 시대가 도래하면서 이 정책은 보답이 없는(*thankless*) 과업이 되어버렸다. 연이은 정권들은 이동성을 가진 업무직들(예: 상위 오피스 고용직)로 초점을 옮겨가는 것에 더디었고, 이러한 업무 부문은 집약경제에 더욱 의존하게 되었는데, 어쨌든 지나친 지방 분산은 이러한 집약경제에 높은 경제비용을 초래한다.

이와 같은 딜레마를 고려하면, 오래된 산업 도시들(여럿 가운데서 특히 글래스고, 리버풀, 맨체스터, 뉴캐슬, 버밍엄 그리고 셰필드)은 공장폐쇄, 불충분한 기반시설, 그리고 빈 건물들(하지만 다른 용도로 재활성화 된다면 구제 가능한)로 인하여 어려움을 겪고 있었다. 그래서 정책의 초점은 도시 재생의 어려운 문제들로 되돌아가는 것이 이치에 맞는 일이었다. 건설활동은 고용을 창출할 것이었고, 도시 르네상스는 전문직들의 도심 복귀 등으로 시너지 효과를 창출해 내면서 중심도시들로 재활성화가 강조되었다. 이는 여러 성공케이스들을 낳았는데, 글래스고의 클라이드(Clyde)강, 뉴캐슬의 타인(Tyne)강, 맨체스터의 십 운하(Ship Canal), 그리고 말할 것도 없이 탬즈 강의 부분들, 남 웨일즈의 카디프 만(Cardiff Bay) 등이 그 예로서, 특히 수변(*waterfront*) 지역들이 개방되었다. 맨체스터는 이들 중에서도 가장 성공한 사례로 여겨진다. 맨체스터는 1996년 IRA의 폭탄투하로 인하여 도심의 대부분이 새로 지어져야 하는 비극적 사건으로부터 원조를 받은 격이다. 버밍엄의 브린들리센터(Brindley Center)는 두드러진 도시 디자인의 성과물로 여겨진다. 뉴캐슬 게이츠헤드와 글래스고, 이 둘은 모두 수십 년간의 외면과 내리막길로부터 회복되었다. 캐너리 워프(Canary Wharf)와 런던의 그 외 도클랜드 개발들은 인상적 교통인프라 투자로 강화(혹은 증진)되었는데, 이들은 당연히, 큰 성공을 거두었다. 하지만 이들은 수요 창작에 있어 상당히 유리한 위치에 서 있었다.

이에 반하여 처참한 실패들도 있었는데 일반적으로 이들은 이른바 말하는 기념비적 건물을 짓기 위한 공공의 막대한 보조금과 관련한다. 두세 개의 예를 들자면, 밀레니엄 돔(Millenium Dome)은 캐너리 워프로부터 1~2마일 밖에 안 된 곳에 텅 빈 채 실패작으로 서 있고, 스코티시 빌딩(Scottish Assembly Building)은 원래 예산의 10배를 넘어갔다. 그리고, 새로 개장한 웰시 빌딩(Welsh Assembly Building)은 디자인과 자재상의 결함으로 인하여 벌써부터 부스러지고 있다.

성공작들로 다시 돌아가 보자. 이들(성공케이스들)은 교외지역 내(*inner-suburb*)에 위치한 재활성된 동네들과 가난한 동네들(전형적으로 공공주택지) 간의 불균형을 넓혀 심각한 메트로폴리탄 내(*intra-metropolitan*)의 문제들을 발생케 했다. 영국 사람들이 이른바 말하는 "사회적 통합"(*social inclusion*) 이슈로의 주위집중은 세 번째 레벨의 공간적 규모인 '근린'(*neighborhood*)으로 낮추어야 할 필요성을 만들었다. 이것은 EU로부터의 지침들로 인하여 강화되었다. 이들 근린재생(*neighborhood renewal*)의 노력은 이제 막 수행되어서, 이에 대한 결과물을 예측하기는 아직 이르다. 한 가지 이미 불거진 문제점을 들자면, 근린 차원(*neighborhood level*)에의 역량 키우기를 향한 투자가 동시에 진행되지 않은 상태에서는, 위와 같은 노력들이 커뮤니티 참여에의 요구사항과 맞물려 돌아가기에 어려움이 있다는 점이다.

6) 희소한 자원 대 공간적 형평성 목표

이러한 정책들의 성공이 어려웠던 이유는 주로 지역정책 어젠다들을 몰고 가는 공간적 형평성에 대한 목표들을 성취하기 위하여 바쳐진 보조금들이, 결코 충분하지 않았다는 것이다.

비록 한두 번 형평성과 능률성을 동시에 이룩하기에 가능했던 상황들도 있었지만, 보편적 케이스에서는 형평성과 능률성 사이에 상쇄(*trade-off*)가 필요하다. 영국인들은 "지역균형 개발"에의 원칙에 찬동하리라고 서명한 적이 결코 없다. 런던 그리고 남동권 지역이 수십 년간 영국경제를 지배해 왔고, 이들의 경제적 성공은 영국의 나머지 지역으로 높은 실업률을 줄일 부의 재분배를 용이하게 하고, (조금 덜 성공적이긴 하겠지만) 내발적(*indigenous*) 개발을 촉진시킬 것이란 점이 인식되어 왔다. 그래서, 균형은 목표가 아니었고, 오히려 의도적 외면에 대한 회피였다. 1994년 이래의 공간정책 노력은 국가적 재원의 풀인 국가 로터리(*National Lottery*)로부터 나온 이윤 때문에 더욱 성공적이었다. 비록 이것은 국가 총 예산에 비하여 그리 높은 비율은 아니지만, 여기서 나온 이윤들은 중요한 프로젝트들의 중요 "top-up"(하층부에서 상층부로 지원되는) 식 재원이 되었다.

7) 제조업에의 편견

이러한 프로그램들은 탈공업화 경향이 충분한 위력을 발휘한(1960년대) 이후 오랫동안 제조업을 부흥시키는 것에 과도하게 주목하였다. 탈공업화시대의 경제에 있어 서비스 부문(특히 금융서비스 그리고 최고급·고성능 생산자 서비스 부분)은 경제의 주 동력원이었으며, 이것은 특히 런던에서 그러했다.

8) 물리적 개발 vs. 사회개발

영국의 공간정책 개입에 있어 20세기 전반부에는, 물리적 환경(예: 기반시설)과 사람들(예: 고용창출)에 대한 강조 사이에서 합리적 균형을 이루었다. 그러나 일단 지역규모에서 도시규모로 관심이 옮겨가면서, 주요 도시 재생 노력들이 새로운 건물과 쓸모 없는 건물의 재활성화 쪽으로 치중되었다. 새 건축물들은 전형적으로 저명한 건축가들이 설계한 고비용의 상징적 프로젝트들인데, 그중 예를 들면, 런던의 거킨 빌딩(Gherkin Building), 버밍엄의 불링 빌딩(Bullring Building), 카디프의 웰시 미디엄 센터(the Welsh Millenium Center), 글래스고의 과학센터(Science Center), 발틱 박물관(Baltic Museum), 게이츠헤드의 the 세이지 뮤직홀(Sage Music Hall) 그리고 밀레니엄 다리(the Millenium Bridge), 스코티시(Scottish)와 웰시(Welsh) 건물들, 런던 그리니치의 밀레니엄 돔 등이 있다.

반면, 도시 재생의 사회적 측면에는 거의 관심이 기울여지지 않았다. 물리적 재활성화가 경제 및 사회적 영향을 동반한 고용창출을 이끌 것이란 함축적 논의는 있었으나, 비록 중심 도시로의 주거이동이 상당한 숫자의 저임금 서비스분야 일자리를 창출해 낼지도 모르지만, 새로운 건축물들이 큰 효과를 낼 것이란 근거는 거의 존재하지 않는다. 새로운 건물을 짓는 것이 커뮤니티를 변화시킬만한 인력자원(*human resource*)에 대한 투자보다 더 쉽기 때문에, 뒤늦게 "사회적 통합"(*social inclusion*)에 대한 이슈에 관심이 주어졌으나 이것은 결코 쉬운 일이 아니었다.

(1) 하향적 계획

지난 5년간 커뮤니티와 지방정부의 참여를 진흥하기 위한 두세 개의 시도들이 있었으나, 영국은 단일정부 체제이기 때문에(최근 스코틀랜드와 웰시 의회가 중요자격을 부여받음) 하향적 계획은 필수적이라고 할 수 있다. 이러한 사실들이 영국의 경험이 다른 어느 예들보다도 한국에 더더욱 상관성을 가지게 하는 것이다.

(2) 작은 국토

영국은 남한에 비해 좀 크기는 하지만, 매우 작은 나라이다. 따라서 이전보다 더 빨라진 교통수단이 존재하는 이 시대에(가속화되는 텔레커뮤니케이션은 말할 것도 없고), 공간정책과 지방분권이 과연 중요한지 물음을 제기한다. 이것은 세계에서 두 번째로 큰 나라이자 2개 국어를 쓰는 문화와 강력한 주 정부들을 가진 캐나다와 같은 경우는 해당하지 않는다.

(3) 그린벨트

영국과 한국이 공유하는 중요한 정책수단 중 하나는 그린벨트이다. 실제로, 박정희 대통령이 그린벨트를 한국에 처음 도입하였을 때 영감을 받은 제도가 바로 영국의 그린벨트이다. 영국의 그린벨트는 1947년 "Town and Country Planning Act"에 의해 인정되었으나 1995년이 되어서야 실제 실행되었다. 2004년, 영국의 그린벨트 지역들은 영국 땅의 13%를 포함하여, 동일 연도에 14개 주요 지역들로 통합되었다. 그들의 원래 목표는 런던의 지리적 확산을 억제하는 것이었지만, 이 목표들은 곧 다음과 같이 확장되었다: 스프롤(sprawl)을 견제하고, 근접한 시(*town*)들이 합병되는 것을 막으며, 개발 가능한 토지의 공급을 제한함으로서 도심재생을 장려하는 것이다. 그러나 지난 2년여 동안의 큰 사건은 영국의 그린벨트가 위기에 처해 있다는 것이다. 하트퍼드셔(Hertfordshire) 카운티 한 곳에만 주택 92,000개가 들어설 수 있는데(가능성이 있는데) —이들 중 최하 1/3이 그린벨트 땅에 위치한다. 이로 인하여, 10,000에이커의 그린벨트 땅이 위험에 처할 수도 있다. 이와 유사하게, 영국정부는 다음 20년간 575,000개의 주택을 서 미들랜드에 짓기를 희망하고, 역시 이중 많은 수가 그린벨트 땅에 위치한다. 그린벨트 안에 지어진 주택들은 1994~1996년(연간 3,287호)과 1998~2003년(연간 5,265호)에 비교할 때 60%의 증가가 있었다. 브리티시 페트롤륨(British Petroleum), 브리티시 에어로스페이스(British Aerospace) 그리고 더 퀸(the Queen)과의 협상이 진행 중이고, 이들은 그린벨트 안의 땅을 판매함으로써 각각 10억 파운드, 30억 파운드, 그리고 5억 파운드의 이익을 얻게 될 것이다. 자유주의론자들의 두뇌집단 중 하나인 애덤 스미스 협회(Adam Smith Institute)는, 2006년, 그린벨트 안에 주택 백만 호 건설을 제안하였다. 이 모든 일들에 대한 이유는 분명하다. 주택시장이 영국의 부유한 지역에 압력을 가하고 있고, 그린벨트가 국가경쟁력 향상을 위한 중요한 전략적 요소이기 때문이다. 이러한 경향은 한국에 중요한 시사점들을 던진다.

3. 한국에 주는 시사점

영국의 지역 및 도시 정책에 관한 논의는 한국에 중요한 시사점을 가진다.

1) 런던 vs. 영국의 나머지 지역

여기서 가장 중요한 이슈는 지역균형개발을 고수하는 것이 런던의 세계적 위상을 훼손시킬 것이냐의 문제이다. 이에 대한 답은 그럴 수 있다는 것, 하지만 영국은 "지역 균형개발"을 공간정책의 목표로 수립한 적이 결코 없었다. 런던과 남동권 지역에 비하여 침체된 지역의 실업률은 지속적으로 2~3배 가량 높아왔지만, 지역간 균형을 이룩하는 일은 결코 가능한 적이 없었던 것이다. 대신에, 1960년대에서 1970년대 잠깐 동안의 예외를 제외하고는, 영국의 전략은 런던을 더욱 견고하게 만들어 이러한 성장엔진이 여분의 재원을 생산하고, 이것이 세금제도를 통하여 비교적 운이 좋지 않았던 가난한 지역으로 재분배되어 공간적 불균형을 완화시키게 하는 것이었다. 캐치프레이즈를 빌어 말하면, "황금 알을 낳는 거위를 죽이지 말라". 영국은 현재 서유럽의 가장 강력한 경제대국 중 하나이며, 이러한 결과에 대한 이유는 하나 뿐이다. 런던이 그 배후지인 것이다.

이것이 한국에 주는 시사점은 아주 명백하다. 현재 중국은 한국보다 빠른 속도로 성장하고 있으며, 적어도 세 도시들(상하이, 홍콩, 북경)은 세계도시의 위치를 향하여 시합하고 있다. 동아시아의 이렇게 치열한 국가간 경쟁을 감안한다면, 현재 지역균형이란 그릇되고 도달하기 어려운 혹은 불가능한 목표를 위하여 서울을 훼손시키기에는 것은 너무나도 잘못된 시기이다.

2) 한국의 전략은 지역균형개발이 되어선 안 된다

노무현정권의 전략원형으로는 지역균형을 진행시키지 못 하였을 것이다. 충청도에 제안한 새로운 수도는 지역집중을 강화시킬 뿐, 특히나 고속철도를 감안하였을 때 더욱 그러하다. 이 전략은 메트로폴리탄 지역의 확장을 만들어낼 뿐이었을 것이다. 모두들 알고 있듯이, 이것은 잘 알지 못하는 사람들로 인하여 너무나 폭 넓게 받아들여진 조잡한 정치적 결정이었는데, 이러한 결정의 이유는 아마도 하향식 전통이 쉽게는 죽지 않을 것이기 때문이다. 여기서 조금 변형된 공주 연기 행복도시 제안은 수도이전에 비해 조금 낫지만, 그리 대단하지는 않다. 특히 서울의 높은 주거비용을 이유로 들자면, 선택된 지역으로의 정부의 배후기능을 지방분산 시키는 경우가 있을 수 있다(영국과 미국에서 둘 다 선별적으로 적용되었던 전략). 그러나 이것이 지역 균형개발의 목적에 진전을 만들 것이라는 생각은 실현 불가능한 것이다. 영국은 80년 동안 지방분산과 같은 전략들을 고수해 왔지만 거의 아무런 수익이 없었다. 또 하나, 통일전망에 대한 우리의 관점은 날마다 바뀌지만, 만약 이것이 중기적으로 일어난다고 하면, 남한은 남부지방이 아니라 북쪽을 향해 봐야 할 것을 지적한다.

본인은 또한 대통령단임제 시스템에 대해서도 반대한다. 이러한 제도 아래에서는 큰 주의집중거리를 만들어내야 한다. 멕시코는 이러한 대통령 단임제가 어떻게 망쳐지는 지를 보여주는 훌륭한 전례이다. 한국은 지금 이와 같은 선상을 따라가고 있다. 단임제 대통령들은 어떤 지배적 (정치적) 주제에 대한 필요를 피해 갈 수 없다. 김영삼 대통령의 세계화는 아주 좋은 주제이기는 하지만 실행에 있어서는 실패하였다. 김대중 대통령의 햇볕정책 역시 아주 좋은 주제이기는 하지만, 비자금과 영국의 "악인을 대할 때에는 조심하여야 한다"[1]는 아주 보편적 속담을 무시한 데서 파멸하였다. 노 대통령의 지역 균형개발은 모호한 관념이자, 실질적으로 손에 넣을 수 없으며, 그리하여 실패할 수밖에 없다. 동기는 좋았지만, 이를 실행하려는 시도는 지역 경제개발이 어떻게 작용하는지에 대한 무지에 기초한 것이었다.

3) 정부기관의 분산

이 보고서의 처음부분에서 필자는 영국의 정부기관 분산이 지역 균형개발에 아주 작은, 거의 제로에 가까운, 기여를 하였다고 논하였다. 이는 한국에도 똑같이 적용된다. 한국의 경우, 전명진에 의한 상세연구를 바로 참조하면 된다. 그는 최근 보고서에서(2007. 6), 상당히 정교한 경제, 인구, 그리고 인구유출 모델을 사용하여, 다음과 같이 설명한다.

① 서울로부터 (지방으로) 40,000개의 공공부문의 일자리를 재배치하는 것은 서울 메트로폴리탄 지역(수도권)의 어느 예측에 의해서도 무시할 수 있는 변화를 초래할 뿐이고;
② 서울로부터 10,000개의 중앙정부의 일자리들을 충청도로 이전

---

1) "When you sip with the devil, you need a long spoon"

한다해도, 그 영향은 아주 미미할 것이고;

③ 공공부문 재배치는 시장의 힘에 의하여 지방 도시들의 차별적 고용(일자리) 증가에 의해 그 효과는 상쇄될 것이다.

(1) 작은 지리적 규모

남한은 영국보다 더 작지만 인구밀도는 더 높다. 교통비용은 교통인프라 투자로 인하여 특히 고속철도의 경우 줄어들고 있다. 어떠한 지역개발 전략도 이치에 맞을지 아닐지는 의심스럽다. 아마도 시장을 거스르지 않고 필요한 교통인프라를 지원하는 것이 시장을 지배관리 하려는 것보다 아마 나을 것이다.

(2) 부문별 전략

한국은 제조업이 쇠퇴하고 탈공업화로 변환하는 경제개발 단계로 빠르게 접근하고 있는 중이다. 제조업 강세는 한두 개의 주요 경제부문에서는 계속 성공적일 것이지만 (예를 들어, 세계 최강인 전자제품과 자동차 부문), 점차적으로 서비스 부문이 더 강세를 보이게 될 것이다. 이러한 시점에서는 건물들이 더욱 고층화될 가능성으로 인해 지방분산이란 것이 훨씬 덜 중요해 진다. 교통 및 주택에 미치는 파급효과는 있지만 수도권지역에서 이들은 관리 가능한 정도이다.

4) 공간적 형평성에 대한 고려

한국에서는 공간적 형평성은 과거에 비하여 훨씬 덜 심각한 문제이다. 글로벌차원에서 보면, 한국의 지니 지수(*Gini coefficient*)는 아주 낮은데, 이것은 남아메리카에 비하면 특히 더 그렇다. 서울과 그 외 지역간에는 상당히 큰 임금 차이가 존재하지만, 이것은 생계비용 때문에 상당부분 상쇄된다. 한국은 지금 고도로 도시화되어 있고, 따라서 해묵은 도시—농촌간의 임금차이는 더 이상 큰 이슈가 아니다. 집 값을 제외하고는 이동성에 대한 제한이 별로 크지 않기 때문에 가구들이 일자리가 있는 곳으로 이동할 수 있다.

5) 사회적 통합 vs. 물리적 개발

2000년 이후 영국의 공간정책들에 대한 두드러진 태도변화는 물리적 인프라와 물리적 환경(*built environment*)보다 사회적인 이슈(*social inclusion*)에 대한 강조를 더하고자 하는 시도이다. 이점에 있어서 한국은 한참 뒤진다. 한국은 이제 막 주거복지와 사회복지에 대한 고려를 시작하고 있다(Sonn, 2006). 최근에 가장 인상적인 프로젝트는 전 이명박 시장의 청계천 복원사업이었다. 이 사업은 돈이 매우 많이 들어간(약 380백만 달러 가량), 그리고 물리적 재개발을 주로 하는 모험적 사업이었다. 이 사업에 대한 이론적 근거는 분명하다. 국제환경상(International Environment Prize)을 수상하였고, 대통령 선거 캠페인의 기반을 제공한 것이다. 하지만 여기엔 잊고 지나간 요소가 있는데, 바로 이러한 재원은 낙후되어 가는 동네의 사회적 문제를 다룰 기회비용이다. 또한, 이것이 장기적 시장에서 초래하는 결과가 어떠한 것일지는 불분명하다. 혹, 도시재생(*gentrification*)이라는 부정적 영향을 가져올 의구심도 있지만, 혹은 그 값어치를 할 수도 있을 것이다.

6) 그린벨트 완화

수십 년간의 팽팽한 규제 이후 영국과 한국 모두 그린벨트 규제를 완화시키고 있다. 두 나라의 병법은 서로 매우 다른데, 영국에서는 시장과 정치가 그 속도를 지배하고 이는 반면, 한국에서는 적어도 표면적으로는 기법적 고려가 가장 상위에 있다. 하지만, 이론적 배후와 기대하는 결과는 두 나라가 동일하다. 주택문제에서 오는 압력은 급성장하는 지역에 개발 가능한 용지공급을 늘릴 것을 필히 요구하는데, 수도권지역과 런던 남동권 지역이 예이다. 적정한 밀도규제(영국보다 한국에서 이것은 훨씬 더 높다)를 둠으로 인해 추가적 토지의 소비는 그리 크지 않을 것이며, 그린벨트가 주는 휴양지적 그리고 환경적 이익은 거의 영향을 받지 않을 것이다. 두 나라 모두가 아주 강하게 고수하는 원칙인 그린벨트 경계의 유지는, 강력한 실행의 문제이라기보다는 원칙적인 것에 훨씬 더 가깝다. 실제로, 그린벨트는 영국보다 한국에서 더 안전하게 남아 있는데, 이것은 경사도 제약(*slope constraint*)이 막대한 면적의 토지를 개발로부터 지켜냈기 때문이다. 결과적으로는, 그린벨트가 개발압력 앞에 양보를 해야 할 것이다. 계획상의 문제는 이것을 어느 정도로 그리고 어떻게 할 것인가 이다. 완전폐지를 위한 논의도 있을 수 있지만, 이것은 아마도 불필요할 것이다. 환경을 걱정하는 이들에게 너무 큰 화를 불러일으키지 않으면서, 토지공급을 완화할 수 있는 중간적 방법이 분명히 존재한다.

4. 결 론

이 연구는 영국의 장기간에 걸친 지역 및 도시정책의 경험을 한국의 지역 균형개발에 찬성 혹은 반대하는 사례를 논의하고자 하였다. 필자들의 결론은 명백하다. 우리는 늘어나는 대규모 메트로폴리탄 지역들간의 세계경쟁시대에 살고 있다. 서울은 지금 경쟁력의 잣대 위에 아직 낮은 수준에 머물고 있으며 그 경쟁적 역량을 약화하고 있다. 수도이전이란 개념은 너무 소홀하게 다루었고, 신행정도시(*New Administrative City*)안 역시 그리 나은 것이 없었다. 감소하는 교통비용 때문에 이러한 제안은 지역 균형개발을 증진시키기 보단 공간적 집중은 강화할 것이다. 정부의 배후기능들을 지방 도시로 이전하는 것은 공공부문에의 비중 있는 비용절약이 있을 경우 합리적일 수 있지만, 지역개발의 균형에 미치는 영향은 무시해도 될 정도로 작다. 한국의 지역균형개발에 있어서 가장 흥미로운 질문은, 거의 누구도 관심을 가지지 않는 것처럼 보이는데, 바로 통일이 된다면, 그리고 통일이 일어날 때, 어떠한 전략을 써야 할 것인가 이다.

참고문헌

P. Allmendinger and M. Tewdwr-Jones(1997), "Post-Thacherite Urban Planning and Politics: A Major Change?" *International Journal of Urban and Regional Research*, 21.

H. Armstrong and J. Taylor(1985), *Regional Economics and Policy.* Deddington, Oxford: Philip Allan.

C.-H. C. Bae(1998), "Korea's Greenbelt: Impacts and Options for Change," *Pacific Rim Law Journal*, 7: 3, 479~502.

S. Ball-Petsimeris(2004), "Urban Policy under New Labour: A New Dawn?" *Dela*, 21, 171~181.

W. J. Baumol(1967), "Macroeconomics of Unbalanced Growth: The Anatomy of Urban Crisis," *American Economic Review*, 57, 415~426.

J. Cai and V. F. Sit(2004), "Measuring World City Formation—The Case of Shanghai," 239~250, in H. W. Richardson and C.-h. C. Bae, eds., *Globalization and Urban Development*, Heidelberg: Springer.

Department for the Environment, Food and Rural Affairs(DEFRA) (2005), Sustainable Development Action Plan.

M. Goodwin(2004), "The Scaling of 'Urban' Policy: Neighborhood, City or Region?" 173~184, in C. Johnstone and M. Whitehead, eds. (2004), *New Horizons in British Urban Policy: Perspectives on New Labour's Urban Renaissance.* Aldershot: Ashgate.

N. Hansen, B. Higgins and D. J. Savoie (1990), *Regional Policy in a Changing World.* New York: Plenum Press.

Sir Henry Hardman (1973), *The Dispersal of Government Work from London* (Cmnd 5322). London: HM Stationery Office.

C. W. Jefferson and M. Trainor (1993), "Public Sector Employment in Regional Development," *Environment and Planning A*, 25, 1319~1338.

C. Johnstone and M. Whitehead, eds. (2004), *New Horizons in British Urban Policy: Perspectives on New Labour's Urban Renaissance.* Aldershot: Ashgate.

M.-J. Jun (2007), "Korean Public Sector Relocation: Is it a Viable Option for Balanced National Development?" *Regional Studies*, 41, 65~74.

Sir Michael Lyons (2004), *Well Placed to Deliver: Shaping the Pattern of Government Service.* London: HM Stationery Service.

P. McCann (2001), *Urban and Regional Economics.* New York: Oxford University Press.

K. Mera (1973), "The Tradeoff between Aggregate Efficiency and Interregional Equity: The Case of Japan," *Regional and Urban Economics*, 3, 273~300.

J. N. Marshall (1996), "Civil Service Reorganization and Urban and Regional Development in Britain," *The Service Industries Journal*, 16, 347~367.

K. Ohmae (1995), *The End of the Nation State.* New York: Free Press.

N. Oulton (2001), "Must the Growth rate Decline? Baumol's Unbalanced Growth Revisited," *Oxford Economic Papers*, 53, 605~627.

J. E. Rauch (1994), "Balanced and Unbalanced Growth." *National Bureau of Economic Research Working Paper W* 4659.

H. W. Richardson and W. B. Kim (2007), "Towards a Spatial Infrastructure Strategy for Korean Reunification." Unpublished paper.

Social Exclusion Unit(1998), *Bringing Britain Together: A National Strategy for Neighborhood Renewal*(Cm 4045). London: HM Stationery Office.

J. W. Sonn(2006), "The Coexistence of Strong Interventionism and Neoliberalism in South Korea." *Paper presented at the Association of Collegiate Schools of Planning*, Fort Worth, Texas, November 9.

W. P. Strassmann(1959), "Creative Destruction and Partial Obsolescence in American Economic Development," *The Journal of Economic History*, 19, 335~349.

P. Townroe and R. Martin(2002), *Regional Development in the 1990s: The British Isles in Transition*. London: Routledge.

United Kingdom, Office of the Deputy Prime Minister, Urban Task Force(1998), *Towards a Strong Urban Renaissance*. London: HM Stationery Office.

United Kingdom, Office of the Deputy Prime Minister(2004), *Community Involvement in Planning: The Government's Objectives*. London: HM Stationery Office.

|제 13 장|

프랑스의 21세기 공간정책

새로운 시대, 새로운 공간

버트란드 르노

1. 서론

프랑스는 지난 20세기 후반 동안 도시와 지역계획에 있어 매우 강한 전통을 발전시켜온 나라이다. 그래서 그 시기를 프랑스에서는 '국토관리'(*aménagement du territoire*)의 시기[1]라고 한다. 이 논문에서는 지난 60년 동안의 프랑스 공간계획의 원동력과 어떻게 이 정책들의 주요한 방향이 바뀌어왔는지를 살펴본다. 분산정책과 그 특징, 결과와 그것으로부터의 교훈에 특별히 주목한다. 한국에서 논란이 되고 있는 정부청사 이전계획에 주는 교훈은 무엇일까?

논문은 세 부분으로 구성된다. 첫 번째는 프랑스의 발전시기부터 도

1) 《로버트 사전》(*Robert Dictionary*)에 따르면, 'aménagement'의 현재 의미 중 하나는 "전체공간을 필요한 인프라"(*les quipements*)를 위치에 놓고 자연자원의 이용을 최적화 시킴으로써 연관된 인구의 필요를 만족시키는 것이다.

시 및 지역정책과 공간발전에 대한 역사를 검토한다. 1940년대 전통적 프랑스 공간정책의 핵심적 아이디어들은 21세기 첫 10년 동안 구체화되었다.

두 번째 부분에서는 프랑스 국가공간계획을 구체화시키고, 프랑스 파리지역의 내부적 조직을 변화시키고 있는 5가지 메가트렌드를 설명한다. 메가트렌드는 다른 메트로폴리탄 지역과 작은 도시 및 지역에서도 마찬가지로 나타난다. 이 메가트렌드에 기초한 7개의 새로운 정책적 우선 순위도 살펴본다.

세 번째는 프랑스의 '도시권 양극화'(*metro-polarization*) 요인들과 지난 20년간의 세계 경제성장과 함께 중요해진 메트로폴리탄 경쟁요소를 심층 분석한다.

결론에서는 프랑스와 한국 도시 및 지역발전의 주요한 특징들을 비교한다. 프랑스의 경험이 서울 수도권의 정부청사이전 프로그램을 뒷받침하는지 살펴본다.

2. 프랑스의 공간정책 60년

도시발전의 경제, 재정, 사회적 제약은 시기에 따라 매우 많이 변한다. 개발도상국의 도시발전과 달리 선진국의 도시발전에는 양적 발전보다는 질적 발전이 중요한 이슈라는 데 근본적 차이가 있다. 60년 동안 프랑스 국토정책의 변화는 이 점을 반영한다.

1) 1940년대 : 국토계획의 합리성 등장

1940년대, 정책 제안자들과 정부 고위관료들 사이에는 프랑스 국토정책이 적극적으로 다루어져야 한다는 생각이 만연했다. 파리와 지방간에 좀더 균형이 이루어져, 국가 전역이 재정비되어야 한다는 생각이었다. 수세기 동안, 프랑스는 파리에 중앙집권화 되어 있었고, 파리에서 지방으로 지시가 내려졌다. 실제로 1630년대 초, 프랑스 왕은 정책적으로 지방 고등법원의 힘을 축소시키고, 왕을 향한 귀족들의 잠재적 도전에 뒷받침이 되어주는 지방의 경제 자치권을 제한했다.[2)]

1947년 출판된 장프랑수아 그라비에(Jean-François Gravier) 《파리와 프랑스의 사막》(*Paris et le désert français, Paris and the French desert*)은 여론을 움직이는 촉매제 역할을 했다.[3)] 저자는 인구통계상의 불일치를 강조하면서, 2차 산업 혁명과 도시의 급성장으로 인해 파리에 인구가 점차 밀집되는 것을 비판했다. 또한 상호연결이 이루어지지 않는 지역 네트워크로 인해 지방이 고립되고 격리되는 것을 비판했다. 그라비에는 경제활동과 문화활동을, 오늘날 '국가'라고 불리는, 모든 권력을 지닌 중앙정부 주위에 집중하는 프랑스의 정치적 중앙 집권화에 가장 큰 책임이 있다고 했다.

몇몇 국가 정책들은 그 강력한 공간효과들은 당시에는 이해되지 못했고 또 공간적 문제로 만들어진 것도 아니었다. 이 정책들은 두 번의 세계 대전을 겪으면서 사회—경제 활동을 파리와 그 인근 지역에 사회경제적 활동들의 집중시켰다. 그것들은 다음과 같다:

---

2) 항상 반복되는 왕권에 대한 도전 중 가장 잘 알려진 것은 "프롱드의 난"이다. 이는 이후 4년간 지속된 시민전쟁(1649~1652)의 원인이 되었다. 이후 루이 14세의 절대적 권위하에서 이루어진 베르사유 궁전의 대규모, 고비용 건축에 내재된 목적은 귀족들로 하여금 지방에 있는 그들의 뒷받침으로부터 떨어져서 엄격히 감시될 수 있는 궁정에 그들의 활동이 집중되도록 하기 위한 것이었다. 즉, 귀족들이 지닌 힘의 원천과 시간을 봉쇄하려는 것이었다.

3) 이 책은 1956년 다큐멘터리 영화로도 제작이 되었는데, 파리 교외 주택지의 사람으로 넘쳐나는 생활여건과 프랑스 중심부에 위치한 가난한 농촌의 쇠락한 마을을 대비시키는 내용이었다.

- 과도하게 중앙집권화된 정부의 정책결정. 이와 관련된 모든 결정권은 파리에 있었고, 지방자치단체에는 결정권이 거의 주어지지 않았다.
- 2차 세계대전 이전의 경제보호주의. 이것은 이미 파리에 집중되어 있는 산업활동에 유리하게 작용했다.
- 고등 교육기관과 R & D 시설들의 파리 집중
- 고부가가치 사업의 파리집중
- 방사형태의 도로 및 철도 기반시설. 오늘날에 비해 운송비가 위치 설정에 있어서 매우 중요한 요소이던 때, 파리와 부유한 지역 사이의 교역활동에 유리하게 작용했다.

2) 1950~1960년대 : 프랑스 토지 정책의 황금기

세계대전 이후의 새로운 국가 지도자들은 국가 공간정책에 대한 아이디어를 내는 데 적극적이었고, 재화와 서비스의 접근성에 있어 프랑스국민 사이에 존재하는 커다란 사회적 불평등에 대해 관심을 보였다. 그들은 국가의 직접적 경제계획의 테두리 안에서 프랑스경제를 속히 재건하고 근대화시키고자 했다.[4] 당시의 적극적 공간계획 정책이 양적 도시화 정책 및 농촌—도시 이주정책의 마지막 단계와 동시에 진행되었다는 것을 유념해야 한다. 경제 활동의 균형을 맞추기 위한 의견들이 제시되던 1945년 도시인구 점유율은 55%를 밑돌았고 이후 증가하여 1970년대 후반에 현재의 75%에 근접하게 되었다. 반면, 현재

4) The first loan of the International Bank for Reconstruction and Development, better known today as the World Bank, was a $250 million general loan made in 1947 to "Credit National" a French public corporation whose mission was to finance the reconstruction of the French economy. Loans to the Netherlands, Denmark and Luxembourg followed. See Mason and Asher, *The World Bank since Bretton Woods*, Brookings, 1973, p. 52.

한국의 정부청사 이전계획은 도시화의 양적 단계가 이미 완성되고, 도시 인구가 OECD 국가 중에서도 가장 높은 편인 85%에 달한 시점에서 고려되고 있다.

그 기간에 일어난 주요 사건들은 다음과 같다.

- 1950 : 재건—도시화 장관(*Minister of Reconstruction and Urbanism*)이 국토계획의 첫 보고서를 정부에 제출했다.
- 1955 : 중앙 정부로부터의 첫 번째 지방발전 보조시스템이 구축됐다.
- 1960 : 토지 계획을 위한 부처간 조정위원회가 처음으로 만들어졌다.
- 1963 : 국무총리실 산하에 DATAR 기관이 창설되었다. 이곳의 임무는 경제활동의 재분배와 국가전역에 광범위한 경제기반을 조정함으로써 지역공간의 균형을 이루는 것이었다. DATAR는 경제활동을 파리 이외의 지역으로 분산시키는 지방분권 정책을 채택했다. 지방분권 정책은 먼저 산업활동에 초점을 맞추었고, 이후 서비스활동을 포함시켰으며, 점차 영역을 늘려나갔다.
- 1963 : 8개 도시가 파리와 균형을 이루는 개발 도시("균형도시"(*metropoles d'quilibre*) 정책으로 알려져 있다)로 지정됐다.[5)]
- 공공부문과 산업활동 분야가 가장 먼저 파리외곽으로 이전 됐다. 이와 더불어 항공산업이 파리를 벗어나 툴루즈(Toulouse)와 보르도(Bordeau)지방으로 재배치되었으며, 항공산업기술 학교도 툴르즈로 이전됐다. 오늘날에도 툴루즈는 여전히 비행기 제조 산업지역으로 남아 있다. 군사 통신 부문과 전자 산업은 브리타니(Brittany)로 옮겨졌다.

---

5) 리옹, 마르세유, 보르도, 툴르즈, 릴, 낭시, 스트라스부르, 낭트.

- 1970년 파리의 공간개발에 새로운 형태를 취하기 위한 "뉴 타운" 정책이 채택됐다.

전후재건 노력의 일환으로, 경제투자에 우선 순위를 두기 위해서 강력한 행정체제인 "지표적 경제 계획"(*indicative economic planning*)이 수립됐다. 총리실 안에 자리잡은 DATAR는 지역간의 후생 불균형을 해결하기 위해서, 정부 부서를 넘나들며 공간투자 조정역할을 담당했다. 당시의 프랑스 공간정책은 국가 산업기반 네트워크 발전에 핵심적 역할을 했고, 지역간의 사회—경제적 통합에 박차를 가했으며, 국가의 생산성을 향상시키는 데 기여했다. 지역불균형에 대한 정책 또한 농촌—도시 이주정책의 마지막 단계와 함께 진행되었으며, 1974년 세계공황 즈음에 마무리 됐다.

1960년대에는 파리에 사회—경제 활동을 집중시키는 정책이 수립되면서, 학교와 연구기관의 지방 분산정책이 진행되었는데, 이는 종종 특정 이익집단, 예를 들어, 영향력 있는 동문 등의 반대에 맞닥뜨리기도 했다. 프랑스의 고등 교육 시스템은 다양한 분야의 엘리트 양성을 위한 '그랑 제콜'(*grandes écoles*)과 일반대학으로 양분화되어 있다. 또한 대학시스템은 교습활동, 연구활동, 산—학 연계 이렇게 세 가지로 분리되어 있다. 결과적으로 대부분이 국립인 지방대학은 다른 나라, 특히 미국의 대학처럼 지역 승수효과를 내지는 못했다.

역설적으로 파리 억제정책이 관심의 대상이 되기도 했는데, 1965년 당시 공간정책의 골자는 파리 자체를 위한 공간개발계획이었다. 1965년의 계획(SDAURP : *Schéma directeur d'aménagement et d'urbanisme de la région parisienne*)는 프랑스 내에서 역동적이고 통찰력이 있던 그 계획의 리더의 이름을 딴 "드루브리에 계획"(Plan Delouvrier)으로 더 알려져 있다. 흥미롭게도 이 보고서는 중앙정부에 공식적으로 채택된 적이 없다. 이 상세한 계획은 이후 진행된 그 어느 파리 발전계획보다도 막대한 영향을 끼쳤으며, 1980년 파리는 공식적으로 정치적 중심도시가 됐다. 여러 주요 경제기반 결정사항 중에서, 드루브리에 계획으로 파리 주위의 5개 지구개발에 착수했고, 정돈된 철도시스템(RER: 파리의 급행 교회선)의 주요 수송경로 위치를 제안하고, 파리의 두 번째 공항이 루아시(Roissy) 공항의 위치를 제안했다.

3) 1970년대 : 지방 분권의 문제점과 재평가

두 가지의 분명한 타격으로 인해 지난 수십 년간 이룬 공간정책의 공적과 성과에 대한 의심과 재평가가 늘었다. 첫째, 초기 단계에서 있었던 1968년의 사회적 위기로 중앙 정부기관과 지방의 정책결정자들 사이에 있었던 심각한 분쟁과 긴장감이 생겨났다. 또한 1974년의 세계공황과 프랑스경제의 장기침체는 전국적으로 국가성장을 확장시키면서 가려져 있던 공간정책의 취약함을 드러냈다.

1970년 중반에는 국가 공간발전계획이 활력을 잃었다. 이는 세계대전 이후 경제전반을 재건하고, 도시인구 점유율이 1945년 52%에서 1975년에는 현재 75%정도 되는 도시점유율과 매우 근접한, 73%로 증가하면서 프랑스의 양적 도시화가 종지부를 찍게 된 것과 관련이 있다. 의욕적으로 진행되었던 국가 공간정책의 성과와 공적에 대한 의혹이 쌓여갔다. 이것은 특히 경제성장비용과 관련한 것이었다.

중앙정부에도 내부적 갈등이 생겼고, 경제가 침체되면서 갈등은 더욱 심해졌다. 한쪽에서는 프랑스 정책위원회(Commissariat Général au Plan)가 국가 근대화와 여러 경제분야의 성장에 필요한 투자 필요성에 주의를 기울였다. DATAR가 창설되었지만 관점은 그다지 바뀌지 않았다. 게다가 파리를 관리하기 위한 새로운 정부기관의 창설은 경제계획과 토지계획의 불협화음만을 강조하거나 더할 뿐이었다. 권한을 강화하기 위해서, DATAR는 1970년에 "환영받지 못하는 시나리오"

〈그림 13-1〉 도농간 인구이동과 프랑스 분산정책

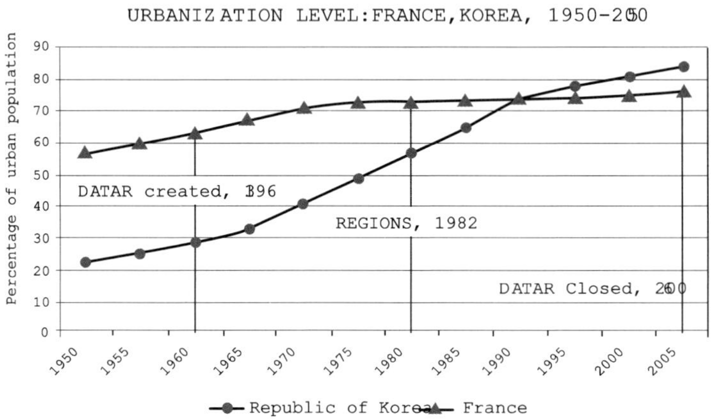

(*Scenario de l'inacceptabe*) 라는 험악한 제목의 보고서를 발표했는데, 이는 일부 성장 시나리오에 의해 프랑스의 일부 지역이 인구 대부분을 잃게 될 가능성에 대해 개설한 것이었다.

1946~1975년 사이에 급격한 성장이 지속되면서, 프랑스경제는 충분히 도시화, 근대화되었고, 점점 다각적으로 성장했다. 장기 핵심 산업기반 옵션에 대한 정부기관의 전략상 계획은 달성되었다. 경제는 국가의 공간목표와 그것이 제공할 수 있는 인센티브로 다각화되었다. 그러나 그 인센티브는 민간 및 공기업의 새로운 사회경제적 필요에 부합되지 않았다. 산업활동에서 직접 생산시설의 비율 또한 지속적으로 증가했다. 단지 직접 생산 활동만이 파리외곽으로 이전했으며, 의사결정과 생산분야에 있어 노동력의 공간분리가 심화되는 양상을 보였다. 높은 수준의 인적 자본을 요하는 고부가가치 분야와 본사는 파리에 있어 이익을 보았다.

경제전문가인 프랑수아 페루(François Perrou)가 제시했고, 통제경제 정책의 핵심원리인 '성장거점'(*growth pole*) 이론에 의하면, 하향식 지방 분권화는 의도한 결과를 가져오지 않는다. 이를테면 지정된 도시들 주변에 새로운 사회 경제적 구역들이 발생할 정도로 일부 기반산업을 뒷받침 할만한 자금을 충분히 제공하지 못했다. '균형 도시'(*metropoles d'equilibre*)로 지정했던 8개의 도시들도 마찬가지였다.

흥미롭게도, 1960년대 분산정책의 장·단점에 대한 계량적 평가는 프랑스에서 이루어지지 않았다. DATAR는 비용이 많이 들고 시간이 많이 소요되면서 미시경제자료를 수집 분석하기보다는 시나리오 분석 방법을 사용했다. 그러나 프랑스 공간정책에 대한 검토를 지속적으로 하면서 제기되는 도시발전에 대한 최근의 연구가 분산정책을 가볍게 다루는 경우가 있다는 것이다. 예를 들어, 시콘(Ciccone)과 페리(Peri)가 수행한 도시에서의 지식 외부효과와 인적 자본에 대한 연구에서는 표준 산업 공정들의 분산이나 백 오피스(*back-office*) 서비스활동이 어떻게 또 왜 수도권의 인적자본으로 이익을 보는 고부가가치, 혁신서비스를 분산시키는 것보다 성공가능성이 높은지를 설명해준다(Cinnone와 Peri, 2002를 참고).

1974년 석유파동은 프랑스 경제성장을 상당히 둔화시켰다. 간섭적, 하향적, 정부주도적 개발경제모델은 한계를 드러냈다. 국가 공간전략은 성과를 내지 못했고 이제는 지역개발에 힘써야 했다. 프랑스 북쪽과 동쪽의 산업지역을 재구성하는 것이 주요한 이슈가 되는 것은 당연했다. 중앙집권적 하향식 국토관리는 더욱 분권화 되고 유연해질 필요가 있었다.

동시에 국가공간은 폐쇄적이어야 하고 보호받아야 한다는 시각은 빠르게 변화하는 유럽과 세계경제 속에서 스스로 변화를 꾀하기에는 역부족이었다. 프랑스 국가공간은 이제 넓게 개방되었다.

또한 국가는 유럽연합이 정한 새로운 경쟁규칙 속에서, 세계화로 유럽에서 활동하는 기업이 확대되면서 도전을 받았다. 중앙정부는 지역정부가 메트로폴리탄의 성장과 도시 경쟁력 확대에 대응하기 시작하면서 도전을 받았다.

4) 1980년대 : 공간적 분산에서 정치적 분권으로

중앙정부가 강제로 지방의 균형발전을 이루는 것은 비용이 너무 많이 드는 데다, 구조적으로도 근거가 없다는 데 합의가 이루어지면서 1980년대 초에 폐기되었다.

- 정치적 분권화는 22개 독립적 지방정부가 만들어지면서 1982년 실현되었다.
- 유럽이 지속적으로 통합되면서 거대 유로시장에서의 무역장벽은 급속히 철폐되었다.
- 유럽지역이 중앙정부를 통하지 않고 직접 교류할 수 있는 법과 규제가 마련되었다.
- 고급인력을 요구하는 고부가가치 서비스가 늘어나면서 함께 프랑스 경제구조는 변화했다.
- 국제경쟁으로 "메트로폴리탄 경제"(*metropolitan economies*)가 국가 경쟁력에 핵심주체로 부상하게 됐다.

앞서 언급한 것처럼, 농촌—도시가 통합되고 국가연결망이 완성되면서 사회경제적 불평등 해소방안에 대한 생각들은 크게 변화했다.

공간정책시대가 막을 내리고 1980년대가 시작되면서 DATAR은 국무총리 산하에서 부처간 투자를 조정하는 역할을 더 이상 하지 않게 되었다. 1980년대와 1990년대, 의회가 바뀌면서 DATAR은 계획부(*Planning Ministry*)에서 설비·주택·교통부(*Ministry of Equipment, Housing and Transportation*), 산업부(*Ministry of Industry*) 등을 거쳐 결국 국토계획·환경부(*Ministry of Territorial Planning and the Environment*)로 이전했다.

DATAR의 역할은 저하되었으며 결국 다음과 같은 세 가지에 국한되었다. ① 기반구조와 공간개발을 위한 국가기금에서 우선적 투자자에게 보조금을 지급했다. ② DATAR는 6년간 계약투자계획으로 중앙정부와 각 지역간에 조정 및 자문역할을 했다. ③ DATAR이 유럽연합에서 나온 지역기금 분배에 대한 협상과 조정하는 역할을 했다.

5) 1990년대 : 유럽의 공간통합과 그 이후

1990년대까지, 프랑스 국가 공간정책의 실질적 사회경제적 동력은 힘을 잃었다.

- 지역에 22개 선출정부를 만들어낸 분권화법이 1982년 통과되면서 지방과 지역정부간 균형은 최소수준을 넘었다. 정치적 분권화다 점차 중요한 사항이 되었다.
- 유럽이 지속적으로 통합되면서 거대 유로시장의 무역장벽들은 급속도로 철폐되었다.
- 고급인력을 요하는 고부가가치 서비스의 확대와 함께 프랑스경제는 변화되어 갔다.
- 유럽 및 국제무대에서 "메트로폴리탄 경제"는 국가경쟁력의 실체로 부상했다.
- 후기산업의 사회적 가치는 사회경제적 불평등을 해소하는 방안에 대한 생각을 크게 변화시켰다.
- DATAR의 중앙정부의 분권정책을 지원하고, 부처간 투자를 조정하는 역할이 축소되었다.

6) 2000년대 : 과거 프랑스 공간정책과의 결별

2000년까지 DATAR는 지방의 정치적 분권화와 보다 넓은 지역자치 및 지역소득 격차현상을 감독했다. 그러나 이제 유럽과 세계로 무대를 확대했다. 파리지역 성장을 재분배하려는 오래된 '억제'(*containment*) 정책은 DATAR에서 사라졌다. 2002년 12월 DATAR의 목표는 다음의 네 가지이다.

- 국부 창출에 기여
- 프랑스 대도시 및 지방의 국제교류 장려
- 국가발전에의 지역참여 장려
- 발전에 필요한 정책적 수단 제공[6]

(1) 2003년 신공간전략과 정책방향

2003년 1월 29일, DATAR 위원회는 총리에게 전혀 다른 국가 공간 전략을 제안한다. 공간환경전략의 변화를 인식하면서, DATAR 위원회는 다각적으로 성공적이었던 지난 40년간의 공간재분배전략의 전면적 중단을 제안했다. 그리고 위원회는 당시 지역정책의 중단 필요성에 대해 매우 단호하게 다음과 같은 의사를 표명했다.

근본적 전략수정을 요구하며 DATAR 위원회는 다음과 같이 언급했다.

> "지난 40년 동안 우리나라의 산업적, 지리적, 사회학적 전망은 크게 변화했습니다. 유럽공동체(*European Community*)로 또 유럽연합(*European Union*)으로 통합되면서, 국경은 더 이상 의미가 없게 되었습니다. 한편, 통신혁명, 교통망의 발전, 고속철도의 개발은 지리적 기능과 우리의 생활을 변화시켰습니다. 지방의 여건과 도시화는 현대인의 일상으로 통합되었습니다."[7]

---

6) 이 목표는 DATAR 홈페이지에서 볼 수 있음(http://www.datar.gouv.fr/ Thread: Homepage/la Datar/les missions).

위원회는 3개 주요 항목에 대해 국가 공간개발을 위한 10개 방향을 제안하고 있다.

(2) 분권화 수행 :

- 중앙정부의 우선 순위에 대한 재조명과 주요 국가기능에 대한 재조명 — 주요투자, 국가안보 및 지속가능한 발전. 국가는 국가의 응집력을 지속해야 한다. 재정부분에서 예산과정과 예산법은 구분되어 집행되어야 한다.
- 지방은 국가응집력의 중추로 공간 및 기반시설 개발에서 충분한 권한을 가져야 한다.
- 재정연방주의에 대한 새로운 기준 마련. 현대화된 재정시스템을 통해 지방정부의 재정자립도를 확보해야 한다.
- 전 국민의 공공서비스에 대한 접근성 확보. 정부서비스 재구성시 다양한 지역여건을 더욱 고려되어야 한다.

(3) 유럽 경쟁의 새로운 국면에 대비한 지역의 정비

- "작은 유럽"(*Little Europes*)을 위해 행정구역을 넘어 지역간 파트너십 구축. 행정구역상 법적 위상은 이 목표달성 측면에서 발전해야 한다.
- 프랑스 '메트로폴리탄'의 유럽적 매력 지원. 교통 및 통신 인프라와 적절한 재정정책을 통해 이들 지역을 유럽도시 중 1순위로 끌어올린다.
- 유럽 및 세계적 수준에 있는 핵심 메트로폴리탄들의 경쟁력 강화.

---

7) DATAR 위원회의 프랑스의 새로운 국토발전정책(*A new territorial development policy for France*) 요약본(*Éléments de synthèse*). Contribution to the Debate on decentralization, Europe, and Spatial Development. Paris: DATAR, 29 January 2003.

(4) 공간발전의 협력형태 증진

- 주정부와 지역 사이에 새롭고도 유연한 계약 개발. 지역에서 이미 시작했더라도, 전략적 계획이 함께 수반되어야 한다.
- 지역불균형에 대한 모니터링. 보다 정교한 방법으로 지역불평등을 모니터링하며 3년마다 의회에 지역불평등에 대해 보고한다.
- 지역파트너십을 위해 지역정부차원의 새로운 도구개발 및 공공—민간 재정구조의 새로운 형태 개발을 위한 역량강화. 국회와 지역·지방사이의 상호작용을 위해 의회 내에 조직을 마련한다.

(5) 2003년 정치적 분권화를 위한 헌법개정

2003년 3월 28일 지방 및 도시정책 장기발전을 위한 헌법개정 투표가 있었다. 헌법개정은 1982년 이후의 분권화를 다시 강조하고 있다. 헌법에서는 22개 지역을 지방정부로서 완전한 법적 지위를 부여하고 있다. 이것은 데파르망(*Départements*)와 코뮨(*Commune*)과 같은 지위이다. 또한 2003년 헌법에서는 중앙정부보다 하위의 정부수준에도 실험적으로 규제를 실행할 수 있는 권한을 부여하고 있다.[8]

헌법적 개정을 구체화하는 네 개의 새로운 법이 2003년과 2004년에 통과되었다.

- 두 '유기법'(*Organic Laws*)에는 헌법개정에 다음과 같은 내용이 추가된다.
  —실험적 행정·재정 권한 부여
  —지방정부에 국민투표를 관할할 권리 부여
- 세 번째 '유기법'(*Organic Laws*)은 지방의 재정독립성을 다룸
- 네 번째 법은 지방정부의 다양한 권리와 책임을 명시

---

8) 이 개혁의 특성과 범위를 더 잘 이해하기 위해 1789년 프랑스혁명 시기에서 2003년까지의 프랑스 중앙집권 역사는 프랑스 의회 웹사이트에서 확인할 수 있다(http://www.assemblee-nationale.fr/histoire/decentralisation.asp).

(6) 2006년 DATAR의 종결, DIACT의 설립

43년 동안 지속된 DATAR은 2006년 정부조직에서 사라졌다. DATAR의 활동내역은 DIACT(*Délégation interministérielle à l'aménagement et à la compétitivité des territoire*)가 관리한다. DIACT의 주요 활동목표에는 기존 행정업무와 새로운 공간환경을 반영하고 있다.

- 대도시와 도시적 연결망을 증대, 활성화시켜 국가발전을 강화
- 우수한 중심지역 증진
- 새로운 정보기술에의 접근성 강화
- 도시외곽의 인징화 및 쇠퇴방지
- 지역정부간 새로운 협력 증진
- 중앙정부와 다양한 지역정부, 지방 선출정부간의 연계 촉진

(7) 이것이 프랑스 국토관리의 막다른 곳인가?

DATAR을 DIACT로 변경은 중앙정부의 프랑스 공간정책이 종지부를 찍는 것인지에 대한 궁금증을 낳는다. 국토계획분야의 분석가들과 정책결정자들의 생각은 — 이들은 공정한 시각의 관찰자들이 아닐 수도 있다 — 이번 세기가 시작하면서 전혀 다른 특성의 프랑스 국토정책의 새롭게 만들어졌다는 것이다.[9] 초기 중앙정부의 하향식 공간정책은 분권화와 물리적 계획의 중요성에 초점을 둔 것이었는데, 이제 새로운 종류의 국토정책이 마련된 것이다. 중앙정부는 더 이상 DIACT를 통해 정책 우선 순위를 지시하지 않으며, 단지 지역단위의 다양한 요구를 조정하는 데 일조할 뿐이다. 그러나 이것만으로도 정치적 정책적으로 상당한 주도권을 갖게 된다.

오늘날에는 지역간 불균형은 이전만큼 중요하게 고려하지 않는다.

---

9) 노르망디 지역에서 2006년 9월에 열린 지역관리에 대한 콜로키움 보고서를 참고할 것(http://www.ccic cerisy.asso.fr/amenagement06.html).

지방의 불균형은 대체로 통계적 평균에 불과하거나 제한된 사회적 맥락으로 간주될 뿐이다. 실질적 고려대상은 개인과 가정의 불균형이며, 특히 프랑스 수도권(파리)과 같은 메트로폴리탄 내의 도시간 사회·경제적 양극화가 고려대상이다. 프랑스의 다른 주요 메트로폴리탄들도 이러한 고민을 하고 있다. 기존의 사회안전망과 소득재분배에 더해 2000년 도시연대법(*Law of Urban Solidarity*)으로 커뮤니티(*neighborhoods*)의 재개발활동을 촉진시키고 있다. 2004년 지방선거는 지방의 정치이전을 더욱 심화시켰다.

프랑스 국토정책의 주요 관심대상은 분권화활동에서 상당한 자치권을 갖고 있는 수많은 지역정부간 파트너십으로 바뀌었다. 사회적, 경제적, 정치적, 기술적으로 큰 변화를 맞이하면서, 프랑스 국토정책은 하나의 집권화된 공간을 관리하는 것에서 다양하게 분할된 국토공간관리로 바뀌었다. 실질적으로 프랑스 국토관리는 단 하나의 단일(*homogenous*)공간이 아닌 자원, 인력, 역동성 등 다차원적이고도 복잡한 이해에 부딪혀 있다. 프랑스 국토개발의 새로운 트렌드는 무엇일까?

3. 프랑스의 도시공간의 다섯 가지 메가트렌드

DATAR가 맡은 마지막 핵심과제는 프랑스 국가공간에 대한 미래지향적 연구프로그램을 수행하는 것이었다. 이 과제에서는 다섯 가지의 국토개발의 주요한 경향을 밝혔는데, 이것은 오늘날 프랑스 도시변화에도 영향을 미치고 있다.[10] 이 메가트렌드는 정도는 다르지만 유럽 전역에서 나타나며, 유럽, 북아메리카, 동아시아 등 다른 메트로폴리

10) 이 부분은 Marc MOUSLI 리포트("Territoires 2020," 〈DATAR-GERPA〉, 8 April 2004) 요약에서 발췌.

탄 지역에서도 나타난다. 그 다섯 가지 메가트렌드는 다음과 같다.

- "도시권양극화"(*metro-polarizaton*)라는 이중적 구조와 대도시 내에서의 차별화
- 공간조직에 대한 지연경제(*residential economy*)와 비노동 활동의 영향증가
- 새로운 형태의 소외와 사회위험 증가
- 사회경제적 활동과 지역제도간의 단절 심화
- 국토 거버넌스의 네트워크 관리능력에의 의존

1) "도시양극화"와 대도시의 내적 차별

새로운 정보 및 서비스 경제는 도시를 더욱 집중시키고, 프랑스지역을 '양극화'시키면서 도시 및 농촌에 영향을 미치고 있다. '도시 양극화'라는 표현은 두 가지 조합을 강조하기 위한 것이다. 메트로폴리탄에 인구가 집중된다. 그리고 도시외각, 부도시, 지방 등 떨어져 있는 지역들은 교통과 통신망과 함께 대도시지역으로 흡수되고 있다.

지난 20년 동안, 생산서비스는 노동집약적이어서 공식적·비공식적 교류를 필요로 한다. 이 생산서비스가 급속히 성장하면서 기업들 사이의 물리적 근접성은 새로운 관심대상이 되고 있다. 이러한 경향은 도시집중의 전통적 두 가지 요소에 규모의 경제와 집적의 경제라는 새로운 면을 추가시킨다. 세 번째 요소는 파리나 다른 "슈퍼스타 도시"(*superstar cities*) 같은 세계적 도시의 성장전략에 있어 핵심적인 것이다. 글래저(Glaeser), 주르코(Gyourko)와 시나이(Sinai)가 미국을 대상으로 최근 연구한 바 있다(2006).

다른 한편으로, 도시집중의 불경제(교통혼잡, 부동산값 증가, 노동비용 증가)의 증가는 다중심도시 내에서 불평등을 심화시키면서 프랑스 전역의 소득격차는 낮춘다. 이러한 새로운 사회·경제적 힘은 지난 20

여 년 동안 점차 가시화 되었다.

2) “지연경제”와 “생산경제”와의 경쟁

주거공간은 어느 도시에서도 가장 큰 영역을 차지하는 부분이다. 프랑스의 공간분석자들은 “주거경제”의 구성요소를 주택, 교육, 보건, 문화활동, 스포츠, 관광과 이러한 활동들을 위해 필요한 서비스 즉, 물리적 기반시설의 건설과 관리 등으로 정의한다. 프랑스의 고소득 도시의 경우, 주거인구가 요구하는 서비스에 대한 소득탄력성을 주어진 것으로 볼 때, 주거경제관리의 비중이 계속 증가하고 있다.

향후과제는 이러한 소비활동이 직접적 생산활동과 어떻게 균형을 이루게 할 것인지 하는 것이다. 점점 다양해지는 인구들은 그들이 살고 있는 도시지역 주거의 질 향상을 강하게 요구한다. 주민들의 상당수는 해외에서 오기도 하는데, 예를 들어, 1999년 인구조사에 따르면 프랑스 도심지역 주민의 12%가 외국인이었다.

민간 및 공기업은 특화된 지식 및 기술 인력에 크게 의존하고 있어, 관리자, 전문가, 연구원들이 정착하는 주거지역에 입지하려 한다. 어느 때 보다도 환경적, 문화적 자산이 도시를 매력적으로 만들고 다른 도시와 차별화 시키는 중요한 요소가 되었다.

점차 많은 사람들이 복합적 도시공간에 속하려 한다. 그들은 한 곳에서 일하고도 다른 곳에서 가족들과 살기 위해 복합도시를 선택한다. 더욱이 ‘지역적 인구 이동’(*residential migrations*)은 전통적 출퇴근에 더해 다른 활동들도 포함된다. TGV와 같은 고속여행서비스는 그러한 활동을 가속화시켜 이제는 국경을 넘나든다. 사회·경제적 상호작용은 프랑스 국경을 넘어 스페인의 바르셀로나, 이탈리아의 토리노, 스위스의 제네바, 독일의 슈투트가르트, 벨기에의 브뤼셀 등의 대도시를 연결한다.

밖에서 시간을 소비하는 일은 기존 메트로폴리탄의 공간이용을 점차 변화시키고 있다. 예를 들어, 프랑스 수도권의 새로운 교통전략의 중요한 측면 중 하나는 빠른 출장서비스 수요를 충족시키는 것이다. 이러한 통행패턴은 종종 전혀 다른 공간계획 패턴을 만들고, 기존의 교통네트워크 안에 이루어지지도 않는다.

3) 사회적 분열 위험 증가

21세기 대도시 체계에 편익만 있는 것은 아니다. 미래지향적 분석가들은 대도시 지역의 복잡성 증가가 일련의 사회적 문제와 새롭고도 예측불가능한 체제적 위험을 수반한다는 점을 우려한다.

- 공공 및 민간 서비스, 네트워크, 이동성 및 레저에 대한 불평등한 접근
- 경제, 사회, 민족적 요인으로 인한 사회적 배제
- 새로운 위험: 전염병, 환경, 기술, 지정학적 위험
- 지역의 안전에 대한 노령화인구의 민감도 증가

4) 개인과 지역제도사이의 단절 증가

지방행정에의 시민참여는 점차 도전에 직면하고 있다. 대도시 주민들은 개인의 사회경제적 경험과 자신들에게 다양한 서비스를 제공하는 지방 및 지역제도의 구조적 지리적 경계사이의 관계에서 어려움을 느끼고 있다.

주민참여와 경험을 공유하는 데 어려운 또 다른 장애물은 '실제 영역'(*virtual territories*)에 거주하는 인구가 증가한다는 것이다. 이것은 앞서 언급한 가족관계, 친구, 전문적 활동의 이중적 공간으로 다중네트워크에 속하면서 생긴 결과이다. 이 '실제영역'은 지방, 지역, 국가

혹은 내륙경계까지 뻗칠 수 있다.

집합적 서비스의 필요에 대한 필요성은 증가하고 기술적으로도 더욱 요구된다. 동시에, 주민들은 그들의 생활환경(*cadre de vie*)에 영향을 미치는 공공활동에 민감해지고 있다. 지방정부는 더욱 필요한 집합적 서비스들에 더욱 큰 반대에 마주하게 될 것이다. 님비현상(NIMBY, *not in my back yard*)이나 바나나 현상(BANANA, *build absolutely nothing near anything*)과 같은 일들이 더욱 빈번하게 발생할 것이다.

5) 성공적인 공간 거버넌스는 네트워크 관리능력을 요구한다

프랑스라는 국가적 공간과 파리지역 내 공간 모두를 관리하는데, 교통, 편의시설, 커뮤니케이션 네트워크는 매우 중요하다.

프랑스는 육로, 해로, 항공 등으로 유럽의 다른 지역들과 매우 잘 연결되어 있다. 경제자유화와 네트워크(육로, 항공, 금융시장, 텔레커뮤니케이션 등) 대부분을 민영화시키는, 유럽의 뉴딜은 색다른 기회를 창출하고 있다. 이전에는 서비스가 없었거나 덜 되었던 중소규모의 유럽도시에 라이언에어(Ryanair) 등과 같은 항공기처럼 예산을 통한 경제적 효과와 함께 살펴볼 수 있다. 그러나 지역 공무원들은 관리해야 하는 새로운 위험을 무시할 수는 없다.

- 네트워크 운영자와 지역간의 이해가 맞지 않을 위험
- 운영자와 지역사이의 계획 범위의 차이
- 기업의 취약성

지역수준에서 파리가 갖는 가장 강한 경쟁력 중 하나는 효과적 내부 교통망이었다. 이것은 40년 동안의 꾸준하고도 건실한 기반시설 계획덕이다. 그러나 교통수요의 새로운 형태가 방금 논의한 것처럼 등장하고 있고, 다양한 기반시설 네트워크로의 접근성을 고루 갖추는 것은 지속적으로 공공정책이 고려해야 하는 부분이다.

그러나 강력한 기반시설 네트워크는 필요는 충족시켰지만 세계적 경쟁력을 확보할 만큼 충분한 상황은 아니다. 예를 들어, 프랑스 수도권(*Ile-de-France*)의 2006년 새로운 전략계획 핵심과제는 경제성장을 관리하기 위한 양질의 전략과 제도로 물리적 인프라계획의 견고한 전통을 보완하는 것이다. 이것은 세계화와 대도시 경쟁이라는 새로운 환경에 적응하기 위한 것이다. 이렇게 지난 20년간 세계적으로 나타나고 있는 대도시 경쟁의 주요한 특징은 무엇일까?[11]

4. 전 세계적으로 나타나는 대도시 지역간 경쟁에 대한 고찰

프랑스에서 도시의 입지에 영향을 미치는 다섯 가지 메가트렌드 중, 대도시간 새로운 경제적 활동은 가장 강력한 메가트렌드이다. 이것은 다른 트렌드들에 대해 충분히 알게 되면, 이해될 것이다. 지난 20여 년 동안 국가경제가 대도시화 되고 새로운 투자를 유치하기 위한 지간 경쟁이 심화되면서, 고소득 경제공간이 지속적으로 재구성되고 세계경제로 등장한다는 데 도시·지역경제학자들은 의견을 같이 한다.[12]

---

11) 2006년 지방정부가 채택한 프랑스 수도권지역(*Ile-de-France*)의 새로운 지역관리 — 중앙과 지방정부간의 계약을 포함하고 있음 — 는 온라인으로 볼 수 있다. 그러나 다음 웹사이트에서 불어로만 제공된다; http://www.iledefrance.fr/missions-et-competences/le-conseil-regional/sdrif-et-contrat-de-projets/sdrif-et-contrat-de-projets/.

12) 다음을 참고할 것. Krugman(1991), Fujita and Thisse(1995, 2002),

1) 산업시대에서 지식시대로

1945년에서 1975년, 상명하달에 익숙한 프랑스 지역계획자들의 황금기는 전통적 산업발전으로 인한 인구의 양적 도시화와 함께 끝났다. 민간기업이 지방이나 국경 너머로 그 세력을 거의 확장하지 못하자, 지역계획가들의 산업발전에 대해 새로운 생각을 하기 시작했다. 국가의 교통인프라가 발전하면서 산업적 입지에 대한 제약이 줄어드는데, 그러면 무엇이 산업적 입지를 결정하고 어떤 방식으로 도시가 확장하는가에 대한 중요한 의문을 던졌다. 미국의 장기적 도시화에 대한 최근의 의견 중, 듀마이스(Dumais), 글래저(2002)는 산업적 입지는 공급자나 최종소비자를 가까이 위치시키면서 오는 교통비의 감소나 노동시장에서 오는 편익, 기술 및 지식의 파급효과 등 집적(集積)으로 인한 변수들보다 노동에 의해 좌우된다고 밝히고 있다.

초기의 국제산업은 무겁고, 부피가 크고, 이동에 비용이 많이 드는 제품들이 많았다. 원재료와 가공된 생산품은 여전히 무역의 상당부분을 차지하고 국제무역은 갈수록 늘어나고 있다. 그러나 지난 4반세기 동안 기술적 혁명으로 지식사회가 새롭게 등장했다. 제품의 이동비용은 현재 90%까지 감소하였다(Glaeser & Kohlhase, 2003). 컨테이너의 발전은 선박화물에 대한 운송요금은 1970년대 대비 40%로 감소시키는 데 일조했다. 항공운송의 효율도 상당히 증가했다. 오늘날 항공으로 상품을 운송하는 비용은 16% 정도 밖에 상승하지 않았다. 정보혁명과 함께 이러한 운송혁명은 국제 공급망을 발전시켜왔다. 가공제품의 서비스는 지속적으로 그리고 빠르게 증가해왔다. 미국은 생산가치의 77%, 다른 국가들은 66%가 서비스이다. 미국의 수출에서 재화 대비 서비스의 비율은 1970년대 25%에서 44%로 증가했다(Federal

---

Thisse et al. (1995, 1996 그리고 1999), Cheshire와 Gordon(1998), Gordon(2002).

Reserve Bank of Dallas, 2007).

후기 산업도시의 특징은 기업이 기술적·금전적 외부효과로 인한 규모의 경제를 누릴 수 있는 곳에 입지한다는 것이다. 지난 20여 년 동안 현대 경제적 지리는 자연적 생산요소(석탄, 철광석, 기타 광물)보다는 기업의 조직형태에 좌우된다는 것이 일반적 생각이다. 크루그먼(Krugman) 은 무역에 있어서 비교우위는 자연적 요소에만 좌우되는 것이 아니라—한국이 보여주듯—인간이 만든 성공적 정책에 더욱 좌우되고 있다는 것을 강조한다. 교통혁신, IT혁명, 금융시장의 세계화, 낮아진 무역장벽이 조화를 이뤄 국경은 더 이상 재화, 인력, 서비스, 금융, 그리고 혁신 등이 이동하는 데 이전과 같은 장애물이 아니다. 오늘날의 혁신은 도시화의 관심을 인적 자원으로(Duranton, 2007c, Duranton & Puga, 2000), 거대도시들의 경쟁으로 옮기고 있다(Thisse, Gordon, Cheshire).

2) 지식 대도시 : 도시집적의 새로운 편익

지난 20여 년간 지식 및 정보 혁명이 가져다준, 예상하지 못했고 다소 반직관적이기도 한 결과는 세계경쟁에서 장소지향적 특징들이 새롭게 중요해졌다는 것이다.

거대 기업들을 제외하고, 현대기업들은 세 가지 종류의 경쟁적 투입요소에 의존한다:

- 기업에 대한 투입(기술, 관리, 디자인, 재정, 명성)
- 지역자원에의 접근(투입재료, 공간, 노동, 지역시장)
- 심화되는 경쟁과 급변하는 환경 속에서 위기를 보다 잘 관리할 수 있게 해주는 명확하고도 차별화 된 질 높은 지역자원에의 접근성 위치에 근거한 경쟁심화는 잘 연구된 기업요소들과 연관되어 있어 주의 깊게 살펴볼 가치가 있다:

- 생산부분이 연구개발에 의존할수록 혁신은 더욱 지리적으로 집중된다.
- 고도로 숙련된 인력들이 이동하면서 지리적으로 더욱 집중하게 되는데, 이들의 집중화는 도시나 거대 중심가들의 생산성 향상에 기여한다.
- 숙련된 노동자가 고도로 차별화된 기술을 익힐 때 이러한 기술을 공유하는 것은 얼굴을 마주보고 하는 대화나 비공식적 교류에 크게 의존한다. 근접성이 중요하다. 인터넷이 지리적 공간을 없앤 것은 아니다. 인터넷은 보완적인 것이며, 전문가 회의 증가가 설명해주듯 직접적 대화 자체를 대체하는 것은 아니다.
- 현대의 기업조직형태 또한 대도시 지역을 선호한다. 1980년대 초기 하부계약이 조직 내 생산(*in-house*) 제품영역으로 빠르게 확장해온 이후로 기업들이 전체 생산의 절반 혹은 미만이 조직내 생산으로 이루어지는 것이 일반화되고 있다.
- 기업들은 핵심역량에 집중하는 동시에 강한 기업이미지(*corporate identification*)와 규모의 경제 및 제품 특화에 있어 고도의 유동성을 갖는 생산과정 — 자동차, 컴퓨터, 소비자 생산품 등 — 을 통해 상품차별화 정책을 추구하기도 한다.
- 또 다른 중요한 요소는 제품 순환주기가 상당히 감소한 것으로, 제품이 상업적으로 성장하기 전에 생산라인이 종료될 수도 있다.

그렇다면 대도시의 경쟁증가와 무슨 관계가 있는 것일까? 기업조직과 운영에서의 이런 변화는 모든 종류의 서비스 — 디자인, 엔지니어링, 로지스틱스, 마케팅, 재정, 회계, 법 등 — 에 상당한 수요를 창출했다. 그리고 이러한 서비스 비용은 역동적 대도시지역에 입지하는 것으로 낮출 수 있다. 위험 증가라는 운영환경 속에서(〈Economist〉, 2004), 역동적이고도 다양한 대도시지역에 입지하는 것은 기업이 위험을 낮추는 중요한 방법이다. 정부기관과 공공—민간의 상호작용은 이러한 위험의 일부이다. 더 자주 정부가 경제에 개입할 수록, 위험은 더욱 높아지고 대면적 상호작용은 더욱 절실해진다.

3) 대도시의 제도와 지역경쟁의 힘

자본흐름의 자유화처럼 유럽위원회(*European Commission*)와 유럽중앙은행(*European Central Bank*)과 같은 새로운 대륙적 권력구조의 등장은 지역들이 유럽을 넘어 국제적으로 직접 경쟁하게 한다.

대도시들의 경쟁에 성공적으로 대응하기 위해서, 프랑스 지방정부는 두 가지 과제와 직면하고 있다. 하나는 관리적인 것이고 다른 하나는 기업적인 것이다. 첫째, 지방정부는 도시관리 활동 특히 교통관리를 잘 수행해야한다. 둘째, 도시를 매력적으로 만들어야 하는데, 지역서비스의 질을 높이고 도시 어메니티를 다양화하는 방법을 찾으면서 도시를 차별화 시키는 노력해야만 한다.

대도시의 정부는 지역적 장점을 강화하는 방안을 찾고 또 그것을 실행하는 방법을 배워야 한다. 지역적 장점들은 고도로 숙련된 개인들을 끌어 모을 것이고, 그것은 다른 지역의 사람들에 비해 그들의 프로필을 차별화시킬 것이다. 목표는 질 높은 생산서비스를 다양화하고 심화하는 것이다. 혁신이 지리적으로 더욱 집중화되어 있을수록 다시 고도로 숙련된 근로자들은 더 많이 이동한다.

그러나 지역이 효과적으로 대응하는 능력은 지역의 제도에 영향을 받는다. 특히, 지역정부의 행정구역과 대도시가 실제 도시의 기능을 발휘하는 영역이 일치하는 정도에 영향을 받을 것이다.

이것을 고려하면, 프랑스 수도권지역은 구조가 잘 갖추어진 것이다. 유럽의 우수한 지역들처럼 행정구역과 경제적 공간이 일치한다. 두개의 지리적 지역사이의 인구차이는 7.4%이다. 면적의 차이는 상당히 크지만 외각의 상당부분이 농지며 녹지이다. 체셔(Cheshire)의 유럽 비교분석연구는 분석적 틀과 '정책적 역량'(*policy capacity*)을 나타내는 계량지표를 이용하여 유사한 결론을 도출했다(Cheshire, 2004).

프랑스 국토관리에서 특이한 점은 현재 모든 지역에서 나타나는 매우 밀집된 네트워크이다. 예를 들어, 1999년 인구조사에 따르면, 프랑스 수도권지역에는 거주인구 214만 명의 파리지역에서 687명이 거주하는 소도시에 이르는 1,281개 도시 및 코뮨(*communes*)이 있다(Renaud, 2003). 강제로 지방이 규모의 경제를 갖게 하기 위해서는 프랑스의 국토관리는 내부 코뮨간 교류에 대한 풍부한 경험을 쌓아야 했다. 지역경쟁력을 강화하는 것은 대도시로의 힘의 집중이 필하다. 서비스를 적절한 규모로 전달하기 위해서 그러하다(Thisse & van Ypersele, 1999). 관할구역 분리 영향에 대한 지방재정연구는 이러한 관점을 뒷받침한다. 그리고 다른 종류의 소비자 생산자 도시서비스 공급에 대한 최적 공간규모에 대한 연구도 그러하다(Hochman, Pines, Thisse 1995).

4) 대도시를 위한 전략적 논의

도시경쟁이 심화되면서 이 게임의 모든 참여자들은 점차적으로 명백한 전략을 도입하기 시작하고 있다. 수요측면에서 기업들은 명백히 한 지역을 상대하고 있다. 공급측면에서는 지역도 다른 잠재적 도시지역과 대해 경쟁할 의사를 상당히 갖고 있다. 그러한 경쟁의 결과가 항상 복지를 향상시키고 경제적 사회적으로 긍정적일 것이라는 건 확실하지 않다.

- 지방정부가 적절한 규모와 구조, 권력을 갖고 있는가?
- 지방이 기업들에게 질 높은 서비스를 제공하여 경쟁지역과 차별화될 수 있는 명확하고도 분별 있는 전략을 갖고 있는가? 아니면 지방이 기업들에게 대체로 가격경쟁과 같은 것들을 실행하는가?

- 최근 파리지역을 위해 만들어진 지방개발기관인 ADR의 전략, 방법, 목표서비스 등은 아직 분석되지 않았다. 이러한 측면에서 이 전략은 자연스러운 것인가 아니면 파리지역의 경쟁력에 있어 장단점에 대한 솔직하고도 철저한 사전평가와 관련되어 있는 것인가?

5. 결 론

"활동을 분산시키는 정책적 개입이 있는 경우가 있다. 그러나 어떤 것은 효과가 있고 또 어떤 것은 없는지에 대해 우리는 너무나도 무지하다"(Anthony J. Venables, 2006. 12).

프랑스 공간정책 및 국토관리의 발전에 대한 이러한 견해는 오늘날 프랑스와 한국과 같이 고도로 도시화되고 공간적으로 충분히 통합되어 있는 지역의 정부 청사 이전과 도시성장의 질, 공간적 통합, 사회적 응집력, 지방의 형평성 등과의 관계에 대해 의문을 제기한다.

분석적 측면에서 그러한 정책은 임의적이고 견고한 분석적 기초가 부족하다. 민간영역과 정부가 빠르게 변화하면서 상호 작용하는 데 정부가 개입하면서 발생하는 국가경제의 비용과 공공—민간의 상호작용의 비용은 알려진 바가 없다. 대상지역에 파급효과로 인한 편익형태로 구체적으로 측정 가능한 편익은 알려지지 않았다. 새로운 지식시대 혹은 빠른 이동성 속에서의 경제성장과 도시의 역동성에 대한 변화패턴 연구는 도시성장과 경쟁력에 있어서 인적자본의 중요성에 대하여 잘 알려져 있지 않다(Duranton, 2007a).

2006 프랑스 국토관리 정책은 한국의 공공기관이전 정책이 유용하기보다는 산발적이고 도움이 되지 않을 것이라는 걸 보여준다. 현재 효과적으로 사회경제적으로 다양한 분야의 수요를 해결하기 위한 프로그램 역량은 빈약해 보인다. 새로운 지식시대에서 현대 도시화의 다싯

가지 요건은 "규모, 속도, 다양성, 복잡성, 연결성"이다. 이것들은 도시와 지역을 지구적 변화의 중심에 위치시키는 것들이다(Bruce Katz, 2007). 현대 도시경제의 중요한 결절점(*nodes*)을 도려내어 다른 지역에 접목시키고, 다른 한편에서는 한국경제의 세계적 경쟁력을 우선시하는 '모순'(*time inconsistency*)은 매우 당혹스럽다.

이 평가를 마치면서 우리는 프랑스와 한국의 도시 및 공간정책을 형성해온 요인들을 비교해 볼 수 있다. 이러한 유사성은 프랑스의 경험에 실질적 연관을 더해준다. 그 요인들은 다음과 같다:

- 국가 경제에 주요한 성장동력인 역동적 수도권지역
- 상명하달 의사결정 및 강한 중앙집권적 정부 전통의 점진적 변화
- 세계적으로 경쟁력 있고, 국제적인 수준의 기업들을 보호무역주의가 지배하는 경제의 일부로 묶어 이중적 경제구조를 갖는 보호주의에 대한 역사적 경향
- 물리적 인프라 측면에서 충분히 통합된 국토공간과 국내 모든 지역에서의 서비스 접근성
- 인구의 급속한 노령화
- 높은 도시화율, 한국의 도시화율은 85%로 프랑스의 75%보다 휠씬 높음
- 높은 소득수준
- 유럽에서의 경쟁심화는 동아시아에서의 한국의 환경과 유사

한국은행의 연차보고서(2006. 3)에서 강조된 것처럼 두 국가는 국가경제가 활력을 잃고 있다는 것에 대해 같은 생각을 하고 있다. 유사하게 2007년 5월 6일 국민 85%가 참여한 프랑스 대통령선거는 급격한 변화의 시기에 지난 20년 동안 정부가 과도한 간섭으로 프랑스의 경쟁력, 생산성, 그리고 장기적 사회복지가 심각하게 무너졌다는 생각 속에서 치러졌다.

구체적으로 공공기관 지방이전이라는 거대한 프로그램이 해결하고자 하는 사회적, 정치적 공간적 문제는 무엇인가? 성공가능성이 의심스러운 매우 위험하고도 수익은 낮은 전략인가? 한국 전 지역의 장기적 후생을 향상시키기 위한 더 나은 방법이 있지는 않을까?

4

새로운 논리와 대안의 제시

|제14장|

국토의 인식과 국가발전전략

유 우 익

1. 국토의 재인식

1) 우리에게 국토는 무엇인가?

우리는 국토를 잃어본 민족이다. 남에게 땅을 빼앗기고 그 땅을 떠나 세상을 헤매본 아픔을 가진 사람들이다. 사할린으로, 북간도로, 만주벌판으로, 남양군도로, 또는 정처 없이. 나라를 잃고 나니, 땅이 있어도 제 땅이 아니었다. 우여곡절 끝에 다행히 해방이 되었으나, 이번엔 온전한 땅이 아니었다. 반도는 그동안 버려지고 착취당해 헐벗어 있었다. 게다가 꿈에도 생각지 못했던 일이 벌어지고 말았다. 전쟁을 이긴 열강들의 이해관계에 따라 멀쩡한 땅이 두 동강으로 갈라지고 말았다. 분단된 지 어언 60년이다. 사람으로 치면 환갑이다.

그런 우리가 국토를 어떻게 대하고 있는가? 혹 남의 땅을 약탈하듯이 마구잡이로 파헤치고, 더럽히고, 부수면서 투기의 대상으로 삼고 있지는 않는가? 그리하여 푸나무가 마르고, 날벌레와 산짐승이 살지 못하며, 물고기가 씨가 마르는 땅이 되어가고 있지는 않은가? 그리하여 사람이 살지 못할 곳으로 문드러져 가고 있지는 않은가? 많은 사람들이 몰려들어 아귀다툼하듯이 사는 곳이 있은 하면, 다들 내팽개치고 떠나 버려진 땅이 흩어져 있지는 않은가? 마치 얼마든지 있는 것처럼 마구잡이로 쓰다가 맘에 안 들면 버리고 새로 장만해도 되는 소모품으로 대하고 있지는 않은가?

나는 안타깝게도 그것이 그렇다고 생각하는 쪽이다. 그리고 그 이유가 국토에 대한 우리 국민의 의식에서 연유한다고 판단하고 있다. 그래서 국토의식을 조사해 본 적이 있다. 결과는 불행하게도 예측에서 빗나가지 않았다. 우리 국민은 국토에 대해 대체로 부정적이고 소극적인 관념을 가지고 있었다. 그것은 대략 다음의 몇 가지로 요약된다.

"우리 국토는 금수강산이다", "작아서 손바닥만하다", "춥고, 덥고, 척박하고, 나는 것이 없어서 쓸모가 없다", "반도라서 지정학적으로 불리하다", "주변에 위치하여 자주적이지 못하다".

요컨대 비단에 수를 놓은 듯이 아름답다는 뜻의 '금수강산'(錦繡江山)이라는 말을 제외하면 모두가 국토를 좋지 못하다고 보고 있는 부정적 진술이다. 이렇게 되면 금수강산이라는 그 말도 실은 제 나라 국토에 대해 통상적으로 운위되는 허구적 언사에 지나지 않는다고 볼 수밖에 없지 않겠는가?

이것은 실로 통탄할 일로 두 가지 면에서 옳지 않다. 우선, 국민 된 도리로 보아 국토를 그렇게 얕보는 것은 옳지 않다. 땅이 생명의 어머니라면, 국토는 민족의 어머니이다. 우리는 그 어머니를 빼앗겨본 민족이다. 어떻게 자신을 낳아 기른 어머니를 비천하다고 할 수 있겠는가? 그 땅에 태어나서, 거기서 나는 것을 먹고 마시며 얻어 쓰고 살다가, 죽어서도 그 땅에서 흙으로 돌아갈 몸이 어떻게 감히 그 존재의 전제를 비하하는 말을 할 수가 있는가?

내 몸뚱이 하나의 문제가 아니다. 수천 수만 년을 조상이 살아 왔고 그 삶의 족적이 오롯이 남아 있는 곳이 국토이다. 애환과 영욕의 시간들이 할퀴고, 빼앗고, 일구고, 보듬은 흔적들과 함께 엇갈리고 이어지면서 켜켜이 쌓인 곳이 우리 국토이다. 골짜기마다, 들판마다, 고산준령 고갯마루마다, 갯가 포구마다, 그네들의 손길과 발길이 머물지 않은 곳이 없고, 숨결과 땀이 배지 않은 곳이 없다. 따라서 국토는 우리 삶의 전제인 동시에 그 결과가 누적된 실체이다.

국토는 또한 앞으로도 만세를 거듭하여 우리 후손들이 살아가야 할 땅이다. 그들은 우리에게서 넘겨받은 국토에 자신들의 삶의 모습을 더하여 다음 세대에 넘겨주기를 계속해 나가야 한다. 못난 짓을 하면 못난 대로, 잘난 공을 세우면 또 그런대로, 한 치 더 할 것이나 뺄 것이 없이 넘겨줄 수밖에 없다. 그리고 뒤에 오는 그들은 그것을 피할 수 없는 삶의 조건, 즉 운명으로 넘겨받아 그 속에서 살아가는 것이다. 그리하여 국토는 우리 민족의 삶의 터전이요, 역사의 무대인 동시에 미래를 담보하는 공간이다. 우리 문화의 총체적 집합이요, 민족의 영원한 유산이다. 바꾸거나 돌이킬 수 있는 것이 아니다. 그런 국토를 어떻게 그리 함부로 말할 수 있겠는가?

다음으로, 사실이 그렇지 않다. 우리 국토는 풍광이 곱고, 아름다우며, 살기 좋은 땅이다. 산과 들, 강과 섬과 바다가 절묘하게 조화된 땅, 연중 밝은 햇빛이 쏟아지는 맑은 날이 많은데도 풍성한 비가 내리고 함박눈이 쏟아지는 땅, 온갖 목숨 가진 것들이 어울려 산 땅, 우리 국토는 그런 축복 받은 땅이다. 산 높고, 물 맑은(山高水麗) 경관을 노래하는 것은 시인 묵객만이 아니다. 높은 산이 광포하지 않고, 낮은 동산과 튼실한 언덕이 줄지어 포개지지만, 그럼에도 결코 천박하지 않다. 그 산기슭에 기대어 순하고 부지런한 사람들이 골짜기마다 터전을 일구고 살아왔다. 실개천의 물목을 잡다가 큰 강이 구비치는 분지마다 고을을 이루었다. 첩첩산중을 지나면 어느새 일망무제의 넓은 들판이 펼쳐지고, 청록의 해송이 병풍처럼 옹위한 깔끔한 백사장이 십리씩이나 깔려 있기도 한다. 야무진 포구들 사이로 깎아지른 암벽을 굽이굽이 세워두었는가 하면, 땅속과 겉에서, 그리고 물가에서 온갖 생명체들이 흐드러지게 살아가는 질펀한 개펄을 펼쳐놓는 것도 잊지 않았다.

패배주의적 사고에 젖어 국토를 얕보는 것은 사실 관계에 있어서도 바르지 못하다는 말이다. 이런 선입견을 버리고 국토를 다시 들여다보면 오히려 국토가 우리에게 얼마나 크나큰 축복인지를 알 수 있다. 이러한 잘못된 국토관은 자생적인 것이라기보다 조작되고 왜곡된 면이 강하다. 멀리는 과거 중국과의 대등하지 못했던 정치적 관계에까지 거슬러 올라갈 수도 있겠으나, 가깝게는 일제 식민치하의 질곡과 어용사학자들에 의해 조작된 식민사관에 가장 큰 책임이 있다고 할 것이다. 일제는 자신들의 침략과 지배를 정당화하고, 한국인의 바른 국토관을 말살하기 위해 '한반도는 보잘것없고 숙명적으로 침탈을 당할 수밖에 없다'는 사이비 지정학적 논리를 개발하여 이를 유포시켰다. 어용학자들이 앞장서서 이를 역사와 문화의 기술에 전제로 채택하고, 혼 빠진 식자들이 이를 받아들여 심지어 학교에서 가르치기까지 하였다. 제 나라 역사를 비하하고, 제 나라 땅을 몹쓸 땅으로 치부하는 민족이 어찌 독립된 선진국이 될 수 있겠는가? 하루 빨리 소극적이고 부정적인 국토관을 청산하고 적극적이고 긍정적인 국토관으로 재정립해야 한다.

해방 후에도 분단과 동란, 그리고 정치, 경제 전반에 걸친 외세의 영향으로 이를 벗어날 겨를이 없었다. 오히려 국토를 수단으로 대하는 경제만능주의의 토양 속에서 이런 편견은 더 깊이 뿌리내려 갔다. 실제로 학자들 중에는 '사실은 사실이다'라고 하면서, 반도적 위치의 결정론적 사고를 당연시하거나, '아무래도 한반도의 운명은 주변 4강에 달렸다'고 강변하는 이들이 적지 않은 형편이다.

이러한 국토에 관한 소극적이고 수동적인 통념은 국토의 이용과 보전에 관한 국민의 태도에 부정적 영향을 미치고 있다. '어차피 보잘것 없는 땅쯤이야 아무렇게나 편한 대로 쓰면 그만'이라는 생각이 마구잡이 개발의 주된 원인이었다.

국토의 형질을 영원히 바꾸는 개발 계획들이 편의 위주로 졸속하게 입안되어 시행된다거나, 국토 정책이 정권 차원의 당리당략에 너무나도 쉽게 끌려 다니는 것이 모두 그런 제 나라 땅을 '우습게 보는' 풍조로부터 비롯되는 것이다. 개발에 신중하지 못하고 보선에 신득하지 못한 것은 성취에 급급하기 때문이기도 하지만, 보다 근본적으로는 그 대상을 대수롭지 않은 것으로 대하게 하는 엉터리 고정관념 때문이라는 말이다.

2) 작지 않아

국토가 우리에게 어떤 땅인지를 알아보기 위해 앞에서 소개한 국토의 부정적 이미지를 하나씩 다시 따져보자.

국토가 작다고 하다마는 그렇지 않다. 어떤 이들은 우리 한반도가 손바닥만하다고 말하여 자신이 무척 스케일이 큰 사람인 체한다. 그러나 제 어미를 두고 작다고 비아냥대지 않듯이, 제 국토를 두고도 그리 말하는 법이 아니다. 그런다고 작은 속이 통 크게 보이는 것도 아니다. 거듭 말하지만 사실이 그러하지도 않다. 22만㎢의 면적은 '큰 나라'들에 비해 작은 것이 사실이지만, 세계 200여 개 국가 중에서 대략 70위 안팎에 해당하는 중위권 규모로 이를 무턱대고 작다고 하는 것은 온당하지 않다.

국토가 큰 나라의 국민이 반드시 잘 살지 않듯이, 국토가 작거나 좁은 나라가 꼭 못 사는 것도 아니다. 소련은 세계에서 가장 큰 국토를 가지고도 나라를 건사하지 못하고 무너졌고, 뒤이은 러시아도 궁핍과 혼란에 휩싸여 있다. 중국과 인도는 어떻고, 또 브라질, 아르헨티나는 잘 사는가? 스위스, 오스트리아, 벨기에, 네덜란드, 덴마크는 다 우리나라보다 작은 국토에 우리 못지않게 좁게 살면서도 세계 최고의 삶의 질을 구가하고 있다. 그리고 이탈리아, 프랑스, 독일도 국토가 커서 잘 사는 것은 아니다. 물론 국토가 크고 잘 사는 나라도 있다. 미국, 캐나다, 오스트레일리아 같은 신대륙 국가들이 그러하다. 그리고 국토가 작고 못사는 나라들도 있다. 요컨대 국토의 크기와 그 나라 국민의 삶의 질 사이에는 직접적 상관관계가 없다는 말이다.

앞으로의 세상에서는 더욱 그렇게 될 것이다. 나라가 클수록 부강하게 된다는 것은 어떤 면에서는 논리적인 것처럼 보인다. 국제정치에서의 힘의 논리나 국민경제의 규모라는 측면에서 설득력이 있는 것도 부인할 수 없다. 비스마르크 제국의 통일이 독일이 부강하게 된 계기가 되었음은 사실이지만, 통일된 독일제국에 끼지 않은 스위스나 오스트리아의 독일인들도 결코 독일 국민에 비해 못 살지 않는 것 또한 사실이다. 작은 지역을 합쳐 큰 나라를 이루는 것이 당연시되고, 국가의 분열(*Balkanisierung*)이 부정적으로 보아졌던 때가 있었다. 그럼에도 유엔 회원국 수가 창설 당시의 3배에 이르는 지금도 작은 나라들이 꾸준히 새로 태어나고 있지 않는가?

국토가 작다고 하는 말에 관해 하나 덧붙일 것은 그 말이 숨기고 있는 획일성에 대한 요구를 경계해야 한다는 점이다. '엎어지면 코 닿을 거리 밖에 안 되는 땅에서 무슨 지역성이고 지방색인가?'라는 호언은, 근자 우리 정치의 큰 걸림돌이 되어 있는 지역감정의 문제에 힘입어, 자못 기세가 등등하다. 그러나 그러한 단순 사고가 자칫 오랜 역사를 가진 지방 문화의 다양성을 말살하는 쪽으로 간다면, 그보다 어리석은 일은 없을 것이다.

물론 국토가 작은 것보다야 커서 나쁠 게 없을 것이다. 그러나 그렇다고 국토 규모 타령만 하고 있어서는 아무런 도움이 되지 않는다. 옛말에 '못난 놈이 조상 탓한다'고 하고, '굿 못하는 무당이 마당 기울다고 한다'고 했다. 국토가 작고 비좁다고 느끼면 그럴수록 국토를 너르게 쓸 방도를 찾아야 하지 않겠는가? 그런데 우리는 그렇게 하고 있는가? 몇 개의 대도시에 몰려 바글바글 살면서 대부분의 농어촌 지역을 텅텅 비워두고 있지 않은가? 사랑방, 건넌방, 뒷방 다 비워 놓고 안방으로 몰려들어 비좁다고 아우성치면 어떻게 하는가? 이런 관점에서 보면 국토를 너르게 쓰는 지혜, 그 방도를 찾는 것이 국토경영에 있어 하나의 중요한 과제이다.

3) 변화의 축복

우리 국토는 축복 받은 땅이다. 복 받은 줄을 모르고 타박하면 들어오던 복도 되돌아 나간다. 그럼 지금부터 우리 국토가 어떻게 축복 받았는지를 살펴보기로 하자.

'춥고 덥다'고 한다. 그것은 사실이다. 한반도는 유라시아 대륙의 동단에 위치하여 있기 때문에 대륙성 기후의 영향을 크게 받는다. 온대기후대에서 연평균 기온교차가 한반도보다 큰 곳은 없다. 변화의 폭이 큰 만큼 겨울은 춥고 여름은 덥다. 그래서 난방비, 냉방비가 많이 든다. 동복과 하복에 춘추복까지, 옷도 철따라 바꾸어 입어야 하므로 돈도 많이 들고 성가시다.

그러나 그렇기 때문에 스키도 타고 해수욕도 하는 것이다. 지구상에 한겨울에 방한복 입고 스키 타면서 여름날 비키니차림으로 해수욕하던 곳을 내려다 볼 수 있는 곳이 많은 줄 아는가? 연연세세 냉탕과 온탕을 오가며 훈련한 덕분에 한국인은 강한 체력과 함께 환경변화에 대한 탁월한 적응력을 지녔다. 아라비아의 열사에서 비행장을 닦고 수로를 내다가 바로 시베리아의 철도, 파이프라인 공사에 투입될 수 있는 노동력은 한국인 밖에 없다. '돈 벌기 위해 어디를 못가랴'라는 악착스런 의지만으로 그리 되지는 않다. 나는 그것이 추위와 더위 덕분이라고 생각한다. 한반도 보다 더 추운 곳도 있고, 더 더운 곳도 있다. 그러니 이처럼 살을 에는 혹한과 푹푹 찌는 무더위를 한 장소에서 번갈아 경험하기란 쉽지 않다. 기후조건에 대한 적응훈련은 다른 극한 상황에 대해서도 대처하고 적응하는 능력을 길러준다.

세계에서 가장 널리 퍼져 사는 민족은 중국의 한족이다. 숫자가 많기도 하지만 중국인이 없는 곳은 거의 없다. 그런데 그 중국인보다 더 많이 퍼져서 더 잘 적응하고 사는 사람들이 한국인이라는 것이다. 중앙아시아 사막으로 강제 이주되어 거기에서 삶터를 일군 고려인들, 남미 상파울로에서 옷가게 거리를 점령한 한국인들은 대표적이라고 할만하다. 그리고 뉴욕의 청과물시장, LA의 코리아타운, 남극 세종기지를 우리는 자랑스럽게 기억한다. 아마존과 사하라, 케이프타운에서 앵커리지까지 한국인이 적응하지 못하고 떠나간 지구촌은 없다.

이 놀랄만한 적응력은 어디에서 왔을까? 나는 그것이 우리나라가 갖는 뚜렷한 4계절과 그 환경적 차이로부터 왔다고 믿는다. 자연이 변한다는 것은 엄청난 다양성이다. 계절의 변화와 더불어 의식주와 하는 일이 다 변한다. 씨 뿌려 가꾸고 거두는 것만이 아니다. 돌아보면 우리 삶의 방식에 계절과 연관된 것이 너무나 많다. 잠자리 날개 같은 모시옷도 짓고, 솜 놓아 누빈 바지저고리도 만든다. 긴 소매 짧은 소매, 홑이불과 겹이불, 돗자리와 보료가 다 계절을 사는 패션이다. 봄나물로 어두운 겨울을 벗어나는 새 기운을 얻고, 여름냉면에 더위를 식히며, 추어탕 한 그릇에 몸과 마음이 벼 익는 들판처럼 그득해진다. 동치미에 호박범벅, 시래깃국에 오곡밥으로 춥고 어두운 겨울을 기다릴 수 있다. 여름이 우리에게 젓갈을 담게 하였고, 겨울이 우리에게 김장을 담게 하였다. 말리고, 삶아 우려내고, 띄우고, 삭히고, 담그는 것이 다 계절이 우리에게 준 삶의 지혜인 것이다.

그리하여 오늘날 한국인은 누구보다도 변화에 창의적으로 적응할 줄 아는 사람들이 되었다. 그들은 심지어 변화를 만들어 내고 변화를 즐기는 삶의 양식을 일구어가고 있다. 문명사적 변화의 시대에 이 얼마나 큰 축복인가?

4) 다양성의 축복

자연의 변화가 일방적이기도 하고 순환적이기도 하다는 것이 또한 그것을 감지하고 거기에 맞추어 사는 능력을 기른다. 이를테면 세월은 흐르는 것이지만, 계절은 바뀌고 다시 돌아오는 것이다. 한반도의 기후는 온대기후 가운데서도 가장 인간친화적이고 계절의 변화가 화려하다. 그것은 국토의 자연을 시시각각 다채로운 모양으로 연출한다. 바로 다양성이다.

꽁꽁 얼어붙은 겨울의 한 가운데서도 우리는 봄이 오고 있음을 본다. 마른 가지에 물이 오르는 소리를 듣고, 눈 덮인 땅 속에서 움을 틔우는 온기를 느낀다. 그것은 희망이다. '닭의 목을 비틀어도 새벽은 온다'던 민주투사의 말은 사회의 발전을 자연의 변화에 빗댄 믿음의 토로이다. 작고 여린 싹이 자라 무성한 숲을 만드는 이치를 알듯이, 여름의 거칠 것 없이 넘치는 에너지 속에서 우리는 가을이 멀지 않았음을 또한 본다. 더위의 기세가 등등하면 할수록 곧 선선함이 가져오는 수확이 있다. 수확은 갈무리를, 그리하여 물러갈 날이 다가오고 있음을 의미한다. 그리고 우리는 화사한 단풍이 끝내 떨어지는 것을 바라보며 조용히 겨울을 맞이한다. 지난 한해를 돌아보고 기다린다. 해마다 짓는 농사가 그렇고, 한번뿐인 인생도 다르지 않다. 절망 속에서 희망을 내다보고, 풍요 속에서 분수를 넘어서지 않는 지혜, 그것은 유한한 삶을 이어 살도록 자연이 우리에게 가르치는 절제의 미덕이다.

장마와 태풍, 황사와 한파가 다 불규칙하게 오지만, 그것이 오는 때를 짐작하고 대처하는 방법을 찾는 지혜는 생존을 위한 지식 이상의 것이다. 이런 변화 속의 또 다른 변화들은 우리 삶을 한층 긴장시키고 극적으로 만드는 동인이 된다. 다양성이 멜로디에 색깔을 더하고 박자에 긴장과 여유를 더하는 것이다.

다양하기로는 지형도 뒤지지 않는다. 높은 산들이 맥을 이어 달린다. 마치 나무가 가지를 뻗듯이 그렇게 모아서 잇고 가르면서 달리는 모양에서 한국인들은 땅속에 흐르는 기운이 있다는 상상을 하였다. 그 산맥들의 사이로 골짜기를 흐르는 물이 모여 강이 되어 흐른다. 그 흐름에서 한국인들은 생산의 이치와 역사의 흐름을 보려 하였다. 흐르는 강은 돌아나가는 곳마다 충적 분지를 만들어 공동체적 삶의 터전을 일구었다. 그리고 마침내 바다에 들어가기 전에는 일망무제의 넓은 들을 펼쳐 놓았다. 연백들, 김포들, 만경들, 동진들, 내포들, 김해들이 다 지평선을 보는 넓고 넓은 평야이다.

강이 흐르면서 깎고, 파고, 나르고, 쌓아 만든 지형 외에 도처에 동굴을 포함한 석회암지형을 펼쳐 놓기도 하였다. 백두산 천지와 한라산 백록담, 그리고 울릉도 나리 분지는 모두가 화산 폭발로 만들어진 성스럽도록 아름다운 지형이다. 그리고 그런 높은 산에서는 빙하(氷河) 또는 주빙하(周氷河)가 돌과 흙으로 빚어 남긴 지형이 발달해 있다.

다기한 지형으로 삼면이 바다로 둘러싸였지만 각각 다른 바다이다. 동해안은 융기해안으로 곧 바로 수심이 깊다. 곳곳에 기암괴석의 해벽을 만들고 틈틈이 명사십리의 사빈해안을 빚어 놓았다. 남해안은 세계 제일의 리아스식 해안이다. 곶과 만의 드나듦이 현란한 앞바다에 수천의 섬들을 보석 같이 흩뿌려 놓았다. 그 다채로운 정경은 창조주에 대한 외경 외에 어떤 말과 글로도 그려낼 수가 없다. 황해는 오랜 옛날에는 육지였다. 지금도 대양과는 분리된 연안해로 대륙붕이 잘 발달해 있고 조석간만의 차가 크다. 그리하여 우리나라 서해안에는 세계 굴지의 개펄이 펼쳐져 있다. 여기서 우리 조상들은 역사가 기록되기 이전부터 간척을 해왔다. 세계에서 사람의 힘으로 해안선의 모양을 가장 일찍부터, 그리고 가장 많이 바꾼 곳이 어디인줄 아는가? 그것은 북해 연안의 네덜란드나 덴마크가 아니라 바로 우리 서해안이다.

다양성은 서로 다른 것들의 조화를 통해서 이루어지는 최선의 상태이다. 그것은 개체와 전체를 아름답고 안전하게 만든다. 우리 국토가 크지 않지만 높은 다양성을 지닌다는 것은 그래서 큰 축복이다.

5) 풍성한 땅과 바다의 축복

보통 국토라고 하면 육지부분만을 생각하기 쉬운데, 바다는 땅에 못지않게 중요한 국토의 부분이다. 그리고 날이 갈수록 그 중요성이 커지고 있다. 그런데 다행히 우리나라는 넓은 바다를 국토로 가지고 있다. 이것은 잊어버리고 있던 축복이다.

한반도를 둘러싸고 있는 일대의 바다에서 대양의 난류와 한류가 교차하여 세계 최대의 어장이 이루어진다는 사실을 기억해야 한다. 또한 우리 서해안이 세계에서 가장 생산성이 높은 개펄임도 잊지 말기 바란다. 고래에서 멸치까지, 소라, 전복에서 새조개, 모시조개까지, 대게, 꽃게, 멍게, 해삼에다 김, 미역, 다시마, 파래, 청각 등 바다에서 나지 않는 것이 없고, 또 절로 풍족하지 않은 것이 없다. 그런데도 이 땅을 나는 것 없이 메마른 땅이라고 할 수 있겠는가?

앞에서 우리 바다가 얼마나 풍요로운가를 얘기하였지마는, 이 나라 산야에서는 침엽수, 활엽수가 다 잘 자란다. 이름을 알건 모르건 우리 산하에는 많은 토종 생물이 서식하고 있다. 우리가 잘 알지 못하고 제대로 관리하지 못하고 있을 뿐, 가히 생물자원의 보고라고 할 수 있을 정도이다.

온갖 농산물이 다 난다. 남들이 삼포식이네 휴경지네 하면서 땅이 척박해지는 것을 염려하였지만, 우리는 이모작 삼모작을 하면서 몇 천년을 농사를 짓고도 단위 면적당 생산량에서 세계 으뜸을 자랑하고 있다. 그것도 논에 물을 잡아서 짓는 농사를 말이다. 이렇게 풍성한 임산물, 수산물, 농산물이 이 땅의 인구밀도를 세계 최고의 수준으로 만들었다. 땅이 비옥하고 기후가 온화하여 사람 살기 좋았기 때문이다. 국토가 능히 사람을 먹여 살렸기 때문에 인구가 번성한 것이다.

그런데도 이 땅을 '나는 것 없이 척박한 땅'이라고 하는 것은 지하자원이 많지 않다는 뜻일 것이다. 그러나 그것도 그렇지 않다. 대학의 지질학 교과서에서는 한반도를 '광물의 표본실' 또는 '자원의 박물관'이라고 소개하고 있다. 안 나는 것이 없이 다양한 광물이 난다는 말이다. 그러나 산업사회에서 많이 필요로 하는 철과 석탄, 특히 석유에 한하여 말하자면 그것은 어느 정도 사실이다. 우리 경제의 가장 큰 약점이자 짐이 되고 있는 것이 원유수입 비용이니, 그렇게 말할 수 있다. 우리나라가 철강과 조선, 토목건축, 자동차, 플랜트 수출국으로서 원료를 수입해다 쓰고 있으니, 그것도 사실이다.

이 문제에 관하여서는 통일이 되면 사정이 좀 나아질 수 있다. 북한은 지금도 명색은 자원수출국이다. 산업체제가 자원의 대량소비체제로부터 벗어나고 있다는 것도 다소간 위안이 된다. 그리고 어차피 자원 부족은 지구적 문제이지 우리나라만의 문제가 아니다. 그러나 이러한 제약요소를 결코 소홀히 대할 수는 없다. 자원강국들과의 정치, 경제적 유대를 강화하고, 자원절약을 위한 기술 개발에 힘쓰며, 대체자원 개발에도 박차를 가해야 할 것이다. 곤궁즉통(困窮卽通)이라고 이런 노력을 통해 어쩌면 우리나라가 압축경제성장에서 그랬던 것처럼 다시 지속가능한 발전의 모범이 될 수도 있을 것이다.

이와 관련하여 또 하나 유의할 점은 갖지 못한 자원에 연연하지 말고 풍족히 가진 자원의 효율적 이용에 눈을 돌려야 한다는 사실이다. 사람들은 산이 3/4이나 되어 국토가 쓸모 없다고 말하지만, 그것은 하나만 알고 둘을 모르는 소리이다. 산이 많아 농사 짓고 살 땅이 적은 것은 사실이지만, 산은 쓸모 없이 거기 버티고 앉아 있는 것이 아니다. 나는 오히려 산이야말로 우리 민족 삶터에 주어진 큰 축복이라고 믿는다. 높은 산이 없으면 큰 강이 흐르겠는가? 숲은 어디에서 보전하고, 물은 어디에서 함양하는가? 산이 아니라면 주말의 간단한 산책에서 지리산 종주 같은 등산, 야영훈련, 산악자전거, 패러글라이딩에 이르기까지 여가활동은 어디서 하는가? 백두대간이야 말할 것도 없지만, 시가지를 병풍처럼 둘러친 북한산, 도봉산, 인왕산, 낙산이 없었다면, 그리고 남산이 문전에 앉지 못하고, 관악산, 청계산이 먼발치에 가려주지 않았다면 서울이 얼마나 천박스럽게 나앉았겠는가?

요산요수(樂山樂水)라고 하였듯이 산은 우리를 보호하고 심신을 기르는 곳이다. 한국인은 산에 기대어 살아온 민족이다. 배산임수로 집 짓고 마을을 일으켰듯이, 산에 절을 짓고 봉수대를 쌓았다. 공부하고도 닦으러 산에 가고, 치성 드리러 산에 가며, 아픈 마음을 달래러 산으로 들어간다. 산 속에 은신하고, 산에서 신병을 치유하고, 산에서 심신을 쉬게 한다. 이런 좋은 자원이 또 어디에 있겠는가?

한반도에는 물이 많다. 눈비가 많이 내려 강수량이 풍부한 것은 축복이다. 연평균 강수량이 1,200mm가 넘다. 다만 잘 갈무리해서 요령껏 쓰지 않으면 자원을 버리고 오히려 재해가 될 수도 있는 것이 물이다. 물은 얼마든지 있고 그래서 귀하지 않은 것으로 여기기 십상인 자원이다. 지구에는 사막화가 진전되고 있고 물 부족이 심각해질 것이라는 전문가들의 경고가 사실로 드러나면서, 국가간 지방간에 수자원 쟁탈을 둘러싼 갈등과 분규가 날로 늘어나고 격화되고 있다. 독일의 라인강 물은 바다로 들어가기 전에 일곱 번을 도시에 들어갔다 나온다고 한다. 그런데 우리 한강 물은 30%도 채 사용되지 않은 채 황해로 흘러 나가 버린다.

돌도 많다. 돌은 너무 많이 있기 때문에 상응한 대접을 못 받고 있는 귀한 자원이다. 북유럽 평원에 가면 돌이 없다. 있어도 쓸모 없는 것들이 대부분이다. 그래서 그들은 흙을 구워 벽돌을 만들었다. 우리나라는 돌이 지천으로 널려 있다. 실은 산이 전부 돌이라고 해도 과언이 아니다. 다만 돌의 쓰임새가 개발되지 못하고 그것을 다루는 기술이 옛적만도 못하다는 데에 문제가 있다. 석굴암을 만들었던 조상에 비해 우리는 돌을 어디에 어떻게 쓰고 있는가? 세계적으로 훌륭한 하강암을 우리는 지하철 돌계단으로나 쓰고 있는 것은 아닌가? 지금도 세계 경매시장에서 최고가에 거래되는 청자 백자를 빚었던 흙(고령토)이야 더 말해 무엇하겠는가?

6) 빛과 색의 축복

햇빛이 많고 맑은 날이 많다. 청명일수가 많고 일조량이 풍부하다. 햇빛은 모든 것을 황금으로 바꾼다는 말이 있다. 햇빛은 에너지의 원천이다. 빛이 있어야 생명이 살 수 있다. 빛이 많다는 것은 손에 쥐어지는 것은 아니지만 돈으로 바꿀 수 없는 장소의 축복이다. 북반구에서 남향집을 선호하고 남반구에서 북향 취락을 건설하는 것은 그 때문이다. 햇빛은 모든 것을 풍성하게 하고 일상생활에 활력을 준다. 세계에서 가장 많은 종류의 풀을 식용으로 먹는 이들은 호주의 원주민이라고 한다마는 한국인도 그에 뒤지지 않을 것이다. 우리나라에서 나는 과일이 유난히 달고 맛좋은 것도 그 덕분이다. 햇빛은 모든 것을 살아 움직이게 한다. 햇빛이 나는 날에는 풀벌레와 새와 물고기까지 세상 만난 것같이 활발해진다. 비가 오거나 어두운 날에는 사람도 짐승도 칩거한다. 모든 의욕이 가라앉게 된다. 비오는 날 우울해지거나 감상적으로 되는 것은 그 때문이다.

빛은 색채의 원천이다. 빛이 없이는 색도 없다. 파랑도 빨강도 빛이 약해지면 회색으로 탈색되다가 마침내 검게 변한다. 물론 어둠 속에서는 형체도 사라진다. 사람이 어둠 속에서 공포감을 느끼는 것도 나를 포함하여 다른 사물의 존재를 확인할 수 없기 때문일 것이다. 나는 북부독일에서 유학생활을 하였는데, 많은 것이 좋았지만 햇빛이 적은 것에는 늘 불만이었다. 언제나 낮게 가라앉아 흐려있는 하늘은 약하고 가난한 유학생을 억눌렀다. 특히 10시나 넘어서 해가 뜨고 오후 3시면 어두워지는 겨울날이면 으스스한 날씨 탓에 낮고 어두운 하늘만큼이나 침울해지곤 했다. 유명한 화가, 디자이너들이 남부 유럽에서 많이 나오는 것이 우연이 아니라고 생각한다. 건축물과 도시경관도 남쪽으로 갈수록 밝고 화려하다. 패션 산업과 축제도 이탈리아, 프랑스, 스페인, 포르투갈 등 남부에 발달해 있지 않는가? 이렇게 햇빛은 자연적, 인문적 환경과 생활양식, 심지어 사람들의 성정(性情)에까지 비추어 마침내 그것들 하나 하나와 전체를 밝고 다채롭게 만듭니다.

햇빛이 많이 쏟아지는 한반도는 천연 색채의 천국이다. 한국어에 색상에 관한 형용사가 유난히 발달해 있는 것도 그런 연유라고 생각한다. '노랗다'는 단어 하나만 해도 노릇노릇하다, 노리하다, 샛노랗다, 누렇다, 누르스름하다, 누르께하다, 누렇다, 싯누렇다 등 다른 언어에 비해 그 표현이 세밀하다. 기색, 안색, 병색, 행색, 내색, 물색, 생색, 구색 등, 색으로 사물과 현상의 상태를 표현하는 어휘도 남달리 발달해 있다. 다시 말해서 한국문화에서 색을 보고 느끼는 부분이 정치(精緻)하다면 이는 국토가 우리에게 준 혜택이다. 그만큼 우리는 세상을 풍요롭게 사는 것 아니겠는가?

7) 안전과 아름다움의 축복

한반도는 지구상에서 가장 안전한 땅 중의 한 곳이다. 너무나 안전하기 때문에 우리에게는 재난에 대한 감이 부족하다고 할 정도이다. 집이래야 바람 막고 비 가리면 족하다고 하면서 청풍명월을 벗삼아 살아가겠노라고 노래할 수 있었던 것도 자연이 사람을 해하는 변고를 만들지 않기 때문이다.

그렇다. 한반도라는 땅과 연안의 바다는 지형이든 기후든, 물과 토양과 생물까지 사람에게 대들지 않는다. 가히 인간친화적 자연이라고 할만하다. 여기에는 단 한 뼘도 못쓰는 땅, 사람을 내치는 곳이 없다. 사막도 없고 늪도 없다. 빙하도 없고 영구동토도 없다. 눈사태, 산사태가 일어나지 않으며 도시를 집어삼키는 해일도 없다.

다만, 해마다 한둘의 태풍이 비켜지나가기도 하고, 미미하지만 더러 지진의 여파가 느껴지기도 한다. 장마철이면 홍수의 피해를 좀 입는 수도 있고, 가뭄이 농작물을 시들게 하는 경우도 있기는 하다. 그러나 그것이 사람을 못살게 할 정도의 폭력적인 것은 아니다. 오히려 이 정도의 위협은 사람들의 긴장을 위해 필요할 수도 있다. 필자의 친구 중에 인간의 노화현상을 연구하는 이가 있는데, 그 친구 말에 의하면 건강하게 오래 사는 데 세 가지 조건이 있다. 우선 체질적으로 타고 나야하고, 다음으로 적당한 섭생과 운동을 해야 하며, 마지막으로 적당한 긴장을 유지하면서 일을 하는 것이 좋다고 한다. 적당한 긴장이 사람을 부지런하고 진취적으로 만든다는 가설은 멀리 갈 것까지도 없이 분단하의 군사적 대치 상황에서 전대미문의 기적적 경제성장을 이룩한 대한민국의 근대사에도 적용될 수 있을지 모르겠다.

이 땅에는 풍토병이 없다. 물을 잘못 마시거나 야지에 잘못 돌아다니면 치명적 병에 걸리는 수가 있는데, 아프리카와 중남미, 동남아, 중국에는 그런 곳이 많이 알려져 있다. 프랑스, 영국, 미국 등 과거에 식민지를 가졌던 나라에는 풍토병만을 다루는 아주 큰 규모의 임상실험실을 갖춘 연구소가 여럿 세워져 있다. 전염병도 발생하지 않는다. 마닐라 독감, 동남아 이질, 일본 뇌염, 홍콩 인플루엔자는 흔히 듣는 말이다. 그러나 부산이나 여수에서 무슨 전염병이 발생했다는 말을 들어 본 적이 있는가? 그랬다면 그것은 필경 외국에서 묻혀 들여온 것일 것이다. 혹 무슨 균이나 바이러스에 의한 질병이 돈다고 하더라도 한겨울만 지내면 씻은 듯이 없어진다. 추위를 포함하여 이 땅의 생태계가 자정능력을 발휘하는 것일 터이다. 그래서 방역분야에서는 동장군이 최고의 원군이라는 말이 있다.

다리 밑이나 동구나무 아래, 또는 양지바른 담벼락은 집 없는 거지들이 거처로 삼아 삶을 기대는 곳이었다. 이리해서 얼어죽고, 나돌아

다니다가 물에 빠지지 않으면, 목숨을 부지하는 데 큰 탈이 없는 곳이다. 요샛말로 바꾸면 지하철 통로에서 신문지 한 장으로라도 추위를 견디고 교통사고나 나지 않으면, 자연이 목숨을 앗아가는 일이 없는 곳이라는 말이다. 극단적 얘기를 했다마는 그만큼 인간이 맘놓고 생업에 종사하고 자아를 실현시키기 위한 활동을 펼치기에 좋은 땅이라는 말이다.

앞에서 우리 국토의 특성과 변화가 만들어 내는 다양성에 대해, 그리고 그것들이 어우러져 빚어내는 아름다움에 대해 이야기하였다. 이어서 우리 땅과 바다가 얼마나 풍요로운 곳인가도 살펴보았다. 이제 거기에다 국토의 안전함을 더해 보자. 사람 살기 좋은 곳, 축복 받은 곳이란 바로 이런 곳이 아니겠는가?

2. 한반도의 지정학적 해석

1) 경세(經世)의 지리적 조건

항해하는 배의 선장이 기억하고 있어야 할 가장 중요한 것은 배의 현 위치라고 한다. 어찌 그것이 배뿐이겠는가? 개인이나 나라나 현재 자신이 어디에 있는지를 제대로 알지 못하면 아무리 노를 열심히 저어도 다 소용이 없다. 아니, 부지런히 잘 저을수록 어쩌면 원하는 곳으로부터 더 멀리 떨어져 나갈 수도 있다.

여기서 "어디에 있는가?"라는 물음은 크게 두 가지의 차원을 갖는다고 하겠다. 하나는 시간이고 다른 하나는 공간이다. 시간과 공간을 양축으로 하는 세상의 원점은 창조의 태초 또는 우주의 기원으로 삼을 수 있을 것이다. 편의상 문화사가 시작되는 시기, 그때 인류의 삶터를 원점으로 삼아 생각의 가닥을 잡아갈 수도 있을 것이다. 모든 것이 비로 그곳, 원점에서 시작되었듯이 역사와 지리는 거기서부터 생각을 시작한다.

그렇게 보면 시간상으로 우리는 산업사회의 성숙기 또는 후기산업사회의 초기에 있다. 자유민주주의, 시장경제가 성숙하는 시기, 후진국에서 선진국으로 넘어가는 문턱에 걸려 있다. 그리고 공간상으로는 지방간의 성벽을 허물고 국가간 장벽을 넘어 세계화로 가는 초입에 있다. 그에 따라 우리네 생활공간은 대륙 내지 아대륙, 나아가 세계를 무대로 확대되고 있다. 그 중에서도 세계최대의 경제지역을 향해 가장 활발한 보폭을 보이고 있는 동북아시아의 한가운데에 터를 잡고 있다. 우리가 오늘날 다른 많은 지구 가족들과 더불어 여기에 있다고 할 때, 나아가야 할 방향은 어느 쪽이겠는가? 그리고 우리는 지금 거기로 가고 있는가? 이런 질문이 경세가가 자각하고 있어야 할 가장 중요한 사항이라는 말이다.

그런 의미에서 지정학(*Geopolitik*)은 경세, 즉 현대적 의미의 국가경영 내지 발전 전략을 위해 중요한 사고의 틀을 제공할 수 있다. 지정학은 한때 나치가 제국주의적 팽창전략과 침략전쟁을 합리화하는 데에 동원되었다고 하여 낙인찍혔던 학문이지만, 지금은 다시 정상학문의 자리를 회복하였다. 최근 학계에서 유행하는 '지정학의 르네상스'라는 말이 이를 말해주고 있다고 하겠다. 국가의 지리적 속성으로부터 정치, 특히 국제정치의 기본적 여건을 이해하고 발전전략을 도출해내는 것이 여전히 유효하다는 것이다. 여기서 지리적 속성이라고 함은 국토의 위치와 크기, 형태, 자연환경과 부존자원, 인구, 산업, 공간구조 등 국가의 발전에 영향을 미칠 잠재력과 제약요소 전반을 포괄하는 것이다. 세계질서가 유동적인 지금에 와서는 특히 국토의 대외관계에 있어 기본조건을 규정짓는 위치 및 형태적 속성이 중요성을 더하고 있다고 본다. 이런 생각을 토대로 한반도의 지정학적 구도를 살펴보는 것은 거시적, 장기적으로는 물론 단기적 현안의 접근에 있어서도 긴요한 해법을 제공할 수 있다. 왜냐하면 국가 경영이란 비전과 그 성취를 위한 전략의 기조에 있어 일관성을 유지해야 하기 때문이다.

2) 반도적 결정론을 극복하자

"한반도는 지정학적으로 불리한 위치에 있다"는 말이 널리 사용되고 있다. 그러나 그것은 검증되지 않은 가설에 불과하다. 따라서 생각 없이 받아들여서는 안 된다. 이 진술은 내용적으로 두 가지 서로 다른 가설에 기초하고 있다. 그 하나는 '반도적 위치론'이고 다른 하나는 '주변적 위치론'이다.

이른바 반도적 위치론(半島的 位置論) 또는 반도적 결정론의 골자는 이렇다.

> "반도는 해양으로 나아가려는 대륙세력과 반대로 대륙으로 진출하려는 해양세력이 각각 교두보로 점령하려고 하는 전략적 요충으로 결국 불가피하게 부딪치는 곳이다. 따라서 반도에 사는 사람들은 외세의 침략과 지배에 끊임없이 시달리기 마련이며, 그로 인해 고난과 핍박을 면하기 어렵다. 즉, 반도의 갈등은 지리적으로 결정되어 있는 운명 같은 것이다."

이것은 실로 터무니없는 가설에 불과하다. 심장부이론(*heartland theory*)과 주변부이론(*rimland theory*)이라는 지정학적 가설을 빌어 대륙세력과 해양세력의 대립이 반도에서 완충된다는 것도 따지고 보면 열강의 지배논리에 지나지 않다. 즉, 반도적 위치론은 이웃의 열강들이 한반도에 대한 그들의 지배의도 내지 지배를 정당화하기 위해서 끌어댄 거짓 주장이라는 말이다. 나는 이것을 지리적 결정론을 업은 사이비 가설이라고 부르는데, 그것은 과거의 피침에서 현재의 분단 상황까지 설명해내는 것 같이 아주 그럴듯해 보이지만 진실이 아니라는 뜻에서이다.

희랍은 그리스반도의 아테네를 중심으로 헬레니즘을 꽃피워 오늘날 서구문명의 바탕을 마련하였다. 로마는 이탈리아반도를 거점으로 당시 알려진 천하를 정복하고 대제국을 건설하였으며, 이베리아반도의 에스파냐는 무적함대를 거느리고 지구의 절반을 정복하고 나섰다. 덴마크는 유틀란트반도의 황무지에 세계 최고의 농업선진국을 일구었고, 바이킹의 후예로 혹독한 자연과 맞서야 했던 노르웨이와 스웨덴은 스칸디나비아반도에 세계가 부러워하는 복지국가를 건설하였다. 요컨대 유럽의 모든 반도들이 남들을 정복하고 대국을 건설하거나 남들에 앞서 문화를 일구고 시대를 풍미하였다. 그것은 유럽에 국한된 것도, 고대나 중세에 한정된 것도 아니다. 따라서 이러한 경험적 사실들은 문제의 결정론적 가설을 기각하고도 남는다.

논리적으로도 반도적 위치론은 본질적 모순을 안고 있다. 한쪽에 대륙세력이 있고 다른 한쪽에 그에 맞서는 해양세력이 있어 반도를 탐한다면, 왜 반도세력은 없는가? 반도의 운명을 스스로 결정하고 그것을 지켜내는 반도의 주인들 말이다. 바로 이런 발상, 즉 반도세력을 논리에서 사상시켜버리는 생각이 제국주의의 핵심이다. 이 가설은 논리적으로 틀리기도 했지만 도덕적으로도 용납될 수 없는 발상이다.

반도(半島, *peninsula*)는 글자 그대로 대륙에서 바다 쪽으로 튀어나와 섬처럼 생긴 땅이다. 섬 같은 곳이면서도 대륙에 닿아 있어 절반의 섬(*Halbinsel*)으로 불린다. 그러므로 반도는 대륙의 일반적 속성뿐만 아니라, 대륙에서 격리되어 있다는 점으로부터 나오는 것들을 제외하고는 섬이 갖는 모든 속성을 거의 다 가지고 있다. 그러므로 반도의 지리적 속성은 다양하고 복잡하다. 문제는 '그 속성 중 어느 것이 그 시대의 사람들에게 인지되고 활용되느냐'이다. 특히 대륙 및 해양에 대한 접근성이 여하히 인식되고 활용되는지는 반도에 사는 이들의 삶과 그 역사 전개에 큰 영향을 미친다.

반도는 개방적 공간으로 접근성이 높다. 그리고 그 접근성은 어차피 쌍방적이다. 바깥에서 들어오는 접근성에 눌려 행동반경이 위축되고 급기야 그 세력에 지배된다면, 우리나라가 근세 이후에 겪은 고난의 삶이 이어지는 역사가 되풀이 될 것이다. 반도적 위치론은 그러한 구도를 숙명으로 받아들이는 결정론적 사고이다. 반면에 바깥으로 나가는 접근성을 중시하여 적극적으로 진출을 도모하고 활동공간을 넓혀간다면, 국력이 신장되고 국민의 삶이 풍요로워질 수 있을 것이다.

지리적 속성들은 다양한 가능성을 내포하고 있다. 그러한 속성들을 어떤 관점에서 어떻게 인식하고 어떻게 활용하는가는 그곳에서 살아가는 사람들의 선택에 달려 있다. 지리적 속성에 대한 선택의 대안이 한 가지뿐이라고 가정하면, 우리는 자연과 인간의 관계에 있어 일방적이고 기계적 인과관계만을 인정하는 결정론적 사고에 빠지고 만다. 그러나 지리적 속성을 이용하는 선택의 대안은 다양하다. 어떤 대안을 생각해내고 그것을 실현하기 위해 노력하느냐는 자연에 대한 인간의 창의적 적응과정이며, 문화는 바로 그 창의적 적응의 다양한 형태인 것이다. 반도이기에 외침이 잦기도 하겠지만, 반도이기에 외부로 뻗어 나아가기가 용이하기도 하다. 어느 쪽이 현실로 나타나는 거기에 사는 사람들이 그들의 비전과 의지, 그리고 능력을 토대로 속성의 어느 면을 택하느냐에 달려 있는 것이다. 이러한 관점에서 보자면 우리 역사가 외세에 의한 침탈로 얼룩진 것이나 지금 분단으로 고통받고 있는 것은 반도 그 자체의 문제가 아니라 반도 사람들의 문제라고 해야 할 것이다. 반도를 반도로 인식하지 않았거나, 반도의 지리적 속성을 적극적으로 이용하지 못하고 소극적으로 그 단점을 뒤집어쓰고 앉아 있었다고나 할까.

거듭 말해두지만 한반도의 지리적 위치를 부수적, 교량적인 것으로 규정하고, 반도가 대륙세력과 해양세력 사이에서 육교적 역할을 하는 것이 당연하다고 하는 것은 일제가 임진왜란의 차도론(借道論) 이래

한반도를 침략을 합리화하기 위해 만들어낸 억지논리에 불과하다. 반도적 결정론의 극복은 식민사관과 식민지 국토관 및 그 잔재의 청산을 의미한다. 올바른 국토관리는 거기서 비로소 시작된다.

3) 주변에서 중심으로

장소를 평가함에 있어 위치는 가장 중요한 자연지리적 요소이다. 위치가 내적, 외적 관계를 규정짓기 때문이다. 그러므로 위치를 논해야 행동의 길이 보이다. 반도적 결정론 다음으로 문제가 되는 국토관은 '주변적 위치론'(周邊的 位置論)이다. 주변적이라는 말은 중심적이라는 말에 대하는 개념이다. 국토는 지표상에서 일정한 공간적 위치를 점하기 때문에, 주변적이라는 것은 일단 관점(중심)을 어디에 두느냐의 문제이다. 즉, 어디에서 한반도를 바라보느냐에 따라, 그때 서 있는 곳이 바로 중심이 되며, 중심으로부터 떨어져 있는 땅은 그 주변이 되는 것이다.

남의 땅에서 우리 땅을 보지 말고 우리 땅에 서서 밖을 내다보는 것이 옳다는 말이다. 다시 말하지만 우리나라는 '유라시아 대륙의 동쪽 끝에 붙은 반도'가 아니라, '태평양아시아(*Pacific Asia*)의 중심부에 자리 잡은 나라'이다. 한반도를 주변으로 보는 관점은 역사의 흐름에 따라 내용을 달리한다. 가장 오랜 역사를 갖는 것은 중국과의 관계에서이다. 중국은 나라이름 그대로 자신을 세계의 중심에 놓고(中華), 이웃 나라들을 변방, 즉 주변이라고 보아왔다. 중국에서 한반도를 동방(東邦)이나 동이(東夷)로 불렀던 것 자체가 바로 주변이라는 낮춤말이다. 다음으로는 일제가 내선일체니 뭐니 하면서 이른바 일본 본토(內地)를 중심으로 하여 만주와 조선(滿鮮)을 바라본 관점도 중심과 주변의 논리를 깔고 있다. '반도가 대륙과 해양의 육교역할을 하는 것은 마땅하다'는 논리는 대동아공영권이라는 구상의 요체가 되었다. 일제의 어용사학자들은 한국사를 지배하는 법칙을 반도라는 지리적 조건에서 찾고자 하였으며, 반도적 위치론에서 타율성을 끌어내 자주성을 덮으려 했다. 그리고 사대주의가 한국사를 일관하는 법칙인 양 오도한 것도 같은 맥락에서 볼 수 있는 것으로, 민족적 열등감에 사로잡혔던 어용사학자들의 자기진술에 지나지 않는 것이다.

서양 중심의 문명사적 관점에서는 근대사회와 산업화에 앞장선 서구에서 자기들을 중심으로 하여 중국, 일본과 한반도를 통틀어 극동(極東: *Far East*)이라고 부른 것을 들 수 있다. 제 2차 세계대전 이후 세력의 중심이 대서양을 건너 미국으로 넘어가면서 한반도는 냉전체제하의 주변부로 취급되었다. 구미로 대표되는 서방진영은 한반도를 해양세력의 주변부로 보았고, 소련으로 대표되는 공산진영에서는 대륙세력의 주변부로 보았다. 그것은 완충지대라는 개념으로도 일부 수용된, 이를테면 양대 진영의 전선이 교차하는 곳이었다. 종전과 더불어 가해진 국토의 분단이나, 언필칭 내전라고 불리는 6·25도 지정학적으로 보자면 바로 양대 중심세력의 냉전구도하에서 주변부가 대신 치른 열전에 다름 아니다.

남들이 우리나라를 주변부로 보는 것과 우리자신이 그렇게 하는 것은 다른 의미를 갖다. 그래서 남의 입장에서 바라보고 나의 위치를 규정짓는 것은 옳지 않다. 내가 선 자리에서 나의 위치를 규정하고 그 위치에서 생각을 펼쳐가야 한다. 그래서 나는 '극동'(*Far East*)이라는 말을 싫어한다. 언젠가 파리에서 열린 학술회의에서 나를 극동에서 온 학자로 소개받고 우스개 삼아 이렇게 맞받은 적이 있다. "나는 극동에서 온 것이 아니라 극서로 왔다." 어리둥절한 청중에게 나는 지금 경제의 고도성장이 이루어지고 있는 지역이 어디냐고 물었다. 교역과 연구개발이 가장 빠른 속도로 늘어나는 곳이 어디냐고 물었다. 그리고 젊은이들이 가장 열심히 배우고 공부가 미덕이 되어 있는 지역이 어디냐고 물었다. 이어서 벽에 걸린 지도상에서 태평양에 연해 있는 아시아지역(태평양아시아, *Pacific Asia*)을 가리켰다. 청중은 더 이상 웃지 않았다.

우긴다고 주변부가 중심이 되는 것은 아니다. 그러나 주변부이기를 자청하면 거기에서 벗어날 수가 없다. 근대화와 국제정치의 주변부로 밀려나 있던 한반도가 스스로 중심임을 선언한다고 갑자기 구심력을 갖게 되지는 않을 것이다. 그러나 그러한 자각과 이에 상응하는 노력이 필요하다는 말이다. 뿐만 아니라 실제에 있어 아시아—태평양시대가 열리면서 동아시아는 세계지도의 중심부로 진입하고 있다. 인구와 자원, 기술과 심지어 자본에 있어서까지 동아시아가 세계경제질서의 중심부 역할을 떠맡아 가고 있는 것은 부인할 수 없는 추세이다. 그 동아시아에서 한반도는 동해와 황해를 지중해로 양안에 끼고 다시 중심부가 될 수 있는 구도를 가지고 있다.

우리 스스로가 동북아 중심이네, 동아시아 허브네 하고 떠벌리는 것은 실속 없는 짓이지만, 국가발전전략의 내용에 있어 이러한 지정학적 구도를 염두에 두는 것은 꼭 필요한 일일 것이다. 그러나 여기서 반드시 덧붙여 두어야 할 말은 지정학적 구도만으로 중심이 되는 것은 아니고, 설령 그리 된다 하더라도 물질적 기능만으로는 중심의 역할을 다 하지 못한다는 것이다. 그렇다면 한반도가 진정한 중심이 되기 위하여 갖추어야 할 요건은 무엇이겠는가? 그리고 우리는 그것을 위해 무엇을 할 수 있겠는가?

4) 한반도의 꿈

아인슈타인은 "꿈은 지식보다 중요하다"고 했다. 개인이나 나라나 꿈이 있어야 한다. 우리에게 꿈이 있는가? 우리는 본래 꿈이 많은 민족이다. 아시아대륙을 횡단하여 한사코 이 동쪽 끝까지 우리 조상을 걸어오게 한 것은 꿈이었다. 꿈이 없이는 미래가 없다. 일제의 모진

압박을 견뎌낸 것도, 전쟁과 가난을 이겨낸 것도 꿈이 있었기에 가능한 일이었다. 그런데 우리에게 지금도 꿈이 있는가? 내가 보기로는 안타깝게도 먼 미래를 향한 꿈은 줄고 순간의 쾌락에 대한 탐닉과 눈앞의 이익을 향한 투쟁이 더 많아진 것 같다. 개인도 나라도 가난했던 시절보다 꿈이 준 것 같다.

한 나라의 꿈은 장기적 발전의 비전이다. 당대에 이룰 수도 있지만 대를 이어 추구해 가는 미래상이다. 그런 큰 꿈이 있어야 한다. 이상향처럼 어쩌면 영원히 다다르지 못할 지도 모르지만, 바라보고 향해서 나아갈 그런 꿈 말이다.

러시아의 지정학적 꿈은 대양으로 나아갈 부동항을 가지는 것이라고 한다. 러시아의 슬라브인들은 유럽에서 좋은 항구를 얻지 못했다. 그들은 대양으로 나아갈 꿈을 가지고 동쪽으로 이동해 갔다. 우랄산맥을 넘고 시베리아 벌판을 가로질러 대륙의 동쪽 끝까지 갔다. 그들 앞에 태평양이 나타날 때까지 말이다. 그리하여 가까스로 블라디보스토크를 찾아냈지만 그곳도 한겨울엔 얼어붙는 곳이었다. 끝내 얼지 않는 항구를 찾아내지 못했지만, 그들은 꿈을 버리지 않고 있다. 부동항 찾기를 포기하는 지도자가 있다면 그는 러시아인이 아니라는 말이 있다.

일본의 지정학적 꿈은 일본열도를 아시아대륙에 연결시키는 것이다. 다른 말로 하면 고립된 섬에서 벗어나 광활한 대륙으로 진출하는 것이다. 영국이 해가 지지 않는 대제국을 건설하고도 대륙에 대해 콤플렉스를 가졌듯이 일본도 섬나라의 열등감을 가지고 있다. 근대화에 앞서 열강의 반열에 들었지만, 그리고 그 힘으로 대륙정벌에 나서보기도 하였지만, 일본문화에는 여전히 대륙에 대한 동경이 열등감과 뒤섞여 있다. 우리를 괴롭힌 왜구에서 시작하여 임진왜란의 7년 전쟁, 20세기 전반의 식민지배에 이르기까지 일본은 간단없이 대륙진출의 꿈을 침략으로 드러내곤 하였다. 러시아의 경우와 마찬가지로 대륙에서 눈을 떼는 일본의 지도자는 더 이상 일본인이 아닐 것이다. 중국의 꿈이 중화사상에 있다면 미국의 꿈은 팍스아메리카나(*Pax-americana*)에 있을까, 아니면 아메리카니제이션(*Americanization*)에 있을까?

그렇다면 우리의 꿈은 과연 무엇인가? 단군선조가 하늘을 열고 이 땅에 나라를 세우실제, 홍익인간(弘益人間)의 뜻을 높이 세우셨으니 그것이 우리의 꿈일까? 우리의 소원이라고 목놓아 노래 부르는 조국통일(祖國統一), 그것이 우리의 꿈일까? 아니면 부국강병(富國强兵)이 우리의 꿈일까?

가치나 이념적 목표를 두고 꿈이라고 하기에는 적정하지 않다. 자유민주주의나 시장경제 같은 것도 꿈을 이루기 위한 체제이지 꿈 그 자체는 아닌 것이다. 통일이 소원이기는 하나 꿈의 전부는 아닐 것이다. 물질은 의식주를 족하게 하고 힘이라는 것도 능히 우리를 지켜낼 수 있으면 되는 것이지, 그 자체로 꿈이 될 수는 없을 것이다. 꿈은 그런 것 모두를 포괄하고 넘어서서 구체적이어야 할 것이다.

그렇다면 우리의 꿈은 무엇이겠는가? 일찍이 김구선생께서는《백범일지》(白凡逸志)에서 문화대국(文化大國)이기를 원한다고 하셨다.

> "나는 우리나라가 세계에서 가장 아름다운 나라가 되기를 원한다. 가장 부강한 나라가 되기를 원하는 것은 아니다. 내가 남의 침략에 가슴이 아팠으니, 내 나라가 남을 침략하는 것을 원치 아니한다. 우리의 부력(富力)은 우리의 생활을 풍족히 할 만하고, 우리의 강력(强力)은 남의 침략을 막을 만하면 족하다. 오직 한없이 가지고 싶은 것은 높은 문화의 힘이다. 문화의 힘은 우리 자신을 행복 되게 하고, 나아가서 남에게 행복을 주겠기 때문이다."

그렇다. 우리의 꿈은 군사대국이나 경제대국에 있지 않다. 우리가 얼마나 무기를 만들고 병력을 길러서 세계 사람들이 두려워하는 강국을 만들겠는가? 또, 우리가 얼마나 돈을 많이 벌어서 세계 사람들에게 뻐길만한 부국을 만들겠는가? 우리가 원하는 바는 격조 높은 문화를 창조하고 향유하면서 지구촌 가족들과 더불어 잘 사는 나라이다. 그곳은 자연과 인간의 심성이 서로 조화를 이루고, 이치가 통하며 도리가 바로 선 나라이다. 그리하여 세상 사람들이 두려워하거나 질시하는 것이 아니라, 함께 하고 본받고 싶어하는 그런 나라이다. 그런 의미에서 문화대국이란 문화선진국이라는 말로도 쓸 수 있겠다.

5) 세계화시대의 국가발전전략

문명사적으로 보면 우리는 대변혁의 한가운데에 있다. 이른바 패러다임쉬프트가 일어나고 있어 이전에 작동했던 많은 원리가 더 이상 유효하지 않게 되었다. 변혁을 이끌어 가는 메가트렌드는 세계화(*globalization*)이다. 세계화는 개방을 요구한다. 개방에 따라 안과 밖의 경계를 넘어 시스템이 통합되고 있다. 글로벌스탠더드가 만들어지고, 교류와 협력이 강화되고, 경쟁은 더 치열해지고 있다. 변화의 흐름에 창의적으로 적응하고 그 흐름을 이끌어 가는 것은 시대적 과제이다.

우리 국토가 반도라는 사실, 그리고 4강에 둘러싸여 있다는 사실은 지정학적으로 매우 중요하다. 그럴수록 우리나라는 반도의 특성을 살려 밖으로 개방하고 세계와 교류, 협력, 경쟁해야 한다. 반도는 외세가 진출하는 땅이라는 생각을 보다 적극적인 것으로 바꿔야 한다. 즉, 반도사람들이 해외로 나가 문물을 풍부히 하고 관계를 긴밀히 하여 나라를 부강하게 만들 궁리를 해야 한다.

냉전이 종식되었다지만 한반도는 여전히 적대적으로 분단되어 있다. 북한은 적화통일을 기본노선으로 견지하면서 선군정치체제를 공고히 갖추고 있다. 여전히 문을 굳게 닫아걸고 미사일과 핵무기를 개발하고 있다. 수백만의 주민들이 굶어죽고 유민으로 떠나가고 있다. 반면에 남한은 갖가지 어려움과 우여곡절을 겪었지만 산업화와 민주화에 성공하여 선진국 문턱까지 이르는 데 성공하였다. 그러나 지난 10

년 동안 집권세력이 낡은 이데올로기와 잘못된 현상판단으로 국정을 혼란에 빠뜨림으로서 나라 전체가 좌표를 잃고 헤매고 있다. 국론은 분열되고 경제는 침체의 늪에 빠졌으며 국제적으로는 고립되어 가고 있다.

한반도는 더 이상 고립국이 아니다. 마찬가지로 한반도 문제는 남북한 사이만의 문제가 아닌 것으로 되었다. 그런데도 이 정부는 여전히 폐쇄시스템을 전제하고 국정을 운영하고 있다. '햇볕정책', '자주국방', '수도이전', '국가 균형발전', '평준화'와 '3불정책', '세금폭탄'… 이런 것들의 바탕에는 기본적으로 폐쇄시스템이 전제되어 있다. 여기에 근본적인 문제가 있다.

국가발전전략의 조건들이 모두 세계화의 흐름을 탈 것을 요구하고 있다. 개방이 시대정신이자 지정학적 전략의 요체인 것이다. 요컨대 지식정보사회로의 변화와 개방체제에 대응하여 우리의 인적, 물적, 제도적 시스템을 개혁하고 업그레이드시키지 않으면 안 된다. 낡은 원리가 유효하지 않듯이 낡은 시스템은 효율적이지 못할 뿐만 아니라 문제를 일으킨다. 이제는 나라 안과 밖이 별개의 시스템으로 작동하지 않는다. 안에서만 작동하는 것을 전제로 한 폐쇄적 시스템을 고치지 않으면 개방사회에서는 모든 것이 안 맞고 뒤떨어진다. 안팎을 아울러 대응할 새로운 시스템을 창조해 내야 한다. 개방을 통한 국제적 교류와 협력, 그리고 경쟁은 피할 수도 없지만 우리가 나아가야 할 길이기도 한 것이다.

물적 시스템의 기본은 국토의 공간시스템이다. 최근에 정치권과 학계에서 한반도대운하에 대한 논의가 뜨겁다. 결론부터 말하자면 나는 한반도 대운하가 국토시스템을 크게 업그레이드 할 것으로 믿고 있다. 이제까지 도로와 철도 등 육로로만 조직되었던 국토공간에 수로의 네트워크를 더하여 조직하게 되면 국토의 공간조직이 훨씬 강력해진다. 그야말로 양적 질적으로 업그레이드되는 것이다. 거기다 자연하천을 연결하여 만드는 운하로 수로조직을 하게 되면 국토의 구석구석이 해양으로 직결된다. 바로 해양지향형 국토시스템을 갖추는 것이다. 앞에서 언급한 지정학적 요구에 적극 부응하는 정책이다.

우리나라가 선진국에 진입하기 위해서는 국토의 조직을 업그레이드하고 국토를 해양 지향적 개방시스템으로 바꿔야 한다. 국가경쟁력의 신장을 위해서나 국민의 삶의 질을 향상시키기 위해 이는 필수적 과제이다. 우리보다 앞선 선진국들 중에 수운을 도외시하는 나라는 없다. 하천지형이 이처럼 잘 발달한 나라에서 하천을 물이 흘러가는 길로만 내버려두는 것은 국토의 잠재력을 묻어두고 안 쓰는 것이다. 한반도대운하는 우리나라의 하천들을 연결하는 물길의 네트워크로 일단 완성되면 선진국으로 도약하는 훌륭한 발판이 될 것이다.

교역을 해서 먹고사는 나라로서 생존선이라고 할 수 있는 물류에 혁명을 이루게 될 것이다. 내륙낙후지역이 항구를 갖게 되어 산업을 유치하고 발전할 수 있게 되어 지역의 균형발전이 이루어질 것이다. 특히 관광레저산업의 발전에는 획기적 계기가 마련될 것이다. 홍수와 가뭄을 방지하는 데에도 도움이 되고, 무엇보다도 본격적 수질개선사업이 함께 이루어지게 된다.

물길이 이어지면 물자와 정보, 사람이 오가면서 인심이 통하고 지역통합이 이루어진다. 청계천에서도 볼 수 있듯이 사철 맑은 물이 풍부히 흐르고 수변 생태환경이 풍성하게 조성되면 국민 정서함양에도 좋다. 그리고 공사기간 중에 수십만의 일자리가 생겨나고 공사 후에는 직접적 신규고용 효과만도 수만에 이를 것으로 추정된다. 침체에 빠진 우리 경제의 모터를 재가동하는 데 큰 도움이 될 것이다. 미국의 TVA를 연상하게 하는 국토종합개발사업으로 국가적 대역사가 될 것이다.

반대 논리도 있다. 물동량이 충분치 못하고, 환경을 파괴할 것이라는 것, 그리고 반도에서 꼭 운하가 필요하냐가 비판의 요지이다. 지면관계로 상론할 수는 없지만 원론적으로 이렇게 답하고자 한다. 지금도 우리나라 물류인프라는 포화상태이다. 경제를 성장시키려면 새로운 교통로의 건설은 피할 수 없다. 운하는 백 만년에 걸쳐 자연이 만들어 놓은 물길을 이어서 교통로로 쓰자는 것이다. 철도나 도로에 비해 훨씬 친환경적 교통로이다. 운하 건설에 반대하는 것은 고속도로나 철도를 건설하자는 얘기나 마찬가지이다. 어느 쪽이 더 환경 파괴적이고 비쌀 것인지는 자명하다. 바로 세계화시대이기 때문에 국토 구석구석을 세계로 열자는 것이다. 반도이기 때문에 물길을 이어 내륙지방을 바다로 연결시키자는 것이다. 한반도 대운하는 세계화시대에 걸맞은 한반도의 지정학적 발전전략인 것이다.

|제 15 장|

'국토균형발전' 개념의 재해석

남 영 우

1. 문제의 제기

작금의 대한민국은 특별개발 중에 있다. 온 국토가 불도저와 포크레인으로 난도질당하고 있다고 해도 과언이 아닐 정도이다. 그 발단은 2002년 대통령선거까지 거슬러 올라갈 수 있다. 지난 대통령선거과정에서 제기된 이른바 신행정수도 건설공약은 온 국민의 초미의 관심사로 떠올랐고 선거결과에도 영향을 미쳤다. 수도이전의 공약은 충청도 유권자의 전폭적 지지와 노무현 후보의 당선으로 일단 성공을 거두긴 하였으나, 그것의 법적 타당성 · 실현가능성 · 경제성 · 지속가능성 · 성공가능성 등의 측면에서 볼 때 어느 것 하나 보장받을 수 있는 것이 없어 보였다.

참여정부는 국민적 합의과정을 거치지 않은 채 균형발전 및 지방분권과 관련하여 이른바 3대 특별법인 '신행정수도건설을 위한 특별조치법'을 비롯하여 '지방분권 특별법' 및 '국가균형 특별법'을 국회에서 통과시켰다. 정부와 여당은 수도이전만 성사되면 수도권의 과밀화가 주시 해소되고 지방분권과 국가 균형발전이 실현되는 것처럼 홍보하면서 2004년에 실시된 4·15총선에서도 이를 활용한 바 있다. 또한 정부는, 대내적으로는 균형발전 3대 특별법의 제정으로 상생발전의 제도적 기반이 구축되고, 대외적으로는 남북관계가 개선되고 있으며 동아시아가 급성장 하는 등 국가발전의 기회요인이 성숙되어가고 있다고 주장하였다. 정부는 이러한 배경을 바탕으로 지역간의 갈등을 극복하고 한반도에 축적되는 잠재력을 살려가기 위한 새로운 국토발전전략이 필요하다는 주장을 펴고 있다. 이를 뒷받침하기 위하여 정부는 행정중심복합도시를 위시한 혁신도시와 기업도시를 건설하겠다는 구상을 실천에 옮기고 있다. 더 나아가 실천가능한 국토의 미래상을 제시하여 국민의 역량을 최대한 결집함으로써 선진일류국가의 건설이 실현될 수 있다고 강조하였다(국가균형발전위원회, 2004). 정부는 45억 원을 들여 지은 행정도시 홍보관이 파리를 날리는데도, 25억 원을 들여 비슷비슷한 국가 균형발전 홍보관을 다시 지었다. 논과 밭뿐인 들판까지 일반국민들이 찾아와서 그렇고 그런 이 정권의 '균형발전' 선전을 들어줄 리가 없다. 결국 70억 원을 공터에 퍼다 버린 꼴이다. 어디 그뿐인가? 더 나아가 노무현 대통령은 2007년 2월 7일 경북 안동에서 열린 '2단계 국가 균형발전 정책 대국민 보고회'에서 대선을 통한 지방의 저항을 유도하는 발언을 하였다. "대통령령 누가 만드느냐? 장관이 만든다. 장관은 어디 사느냐? 서울에서 일류대학 나온 사람들 아니냐. 서울에 앉아서 아침·점심·저녁 먹고 오페라도 서울에서 보는 사람들이 지방에 관해 무엇을 알겠느냐?"라는 대통령의 발언은 지방을 부추겨 서울을 공략하라는 포퓰리즘의 전형을 보는 듯하다.

정부는 이상에서 언급한 내용이 신 국토구상의 배경임을 전제하면서 기존의 구시대적 패러다임을 답습하면서도 21세기에 들어와 세계화 및 정보화를 바탕으로 한 국토개발의 패러다임이 전 세계적으로 변화하고 있다는 모순된 주장을 펼치고 있다. 이에 대하여 필자는 그와 같은 주장에 중대한 오류가 있음을 지적하고자 한다. 즉 충청도로 사실상 수도 이전하고 혁신도시를 세우겠다는 정책은 그들이 명분으로 내거는 수도권 과밀화 해소와 국토균형발전이 21세기의 새로운 패러다임이 아니라 오히려 산업화시대의 유물과 동서냉전의 산물이며 세계화시대에 역행하는 국토전략이라는 사실을 지적하고자 하는 것이다.

2. 국토개발전략의 패러다임 변화

1) 산업화시대의 개발전략

한국경제는 지난 40여 년간 320% 성장하였다. 이는 연평균 8% 성장에 해당하는 고도경제성장인 셈이다. 이러한 성장속도는 19세기부터 20세기 중반에 걸쳐 서유럽국가들이 150년간 이룩한 속도보다 빠른 것이다. '한강의 기적'이라고 불리는 한국경제의 고도성장은 지난 40년간에 걸쳐 시행되어온 국토개발 정책에 힘입은 바 크다고 할 수 있다. 그러나 한국의 국토개발정책은 한국경제의 고도성장을 주도하였으나, 정책의 중심이 수출드라이브 정책에 초점을 맞춘 탓에 공업화에 역점을 두었다. 이와 같은 정책은 선진국의 원조를 대량으로 받은 국가들의 경우 국민총생산을 성장시키는 성공적 정책으로 인식되었으나, 대부분의 개발도상국들에 있어서 총량적 경제정책은 오히려 지역간 불균형 성장과 소득격차 등의 문제점을 노출시킨 것이 사실이다.

지역간 격차는 사회·정치적 차원에서의 격차와 함께 시대와 국가를 불문하고 불가피하게 초래되는 현상이다. 따라서 국가전체의 근대화와 사회발전을 위해서는 낙후되거나 정체된 지역에 대하여 정부가 적극적 개발정책을 수립하는 것은 적어도 1980년대까지는 당위적 국정과세로 인식되있다. 대부분의 개발도상국은 지역격차보다 성장동력의 확보에 중점을 두었다. 그런 까닭에 20세기 중반부터 페루(F. Perroux, 1950)의 지역개발전략인 성장거점이론(*growth pole theory*)은 프랑스를 비롯한 선진국에서뿐만 아니라 여러 개발도상국에서 정책도구의 하나로 도입되어 왔다. 하향식 개발방식인 성장거점전략은 지역간 불평등이 발생한다는 지적을 받게 되자 상향식 개발방식의 원리를 낳게 만들었다.

지역간 불평등의 발생요인은 성장격차의 근원과 격차의 추이를 분석해야 가능하다. 일반적으로 지역격차는 개발전략과 투자전략에 의해 발생한다고 볼 수 있다. 따라서 정책결정자는 하향식 개발전략인 집중개발과 상향식 개발전략인 분산개발 중 어느 쪽을 선택할 것인가에 직면하게 된다. 우리는 지구상의 국가들 중 우파정권의 경우는 전자를, 좌파정권은 후자를 선택하는 경향을 목격할 수 있다. 그러나 사실은 자원이 부족하고 개발의 잠재력이 미약한 국가에서는 특정지역에 집중적으로 투자하여 그 성장거점을 우선 개발한 후, 그 개발의 파급효과가 주변지역으로 파급되기를 기다리는 것이 효과적일 것이다. 이와는 달리 개발의 잠재력도 있고 자원도 풍부한 국가에서 지역격차가 심화된 경우라면 여러 지역으로 분산투자하여 동시에 개발하는 것이 효과적일 것이다. 그럼에도 불구하고 이들 전략은 국가가 처한 정치적 논리와 맞물려 전개되는 것이 현실이다.

2) 세계화시대의 개발전략

현대자본주의는 1970년대에 불어닥친 심각한 경제불황을 겪으면서 새로운 국면으로 전환되었다. 이러한 전환은 경제분야를 중심으로 진전되었으나, 공간적 관점에서 보면 세계화의 과정으로 요약될 수 있다. 세계화는 선진국은 물론 개발도상국을 포함하여 전 지구적으로 진행되고 있다. 국가간·지역간·도시간 교류의 확대는 지구상의 다양한 경제블록과 문화권에 속한 국가들을 하나의 상호작용 단위로 통합하여 월러스틴(I. Wallerstein, 1974)이 주장하는 세계체제(*world system*)로 편입시키는 결과를 낳았다.

세계화에 대한 비관론자 및 좌파적 시각에서 보면, 세계화는 이에 수반한 지역간 또는 국가간에 존재하는 발전수준의 격차를 비롯하여 생활수준의 격차와 과학기술의 격차 등이 더욱 심화됨으로써 국가간 긴장과 지역간 갈등을 증폭시킬 것으로 예상되고 있다. 또한 케네디(D. Kennedy, 1993)와 같은 비관론자들은 세계화를 평면적이고 단선적으로 이해할 것이 아니라 국가간에 존재하는 비대칭적 관계와 복합적 상호의존관계를 변증법적 관점에서 이해해야 할 것이라고 주장하고 있다. 그리고 그들은 세계화에 수반되는 변증법적 과정이 세계화로 인하여 초래되는 균열구조의 원천이라고 부정적 시각에서 설명한다. 그들은 통합·협력·화해·보편적 가치 등과 같은 세계화의 긍정적 측면보다는 분열·경쟁·대립·특수적 가치 등과 같은 부정적 역작용을 부각시키는 데 열중한다.

길핀(R. Gilpin, 1987)을 위시하여 갬블(A. Gamble, 1993)과 틸리(C. Tilly, 1993) 등이 지적하는 균열구조는 '국제주의 및 세계주의 vs. 국내주의 및 보호주의'의 균열, '국제주의 및 세계주의 vs. 국가주의 및 민족주의'의 균열, 그리고 '국제주의 및 세계주의 vs. 국수주의 및 민족주의'의 균열을 의미한다. 정부와 여당이 주도하는 한국의 현 정권은 국제주의와 세계주의에 맞서는 균열구조에 주목하면서 새로운 균열구조를 제시하고 있다. 그것은 '중앙' 대 '지방'의 균열구조인 것이다.

세계화(*globalization*)는 지방화(*localization*)와 동전의 양면적 관계이다. 그들은 지방화를 국민국가의 형성기에 중앙정부에 빼앗긴 자율성과 개성을 회복하는 과정으로 인식하고 있다. 그와 같은 인식은 연방주의적 구조를 바탕으로 산업화를 추진해온 구미선진국과는 달리 단일지배체제를 기초로 뒤늦게 산업화를 이룩한 한국의 경우 지방정부가 중앙정부의 부속물에 불과하였다는 것에 근거하고 있다. 또한 한국과 같은 개발도상국들은 후발 산업화의 조속한 진전을 위해 국가주도의 불균등 발전전략을 채택하여 중앙과 지방, 대도시와 농촌 간에 현격한 불균형을 초래하였다는 것이다. 그와 같은 해석은 부분적으로는 옳다.

3. 국토균형발전의 재해석

1) 균형발전의 개념

'균형'이란 단어는 일견하여 매력적인 말로 인식되기 쉽다. 참여정부에서 추진하는 국가 균형발전에는 권력의 균형 · 국토의 균형 · 사회의 균형 등의 내용이 포함되어 있다. 그런 까닭에 많은 국민들이 처음에는 균형발전에 솔깃한 것도 사실이다. 권력 · 국토 · 사회가 균형발전을 지향하는 것은 언뜻 보아 최선의 가치로 인식될 수 있다. 균형(*balance*)이란 어느 한쪽으로 기울거나 치우치지 않는 고른 상태라는 자전적 의미와 더불어 좌우대칭으로 배치되어 생기는 중력적 균형을 뜻한다. 원래 균형은 저울의 일종인 천칭(天秤)이라는 뜻에서 연유된 단어로, 물체가 수직축을 중심으로 한 대칭을 가리킨다. 바로 이런 해석이 '균형'이란 말을 왜곡시키는 요인이 된다. 균형의 참뜻은 동일한 상황하에서의 무조건적 대칭이 아니라 조건과 성격이 상이한 것들 사이에서 취해지는 안정된 통일감을 뜻하는 것인데, 그것이 진정한 균형이다.

파슨스(T. Parsons)가 주장한 정학적(靜學的) 사회학 분석이론인 균형모델(*equilibrium model*)이 있다. 그의 사회시스템론에 의하면, 현실세계는 공동의 전체 목적에 따라 일정한 질서를 가지고 기능적 상호연관관계를 맺고 있는 여러 요인으로 구성되어 있다. 이 중에서 설명의 대상으로 삼고자 하는 측면에 관한 요인을 추출, 이를 변수로 하여 정식화(定式化) 한 다음, 여러 변수간의 상호 연관관계를 확정하면 하나의 시스템이 성립한다. 이때 여러 변수의 상호 연관관계의 양식을 결정하는 시스템 구조가 변화하지 않는다는 가정 아래, 몇몇 특정변수의 변화는 다른 변수에 영향을 미치고, 이 영향은 다시 원래의 변수로 돌아오는 파급작용을 되풀이하게 만든다. 이처럼 시스템은 궁극적으로 수렴한다는 측면을 설명할 목적으로 설정된 것이 균형모델이다. 그럼에도 참여정부는 권력의 균형과 사회의 균형은 소홀히 하고 오직 국토의 균형화에만 올인 하고 있다.

국토는 전체가 등질적 공간일 수 없다. 국토의 각 부분들은 서로 상이한 지역성과 기능을 보유하고 있기 마련이다. 국토가 균형상태를 이루기 위해서는 국토의 하위단위인 부분지역들의 차이점을 고려하지 않으면 안 된다. ‘균형상태’의 광의적 개념은 각종 대조물, 직선과 곡선, 수직선과 수평선, 명부(明部)와 암부(暗部) 등이 서로 유기적 관계를 가지면서 보완하여 긴장된 안정을 유지하는 상태를 일컫는다. 결국 이질성의 조화와 역학적 안정이 포함된 물질적 여러 단위의 공간적 배치라 할 수 있다.

조화를 유지하는 아름다움은 정적이고 온화한 미적 효과를 지니지만, 그것만으로는 단조로워서 다양성이 결핍되기 쉽다. 그것을 깨는 동적(動的) 효과로서 콘트라스트, 즉 대조 혹은 대비가 추구되어야 한다. 그 동적 효과의 콘트라스트를 교정하는 것으로서 요구되는 것 또한 균형인 것이다. 국토를 구성하는 것은 산악부와 평야부, 해안지방과 내륙지방, 도시지역과 농촌지역 등이며, 이들이 바로 국토의 다양성과 콘트라스트를 이루는 요소가 된다.

균형의 개념을 오도하거나 왜곡시키는 것이 평등의 개념이다. ‘평등’이란 권리·의무·자격 등이 차별 없이 고르고 한결같음을 가리킨다. 그래서 남녀평등과 자유평등은 현대사회질서의 기본원치이 된다. 남녀평등은 남자와 여자의 법률적 권리나 사회적 대우가 성별에 따라 차별이 없음을 뜻한다. 그러나 현실적 측면을 고려하여 헌법에 명시된 국방의 의무는 예외적으로 적용된다. 자유평등은 개인에 대한 권력의 강제나 인격적 차별을 지양하고 개인활동의 자유와 지위상의 동등한 조건을 지향하는 데 있다. 그럼에도 불구하고 사실상 개인활동은 실정법의 테두리 내에서만 자유롭고, 지위는 모든 조직사회가 정한 바에 따라 상이한 조건이 부여된다.

이와 유사한 단어로는 형평과 공평 및 공정이 있다. '형평'이란 균형이 맞거나 그런 상태를 뜻한다. 그래서 일제강점기에는 천민계급의 지위향상을 위하여 혁신적 사회운동인 형평운동이 전개되기도 한 것이다. 이 운동은 천민계급을 인간답게 살게 하자는 취지이지, 결코 그들을 귀족계급으로 신분상승을 시키자는 것이 아니었다. 오늘날 자유국가 언론의 보도원칙은 형평의 원칙에 따른다. 즉 사회적으로 논의되고 있는 쟁점들을 균형 있게 보도하기 위하여 가능한 다양한 의견들을 함께 다루어야 한다는 것이다. 이에 대하여 '공평'이란 단순한 절차상의 평등을 뜻한다. 그러므로 형평과 공평의 차이는 의외로 크다. 가령, 아이와 어른이 달리기시합을 할 경우에 출발선을 같게 하면 공평성을 기한 것이고, 아이를 앞서서 달리게 하면 형평성을 기한 것이다. '공정'은 공평하고 올바름을 가리키는 단어이므로 상술한 공평과 일맥상통한다.

참여정부가 구상하고 있는 국토균형개발정책은 지역간·도시간 공평성을 기하자는 것이지 형평성을 기하자는 의도가 아닌 것 같다. 필자는 여기서 참여정부의 허점을 지적하지 않을 수 없다. 좌파적 정권은 대개 사회주의적 가치에 무게를 두어 그 특성을 부각시킨다. 사회주의의 개념에서는 개인주의적 경쟁원리에 반대하고 집단성을 통하여 격차를 없애며 사회적 평등을 지향한다. 그들이 생각하는 평등은 무게중심을 획일적 평등과 공평에 두고 있다. 사회주의 이념은 생산보다 그 사회에서 생산되는 재화의 분배에 관심을 갖는 특징이 있다. 그러므로 사회주의의 이념을 추구하는 부류는 반시장적 일수밖에 없다. 이는 부의 불평등분배라는 자본주의 경제체제의 문제점을 딛고 제기된 것이다.

2) 참여정부의 정책적 오류

참여정부는 출범 이후 지금까지 20가지가 넘는 장밋빛 정책과 대형 프로젝트를 발표하였다. 이들은 주로 총선과 지방선거 등을 앞두고 집중적으로 발표된 사업이다. 그 가운데 국가 균형발전을 실현하겠다는 명분 아래 행정중심복합도시에 약 44조 원, 국가 균형발전 계획에 약 67조 원, 혁신도시에 약 20조 원을 합하여 약 131조 원을 쏟아 붓겠다는 계획이다. 이들 사업은 5~25년에 걸친 장기 프로젝트인 까닭에 현 정권의 임기와는 무관한 것들이어서 현실성이 떨어지고 지속가능성이 불투명하다는 점이 문제점으로 지적되고 있다.

이러한 발상은 상술한 것처럼 전 국토를 공평하게 개발하고 평등하게 기능을 나누어 가지자는 취지에서 비롯되었음에 다름 아니다. 정부는 수도이전이 헌법재판소의 위헌판결로 수포로 돌아가자 행정복합도시로 포장하여 18개 중앙부처를 포함한 49개 단위기관을 충남의 연기·공주로 이전할 계획을 추진 중이다. 그뿐만 아니라 마치 산타크로스가 시혜를 베풀듯이 수도권에 있던 175개 공공기관을 혁신도시로 분산시킬 예정이다. 대규모 개발사업이 전국 곳곳에서 본격화함에 따라 국토전체가 공사판으로 바뀌었다. 전국 246개 시·군·구의 30%에 달하는 76개 시·군·구가 정부의 각종 특별개발지구로 지정되었다. 참여정부는 매년 5조~6조 원대의 균형발전특별회계를 편성하여 지방투자를 늘리고 기업들의 지방이전을 장려해 왔으나 정책효과가 나타나지 않고 있다.

이에 따라 전국 부동산 가격이 급상승하고 국토가 투기장화 되었다.

토지매입에 따른 보상비는 눈덩이처럼 불어나고 있다. 〈그림 15-1〉에서 알 수 있는 바와 같이 2000년에는 6.2조 원이던 토지보상비가 2005년에는 15.0조 원에 달하였다. 이 자금이 다시 부동산에 투자되는 악순환으로 전국토가 투기장으로 변하고 있는 것이다. 파주 신도시 건설을 위해 2006년에 그 일대에서만 풀린 보상비는 무려 3조1,519억 원에 달한다. 이는 전년도에 비해 7배나 증가한 규모이다. 신도시 이외에도 행정복합도시·혁신도시·기업도시 등의 보상액을 합치면 천문학적 액수가 될 것이다. 각종 문제가 제기되자 정부는 현금이 아닌 토지로 보상하는 내용의 토지보상법 개정안을 국회에 상정한 바 있다. 이것이 통과되면 공공기관의 지방이전을 위해 추진 중인 10개 혁신도시에 풀리게 될 보상금 4조5,000억 원 중 20~30%에 해당하는 1조 원 정도를

〈그림 15-1 연도별 토지보상비와 면적〉

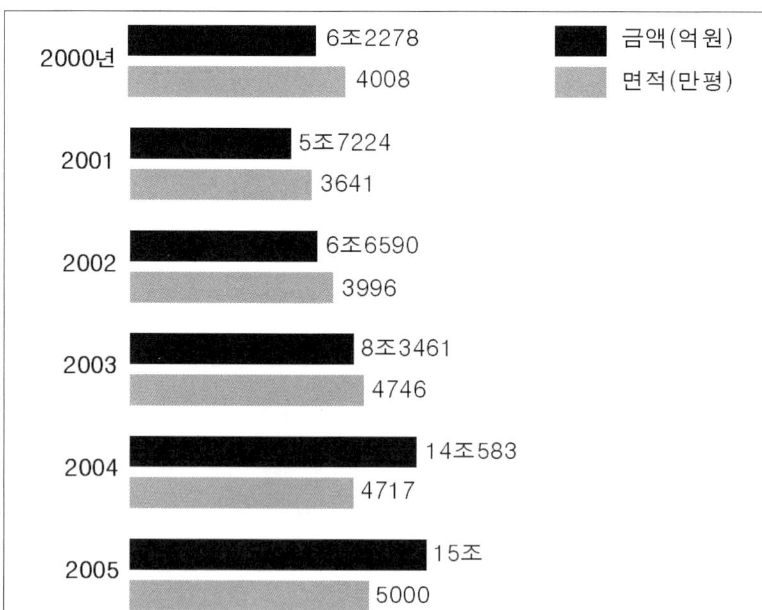

* 2005년은 추정치임. 자료: 건설교통부(2006).

현금 대신 토지로 보상할 예정이다. 정부는 당초부터 예견되었던 문제점을 간과한 것이다.

임기 1년을 남겨둔 참여정부는 지방으로 이전하는 기업에 대하여 법인세를 최대 절반까지 깎아 주고 출자총액제한제 대상에서 빼주는 것을 골자로 한 '2단계 국가 균형발전 구상'을 2007년 2월 7일에 발표한 바 있다. 정부는 더 나아가 지방이전 기업에 토지수용권을 포함한 도시개발권을 부여하는 방안도 검토 중에 있다. 이를 실현하기 위해서는 제도적 장치의 마련은 물론, 재정부담의 가중과 주민들의 반대를 해결해야 할 것이다. 현재 여야의 정치역학상 실현가능성이 없어 보일 뿐만 아니라 여론수렴 없는 정책이 힘을 받을 수 있을는지도 의문이다.

국토정책은 실현가능성과 지속가능성에 초점을 맞추어 수립되어야 한다. 그리고 효율적이고 안정적이어야 함에도 불구하고, 참여정부는 포퓰리즘에 입각한 정책으로 일관하는 듯한 정책을 쏟아내고 있다. 서울을 중심으로 한 수도권에 집중된 기능을 전국에 분산시켰을 때에는 시너지 효과가 나타나지 않는다. 그것은 수도권에 집적(*agglomeration*)의 이익이 작용하고 있기 때문이다. 여기서 우리는 사회정의와 균형발전이 무엇인지 다시 한 번 반추해보지 않을 수 없다. 사회정의는 누가, 무엇을, 어디서, 어떻게 획득해야 하는가에 대한 규범적 개념과 관련된 문제이다. 사회정의와 형평의 원칙에서 공공재와 공공서비스의 집합적 소비(*collective consumption*)를 연구하는 도시학자들은 현재의 사회·공간적 분포상태를 조사하여 불평등의 상황을 해소하는 대안을 제시하기 위해 고심한다.

그럼에도 일각에는 곡학아세(曲學阿世)하여 혹세무민(惑世誣民)하는 도시학자들이 있다. 참여정부와 그 외곽세력을 비롯한 어용학자들까지 가세하여 집합적 소비의 원칙을 무시하고 있다. 그들에게는 1950~1960년대 미국 연방정부의 도시정책을 학자적 양심으로 신랄하게 비판함으로써 공명심에 가득 찬 출세지향적 교수들에게 일침을 가한

컬럼비아 대학의 앤더슨(M. Anderson) 교수와 일본의 수도이전이 일본국민을 기만하는 것임을 지적한 메이지(明治) 대학의 이치가와 히로오(市川宏雄) 교수를 귀감으로 삼을 것을 권하고 싶다. 균형발전이란 기존의 기능을 빼앗아 없는 곳으로 옮겨주는 것은 아닐 것이며, 없는 곳에 새로운 기능을 만들어주는 것이 올바른 균형발전이다. 분명한 것은 형평과 공평을 혼동해서는 안 된다는 점이다. 이것을 혼동하면 기회의 평등과 결과의 평등을 혼동하게 된다.

스미스(D. M. Smith, 1973, 1974, 1979)가 제안한 영역적 사회지표(*territorial social indicators*)는 지역의 안정과 국민 개개인의 복지에 접근하는 방법론을 제공해 준다. 이 접근법에 의하면, 영역적 사회지표는 서로 다른 공간규모에서 국민복지의 정립을 가능케 하는 역할을 하였다. 영역적 사회지표는 복지의 영역적 불평등을 야기시키는 메커니즘과 그 과정을 설명하는 실증적 연구의 기초가 될 뿐만 아니라, 일반적인 사회적 가치기준에 근거하여 불평등을 평가하고 필요하다면 개선책을 수립하는 데 도움이 된다. 이것은 국토에 존재하고 있는 비교우위(*comparative advantage*)를 최대한 살리는 방향에서 정책이 수립되어야 함을 시사하는 것이다.

국토를 구성하고 있는 경인지방·관동지방·호서지방·영남지방·호남지방 등의 부분지역들은 각기 나름대로의 비교우위성을 가지고 있다. 각 지역에 맞는 기능을 갖춰줄 때 국가 균형발전이 이룩되는 것이고 형평의 원칙에 부합되는 것이다. 도시화가 진행되는 지역에 도시화 촉진책을 추진한다거나, 지역성에 맞지 않는 기능을 부여하는 정책은 매우 어리석다. 수도기능과 공공기관을 빼앗아 지방에 나눠주는 것은 한국을 대표하는 세계도시 서울의 글로벌 기능을 약화시킬 뿐만 아니라 서울의 브랜드 가치를 실추시키게 된다. 사람에게도 개인차와 개성이 존재하듯 지역 역시 지역의 장소적 차이와 지역성이 엄연히 존재한다. 그럼에도 불구하고 각 지역의 고유한 특성을 간과한 채 획일적 균등성장을 도모하겠다는 것은 무모하다. 그러므로 각 지역이 지닌 나름대로의 주어진 환경과 능력에 따라 조금씩 격차를 줄이는 방향으로 국토균형발전의 포커스를 맞추는 노력이 필요할 뿐이다(강병기, 2005).

4. 국토정책의 발전적 대안

1) 국토균형발전의 한계

수도와 공공기관의 이전에 따른 일련의 행정중심복합도시와 혁신도시 및 기업도시에 관한 계획은 처음부터 국민적 여론수렴과 합의과정을 생략했을 뿐만 아니라 지방정부와도 사전협의가 없이 진행되었다. 지방정부는 초기에 기관이전의 수혜자가 될지도 모른다는 생각에서 기대가 컸으나, 입지선정이 완료되면서 자치단체 및 지역주민간에 균열이 발생하였다. 중앙정부와 지방정부의 균열만이 아니라 지방과 지방간의 균열이 발생하리라는 것은 이미 예견된 일이었다.

균열을 해결하기 위해서는 사회통합문제가 대두될 수밖에 없다. 사회통합은 공간통합과 계층통합을 포함하는 것인데, 한국사회의 공간통합은 정권교체와 더불어 진전되었음에도 불구하고 공간통합의 실현이 국토균형발전의 전부가 아니라는 한계에 봉착했다. 공간통합이 국토발전 내지 국가발전을 담보하는 것은 아니다. 국토개발은 페루(Perroux, 1950)의 주장대로 공간통합적 개발전략이 수평적 확산보다는 계층적 확산에 중점을 두어 개발효과가 인접지역으로 확산됨을 꾀해야 한다. 그럼에도 불구하고 그것을 외면하면 효율의 극대화를 기할 수 없으며 경쟁논리가 배제된다.

제 1차 및 제 2차 경제개발 5개년 계획이 시행되던 한국정부는 당시 국토개발과정에서 고용창출에 역점을 두어 고용기회가 제공되는 곳으로 사람을 이동시키는 정책을 취하였다. 이와 같은 정책의 채택은 장기적으로 지역간·계층간 격차가 발생하리라는 예상이 있었음에도 한국경제의 성장동력을 살리고 국가경제의 후진성을 조속히 탈피하자는 국가적 목표에 따라 정당화되었다. 이와 더불어 공간통합만이 능사가 아니라는 사실도 확인되었다.

국토발전의 한 측면인 공간통합은 실현 후의 결과를 놓고 볼 때 통합대상의 모든 장소에 투자효과가 나타나지 않으며 발전을 보장하지도 못한다는 사실이다. 또한 공간통합은 산업화시대까지만 하더라도 국민국가의 실체와 정당성을 전제로 국민통합의 한 방편으로 간주되어 왔다. 산업화 기간은 일정 지역의 개발투자가 거점도시에 한정되어 있기 때문에 읍급도시에 해당하는 소도읍은 상대적으로 정체하거나 쇠퇴한 반면, 시급도시 중 광역도시는 급성장 하였다. 그리고 교통·통신의 발달에 따라 시간공간과 비용공간이 수렴되면서 국토공간은 집중적 분산과 분산적 집중이라는 상반된 현상이 발생하기 시작하였다. 바로 이러한 현상이 국토의 평균적 발전을 도모하게 하는 이유이며, 동시에 국토의 불균형발전을 초래하는 이유이기도 한 것이다.

2) 국토개발의 새로운 패러다임

공간통합은 상대공간을 실질적으로 포섭하여 인위적 공간의 연속성을 생산하는 과정이긴 하나, 완전한 평등한 공간이 창출되기는 불가능하다. 공간통합은 중심지 또는 성장거점을 연계시키는 다수의 연결선이 만들어내는 네트워크로서 실현되는 것이다. 바꿔 말하면, 서울 때문에 지방도시가 발전하지 못하는 것이 아니며, 대도시 때문에 소도시가 착취당하는 것이 아니다. 그와 같은 발상은 1970년대 초기부터 1980년대 중반까지 세계를 풍미한 프랭크(A. Frank, 1966)의 종속이론(*dependency theory*)에서나 찾아볼 수 있는 내용이다.

〈그림 15-2〉 공간통합을 위한 두 종류의 네트워크

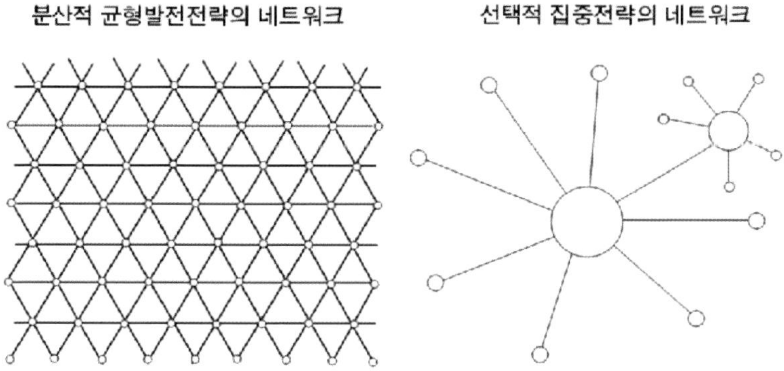

지리학에서는 공간조직의 편성원리로 등질공간(*homogeneous space*)과 결절공간(*nodal space*)이라는 2개의 개념을 제시하고 있다. 등질공간이란 탁월한 중심지가 존재하지 않은 상태에서 동등한 규모의 여러 중심지가 등간격·등방향적으로 연결된 네트워크의 공간편성을 뜻한다. 반면, 결절공간이란 하나의 중심지를 허브로 하고 그곳으로부터 방사상으로 교통·통신망이 퍼져나가 중추적 허브가 주변을 통제하는 것과 같은 공간편성을 뜻한다. 이러한 두 종류의 상황은 〈그림 15-2〉에서 보는 것과 같이 공간조직의 효율성에서 커다란 차이가 발생한다. 즉 등질적 공간통합 네트워크는 이상적으로 보일 수도 있으나 과잉·중복투자가 예견되며 유지비가 다량 소요된다. 이와는 달리 결절적 공간통합 네트워크는 허브 앤 스포크(*hub and spoke*)구조를 이루고 있으므로 능률적이며 적정투자가 가능하다.

이와 같은 변화는 대다수의 학자들이 인정하는 세계화시대의 공간통합에 있어서 효율성의 산물이라고 볼 수 있다. 올즈(K. Olds, 2001)가 지적한 것처럼 산업화시대와 달리 미래의 세계는 정적인 장소(*place*)의 재편성이 아니라 동적인 흐름(*flow*)의 재편성으로 바뀔 것이다. 그와 같은 이유로 세계화시대에서는 '선택'과 '집중'전략이 주목을 받게 된 것이다. 과거 공업화를 지향하던 개발의 시대는 '평등과 분산의 시대'였으나, 오늘날 정보화를 지향하는 세계화시대는 '선택과 집중의 시대'인 것이다. 평등을 균형으로 인식하고 있는 좌파적 정책결정자들은 시대의 흐름을 놓치고 있다.

세계화시대에는 무엇보다도 참여정부가 주장하는 민족주의나 자주성이 경쟁력강화 전략이 아니라 세계화가 가지는 다원성과 다양성이 기저에 놓여 있어야 한다. 세계화시대의 경쟁력은 근대화과정의 그것과는 다른 의미를 함축하고 있기 때문이다. 세계화는 국가간의 국경을 무의미하게 만들고 공간적 거리마찰을 약화시키면서 무한경쟁의 시대로 끌어가고 있다. 이것은 사회주의의 이념과는 상치되는 내용이다. 이와 같은 경쟁력의 의미변화는 경쟁의 본질적 속성이 변화한 탓이다. 세계화가 근대화와 본질적 차별성을 갖는 점은 바로 표준화되고 통일된 가치척도를 거부한다는 점이다. 서울의 경쟁상대는 부산이나 대전이 아니며, 거꾸로 대전의 경쟁상대는 서울이나 부산이 아니라, 이들 도시의 경쟁상대는 홍콩·싱가포르·도쿄이거나 상하이·고베가 되어야 한다.

일본의 다카기(高木彰彦, 2002)는 〈그림 15-3〉에서 보는 바와 같이 세계화와 국민국가체계의 변화를 도식화하였다. 즉 지금까지 전개되어 왔던 세계경제하에서의 국민국가체계에서는 국토의 균형발전을 이룩한 국가만이 중핵부로부터 주변부까지 통합될 수 있었다. 중핵부에 속한 국가이건 준주변부에 속한 국가들은 수도를 중심으로 인구집중이 발생하지만, 경제적 지배·종속의 관계는 상관없이 비교적 균형적인 국토공간을 지향하였다. 이에 대하여 세계화시대에는 국민국가의 종말이 올 것이라는 예측에도 불구하고 여전히 국가를 기본단위로 하여 국가간·경제블록간 상호작용이 깊어지며 중층적 국토공간으로 구성된 글로벌 공간을 형성해 간다는 것이다. 다시 말해서 21세기의 국토개발 패러다임은 균형적 국토공간의 지향으로부터 중층적 국토공간으로 바뀌어간다는 것이다.

여기서 우리는 경제협력개발기구(OECD)가 2006년에 발간한 〈글로벌 경제에서의 도시경쟁력〉이란 보고서와 2007년 3월 29~30일 마드리드에서 개최된 〈세계화로 가는 도시정책〉이란 주제의 국제 콘퍼런스에 주목할 필요성을 느낀다. 먼저 OECD보고서에 따르면, 서울은 세계도시로서 발전과 쇠퇴의 기로에 처한 것으로 평가되었다. 이 보고서에서는 서울을 하위권에 속한 전환기의 세계도시로 분류하면서, 서울을 비롯한 베를린·몬트리올 등의 도시들은 글로벌 경쟁력을 키우지 못하면 급속히 쇠퇴할 수 있다고 경고한 바 있다. 이런 위기상황에서

〈그림 15-3〉 국토개발 패러다임의 변화

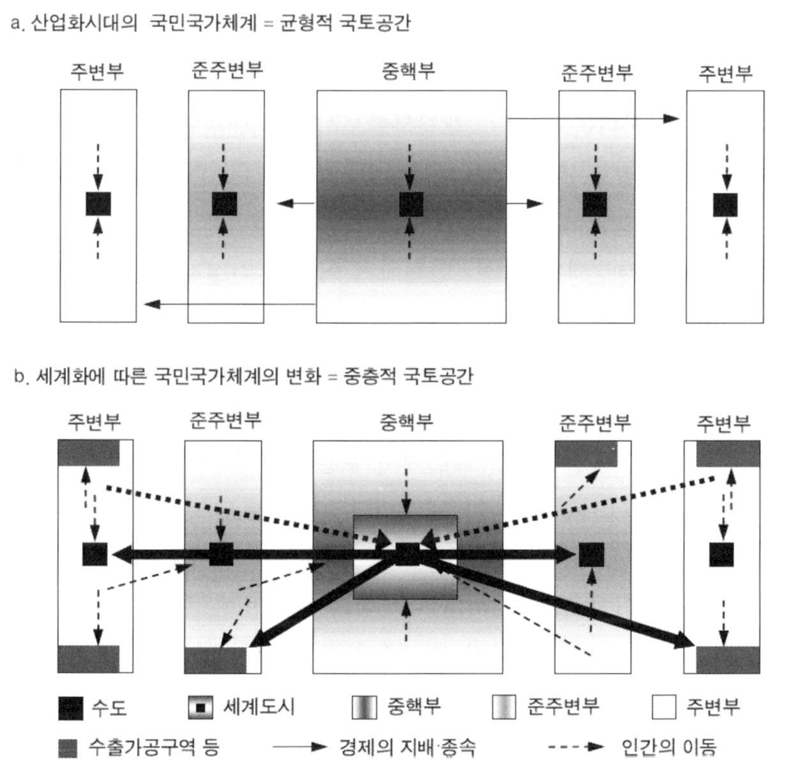

벗어나려면 인적 자원과 경제력을 더욱 집중시켜야 한다는 것이다. 이러한 지적에 따르면 행정중심복합도시의 건설과 공기업의 지방이전 등과 같은 균형발전을 추진하면서 각종 수도권 규제로 서울의 몸집 줄이기에 주력하고 있는 노무현 정부의 정책방향은 세계적 흐름에 역행하고 있는 셈이다.

또한 OECD와 마드리드 클럽 공동주체로 열린 국제콘퍼런스의 토론내용 역시 세계도시의 경쟁력은 도시기능의 집중과 규모가 중요하다는 결론이었다. 이 콘퍼런스에 참석하였던 P. Hall 교수는 "도시란 살아있는 유기체와 같아서 일부 기능을 따로 떼어내 옮기면, 그 옮긴 기능이나 남아 있는 도시 전체에 결코 유익한 결과를 얻기 어렵다"고 지적하면서, 서울의 기능일부가 행정중심복합도시로 이전될 경우 도시 전체의 경쟁력이 저하될 것이라고 경고하였다. 그리고 그는 "행정기능과 공기업의 지방이전을 통한 서울의 기능분산은 서울의 경쟁력을 약화시킬 뿐만 아니라 서울과 행정복합도시간 대면접촉을 위한 엄청난 교통수요를 유발할 것이다"고 예측하였다. 서울은 최상위 계층의 세계도시인 런던·뉴욕·도쿄·파리·밀라노 등에 비해 투자유치나 생산성 등과 같은 경쟁력지표들이 현저히 떨어져 국가경제를 이끌고 갈 성장동력 구실을 제대로 수행하지 못하고 있다.

이러한 맥락에서 볼 때, 세계화시대의 국토공간은 불균형적 발전을 감수해야 할 것이다. 그것은 세계화시대의 공간적 균형화가 경제의 지배·종속관계가 인간의 이동패턴에서 보는 것처럼 국가적 차원이 아닌 글로벌 차원에서 이루어지기 때문이다. 그러므로 상술한 다카기(高木)의 이론은 한국의 국가정책 역시 그와 같은 글로벌 스탠더드에 입각하여 추진되어야 함을 시사하는 것이라 이해될 수 있다. 세계화시대에는 국토균형발전이 더 이상 추구해야 할 이상적 목표가 아닌 것이다(남영우, 2006). 다만, 균형발전이란 단일한 척도의 가치가 아니라 복합적 척도의 가치에서 평가되는 발전이라야 한다.

5. 정책적 제언

① 참여정부는 국민에게 국가 균형발전을 왜곡하여 오도하고 있다. 균형발전을 위해서는 상이한 기능들이 서로 조화를 이루면서 긴장된 안정을 유지해야 함에도 불구하고, 행정수도·문화수도·해양수도·경제수도 등의 용어를 내세워 전 국토를 '서울화' 하겠다고 국민을 호도하고 있다.

② 국토균형발전은 공평성이 아니라 형평성에 맞게 추진되어야 한다. 참여정부는 무한경쟁시대의 취지에 맞게 결과의 평등이 아니라 기회의 평등에 부합되는 정책으로 전환하여야 한다. 균형발전은 권력의 균형·국토의 균형·사회의 균형 중에서 권력과 사회의 균형화부터 먼저 시작되어야 한다.

③ 균형발전은 국토를 구성하고 있는 각 지역의 비교우위를 극대화시키는 토대 위에서 추진되어야 한다. 서울은 서울답게, 부산은 부산답게, 대전은 대전답게, 광주는 광주답게 발전해 나아가야 한다.

④ 정부는 국가경제의 성장동력을 살리기 위하여 국토의 평등적 분산전략정책을 포기하고 선택적 집중전략으로 전환해야 한다. 그것이 오히려 장기적 안목에서 진정한 의미의 국토균형발전을 앞당기는 정책이 될 수 있다.

⑤ 세계화시대에는 국토개발의 패러다임을 균형적 국토공간으로부터 중층적 국토공간을 지향하는 쪽으로 수정하여야 한다. 이 시대는 '평등과 분산의 시대'가 아니라 '선택과 집중의 시대'이다. 현 정부가 더 이상 국민을 호도하면 미래의 정권도 정책수립이 어려워진다.

참고문헌

강병기(2005), "균형발전 패러다임의 변화와 가능성," *Urban Review*, Vol. 7, 3~9.

국가균형발전위원회(2004), 상생과 도약을 위한 신국토구상.

남영우(2003), "신행정수도 논의의 평가와 공간구조적 과제," 〈신행정수도 건설의 쟁점과 과제〉, 대한지리학회·한국지역학회, pp. 123~146.

______(2004), "공업화시대와 세계화시대의 국토개발전략 변화: 신행정수도 건설과 관련하여," 〈한국도시지리학회지〉, 제 7권, 제 2호, pp. 1~13.

______(2006), 《글로벌시대의 세계도시론》, 법문사.

______·이희연·최재헌(2000), 《경제·금융·도시의 세계화》, 다락방.

〈중앙일보〉, 2007. 4. 11일자 1면, 4면.

高木彰彦(2002), "世界システムと國家領域," 經濟·社會の地理學, 有斐閣, 東京, pp. 101~128.

川市宏雄(2004), NO! 首都移轉—신수도건설은 기만이다, 서울시 수도발전 기획단.

Frank, A. (1966), "The Development of Underdevelopment," *Monthly Review*, Vol. 18, No. 4, pp. 17~21

Gamble, A. (1993), "Shaping a New World Order: Political Capacities and Policy Challenges," *Government and Opposition*, Vol. 28, 325~338.

Gilpin, R. (1987), *The Nation State and Violence*, University of California Press, Berkeley.

Kennedy, D. (1993), *Preparing for the Twenty-First Century*, Random House, New York.

Olds, K. (2001), *Globalization and Urban Change: Capital, Culture, and Pacific Rim Mega-Projects*, Oxford University Press, New York.

Perroux, F. (1950), "Economic Space, Theory and Applications," *Quarterly Journal of Economics*, Vol. 64, pp. 89~104.

Smith, D. M. (1973), *The Geography of Social Well-Being in the United*

States, McGraw-Hill, New York.

______(1974), "Crime rates as Territorial Social Indicators," Occasional Paper No. 1, Department of Geography, Queen Mary College, London.

______(1979), "Inter-city Depravation: Problems and Policies in Advanced Capitalist Countries, *Geoforum*, Vol. 10, pp. 297~310.

Wallerstein, I. (1974), *The Modern World System*, Academic Press, New York.

|제 16 장|

수도권 콤플렉스에서 벗어나자

최 상 철

1. 수도권 집중론의 허상

수도권에 대한 콤플렉스는 서울의 인구가 겨우 300만을 넘어서기 시작한 1964년 서울 대도시 인구집중 방지책으로 소급할 수 있다. 그 후 지금까지 우리나라 국토 및 지역개발의 기조는 서울 인구집중억제와 분산정책으로 일관하여 왔다. 특히 1971년 서울 주변에 개발제한구역의 지정으로 서울의 개발압력이 서울 외곽 경기도로 확산되면서 서울이란 말 대신에 수도권 인구집중억제 및 분산정책으로 바뀌어졌다. 1970년 현재 수도권 인구는 전국인구의 28.2%였으나 2005년 현재 48.1%로 증가하였다. 이러한 변화는 그 자체로써 충격적 인구집중 현상이고 수도권과 지방간의 불균형 발전의 원인으로 치부되었다. 이에 대하여 참여정부는 국토의 11.8% 면적의 수도권에 인구 48.1%, 국민총생산 52%가 집중되어 있다는 현상을 우리나라 수도권 정책의 마의 수치로 항상 인용하고 있다. 수도권정책은 참여정부만의 것은 아니었다. 1977년 수도권 인구재배치 계획을 비롯하여 1982년

〈표 16-1〉 수도권 인구 증가 변화

시기	서울(A)	인천 · 경기	수도권(B)	전국(C)	A/C(%)	B/C(%)	도시화율 (%)
1960	2,445	2,749	5,194	24,989	9.8	20.8	28.0
1970	5,433	3,358	8,791	31,466	17.3	27.9	43.4
1980	8,364	4,934	13,298	37,436	23.1	35.5	57.3
1990	10,613	7,974	18,587	44,411	23.9	42.8	72.7
2000	10,231	11,459	21,354	44,609	22.9	46.3	82.4
2005	9,763	12,859	22,622	47,041	20.8	48.1	89.1

수도권정비계획법의 제정으로 이어졌으나 참여정부는 수도이전 및 공공기관 지방이전이라는 극약처방을 하기에 이르렀다.

그러나 수도권 인구집중현상은 그동안 우리나라의 급격한 도시화 현상과 인구증가를 고려할 때 불가피한 하나의 역사적 과정이었다는 생각도 할 수 있다. 첫째, 〈표 16-1〉에서 보여주는 바와 같이 1960년부터 2005년까지 우리나라 인구는 거의 배로 증가하였다. 이 기간에 우리나라 도시화는 28%에서 89.1%로 증가하였다. 이러한 전국 인구 증가와 도시화율을 고려할 때 수도권 집중현상은 불가피한 변화중의 하나였다. 인구가 배로 늘어나고 도시화가 세배 이상 진행되는 구조적 변화 속에서 수도권 인구가 전국 대비 20.8%에서 48.1%로 증가하는 현상은 하나의 엄연한 사실로써 받아들여야 할 것이다. 이러한 현상은 우리나라만의 특수한 현상은 아니었다. 인구가 배로 증가하고 도시화율이 90% 가까이 진행되는 과정 속에서 수도권으로 인구이동은 바람직하지 않지만 불가피한 과정이라고 보아야 할 것이다. 감성적이고 선동적 구호 속에서 수도권 인구집중 현상을 오도할 것이 아니라 하나의 냉철한 현실로 받아들이면서 정책을 수립해야 할 것이다. 불가피한 역사적, 구조적 변화를 매도하고 1960년대로 복귀하려는 시대착오적이

〈표 16-2〉 대도시권 인구 집중률의 국제 비교

국가	대도시권	인구(만 명)	면적(㎢)	국토면적대비(%)	전국인구대비(%)
한국	서울	2,134	11,680	11.8	48.1
일본	동경	3,030	36,834	9.8	24.0
중국	북경	1,160	16,808	2.2	0.9
영국	런던	1,689	27,229	11.2	21.0
덴마크	코펜하겐	178	—	—	33.0
핀란드	헬싱키	108	—	—	21.0
미국	뉴욕	1,934	33,483	0.3	7.1

고, 냉엄한 현실을 외면하는 정책은 지양되어야 할 것이다.

둘째, 수도권 집중문제 중 국토의 11.8%에 89.1%가 모여 있다는 수치는 세계적으로 볼 때 상대적인 개념이다. 절대적 수치로 본다면 수도권 인구는 2,200만에 불과하다. 동경권이 3,030만이고 멕시코시티가 3,160만이며 브라질의 상파울로 도시권이 2,600만 명이다. 중국의 베이징 수도권이 1,910만 명이고, 뉴욕 대도시권이 2,200만이며 인도 뭄바이 대도시권이 1,910만 명이다. 우리나라 수도권은 절대적 인구규모로 볼 때 결코 놀랄 만큼 큰 것은 아니다. 우리나라의 경우 전국 인구 및 국토면적 대비로만 보면 수도권 인구집중 현상은 경악스러운 것으로 받아들여질 수 있다. 그러나 대도시권 전체로서 절대적 인구가 문제가 될 수 있을지 모르지만, 전국인구대비, 국토면적대비로 정책을 오도하는 것은 하나의 통계적 장난으로 보인다. 〈표 16-2〉가 보여주는 바와 같이 일본의 인구는 1억2,600만으로 동경권의 3,030만 인구는 전국대비 24%에 불과하다. 중국은 13억 인구 중 북경 대도시권의 인구는 1.4%에 불과하다. 인도의 뉴델리 대도시권이나 뭄바이 대도시권의 인구는 각각 1.9%와 1.8%에 불과하다. 브라질의 상파울로 대도시권은 브라질 인구의 10.1%이며 멕시코시티 대도시권은 19.9%에 불과하다. 결국 우리나라 수도권 집중률은 통계적 허상에 불과하다.

싱가포르와 같은 도시국가의 경우 100%가 한 도시에 집중되어 있다. 국토의 규모가 작고 인구가 적은 나라는 그 나라에서 가장 큰 도시를 수위도시(首位都市)로 볼 때 인구 집중률이 상대적으로 높다는 것은 세계적으로 알려진 사실이다.

셋째, 우리나라는 남한만을 본다면 동서로 200㎞, 남북으로 400㎞의 거리로써 고속철도로 40분 내지 1시간 반 거리에 포함하고 있다. 어떠한 의미에서는 우리나라 전체가 하나의 도시권이라고 보여질 수도 있다. 중국의 충칭(重慶) 대도시권의 면적이 우리나라 면적과 비슷하다. 일본 동경 대도시권의 면적은 36,834㎢로서 우리나라 서울, 인천, 경기도, 충청남북도와 전라북도를 합친 면적보다 더 크다. 북경 대도시권이 16,808㎢, 런던 대도시권이 27,224㎢, 뉴욕 대도시권이 33,483㎢로서 우리나라 수도권 면적 11,680㎢보다 훨씬 넓게 지정하고 있다. 다시 말하면 우리나라 수도권 인구집중률을 과대 포장하기 위해 수도권의 면적을 과소 책정하여 국토의 면적 11.8%에 인구의 48.1%가 집중되어 있다는 선동적 표현을 쓰고 있다. 우리나라 전체적으로는 서구적 인구밀도 개념으로 볼 때 하나의 거대한 도시이다. 최근 OECD 연구보고서에 의하면 국토면적대비 인구 및 GDP 집중현상에 대한 통계가 이를 증명하고 있다. 국토면적의 10% 내에 인구와 GDP 집중률을 본다면 캐나다, 미국, 오스트레일리아가 61%, 50%, 64%로서 우리나라의 48%보다 높게 나타나고 있고, GDP 집중률로 터키 55%, 포르투갈 53%, 스페인 45%, 오스트리아 46%에 비교할 때 그렇게 높은 편은 아니다.

수도권 집중현상은 극히 자연적 현상이고 대도시권이 지닌 경쟁력의 원천이다. 이를 인위적으로 파괴한다는 것은 개미집을 막대로 휘저

〈표 16-33〉 세계 각국의 국토면적 10% 대비 인구 및 GDP 집중 현상

국가	인구(%)	GDP(%)
오스트레일리아	64	35
오스트리아	34	46
벨기에	16	19
캐나다	61	41
체 코	12	25
덴마크	23	33
핀란드	34	44
프랑스	28	38
독 일	32	35
그리스	36	38
헝가리	28	44
아일랜드	29	38
이탈리아	35	39
일 본	34	42
멕시코	47	40
네덜란드	21	22
노르웨이	22	33
영 국	29	37
스페인	40	45
포르투갈	39	53
터 키	40	55
미 국	50	39
한 국	48	53

* 자료: OECD, Regions at a Glance, 2005, pp. 21~27.

어버리는 것과 같다는 어느 학자의 표현이 절절한 것 같다. 특히 수도권은 역시 <표 16-4>에서 보여주는 바와 같이 2005년 현 전국대비 제조업체 수는 57.2%인데 비해 종업원수는 47.0%로서 수도권에는 대규모 기업보다 중소기업이 많으며 업체당 종업원수가 전국 평균보다 적다. 대도시권은 중소기업이 탄생하여 대기업으로 성장할 수 있는 창업 내지 부화(*incubation*) 기능을 하는 장소이다. 이와 같은 인큐베이터 기능을 무시하고 수도권에 있다는 이유로 규제한다는 것은 국가 경제발전을 저해하는 길이다.

다시 말하여 우리나라 수도권정책은 인구 증가 및 도시화라는 구조적 변화를 무시한 통계적 수치에 집착한 감성주의적 오류이며, 수도권의 권역을 너무 좁게 잡아 집중현상을 과장시키는 통계적 허상으로 나타났으며, 다른 나라와 비교해서 결코 특정지역에 집중현상이 높지 않는 점과 대도시권이 지닌 도시화경제 및 집적 경제적 현상을 무시하는 자폐적 논리로 정책적 출발점이 잘못되었음을 지적하지 않을 수 없다.

넷째, 수도권 집중이 국가경쟁력을 저하시키고 국가 경제발전의 발목을 잡고 있다는 아무런 증거도 없다. 오히려 수도권 규제로 국가경쟁력을 저하시키고 수도권 규제 때문에 기업과 고용이 지방으로 분산되는 것이 아니라 국외로 이출하는 현상이 가중되고 있다. 다음 <표 16-4>에서 보여주는 바와 같이 수도권의 제조업체 수는 전국 대비 1990년 57.1%에서 2005년 57.2%로 같은 수준으로 머물고 있으며 종업원 수에 있어서도 1990년 47.0%에서 2000년 46.6%로 줄어들었다가 2005년 47%에 머물고 있다. 인구 증가에 비하여 제조업체 수에서나 종업원 수에 있어 하회하고 있다. 이는 수도권 집중현상이 제조업이 선도하지 않고 있음을 말한다. 즉 수도권 규제의 핵심을 이루고 있는 공장총량제 규제가 수도권 인구집중 현상을 억제하는 데 커다란 효과가 없었다는 점을 보여준다. 즉 수도권 공장총량제 규제가 정책적 효과를 보지 못할 뿐만 아니라 정책수단의 목표가 잘못되었음을 말해준다.

〈표 16-4〉 제조업 업체 및 종업원수의 지역적 분포 변화

단위 : 명(%)

구 분	업체수						종업원수					
	1963	1970	1980	1990	2000	2005	1963	1970	1980	1990	2000	2005
서울	4,445 (23.2)	5,708 (23.0)	7,652 (24.9)	17,523 (24.9)	18,401 (18.8)	19,787 (16.9)	120,346 (26.0)	291,679 (42.7)	445,242 (24.7)	470,617 (15.3)	279,314 (10.5)	261,102 (9.1)
인천·경기	1,782 (9.3)	2,268 (9.1)	5,800 (18.9)	22,739 (32.3)	37,473 (38.2)	47,292 (40.3)	42,700 (9.2)	104,335 (15.3)	268,678 (14.9)	977,264 (31.7)	955,646 (36.0)	1,085,258 (37.9)
수도권	(32.5)	(32.2)	(43.7)	(57.1)	(57.0)	(57.2)	(35.3)	(58.0)	(39.6)	(47.0)	(46.6)	(47.0)
강원	738 (3.8)	1,043 (4.2)	922 (3.0)	1,221 (1.7)	1,251 (1.3)	1,597 (1.4)	40,180 (8.7)	19,032 (2.8)	22,962 (1.3)	65,841 (2.1)	32,284 (1.2)	32,882 (1.1)
충북	702 (3.7)	805 (3.2)	713 (2.3)	1,173 (1.7)	2,459 (2.5)	2,968 (2.5)	14,703 (3.2)	20,089 (2.9)	40,229 (2.2)	85,421 (2.8)	104,138 (3.9)	113,472 (4.0)
대전·충남	1,794 (9.4)	1,922 (7.7)	1,796 (5.8)	2,821 (4.0)	4,145 (4.2)	5,261 (4.5)	28,263 (6.1)	45,405 (6.6)	87,580 (4.9)	125,844 (4.1)	167,039 (6.3)	202,659 (7.1)
전북	1,420 (7.4)	1,622 (6.5)	1,209 (3.9)	1,976 (2.8)	2,071 (2.1)	2,385 (2.0)	25,528 (5.5)	36,384 (5.3)	55,066 (3.1)	75,560 (2.5)	73,018 (2.8)	71,543 (2.5)
광주·전남	2,137 (11.1)	2,744 (11.1)	2,152 (7.0)	3,247 (4.6)	3,840 (3.9)	4,679 (4.0)	30,959 (6.7)	42,177 (6.2)	67,336 (3.7)	122,183 (4.0)	114,317 (4.3)	130,814 (4.6)
대구·경북	2,860 (14.9)	3,966 (16.0)	4,493 (14.6)	8,111 (11.5)	10,815 (11.0)	13,060 (11.1)	64,043 (13.9)	99,129 (14.5)	263,302 (14.6)	382,166 (12.4)	334,063 (12.6)	347,105 (12.1)
부산·울산·경남	3,135 (16.3)	4,414 (17.8)	5,785 (18.8)	11,411 (16.2)	17,372 (17.7)	19,837 (16.9)	92,154 (19.9)	19,766 (2.9)	550,217 (30.5)	770,322 (25.0)	588,488 (22.2)	616,119 (21.5)
제주	167 (0.9)	312 (1.3)	241 (0.8)	233 (0.3)	283 (0.3)	339 (0.3)	3,190 (0.7)	5,162 (0.8)	4,139 (0.2)	4,984 (0.2)	4,283 (0.2)	4,595 (0.2)
계	19,180 (100.0)	24,804 (100.0)	30,763 (100.0)	70,455 (100.0)	98,110 (100.0)	117,205 (100.0)	462,066 (100.0)	683,158 (100.0)	1,804,751 (100.0)	3,080,202 (100.0)	2,652,590 (100.0)	2,865,549 (100.0)

수도권 인구집중 현상은 제조업의 입지가 아니라 서비스업과 비제조업 분야가 선도하고 있다. 특히 생산자 서비스업의 수도권 집중에 기인하고 있는 것 같다. 생산자 서비스 및 관리 중추기능은 근본적으로 대도시 지향적이고 클러스터링 하는 특성을 지니고 있다.

2. 수도권 규제의 결과

수도권 규제가 지역균형발전에 미친 영향에 대하여 연구방법론의 제약과 어려움이 있으나 한 가지 분명한 것은 수도권 규제를 받지 않으면서도 사실상 수도권이 지닌 도시화경제의 혜택을 향유할 수 있는 강원도의 원주, 충청북도의 진천, 음성, 청원 등 북부지역과 충청남도의 북부지역 및 아산만 지역의 급격한 성장을 들 수 있다. 공간적으로 볼 때 수도권 규제지역 외곽에 수도권의 개발수요가 입지하게 되었다. 이에 반하여 다른 지역들은 수도권 규제로 직접적 영향을 거의 무시할 수 있으며, 오히려 타 지역의 개발수요를 충청권으로 흡수하는 경향까지 보였다. 산업의 입지뿐만 아니라 수도권 규제 때문에 대학을 비롯한 도시 개발수요도 수도권 외곽지역으로 분산됨으로써 수도권 규제가 지역간 분산(*inter regional*) 및 수도권과 인접지역과의 공간적 확산(*intra regional*) 현상을 초래하였다. 이러한 공장 및 고용의 수도권 외곽지역으로의 입지는 수도권을 확대시켜 수도권과 충청권이 하나의 대도시권으로 확대되는 수충권(首忠圈) 현상을 보였다. 특히 접근성이 좋아진 영동고속도로, 경부고속도로, 서해안고속도로를 따라 공장입지가 이루어지고 도시의 연담화를 초래하였다. 결국 수도권 규제로 우리나라 국토공간구조는 수충권과 영남, 호남권을 아우르는 남부권과의 양극화현상으로 나타났다.

이러한 현상은 더욱 가속화될 것이다. 수도권 규제 때문에 하이닉스

반도체공장의 청주 증설, 삼성반도체의 충남 탕정으로의 분공장 건설, 충남 연기·공주의 행정중심복합도시 건설 등으로 수도권과 충청권의 연담화(*conurbation*)는 가속화될 것이다. 이미 천안까지 수도권전철이 연장 운행되고 있으며 호남고속철도의 오송 분기역의 신설로 교통망 체제도 하나의 대도시권으로 발전하고 있다. 수도권 규제로 비수도권 지역 중 충청권의 개발을 촉진하였으며 결과적으로 수도권의 확대, 즉 수도권과 충청권의 연담화와 공간적 통합을 초래하였다.

3. 수도권정책 목표의 재정립

1) 수도권정책의 새로운 논리

어떠한 정책이든지 시대적 여건과 변화에 따라 적응할 수 있는 스스로의 능력이 있어야 한다. 가까운 일본 역시 지난 반세기 동안 국토 및 수도권정책은 시대적 요구 및 국가발전 단계에 따라 변화해왔다. 〈표 16-5〉에서 보여주는 바와 같이 1962년 제1차 전국총합계획으로부터 오늘날 제5차 총합계획에 이르기까지 국토관, 개발방법, 개발논리에 있어서 유연성 있는 대처를 해왔다. 현재 일본은 제5차 전국총합계획 기간으로써 다축형 국토구조의 형성과 분권적 지역자립 정책을 추구하고 있으며, 지방은 각 지방 나름대로 개성을 살리고 자립기반을 조성하여 무한경쟁시대에 살아남기 위한 전략 마련에 최우선을 두고 있다. 이른바 다축형 국토구조의 형성이다. 일본의 수도권에 해당하는 동경권을 우리나라처럼 규제 일변도로 괴롭히지 않고 있다. 오히려 동경권이 세계적 경쟁에서 이길 수 있는 길을 도와주고 있다. 잃어버린 10년의 일본을 극복하기 위해 '동경빅뱅'론이 등장하고 특히 동경권의 국제경쟁력을 강화하기 위해 도시재생특별조치법을 제정하였다.

〈표 16-5〉 일본의 국토 및 수도권정책 변천

목표 연도	1전총(1970)	2전총(1985)	3전총(1987)	4전총(2000)	5전총(2015)
국토관	생산의 장	개발의 장	생활의 장	교류의 장	자립
개발방법	거점개발	대규모 개발 프로젝트	정주권 개발	지역의 자립과 활성화	다축형 국토 구조의 형성
개발논리	잠재력의 논리	도약의 논리	균형의 논리	경쟁의 논리	분권의 논리

동경에 집중되어 있는 수도기능을 다른 곳으로 이전시키자는 계획은 있으나 동경권을 몇 개의 권역으로 나누어 공장입지나 대학의 입지까지 정부가 나서서 규제하고 있지 않다. 그렇다고 동경권을 적극 키우자는 것은 아니다. 그러나 외국의 대도시권과 선의의 경쟁을 할 수 있는 기회를 고무시키고 있다.

우리나라와 비슷한 대도시권 문제를 안고 있는 영국 역시 런던 대도시권 즉 영국에서 말하는 동남지역(*South East Region*)에 대하여 경쟁의 족쇄를 채우지 않고 있다. 한때 영국은 런던 대도시권의 성장억제, 분산정책을 편 일이 있다. 바로 영국병을 스스로 만든 것이다. 결국 영국이 국제경쟁력을 잃어버렸다. 1986년 대런던의회(*Greater London Council*)를 해체하고 런던 대도시권을 묶고 있던 규제를 풀었다. 그러나 1999년 대런던청(*Greater London Authority*)을 부활시켰다. 우선 영국이 살고 보자는 전략이 공감대를 얻었기 때문이다. 우리나라는 일본과 영국으로부터 많은 시사점과 교훈을 얻을 수 있을 것이다. 우리도 21세기를 향한 세계화, 지방화시대를 대비한 수도권정책 목표를 재정립 할 때가 되었다.

첫째 경쟁의 논리이다. '페어 플레이'의 논리이다. 상대적으로 수도권이 조금 잘 산다고 매질만 해서는 아니 될 것이다. 수도권과 다른 못사는 지역간에는 처음부터 경쟁이 되지 않기 때문에 경쟁의 논리는 강자의 논리라고 비판할지도 모른다. 그러나 우리나라에서 수도권이 강자라는 것은 세계화의 논리 속에서 보면 우물안 개구리이다. 우리나라가 국제경쟁력을 갖고 아시아·태평양지역, 동북아에서 승자가 되기 위해서는 선두주자가 필요하다. 초국토적, 초국경적 발상이 필요하다. 지역간 평준화보다는 어느 정도의 지역격차는 있을지언정 국가 전체로써 경쟁력을 강화하고 종국적으로 모든 지역이 잘사는 방법을 찾을 때가 되었다. 수도권을 묶고 있는 수많은 올가미를 벗겨주어야 한다. 수도권정책은 수도권 규제가 아니라 진정한 수도권 정비라는 차원에서 재정립되어야 할 것이다. 수도권을 묶을 것이 아니라 수도권을 어떻게 하면 보다 능률적이고, 생산적이고, 살기 좋은 지역으로 만드느냐에 초점을 맞추어야 할 것이다.

둘째, 잘못된 전제가 수정되어야 할 것이다. 수도권의 성장을 억제하면 다른 지역이 잘살 것이라는 전제가 잘못이다. 수도권에 매질만 하면 못사는 지역으로 도망가서 그곳이 잘 살게 될 것이라는 순진한 가설은 더 이상 타당성이 없어졌다. 자본과 노동의 이동이 자유롭지 못하고 이데올로기에 의해 단절된 상황 속에서 한 나라 내에서밖에 선택의 여지가 없기 때문에 다른 지역으로 이동을 할지 모르지만 개방화, 탈이데올로기 시대에는 수도권에 매질을 하면 다른 나라로 빠져나가버린다. 이미 우리나라에 나타나고 있는 현상이다. 수도권에 있는 공장들이 가장 먼저 해외직접투자 내지 해외 공장이전 현상을 보이고 있다. 폐쇄적 국토개발의 논리는 더 이상 의미가 없으며 초국경적, 초국토적 발상이 필요할 때가 되었다. 수도권은 우리나라 국토임에 틀림없으나 역할과 기능은 세계 속에서 찾아야 할 것이다.

셋째, 차등규제를 위한 개발권역 개념의 수정이다. 수도권 인구집중 억제 및 분산을 위한 개발규제는 1972년 개발제한구역으로부터 시작된다. 1977년 수도권 인구재배치 계획에 의한 수도권 인구재배치 구역이 다음이다. 수도권 정비계획의 5개 권역이고, 이를 수정한 것이 1994년 3개 권역이다. 구역, 권역은 이것만이 있는 것은 아니다. 군

사시설보호구역, 상수도보호구역, 환경정책기본법에 의한 특별대책지역, 도시계획법에 의한 도시계획 용도지역·지구, 국토이용관리법에 의한 5개 지역 등 수없이 많은 구역, 권역, 지역, 지구란 이름의 개발규제가 수도권에는 있다. 그러나 이러한 구역, 권역, 지구간에는 아무런 정합성이 없으며 상호 중복되거나 배타적이거나 상충되는 경우도 허다하다. 입지적(*locational*) 규제와 배분적(*allocational*) 규제도 구분되어야 할지 모르는 선언적 규제가 있다. 수도권정책과 계획이 국가정책계획이라면 지표적, 입지적 기준에 대한 '가이드라인'만을 담아야 할 것이며 배분적이고 규제적인 것은 지방의 실정에 맞도록 지방정부에 맡겨두어야 한다. 지방정부와 중앙정부의 역할은 차별화 되어야 할 것이다. 중앙정부의 과잉개입은 없어야 할 것이며 수도권이라고 하여 다른 지역과 구분하는 한지법적 규제는 철폐되어야 할 것이다.

우리나라 국가발전의 기관차역할을 하는 수도권이 IMF이후 경제난과 실업문제를 의욕적으로 극복해보려는 노력들이 하나하나 벽에 부닥치면서, 가장 큰 걸림돌이 우리나라 수도권정책과 규제라는 사실을 피부로 느끼게 되었다. 지난 30여 년간 지속되어온 우리나라 수도권정책은 전환점에 와있다. 그간의 수도권정책의 기조는 수도권 특히 서울의 비대화를 막고, 수도권과 타지역간의 균형발전을 도모하는 것이었다. 그러나 1990년대에 불어닥치기 시작한 글로벌리제이션과 로컬리제이션은 우리나라 수도권정책의 패러다임을 바꿔야 할 때가 되었음을 알려준다. 첫째, 개방화와 더불어 국경을 초월한 무한경쟁시대에 들어가고 있으며 한나라의 경쟁력은 어느 정도의 불균형 발전을 감수하면서도 앞서가는 지역의 경쟁력에 의존하지 않을 수 없게 되었다. 런던을 위대한 암적 존재라고 말하는 영국이 런던의 경쟁력을 다시 살리기 위해 지역간 균형발전을 잠시 뒤로 미루는 국가발전전략을 채택하였다. 일본도 마찬가지이다. 동경권과 타지역 간의 불균형은 더 이상 일본국가발전정책의 모두가 아니다. 동경권의 경쟁력을 강화시켜 세계

속에서 일본의 경쟁력을 살려야 한다는 주장이 더 큰 설득력을 지니고 있다. 중국이 그동안 자본주의, 제국주의 유산이라고 혐오하여 왔던 상하이지역, 북경·천진지역을 포함한 해안지역을 개방하고 중국발전의 승부를 던지고 있다. 우리는 언제까지 수도권집중 억제와 내국적 균형발전 논리에 얽매여 수도권을 오늘날처럼 묶어놓고 국가경쟁력을 저하시키고 있어야 하는지 걱정이다. 지역균형발전이 국가경쟁력 향상에 볼모가 되어서는 결코 아니 될 것이다.

둘째, 시장경제원리를 존중해야 한다. 산업의 입지도, 사람들의 주거이전도 종국적으로 개인적 선택이다. 너무 정부가 개입하면 시장의 왜곡현상이 생기고 복지의 손실로 연결된다. 정부가 해야 할 일과 하지 않아야 할 일을 구분해야 한다. 환경을 파괴하거나 특정인을 위해서 소수가 희생되는 일이 있거나, 국민의 안위를 위협하는 경우 등 공공의 이익을 보호해야 할 경우와 민간이 도저히 할 수 없거나 독자적으로 하기엔 힘겨운 일을 정부가 직접 하거나 도와주어야 한다. 사회간접자본시설에 대한 투자가 후자에 속한다. 민간이 스스로 할 수 있는 일을 뒤에서 잡아당기거나 간섭을 해서는 아니 될 것이다. 공업단지조성 관련제도의 개선과 수도권 공업입지 규제제도에 대한 개선이 그것이다. 우리나라 공장용지 가격은 이미 세계적 경쟁력을 잃었다. 반드시 높은 지가만은 아니다. 공장용지 조성에 필요한 인프라시설을 민간이 전담한다는 것은 너무 과중한 일이다. 영국의 경우 공장용지 조성의 기반시설 지원은 물론 건물 및 기계설비 보조까지 하고 있다. 산업입지 및 개발에 관한 법률과 개발이익환수에 관한 법률의 개정이 있어야 할 것이다.

공장입지와 관련하여 수도권정비법의 3개 권역별 차등 규제를 재검토해야 할 것이다. 공업입지 배려보다 다분히 임의적 선을 확정해놓고 공장 신·증축과 이전까지 규제한다는 것은 대단히 위험한 일이다. 공장이 입지한다면 당연히 후생복지시설도 따라가야 한다. 엄격한 의미에서 공장용지로 보아서는 아니 될 것이다. 공업입지의 변화는 크게 세 가지로 나눌 수 있는바 신규입지와 이전입지와 기존 공장용지의 확장이다. 신규입지에 대한 규제는 어느 정도 필요할지 모르지만, 이전공장의 입지와 기존공장의 확장에 대해선 규제를 대폭 완화해야 한다. 특히 기존공장의 확장에 대해선 규제를 철폐해야 할 것이다.

수도권에는 고급인력과 양호한 생산자 서비스가 집중되어 있다. 첨단산업은 근본적으로 대도시 입지형이다. 대학과 연구기관이 집중되어 있고 항공 등 교통의 접근성을 강하게 요구하는 산업이다. 첨단산업은 장치형 산업과 달리 산업입지에 많은 제약점을 갖는다. 수도권 입지는 입지론적으로 볼 때 당연한 귀결이다. 이를 규제하여 첨단산업에 대한 경쟁력을 약화시키고 사멸시키는 정책은 지양되어야 할 것이다.

셋째, 지방의 시대가 도래하였다. 오랫동안 단절되었던 지방자치가 드디어 뿌리를 내리고 있다. 지방의회가 구성되고 민선자치단체장도 벌써 5기를 맞이하고 있다. 그러나 중앙정부의 수도권정책에 의해 지방정부는 끌려 다니고 있으며 주민들도 자기가 살고 있는 지역에 대하여 아무것도 알지 못하고 자기 지역에 대한 미래를 선택할 수 있는 권한도 빼앗긴 채 하향적 중앙정부의 독선에 몸을 맡기고 있는 셈이다. 어느 나라에도 유래를 찾아볼 수 없는 특정지역에 대하여 미래를 선택할 수 있는 계획과 개발의 자치권을 박탈당한 채 다른 지역보다 조금 더 잘 산다는 이유 때문에 각종 규제와 제한을 강요당하고 있다. 수도권 정비계획법을 비롯한 공업배치 및 공장설립에 관한 법률 등 수도권에 있다는 이유 하나 때문에 산업의 입지와 경제활동의 제약을 받고 있으며 더 많은 세금을 내야 한다는 것은 위헌적일 수도 있다. 이러한 규제와 제약이 국가의 경쟁력을 높이고 다른 지역의 발전을 기할 수 있다면 그런 나름대로 감내해야 할 필요성이 있을지도 모른다. 그러나 현실은 그렇지도 않다는 점이다.

① 지금까지의 수도권정책은 수도권을 기형적으로 발전시켰다. 수도권을 바로 벗어난 충청남북도의 접경지역에 수도권 규제를 피하기 위해 공장과 아파트들이 집중적으로 들어섬으로써 결과적으로 수도권의 문제를 확대시켰으며 행정구역 경계 하나를 두고 기형적 성장을 초래하였다. 나아가 수도권을 객관적 기준이 결여된 채 3개의 권역, 즉 과밀억제권역, 성장관리권역, 자연보전권역으로 나누어 규제함으로써 이들 수도권 내 지역간 불균형을 심화시켜 왔다. 경기북부지역은 성장관리권역에다 군사보호구역, 개발제한구역 등 이중삼중으로 개발을 규제함으로써 우리나라에서 가장 낙후된 지역을 만들고 말았다. 지역균형발전이란 명분 속에 수도권 특히 경기도 내 지역간의 불균형을 심화시켰으며 현실적으로 무허가·무등록 공장을 양산하는 결과를 가져왔다.

② 수도권은 중소기업이 창업하고 보육되는 요람이다. 즉 수도권은 중소기업과 첨단산업이 어느 지역보다 높은 지역이지만 이들의 입지와 성장을 업종별로, 규모별로 규제함으로써 경제구조조정이나 실업난 해소를 위한 새로운 고용창출을 억제하고 있다. 우리나라 전체의 구조조정 필요성과 실업자가 가장 많은 수도권을 이렇게 묶어놓고 과연 우리나라가 당면한 실업난 해소와 첨단산업 육성이 가능할 지에 대하여 의문을 제기하지 않을 수 없다.

③ 무리한 수도권 규제와 일관성 없는 수도권 정비계획으로 수도권을 누더기로 만들고 있다. 늘어나는 인구를 위한 신도시 건설 및 신시가지 개발을 허용하면서 일자리를 창출할 수 있는 산업의 입지를 규제함으로써 잠만 자고 나오는 신도시 즉 '베드타운'을 양산하였으며 직장과 주택이 점점 멀어지는 이른바 직주간의 원격화를 가져왔다. 결과적으로 수도권 전체로써 기능적 비효율성을 증대시켰으며 주민복지의 저하와 불편을 강요하는 셈이 되었다.

앞서 살펴본 바와 같이 국내외적 여건의 변화에 대응하지 못할 뿐만 아니라 잘못된 수도권정책의 결과로 많은 현실적 문제점을 동시에 노정하고 있는바 우리는 새로운 수도권정책의 틀을 짜야 할 때가 되었다. 수도권 전체로써 인구는 증가하고 있지만 서울의 인구는 절대적 감소현상을 나타내고 있다. 서울에서 분산되는 인구와 공장, 대학 등의 기능이 경기도지역으로 밀려나오고 있다. 이러한 현상은 당분간 지속될 것으로 보이며 이러한 현상을 수도권 성장 억제라는 차원에서 규제만 할 것이 아니라 적극적 대응이 요구되고 있다. 거대한 흐름을 막지도 못하고 실효성 없는 규제로 수도권 문제를 외면할 것이 아니라 정면대결이 필요하다. 정비라는 이름으로 규제만 할 것이 아니라 수도권의 계획적 성장과 관리를 위한 진정한 의미의 수도권 정비가 시급하다. 새로운 수도권정책과 계획의 틀은 다음과 같은 몇 가지를 바탕에 깔고 이루어져야 할 것이다.

2) 수도권 정비계획 및 규제의 틀

(1) 규제로부터 조장으로

수도권 정비는 규제적인 것으로부터 조장적인 것으로 바뀌어져야 할 것이다. 모든 국가발전전략이 규제완화 및 개혁에 초점이 맞추어져 있는 현실에서 언제까지 규제투성이의 수도권정비계획법을 고수한다는 것은 시대착오적 발상이다. 지역정책을 실현하는 수단으로 흔히 크게 나누어 채찍(*stick*)과 홍당무(*carrot*)로 비유하고 있다. 우리나라 지역정책은 잘살고 있는 지역에 대하여 각종 규제라는 채찍만을 휘둘러 왔다. 채찍은 돈이 들지 않고 홍당무는 돈이 드는 수단이다. 전자가 물리적, 경제적 규제라면 후자는 보조금, 양여금, 융자와 같은 돈이 드는 유인책이기 때문이다. 우리나라 지역정책은 돈 안 드는 채찍만을 썼기 때문에 전국이 지역정책이란 이름 아래 규제로 덮여 있다. 일부 홍당무 정책수단을 명문으로 두고 있으나 재원이 뒷받침되지 않아 유명무실한 수단이 되고 있다. 유인책이 없는 채찍정책은 시장메커니즘을 왜곡시키고 정부의 개입만을 합리화시키는 결과를 초래하였다. 지역정책에 있어서 규제수단을 최소화시키고 돈이 들더라도 유인수단을 보강시켜 나가야 할 것이다. 환경유발부담금, 교통유발부담금, 과밀부담금과 같은 각종의 부담금정책을 없애고 개발유치지역, 개발촉진지역 등에 대한 홍당무정책을 강화시켜야 할 것이다.

(2) 제로섬으로부터 포지티브섬으로

'제로섬'(*zero sum*)적 사고로부터 '포지티브섬'(*positive sum*)적 사고로 바뀌어야 할 것이다. 수도권의 발전을 규제하면 다른 지역이 잘 살게 되고 지역균형개발을 이룩할 수 있다는 단순논리는 버려야 할 것이다. 수도권정비계획을 둘러싸고 수도권 이외의 지역 특히 수도권에 바로 연접해 있는 지방정부가 민감한 반응을 보이고 있는 것은 지양되어야 할 것이다. 수도권을 묶어놓음으로써 상대적 이익을 보고 있는 것도 사실이지만 장기적으로 볼 때 수도권의 발전을 도모함으로써 이들 지역들이 보다 큰 발전이 이루어질 수 있다는 점도 결코 간과해서는 아니 될 것이다. 수도권의 발전이 국가의 발전을 뜻하며 지역균형발전을 위한 기틀이 되는 것이다. 수도권을 죽이고 다른 지역이 잘될 수 있다는 제로섬게임으로부터 지역간 선의의 경쟁을 통한 모두가 잘살게 되는 길을 택해야 할 것이다. 우리나라 지역정책은 지역총생산 또는 지역소득이라는 하나의 잣대에 의해 지역불균형 또는 지역격차 시정에 매달려 왔다. 바로 여기에서 '비교의 비극'이 시작된 것이다. 지역의 발전은 경제적 척도뿐만 아니라 문화도 있을 수 있고, 환경도 있을 수 있으며, 생활의 질도 있을 수 있다. 어느 미국 고등학교 졸업식장의 장면이 생각난다. 우리나라처럼 모든 학과의 점수를 종합하여 수석졸업이라는 상은 없다. 수학, 음악, 체육, 과학 등 과목별 수석상 만이 존재할 뿐이다. 우리나라 지역개발도 다원적 기준을 도입할 필요가 있다. 모든 지역이 스스로 살고 있는 지역에 대한 자존심을 갖고 살 수 있는 잣대를 만들어야 할 것이다. 사실 우리나라 지역간 지역경제적 격차는 다른 나라에 비하여 그렇게 심각한 것은 아니다. 지역총생산, 지역소득이라는 결과만 가지고 비교함으로써 생겨나는 푸대접감정의 악순환으로부터 과감히 벗어날 때가 되었다. 지역소득은 상대적으로 낮지만 환경의 질에 있어서는 가장 높은 지역일 수 있다. 지역소득은 낮지만 문화적으로 어떠한 지역보다 높은 삶의 수준과 문화적 긍지를 가질 수 있게끔 해야 할 것이다. 국토 및 지역정책은 바로 지역이 지닌 장점을 살려 다른 지역과 차별화 하면서 '비교의 비극'으로부터 벗어날 수 있는 방향을 제시해야 할 것이다. 지역경제 성장, 지역소득의 평준화를 위해 한 지역의 개발을 억제하고 다른 지역을 지원하는 '제로섬게임'의 지역정책은 지양되어야 할 것이다. 모든 지역에 균등한 기회를 보장해 주어야 할 것이며 선택은 지역이 스스로 결정하도록 만들어야 할 것이다. 그렇다고 하여 건강한 사람과 장애자를 기회의 균등이란 이름으로 달리기시합을 시켜야 된다는 것은 아니다. 지역정책은 모든 지역이 건전한 경쟁을 할 수 있도록 조건이 불리한 지역에 대하여 도와줄 필요는 있다. 사회간접자본을 비롯하여 계획과 관리능력에 있어서 스스로 일어설 수 있도록 하는 것이 지역정책의 길이다.

(3) 중앙집권적 하향계획으로부터 지방분권적 상향계획으로

중앙집권적 하향적 계획에서 지방분권적 상향적 계획으로 나아가야 할 것이다. 지방자치의 본격적 정착은 지방이 계획의 주체가 되고 결과에 대한 책임을 스스로 지는 시대를 뜻한다. 중앙정부는 지표적, 전략적 구상만 하고 지방정부로 하여금 계획과 개발의 주체가 되도록 해야 할 것이다. 지방의 실정을 무시한 원론적, 거시적 규제는 오히려 계획의 허점을 타고 난개발과 환경오염의 확산을 초래할 수 있다. 비행기를 타고 하는 중앙정부의 원론적 계획과 규제보다 걸어다니면서 지구적 특수성을 감안한 각론적이고 미시적 계획과 규제가 있어야 할 것이다.

(4) 정태적 청사진적 사고로부터 동태적 성장관리로

하루가 다르게 변하고 있는 수도권에 10년 내지 20년을 같은 계획으로 밀고 나가는 청사진적, 정태적 계획으로부터 변화하는 여건에 신속히 대처할 수 있는 동태적이고 전략적인 계획으로 나아가야 할 것이다. 그렇지 않더라도 타지역으로부터 고운 시각을 받지 않는 수도권이 모든 것을 독식하겠다는 것은 결코 아니다. 수도권으로부터 내줄 것은 내어주고 수도권 발전의 과실을 타지역으로 체계적으로 배분할 수 있는 방법도 강구되어야 할 것이다. 수도권 과밀부담금, 보다 높은 주민세 등을 통하여 못사는 지역의 발전을 위한 지역발전기금의 설치도 고려할 수 있으며 수도권 때문에 상대적으로 피해를 보거나 개발규제가 이루어지고 있는 지역에 대한 보상적 재원의 배분이 필요한 경우도 있을 수 있다. 한강수계법의 경우처럼 한강상류지역과 하류지역간의 합리적이고 수평적인 조정도 있을 수 있다.

(5) 정부주도로부터 파트너십 사고로

오늘날 지역개발과 지역정책은 정부의 전유물(專有物)이 아니다. 중앙정부와 지방정부는 물론 민간기업, 지역주민들간의 공동생산(*co-production*)이다. 정부와 민간의 역할이 불분명해지고 있으며 심지어 민영화(*privitization*)의 길을 가고 있다. 우리나라도 1994년 '사회간접투자를 위한 민간자본유치 촉진법'이 제정되었으며, 같은 해 '지역균형개발 및 지방중소기업육성에 관한 법률'에 의해 민간부문의 지역개발 참여의 문호를 열어놓았다. 우리나라도 정부—민간파트너십(*public private partnership*) 시대를 맞이하고 있으나 민간부문에 대한 정부의 의구심과 IMF한파 이후 민간부문의 투자재원 부족으로 활성화되지 못하고 있으나 우리가 추진하고 있는 방향은 바른 길을 가고 있는 것 같다. 파트너십은 정부와 민간기업 뿐만 아니라 정부와 주민, 주민과 기업, 기업과 대학 또는 정부, 민간기업, 주민, 대학 등이 다 같이 파트너가 될 수 있다. 파트너십 정신을 지역개발의 활력으로 동원해야 할 것이며, 파트너십을 위한 새로운 패러다임이 정립되어야 할 것이다. 말로만 하던 산・학・관・연 연계체계를 구체화시켜야 할 것이고 제3섹터, 제4섹터, 제5섹터 방법을 통한 지역개발에 실천적 활력을 도입하는 다양한 전략이 모색되어야 할 것이다.

(6) 도농분리적 개발로부터 도농통합적 정비로

우리나라 지역정책에 있어서 도시와 농촌은 이원적 길을 걸어왔다. 특히 농촌개발정책은 지역개발정책의 틀 속에서 구색을 갖추는 데 그쳤다. 농촌개발정책을 주관하고 있는 정부부처나 전문가들에게 책임의 상당부분이 있다고 보인다. 우리나라에는 농업정책은 있었어도 농촌정책은 없었다. 지역정책은 경제적 농업정책보다 공간적 농촌정책과 호흡을 같이 하여야 하기 때문이다. 그러나 우리나라는 더 이상 도시와 농촌을 분리시켜 다룰 단계는 지났다. 농촌의 도시화가 급격히 진행되고 있으며 도시와 주변 농촌은 행정적으로 생활공간으로써 하나로 통합되고 있다. 도시계획 따로 농촌계획 따로 보는 시각은 변해야 할 것이다. 이미 도시와 주변 농촌지역이 행정적으로 통합하여 이른바 도농통합시로 발전했으며, 앞으로도 이러한 추세는 더욱 증가할 것이다. 도시계획과 농촌계획을 합하면 그것이 바로 지역계획이다. 영국에서 지역계획을 도시 및 농촌계획(*town and country planning*)으로 부르는 이유도 여기에 있으며 1934년 도시와 농촌을 통합적으로 계획・개발하기 위해서 도시 및 농촌계획법을 제정한 바 있다. 도시와 농촌으로 이원화되고 있는 토지이용계획과 규제제도를 일원화시켜야 할 것이며 종국적으로 우리나라는 도시는 농촌답고, 농촌은 도시다운 전원국가(田園國家)로 나아가야 할 것이다. 우선 도시에 도시계획이 있듯이 농촌에는 농촌계획(*rural planning*) 제도를 도입해야 할 것이다. 오늘날 준농림지역이나 도농통합시의 농촌지역에서 보여주는 난개발을 방지하고 계획적 개발을 유도하기 위해서도 도농통합적 개발이 이루어져야 할 것이다.

(7) 원론적 · 거시적 계획규제로부터 각론적 · 미시적인 개발규제로

우리나라 수도권정책과 수도권 정비계획법은 엄격한 것 같으면서도 각론적, 미시적으로 본다면 규제의 사각지대이며 난개발을 방치하고 있는 결과를 낳고 있다. 하나의 성장관리권역 속에서도 개발해야 할 곳이 있는가 하면 보존되어야 할 곳도 있다. 자연보전권역이라고 하여 모든 개발이 제한되어서는 아니 될 것이다. 지역의 개발과 개발규제는 미시적으로 보아야 한다. 아무런 환경오염의 가능성이 없고 인구 및 교통유발효과도 없는 개발도 자연보전권역이라고 일률적으로 금지되는 일이 있어서는 아니 될 것이다. 보다 세분화되고 국지적 특성을 고려한 규제가 이루어져야 할 것이다. 한강수계와 아무런 관련이 없는 지역이 자연보전권역으로 지정되어 개발행위가 금지되는가 하면, 성장관리권역이라고 하여 엄청난 자연훼손 또는 환경오염행위가 방치되어서는 아니 될 것이다. 수도권 정비계획법이란 규제의 그물은 큰 고기는 빠져나가고 작은 고기만 걸려들고 있는 경우도 많다. 수도권을 떠나면 살 수 없는 그물에 걸린 작은 고기들은 살아남기 위해 무허가, 무등록 공장으로 법망을 피해나가든지, 불법적 개발 또는 행위를 은폐하기 위해 합법을 위장한 개발 또는 행위를 하는 사례가 나타나고 있다. 이를 알고 있는 행정당국은 부정부패의 온상이 되고 있으며 수도권 정비계획법 때문에 수많은 공무원들이 법정에 연루되고 있다. 이러한 현실을 언제까지 수도권정책이란 미명 아래 방치하고 있을지 우려

되는 바가 적지 않다. 즉 비현실적이고 국지적 특성을 무시한 거시적, 획일적 규제가 오히려 수도권의 난개발을 유도하고 있는 것이다. 국지적 특성과 개발행위 자체로부터 생겨날 수 있는 영향을 엄격히 파악하여 규제하는 이른바 성장관리 및 개발허가제도의 도입이 요망된다.

|제 17 장|

도시 재생

균형발전에서 특화발전으로

최 막 중

1. 문제 제기

참여정부 들어 이른바 '국가 균형발전'의 명목 아래 행정중심복합도시, 혁신도시, 기업도시 등 수많은 새로운 신도시가 건설되고 있다. 행정중심복합도시는 국무총리를 비롯하여 12부 4처 2청의 중앙행정기관이 이전할 터를 닦기 위해 충남 연기 · 공주에 개발예정지역 2,212만 평과 주변지역 6,769만 평을 합쳐 총 8,981만 평에 달하는 우리나라 초유의 대규모 신도시 개발사업을 추진 중에 있다. 혁신도시는 수도권의 공공기관을 분산, 이전하기 위한 터를 닦기 위해 전국의 11개 시 · 도별로 강원 원주 105만 평, 충북 진천 · 음성 209만 평, 전북 완산 · 전주 280만 평, 광주 · 전남 나주 230만 평, 대구 132.8만 평, 경북 김천 105만 평, 부산 26.75만 평, 경남 진주 126만 평, 울산 84만 평, 제주 서귀포 34.5만 평의 총 10개 신도시, 1,333만 평의 개발을 추진하고 있다. 기업도시 역시 국가 균형발전을 위해 비수도권 지역을 대상으로(기업도시개발특별법 시행령 제8조), 강원 원주 814만 평, 충북 충주 213만 평, 충남 태안 442만 평, 전북 무주 245만 평, 전남 무안 1,220만 평, 영암·해남 1,000만 평의 6개 지역 총 3,934만 평의 개발을 추진 중에 있다.

이렇게 동시다발적으로 추진되고 있는 행정중심복합도시, 혁신도시, 기업도시만 보더라도 참여정부가 내세우는 국가 균형발전의 가시적 성과는 전적으로 신도시 개발에 의존하고 있다고 해도 과언이 아니다. 덕분에 도시계획·설계 관련업계와 학계, 연구기관은 유례없는 최대 호황을 누리고 있지만, 이와 같은 토목·건축공사 위주, 신도시 개발 위주의 국가 균형발전 정책은 지난날 개발연대의 구습(舊習)을 되풀이하고 있다는 점에서 심히 우려된다. 즉, '국가 균형발전'이라는 명분만 바뀌었을 뿐 그 접근방식이나 정책수단은 과거를 그대로 답습하고 있어 포장만 바뀐 재고상품이 여전히 유통되고 있는 셈이다.

이에 이 글은 현재 신도시 건설 위주로 진행되고 있는 국가 균형발전 정책의 문제점을 지적하고, 그 대안적 접근방식을 모색하는 데 목적이 있다. 특히 비수도권 지역의 낙후문제를 치유함에 있어 신도시를 통한 외생적(外生的) 이식수술의 방법은 오히려 지역의 내생적(內生的)·자생적(自生的) 회복과 발전을 저해하는 덫으로 작용할 수 있음을 경고하고, 신도시 개발의 대안으로서 기성시가지의 '도시 재생'에 초점을 맞추어야 할 필요성을 제기하도록 한다.

2. 시대 변화와 우리나라 국토·도시정책의 과제

우리나라는 1960년대 이래 급격한 산업화, 도시화의 과정을 거치면서 각종 도시기초생활시설의 절대 부족의 문제를 해결하기 위한 양적(量的) 공급확대에 진력해 왔다. 도시인구의 급속한 증가에 따른 토지, 주택, 교통, 환경문제 등을 신속하게 해결하기 위해 산을 깎고 강을 메워 대규모로 토지를 개발하고 주택을 건설하고 도로를 신설하고 상하수도를 개설하는 등, 도시의 물적(物的) 기반수요를 충족하기 위한 공급역량 확충에 모든 노력을 집중했던 것이다. 이는 전산업사회(*pre-industrial society*)의 절대 결핍의 문제를 산업사회(*industrial society*)의 대량생산 논리에 의해 '보다 많이, 보다 빨리, 보다 값싸게' 공급함으로써 해결하려는 불가피한 시대적 선택이었다.

덕분에 대량생산체제가 보릿고개의 배고픔을 달래주고 절대 빈곤의 문제를 해결해 주었듯이, 적어도 주택보급률, 도로율, 상하수도보급률 등의 양적(量的) 지표가 가리키는 물리적 하드웨어(*hardware*) 측면의 도시기초생활시설에 대한 소요(*basic needs*)는 어느 정도 충족되었다. 그러나 역사의 변증법적 진보의 과정인가? 지난날 개발연대가 가져다준 물질적 풍요는 이제 대량생산소비체제의 내재적 모순을 잉태하며, 탈산업사회(*post-industrial society*)의 다품종·소량생산소비체계로의 시대적 이행을 요구하고 있다. 이는 도시의 논리에도 똑같이 적용되어 그동안 양적 성장과정에서 대량으로 생산, 복제되어 왔던 우리 도시의 모습에 대한 문제점과 부작용에 눈을 뜨게 하고, 이를 극복하기 위한 새로운 도시의 모습에 대한 대안을 모색하게끔 하고 있다.

1) 토목·건축공사 위주의 '개발'과 '건설'의 논리

산업사회의 우리나라 국토·도시정책은 토목·건축공사 위주의 '개발'과 '건설'의 논리에 기초하였다. 바다와 강을 매립하여 공업단지와 택지를 조성하고, 도로건설을 위해 산등성이가 잘려나가고 하천이 복개되거나 보도(步道)가 축소되는 등, 각종 개발행위가 장래 국토·도시공간 환경에 미칠 영향에 대해서는 신경 쓸 겨를도 없이 숨 가쁘게 '개발'과 '건설'에 매달려 왔던 것이다. 따라서 '개발'과 '건설' 그 자체가 정책의 목표였다고 해도 과언이 아닐 정도로 국토·도시정책은 장기적이고 종합적인 국토·도시공간 구성에 대한 계획 없이 즉흥적이고 개별적으로 진행되는 각종 개발사업을 포장하고 합리화하는 데 초점이 맞추어졌으며, 개발하기 전에 생각하고 계획해서 개발하는 것이 아니라 개발하고 난 뒤에 생각하고 계획한 것처럼 꾸미는 관행이 만연하였다(강병기, 2004).

(1) 자연환경 훼손과 도시환경 악화

지난날 개발연대의 토목·건축공사 위주의 '개발'과 '건설'의 논리가 남긴 부작용 중의 하나는 자연환경의 훼손과 이에 따른 도시환경의 악화이다. 하천을 복개하고 그 위에 고가도로를 세우는 일은 한때 산업화, 근대화의 상징물로 여겨지면서 도로율을 높이고 자동차 교통의 효율성을 제고하는 데 기여하였지만, 대신 도로 밑의 하천은 단지 하수도로 썩어갔고 보행환경은 악화되었다. 공유수면을 메워 들어선 한강변의 수많은 병풍식 아파트는 한때 '한강의 기적'을 상징하면서 주택공급에 기여를 하였지만, 이로 인해 물길이 바뀌고 백사장이 없어졌을 뿐만 아니라 오히려 이제는 도시경관을 악화시키는 요소로 작용하고 있다. 산허리를 잘라 우후죽순(雨後竹筍)식으로 들어선 재개발 아파트도 당장 물리적으로 주거환경을 개선하는 데는 기여를 하였지만, 녹지축을 단절하고 도시의 스카이라인을 훼손하는 모순을 초래하였다.

그러나 이제 산업사회가 가져다준 소득의 증가는 환경의식의 증대와 삶의 질(QOL)에 대한 관심의 증가로 이어지면서 도시환경의 질적(質的) 요소에 대한 가치를 재발견하도록 만들고 있다. 도로를 넓히는 만큼 보행자의 공간은 줄어들고 자동차를 움직이기 위한 화석연료를 더 많이 태워 환경오염을 유발한다는 사실을 인식하게 된 것이다. 또한 산을 깎고 강을 메워 많은 주택을 공급할수록 산과 강이 어우러진 우리나라 도시의 본래의 모습을 찾아보기가 더욱 어려워진다는 사실도 인식하게 된 것이다. 곧 개발에서 보존으로, 인공적인 것에서 자연적인 것으로, 기계(자동차)에서 인간중심으로 가치관이 변화하고 있다.

(2) 도시환경의 획일화

토목 · 건축공사 위주의 '개발'과 '건설'의 논리는 또한 도시환경의 획일화를 초래하는 부작용을 낳았다. 대량으로 복제된 판상형 아파트는 대도시이든 중소도시이든, 우리나라의 모든 도시를 특색 없는 '붕어빵 도시'로 만들었다. 심지어는 시골의 읍급 도시에서도 붕어빵 틀에서 따끈따끈하게 갓 구어 낸 아파트가 도시의 랜드마크가 되고 있는 실정이다. 나아가 아직 아파트가 들어서지 않은 곳은 다가구 · 다세대주택이 자리를 차지하여 우리 도시의 주거공간은 아파트가 아니면 다가구 · 다세대주택으로 이원화, 획일화되어 있다. 비단 주택뿐만 아니라 거리의 상가, 오피스 건물을 비롯하여 공용의 청사나 예식장, 관광단지 등도 똑같이 복제되어 모든 도시가 마치 거대한 프랜차이즈 가맹점과 같은 모습으로 변하면서 도시의 문화적, 역사적 정체성이 실종되었다. 과거 새마을 운동이 농촌 취락의 주거환경을 개선하는 데 기여했는지는 모르지만, 대신 빨간색, 파란색 지붕으로 뒤덮인 국적 없는 농촌 경관을 양산(量産)한 것과 같은 부작용이 도시에서도 되풀이된 셈이다.

그러나 이제 대량생산소비 시대를 지나 다품종 · 소량생산소비 시대가 도래하면서 '다양성'이 시대의 중요한 화두(話頭)로 떠오르고 있다. 과거 대량생산소비 시대에 공급자에 의해 획일적으로 양산된 도시환경을 일방적으로 강요받는 소비가 아닌, 다양한 도시환경의 메뉴(*menu*)를 갖고 소비자가 스스로 살고 싶은 도시환경을 선택할 수 있는 권리를 중시하게 된 것이다. 공급자 위주의 시장이 소비자 위주의 시장으로 변화하고 있는 시대적 흐름은 도시환경의 생산과 소비에 있어서도 결코 예외가 아니다.

2) '신개발' 위주의 도시개발과 기성시가지 쇠퇴

도시공간구조의 측면에서 지난날 토목·건축공사 위주의 대량생산 체제는 도시의 외연적 확산을 초래하며 기성시가지의 노후불량화를 촉진시키는 기제로 작동하였다. 체육대회에서 경주를 하듯 '보다 많이, 보다 빨리, 보다 값싸게' 도시용지를 공급하기 위해서는 복잡한 이해관계가 얽혀 있는 기성시가지를 정비하기보다, 땅값이 싸고 지장물이 없는 도시 외곽의 논밭에서 거의 '백지계획'에 가까운 신시가지를 개발하는 것이 훨씬 더 효율적이고 생산적이었기 때문이다. 즉, 그동안 우리나라의 국토·도시정책은 극단적으로 표현하면 '빈땅 찾아 삼천리'의 정책이라고 할만큼 항상 대규모 개발가용지를 중심으로 도시문제를 해결하려고 해왔다.

이로 인해 서울의 강남 개발과 수도권 신도시 개발을 통해 증폭된 신시가지 개발의 열풍은 전국적으로 유행병처럼 번져나갔고, 지방의 많은 중소도시들조차 새로운 신시가지를 조성하여 고층아파트를 짓고 시청과 군청 등의 관공서를 위풍당당한 신청사로 이전하는 경쟁에 매달렸다. 대표적으로 대전광역시의 시청이 둔산 신도시로 이전한 것을 비롯하여 수원시, 안양시, 부천시, 구리시, 군포시, 평택시, 광주시, 여수시 등, 헤아릴 수 없을 만큼 수많은 도시들에서 행정중심인 시청이 모두 새로이 조성된 신시가지로 이전하였다.

이리하여 신시가지는 넓은 도로와 공원, 녹지 등 풍부한 도시기반시설을 제공하며 도시의 새로운 중심으로 스포트라이트를 받게 됐으나, 그런 사이 기성시가지의 좁은 골목과 낡은 건물들은 무관심 속에 방치돼 갔다. 마치 대량생산을 통해 텔레비전과 냉장고가 집집마다 보급되던 시절에 '낡은 것'보다는 '새로운 것'이 항상 소비의 '정답'으로 여겨졌던 것처럼, '아직도 강북에 살고 계십니까?', '아직도 단독주택에 살고 계십니까?'라는 유행어가 신·구시가지의 명암을 가른 것이다.

(1) '특별법'과 '신개발' 위주의 도시개발

우리나라에는 유난히 '촉진법' 등의 이름을 가진 특별법, 또는 딱히 그러한 이름을 갖고 있지는 않다 하더라도 실질적으로 특별법의 성격을 지니는 법률들이 많다. 택지개발촉진법을 비롯하여 구(舊) 주택건설촉진법, 산업입지 및 개발에 관한 법률 등이 그 대표적 예이며, 이러한 전통은 '신행정수도 후속대책을 위한 연기·공주지역 행정중심복합도시 건설을 위한 특별법', '국가균형발전특별법', '기업도시개발특별법' 등으로 이어져 오고 있다. 이렇게 많은 특별법들이 제정된 이유는, 정상적으로 각종 도시개발사업을 수행하기 위해서는 도시계획의 결정 및 변경 등의 과정을 거쳐야 하므로 그 절차가 복잡하고 시간이 오래 걸리기 때문에, 이러한 과정을 무시한 채 급행으로 신도시 등을 개발하기 위해서이다. 이는 앞서 언급한 바와 같이 도시용지를 단기간 내에 대량으로 값싸게 공급하기 위한 '개발'과 '건설'의 논리에 의해 개발하기 전에 생각하고 계획해서 개발하는 것이 아니라 개발하고 난 뒤에 생각하고 계획한 것처럼 꾸미는 관행을 아예 제도적으로 뒷받침하기 위한 것이었다.

단기간 내에 도시용지를 대량으로 값싸게 공급하기 위해서는 필연적으로 재개발보다는 신개발 위주의 도시개발 전략을 선택하게 된다. 일반적으로 신개발, 특히 전면매수 방식에 의한 택지개발사업에 비해, 재개발은 기존의 많은 토지·건물소유주간에 복잡하게 얽혀 있는 이해관계를 해소하는 데 상당히 오랜 시일이 걸리기 때문이다. 또한 도시 외곽지역에서 이루어지는 신개발은 지가가 상대적으로 저렴하기 때문에 재개발에 비해 동일한 비용으로 보다 많은 도시용지를 값싸게 공급할 수 있다. 즉, 신개발은 대량생산체제에 보다 알맞은 급행의 도시개발 방식이며, 더구나 주어진 시간 내에 중앙정부에 의해 할당된 물량적 정책목표를 달성하려는 경우에는 더욱 그러하다.

(2) 기성시가지 쇠퇴와 도시 재생

그동안 우리나라의 도시개발 과정이 정상적 도시계획의 절차를 무시한 채 급행으로 개발사업을 벌이려는 목적의 각종 특별법에 의해, 그리고 단기간 내 대량의 도시용지를 공급하려고 했던 물량위주의 공급정책에 의해 주로 신개발사업을 중심으로 진행되어 왔다는 사실은, 그 반대급부로서 기성시가지가 도시개발 과정에서 외면 당해왔음을 대변한다. 실로 그동안 우리나라의 도시개발 과정은 '새로운 것'을 '개발'하고 '건설'하는 것에 스포트라이트가 비추어진 반면, '오래된 것'은 별로 큰 관심사가 되지 않았다. 이에 따라 신시가지에는 개발을 촉진하기 위해 그동안 상대적으로 많은 자본이 투입되어 첨단의 새로운 시설들이 속속 들어서고 있는 반면, 구시가지는 여전히 저층·고밀의 비효율적이고 비환경적 토지이용 상태가 방치되고 있을 뿐만 아니라 시청 등의 공공기관들의 이전으로 인해 지역경제가 침체되면서 신·구 시가지 간 갈등이 증폭되는 현상이 나타났다.

그러나 이제 도시의 지속가능성(*sustainability*)이라는 화두와 함께 도시 외곽의 자연환경(*greenfield*)을 잠식, 훼손해 나가는 신시가지 개발이 지속가능한 도시개발과는 거리가 멀다는 인식이 확산되면서, 기개발지(*brownfield*)의 토지자원을 재활용하는 도시 재생(*revitalization*)에 새로운 관심이 모아지고 있다. 특히 기성시가지는 허허벌판에 단기간에 조성된 신시가지와는 달리 도시의 역사와 문화가 남아 숨쉬는 곳으로, 기성시가지에 대한 새로운 관심은 도시의 문화적 다양성과 정체성 확보에 대한 갈망에 기인한다. 종(種) 다양성이 자연생태계의 건강성을 나타내는 지표가 되었듯이, 이제 다품종·소량생산소비 시대에 있어 문화적 다양성은 도시생태계의 건강성을 나타내는 지표가 되었다. 이에 따라 지난날 양적 성장시대 때 마구잡이로 훼손되었던 자연환경·생태자원에 대한 가치를 재발견하듯이, 그동안 '낡은 것'으로 치부되어 방치되고 무시되어 왔던 문화·역사문화자원에 대한 가치도

'오래 숙성된 맛'에 눈을 뜨게 되는 것처럼 재발견되고 있다.

이와 같은 도시 재생의 과제는 우리나라의 모든 도시들이 공통적으로 안고 있다. 그러나 서울의 청계천 복원사업에서도 볼 수 있듯이, 서울을 비롯한 수도권의 큰 도시들은 이러한 과제를 스스로 추진할 수 있는 여력을 어느 정도 갖추고 있다. 문제는 기성시가지의 쇠퇴를 스스로 치유할 수 있는 여유조차 갖지 못한 비수도권 지역의 특히 중소도시이다. 따라서 무엇보다 비수도권 중소도시의 도시 재생을 위한 새로운 비전을 제시하기 위해서는 중앙정부 차원에서의 큰 역할이 기대된다.

3. 신도시 개발 위주의 균형발전정책의 문제점

우리 사회는 산업사회의 탈산업사회로의 이행이라는 도도한 시대적 변화의 추세에 맞추어 그동안 대량생산소비 시대의 패러다임이 남긴 우리 도시의 문제점을 극복하고 다품종·소량생산소비 시대에 걸맞은 새로운 도시환경의 패러다임을 모색해야 할 과제를 안고 있다. 지난날 토목·건축공사 위주의 양적 성장과정에서 훼손된 자연환경을 복원하고 획일성 속에 상실된 도시의 문화적·역사적 정체성을 되살리면서, 신개발 위주의 도시개발 과정에서 소외된 기성시가지에 새로운 활력을 불어넣기 위한 도시 재생은 이의 출발점이 될 수 있다.

그럼에도 불구하고 현재 참여정부가 추진 중인 국가 균형발전 정책은 유독 신도시개발 위주의 대형건설사업에 역점을 두고 있어 구태(舊態)를 반복하고 있다. 과거 '개발'과 '성장'이라는 탈을 쓰고 이뤄졌던 대형건설사업들이 오늘날 '균형'과 '분배'라는 탈을 쓰고 반복되고 있는 것이다. 명분만 바뀌었을 뿐 그 방법에 있어 당장 눈에 보이는 결과에 급급한 물리적 수단에 의존하기는 예나 지금이나 마찬가지이다. 비수도권 지역에 있어 이른바 '행정중심복합도시'든 '혁신도시'든 또는 '기업도시'든 '백지계획'을 통해 새로이 조성되는 신도시는 마음만 먹으면 얼마든지 단기간 내 새로운 도시환경을 창출할 수 있고, 첫 삽을 뜨는 순간부터 테이프를 끊고 사진을 찍으며 당장 가시적인 성과를 선전할 수 있지만, 이는 또 다른 대량생산 논리에 불과하다. 이에 비해 기성 시가지의 정비를 통한 도시 재생은 오랜 관심과 인내가 필요하다.

1) 과다한 규모의 신도시 개발

행정중심복합도시는 헌법재판소의 위헌 결정으로 중단되었던 신행정수도에 비해 이전하는 국가기관의 규모가 축소되었음에도 불구하고 개발 규모는 여전히 신행정수도와 동일한 수준을 유지하고 있다. 애당초 연기·공주의 개발예정지역 2,212만 평과 주변지역 6,769만 평의 총 8,981만 평은 모든 수도 기능이 이전하는 것을 전제로 하여 대통령의 집무실과 집터를 닦기 위해 필요하다고 한 면적이었다. 그런데 수도기능을 양분하면서 국무총리의 집무실과 집터를 닦기 위해 여전히 동일한 면적을 개발하고 있다. 담아야 할 음식의 격(格)과 양(量)이 작아졌음에도 불구하고, 예전에 준비해 두었던 큰 그릇을 그대로 사용하고 있는 셈이다.

국무총리를 비롯한 12부 4처 2청의 중앙행정기관과 유관 공공기관은 기존 도시를 활용하여 수용할 수도 있었다. 그러나 참여정부는 행정기관의 위상과 규모에 맞춰 입지나 개발규모를 재검토하지 않고, 신행정수도를 건설을 위해 마련되었던 거대한 신도시 개발계획을 그대로 밀어붙였다. 과연 국무총리를 모시기 위해 거의 분당급 신도시 4개가 들어설 수 있는 면적의 2,212만 평의 토지를 개발하고 분당 신도시 11배 이상의 규모인 주변지역 6,769만 평의 토지이용을 규제하면서까지 8조5천억 원의 예산을 투입하여 기존 도시와 떨어진 곳에 별천지 신도시를 건설할 필요가 있는지에 대해서는 여전히 의문이 든다.

이후 행정중심복합도시와 하나의 패키지정책으로 이루어진 공공기관의 지방이전에 따른 혁신도시의 경우도 거의 천편일률적으로 방만한 규모의 신도시 개발방식으로 진행되고 있다. 앞서 지적한 바와 같이 혁신도시는 전국의 11개 시·도별로 강원 원주 105만 평, 충북 진천·음성 209만 평, 전북 완산·전주 280만 평, 광주·전남 나주 230만 평, 대구 132.8만 평, 경북 김천 105만 평, 부산 26.75만 평, 경남 진주 126만 평, 울산 84만 평, 제주 서귀포 34.5만 평의 10개 신도시, 총 1,333만 평의 개발이 추진되고 있다.

그런데 이러한 혁신도시로 이전하는 공공기관의 직원 수를 보면, 개발규모가 가장 큰 나주의 경우가 4,562명이고 서귀포의 경우에는 961명에 불과하다(http://innocity.moct.go.kr). 이 중 실제 얼마만큼의 직원과 그 가족이 혁신도시로 이주하여 살 것인가는 앞으로 두고보아야 할 문제이지만, 기본적으로 이 정도의 인구는 굳이 많은 돈을 들여 새로운 신도시를 개발하지 않아도 기존 도시를 활용하여 충분히 수용할 수 있는 규모이다. 그럼에도 불구하고 거의 모든 지자체는 '신도시 개발' 그 자체가 목적으로 비추어질 정도로 너나 할 것 없이 기다렸다는 듯이 상호 경쟁적으로 대규모 신도시 개발에 열중하고 있다.

물론 혁신도시는 이전하는 공공기관 외에 이와 함께 시너지 효과를 발휘할 수 있는 다른 기능을 합쳐 '혁신'을 이루겠다는 목적을 갖고 있다. 그렇다고 해도 계획인구는 작게는 5천명(서귀포)에서 대개 2~4만 정도로, 신도시가 '혁신'을 위한 필수조건이 되어야 할 이유는 없다. 특히 '혁신'의 내용이 무엇인지도 불분명하지만, 과연 전국에 흩어져 있는 10개의 신도시가 동시에 '혁신'에 성공할 수 있을까? 이에 대한 전망은 특히 현재 진행되고 있는 혁신도시가 기존 도시의 내생적(內生的) 자원에 기초하지 않고 외생적(外生的)으로 이식된 수단과 기능에 의존하고 있다는 점에서 매우 암울하다.

2) 기존 도시와의 격리와 고립

과다한 신도시 개발규모도 문제지만, 실상 혁신도시 건설에 대해 가장 우려되는 바는 이것이 비수도권 지역의 기존 도시와 융합되지 못하고 독립된 '섬'으로 기능하면서 도리어 신·구 시가지 간 불균형을 초래하여 기성시가지의 쇠퇴를 더욱 가속화할 수 있다는 데 있다. 앞서 설명하였듯이 우리는 이미 지난날 개발연대에 있어 수도권이든 비수도권이든 신시가지나 신도시 개발의 열풍이 '새로운 첨단의 신시가지'와 '낡고 오래된 구시가지'의 명암을 가르면서 기성시가지의 쇠퇴를 초래하였음을 목격하였다. 이는 서울의 강남 신시가지 개발과 함께 사대문안 기존 도심이 침체 내지 쇠락하기 시작한 경우를 비롯하여, 수도권에서 수원, 안양, 부천 등의 사례, 그리고 특히 비수도권 지역에서 대전의 둔산 신도심 개발과 원도심의 쇠퇴, 광주의 상무 신도심 개발과 구도심의 쇠퇴 등의 사례에서 잘 나타난다.

특히 혁신도시의 경우 신도시 개발의 근거가 되고 이 곳의 기본적 앵커(*anchor*) 기능으로 자리 잡게 될 공공기관은 비수도권 지역에서 내생적(內生的)·자생적(自生的)으로 성장, 발전해온 기능이 아니라, 수도권으로부터 타의(他意)에 의해 외생적(外生的)으로 이전되어 오는 기능이다. 이에 따라 새로운 첨단의 대규모 신도시에 입지한 공공기관이나 유관기관은 기존의 비수도권 도시의 성격과는 많은 다른 특성을 가질 수밖에 없다. 단적으로 혁신도시에 입주한 공공기관의 상당수 직원들은 여전히 수도권에 삶의 본거지를 두면서 혁신도시를 임시거처로 간주하는 등 기존의 지역사회와 쉽게 융화되기 어려울 수 있다. 마찬가지로 기존의 지역사회 주민들의 입장에서도 그동안 수도권 생활에 익숙해 있던 혁신도시의 새로운 정착민들의 생활태도를 못마땅해 할 수도 있다.

따라서 혁신도시는 기존의 지역사회에 뿌리를 내리지 못하고 기존

도시와 유리된 '별천지'로 존재할 가능성이 크다. 혁신의 가장 중요한 요건 중의 하나가 지역사회에 뿌리내림(*embedding*)이라고 할 때, 실상 혁신도시는 이러한 점에서 혁신을 이루기 힘든 태생적 한계를 안고 있다. 아무리 화려한 꽃을 이식한다고 해도 토양이 맞지 않으면 자생력을 잃고 인공적으로 생명을 유지할 수밖에 없다. 겉보기에는 화려할지 모르지만, 이러한 화려함을 유지하기 위해서는 많은 돈을 들여 온실을 짓고 물길을 트고 영양제를 투입하여야 한다. 기성시가지와는 달리 쭉쭉 뻗은 광로와 풍부한 녹지, 최첨단시설을 자랑하는 신도시를 조성하기 위해서는 결국 허허벌판에 많은 자본을 투자해야만 한다

3) 비수도권 기성시가지 쇠퇴의 가속화

그런데 외래종이 토종의 생존을 위협하듯이, 또는 굴러 들어온 돌이 박힌 돌을 빼내듯이, 이렇게 많은 자본의 영양분을 먹고 자라난 신도시는 좁은 골목과 낡은 건물로 점철된 기존 도시와 극명한 대조를 이루면서 기성시가지의 쇠퇴를 촉진시키는 요소로 작용할 가능성이 크다. 현재 수도권과 같이 개발수요가 공급을 초과하는 상황이라면 일정부분 개발수요를 흡수하기 위한 신도시 개발은 불가피할 수 있다. 그러나 개발수요가 한정되어 있는 대부분의 비수도권 지역에서 신도시 개발은 불가분 기성시가지와 제로섬게임의 결과를 초래하게 될 것이기 때문이다.

100만 평, 200만 평 규모의 혁신도시들은 많아야 불과 수천 명의 공공기관 직원을 일차적 대상으로 하여 추진되고 있다. 따라서 실제 혁신도시로 이주할 직원과 그 가족을 고려하면 계획인구 2~4만 명 규모는 추가적 인구유입이 없이는 달성하기 힘든 목표가 될 것이다. 그렇다면 이러한 추가적 인구는 어디서 오겠는가? 결국 대부분을 기존 도시를 비롯한 주변지역에서 흡수할 수밖에 없다. 그동안 수많은 신도

시 개발의 경험을 통해 알 수 있듯이, 어느 정도 경제적 여력을 갖춘 사람들은 기성시가지를 떠나 매일 주차난을 겪을 필요도 없고 현대식 대형 쇼핑센터의 편리함을 누릴 수 있는 신도시로 이주할 것이다. 이는 자연스러운 현상으로 그 자체를 탓할 바는 아니지만, 대신 기성시가지는 아직 떠나지 못한 사람들만이 남아 더욱 쇠락의 길로 접어들 것이다. 문제는 이와 같은 기성시가지의 쇠퇴현상이 정부의 정책에 의해 신도시에 대한 상대적 자본집중을 통해 인위적으로 조장된다는 사실에 있다.

행정중심복합도시의 경우도 마찬가지이다. 행정중심복합도시의 계획인구는 50만 명으로 신행정수도를 계획할 때와 다를 바가 없다. 신행정수도의 경우에도 50만 명의 인구를 어디서 확보할 수 있을 것인가가 문제가 되었는데, 이전하는 기관의 위상과 규모가 줄어들었음에도 불구하고 동일한 계획인구를 달성하기 위해서는 중앙행정기능 외에 산업·연구기능 등 다른 인구유입 요인을 통해 인구를 더욱 많이 흡수하여야 한다. 실제 행정중심복합도시는 중앙행정기능 외에 도시행정, 문화·국제교류, 대학·연구, 의료·복지, 첨단지식기반을 주요기능으로 설정하고 있다(〈그림 17-1〉 참조). 따라서 중앙행정기능 외에 다른 산업·연구기능 등을 통해 흡수하려는 인구의 상당부분은 인근 대전지역을 비롯한 충청권에서 유입될 가능성이 크며, 이러한 경우 행정중심복합도시는 국토균형발전의 명분과 배치될 뿐만 아니라 오히려 다른 충청권지역의 발전을 상쇄시키는 결과를 초래할 수 있다.

(1) 이념에 치우친 도시형태

행정중심복합도시에 대해서는 신도시의 규모에 못지않게 그 형태에 대해서도 많은 걱정이 앞선다. 방대한 규모로 계획된 도시에서 도시민의 다양한 활동에 따른 활력을 찾아보기 어렵다면, 도시의 삶은 그 규모에 비례하여 더욱 을씨년스러워질 수 있기 때문이다.

행정중심복합도시의 형태는 2005년 도시개념에 대한 국제공모를 거쳐 2006년 7월에 확정된 건설기본계획안에서 〈그림 17-1〉과 〈그림 17-2〉와 같이 '환상형' 구조로 구체화되었다. 참여정부에 의하면 이러한 환상형 도시구조는 '균형발전'을 구현하기 위한 형태라고 설명된다. 즉, 환상형 구조는 국가 균형발전과 분권화시대를 상징하는 형태로서 '공간이용의 균등성'과 민주성을 제시하고 있다는 것이다. 구체적으로는 '분산 · 분권의 이념'을 담아낼 수 있도록 환상형 도시구조를 따라 주요기능을 6개 기능거점에 분산하여 배치하고, 생활권을 균등하게 배치하여 균형적 도시발전을 도모한다는 것이다(행정중심복합도시건설청 보도자료 2006. 7. 26). 한마디로 환상형 구조는 철저하게 '평등'의 이념에 기초한 도시형태로서, 의도적으로 '중심'과 '집중'이 없는 도시를 만들어 도시 전체를 분산적으로 균등하게 만들겠다는 의도로 풀이된다.

이러한 환상형 도시구조는 사회주의 도시계획의 이념으로 적용되었던 선형(線形) 도시를 연상케 한다. 환상형 도시는 선형 도시의 일종으로, 선형을 구부려 양끝을 맞붙이면 환상형이 된다. 선형 도시는 산업혁명 이후 제시되었던 수많은 이상도시안(理想都市案) 중의 하나로, 19세기 말 스페인의 소리아 이 마타(Soria y Mata)에 의해 개념이 구체화된 이래 1930년대에 소련의 밀류틴(Milyutinm Miliutin)이 스탈린그라드의 도시계획에 적용하는 등 사회주의 도시계획의 이념적 기초를 이루어 왔다(Lampugnani, 1980: 54, 김철수 1997: 273, 278~279). 선형 도시는 교통거리를 단축하기 위한 의도도 갖고 있었지만, 공정한 토지분배와 같이 평등의 이념에 기초한 사회주의적 사상을 실현하기 위한 의도도 내포하고 있었다. 대표적으로 구(舊) 소비에트 연방 등에서 철도변 공장지대를 따라 녹지와 노동자 주거지를 평행하여 선형으로 배치한 형태도 모든 노동자의 직주근접을 도모할 뿐만 아니라, 직장 및 녹지 접근성에 있어 평등을 강조하기 위한 의도를 갖고 있다. 이러한 점에서 행정중심복합도시는 100여 년 전의 이상도시안이 현세

〈그림 17-1〉 행정중심복합도시 도시구조

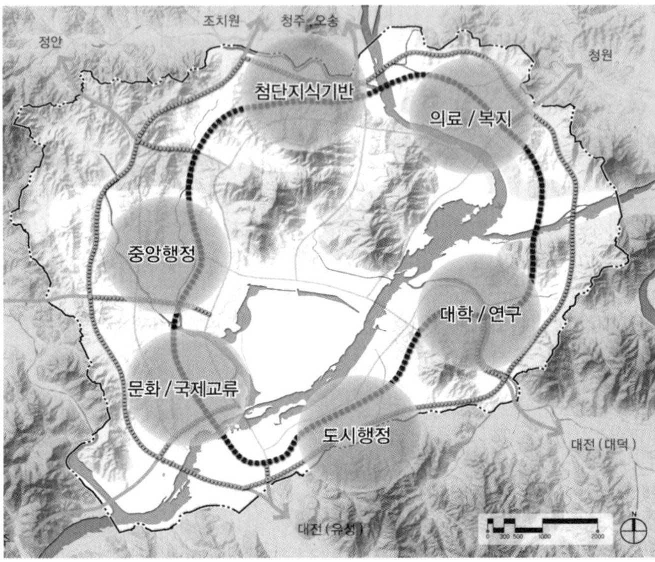

〈그림 17-2〉 행정중심복합도시 교통체계

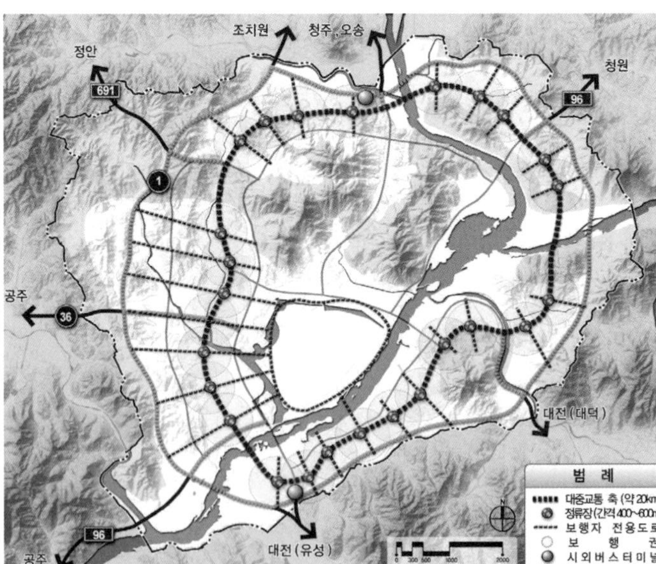

에 부활된 형태로 보인다. 과거 사회주의 도시계획과 같이 평등의 이념을 강조한 도시계획의 실험이 세계적, 역사적으로 유례가 없는 대규모로 21세기에 유독 대한민국에서 이루어지고 있는 셈이다.

그동안 도시 전체의 차원에서 평등의 이념에 기초한 선형이나 환상형 구조의 도시계획이 세계적, 역사적으로 보편성을 획득하지 못한 이유는, 이러한 도시형태가 인간세상의 섭리에 따른 공간의 이치(地理)에 맞지 않기 때문이다. '도시'란 무엇인가? 가장 상식적 차원에서 도시란 상대적으로 인간활동이 '집중'되어 있는 곳으로 정의된다. 그리고 도시 내에서도 특히 인간의 활동이 집중되어 있는 곳을 '중심'이라고 부른다.

인간의 활동이 도시의 '중심'에 '집중'되는 이유는 함께 모여 있음으로 해서 발생하는 규모의 경제(*scale economies*)와 집적의 경제(*agglomeration economies*) 등과 같은 편익이 있기 때문이다(Mills, 1972: 8~17). 따라서 사람들을 아무리 흩어놓아도 이들은 자연스럽게 이러한 편익을 좇아 특정한 중심으로 모이게 된다. 도시를 원(圓)에 비유하자면, 원에는 중심이 있고, 이러한 중심은 모든 곳에서 접근성이 가장 뛰어나기 때문에 도시활동이 집중되게 마련이다. 따라서 의도적으로 평등의 이념에 기초하여 도시활동이 '중심'에 '집중'되지 않도록 만들고자 하는 환상형 구조의 행정중심복합도시는 이와 같은 도시형성의 자연스러운 공간적 이치에 역행한다. 각종 도시활동은 규모의 경제나 집적의 경제 등의 이익을 좇아 중심에 집중하려고 하는데, 환상형 도시구조는 근본적으로 인간의 이러한 이익의 추구를 부인하고 있다.

환상형 도시구조를 통해 행정중심복합도시의 중심부에 100만 평의 오픈스페이스를 조성한다는 계획은 언뜻 현혹적이다. 그러나 도시의 활력은 사람들과 각종 도시활동이 모이는 중심에서 비롯된다. 많은 도시민들이 언제라도 벅적거리고 모일 수 있는 중심이 있어야만 다양한 도시활동이 가능해지고, 이에 따라 경제적 기회가 창출되고 도시의 활력이 살아난다. 그렇지 않으면 장사도 힘들어지고, 밤거리에서 소주 한잔 기울일 수 있는 도시의 정취도 사라진다. '중심'에 '집중'을 허용하지 않는 도시는 광대한 오픈스페이스의 쾌적함과 조용함을 제공할 수는 있어도, 사람들을 찾아보기 힘들고 활력을 잃은 고립되고 을씨년스러운 도시로 전락해버릴 수 있다.

나아가 행정중심복합도시의 환상형 구조는 교통거리의 단축을 의도하였던 원래의 선형 도시 개념과는 달리 오히려 교통거리의 증가를 초래할 수 있다. 행정중심복합도시 건설기본계획안은 환상형 구조를 따라 대중교통수단을 이용하여 도시 내 어느 곳이든지 20분 내외에 접근이 가능하도록 만들겠다고 했지만, 복잡한 계산식을 동원하지 않더라도 기본적으로 환상형 구조는 도시 내 각 지역을 우회적으로 연결하는 형태이므로, 속이 찬 원형의 도시구조에 비해 교통거리의 증가를 유발할 수밖에 없다. 단적인 예로서 환상형 구조에서는 동(東)에서 서(西)로, 그리고 남(南)에서 북(北)으로 이동할 때 도시 중심부를 가로질러 갈 수가 없기 때문에 결국 멀리 돌아가야 하는 불편을 감수해야 한다.

더구나 환상형 도시구조의 기초를 이루는 물리적 '평등'의 개념도 도시의 성장과정에서 언제든지 깨어질 수 있는 취약한 도시개념이다. 도시의 성장과 변화에 관계없이 물리적으로 평등한 도시구조가 지속적으로 유지되기 위해서는 도시가 성장함에 따라 환상형의 360°에 걸쳐 모든 지역이 내연적 또는 외연적으로 동시에 확대 성장해야 하지만, 이는 현실적으로 불가능한 일이기 때문이다. 도시가 성장하면 불가분 환상형의 360°중에서 특정 지역이 먼저 확대 성장할 수밖에 없고, 그렇게 되면 이 때부터 초기의 물리적 평등의 개념은 와해되기 시작할 것이다. 결국 평등의 이념에만 고착한 행정중심복합도시의 환상형 구조는 도시가 정적(靜的)으로 정체되어 있을 때는 그 본연의 의미를 가질 수 있지만, 도시의 성장과 변화를 동적(動的)으로 유연하게 수용하기에는 힘든 도시형태라고 할 수 있다.

4. 특화발전을 위한 도시 재생

비수도권 도시의 경쟁력을 높이고 삶의 질을 제고하기 위해서는 다양한 방책이 강구되어야 한다. 우선 주택을 비롯한 도로, 상하수도 등의 물리적 기반시설과 교육, 의료서비스를 비롯한 사회복지서비스 등, 기본적 도시생활을 영위하기 위한 기초생활시설 소요가 충족되어야 한다. 지난날 대량생산체제하에서 이러한 기초생활여건을 구성하는 물리적 하드웨어 요소는 양적으로 어느 정도 충족되었지만, 사회적 소프트웨어 요소는 질적으로 여전히 부족한 상태이다. 따라서 정부는 앞으로도 꾸준히 도시기초생활여건을 개선시키려는 노력을 경주해야 한다.

한편 경제적 측면에서는 도시민에게 많은 일자리가 제공되어야 한다. 그런데 이는 지금까지의 경험이 말해주듯 쉽게 충족할 수 있는 조건이 아니다. 산업화 과정에서 많은 도시들이 공장과 기업을 유치하기 위해 경쟁하고 중앙정부는 각종 정책을 통해 이들의 입지를 의도적으로 제한하거나 유도, 지원해 왔지만, 시장(市場)의 냉혹한 논리는 이미 대량생산소비 시대의 효율성, 생산성 측면에서 전통적 산업입지 경쟁에 있어 각 도시가 갖는 경쟁력에 대해 명확한 평가의 결과를 보여주었다. 따라서 이제 각 도시는 다수의 무차별한 생산자와 소비자를 대상으로 한 대량생산소비 시대의 매스마케팅 전략에서 벗어나, 소수의 특정 생산자와 소비자를 겨냥한 다품종·소량생산소비 시대의 타깃 마케팅 전략으로 전환을 모색하여야 할 시점에 있다. 곧 그 도시만이 가질 수 있는 고유의 경쟁력을 확보하여 나름대로의 적소시장(*niche market*)을 개척하는 데 초점을 맞추어야 한다는 것이다.

다품종·소량생산소비 시대의 도시경쟁력을 논함에 있어 두 가지 중요한 화두(話頭)는 '환경'과 '문화'이다. 자연환경·생태자원과 문화·역사자원은 그 어느 것도 똑같지 않은 유일무이한 자원이기 때문이다.

각 도시의 물리적 토대를 구성하는 산과 강, 호수, 바다 등의 자연환경은 다른 어느 도시에서도 찾아볼 수 없는 그 도시만의 독특한 도시환경을 형성하는 요소이다. 또한 그 도시에서 살아온 사람들에 의해 오랫동안 축적되거나 새로이 창조된 볼거리, 먹거리 등 유·무형의 문화·역사환경 역시 다른 어느 도시에서도 찾아볼 수 없는 그 도시만의 독특한 도시환경을 구성한다. 따라서 자연환경·생태자원과 문화·역사자원은 곧 그 도시 고유의 정체성을 결정짓는 중요한 요소가 된다.

대량생산소비 시대에서는 모든 소비자가 똑같이 '낡은 것'보다 '새로운 것'을 찾는 식의 '정답추구형' 소비패턴이 주류를 이루었다면, 다품종·소량생산소비 시대는 개별 소비자가 각자 '똑같은 것'이 아닌 '다른 것'을 찾는 '개성추구형' 소비패턴으로 특징화된다. 이러한 소비패턴의 변화는 내가 살고 싶은 도시에 대한 선택에 있어서도 마찬가지로 적용된다. 도시환경의 소비자는 이제 더 이상 똑같은 도시환경의 선택을 강요받기보다, 다른 도시와 차별화된 그 도시만의 고유한 특성에서 도시의 매력을 발견하고자 한다. 따라서 특정 도시만이 갖고 있는 고유의 자연환경·생태자원과 문화·역사자원을 활용하여 그 도시를 다른 도시와 차별화된 매력적인 상품으로 만드는 일이 이제 모든 도시에게 주어진 공통의 과제이다.

전국의 모든 도시가 획일화된 도시환경을 제공한다면, 결국 소비자가 선택하는 도시의 조건은 대량생산소비 시대에서와 마찬가지로 양적 지표에 의해서만 결정될 것이다. 이러한 상황에서는 도시경쟁력이 규모의 경쟁력에 의해 결정될 수밖에 없고, 이에 따라 규모의 경제(*scale economies*)에 의해 양적으로 보다 많은 것을 공급해줄 수 있는 큰 규모의 도시가 소비자의 선택을 받게 된다. 결국 모든 도시는 규모를 키우려는 경쟁에 매달릴 것이고, 이러한 경쟁에서는 승자와 패자가 뚜렷하게 구분될 수밖에 없다.

그러나 모든 도시가 각자 고유의 특성에 따라 다양한 도시환경을 제공한다면, 소비자는 각자의 선호에 따라 자기에게 맞는 도시를 선택할 것이다. 이러한 상황에서는 도시경쟁력이 특정 도시의 고유자원과 특성에 기초하므로 일방적 승자와 패자가 있을 수 없다. 각자 자기만의 경쟁을 해야 하기 때문이다. 이렇게 하여 그 도시의 특성을 선호하는 소비자들이 찾아들면, 이를 통해 도시의 활력을 제고할 수 있는 다양한 경제적 기회를 발견할 수 있을 것이다. 그것이 도시의 특성에 따라 궁극적으로 관광산업, 문화산업, 환경산업, 바이오산업, 또는 다른 어떤 산업의 형태로 발전되든, 중요한 것은 도시 고유의 자원과 특성에 기초하여 이른바 도시의 '신성장동력'을 발굴하는 계기를 마련하는 데 있다. 결국 도시 고유의 자연환경 · 생태자원과 문화 · 역사자원을 적극 활용하여 이를 '신성장동력'의 원천으로 접목, 발전시키려는 노력이 중요하다.

과거 산업사회에서 제조업이 도시성장의 원동력이 되었던 시절에는 '환경'이나 '문화'가 도시의 경제활동과는 무관한 요소이었을 뿐만 아니라 오히려 때로는 이를 저해하는 걸림돌로까지 인식되기도 하였다. 그러나 탈산업사회로 접어들면서 지식산업의 발전과 함께 '환경'이나 '문화'는 지난날 굴뚝산업을 대체하는 지식기반경제의 풍부한 콘텐츠를 제공하며 도시발전의 새로운 견인차 역할을 하고 있다.

대표적으로 영국의 맨체스터, 뉴캐슬 등과 같이 한때 산업혁명의 영화를 누리다가 제조업의 사양과 함께 쇠퇴하였던 많은 도시들이 도시의 자연환경 복원과 문화적 콘텐츠 개발에 눈을 돌리면서 다시 새로운 부흥의 전기를 맞고 있다. 과거 제조업의 생산 · 물류기지 역할을 하다가 버려진 수변공간을 모든 시민들이 즐겨 찾는 자연친화적 개방공간, 문화활동의 중심공간으로 재생하여 도시 경제활동에 새로운 활력을 불어넣고 있는 것이다. 스페인의 쇠퇴하던 항구도시 빌바오가 구겐하임 미술관 건립을 통해 도시 재생의 전기를 마련한 것이나, 세계적 항구도시인 네덜란드의 로테르담이 박물관 도시로 재탄생한 것이나, 전형적 블루칼라의 도시로서 철강산업과 함께 쇠퇴하였던 미국의 피츠버그가 아름다운 수변도시로 재생하여 화이트칼라의 오피스 도시로 탈바꿈한 것도 동일한 맥락에서 이해할 수 있다.

또한 일본의 센다이는 고유의 생태환경을 십분 이용하여 숲의 도시라는 이미지를 도시마케팅의 브랜드로 적극 활용하고 있다. 바젤과 같은 스위스의 도시들은 천혜의 자연환경 조건에만 만족하지 않고 이를 문화적 콘텐츠와 결합하여 지속적인 예술축제와 박람회 개최를 통해 문화예술도시로서 부가가치를 제고하고 있다. 중국 상하이의 신천지는 노후불량화된 기성시가지의 재개발을 통해 오히려 과거 조계지 시절의 역사문화자원 요소를 복원함으로써 젊은이들이 가장 많이 모이는 명소로 탈바꿈하였다.

나아가 기업도시의 모범적 사례로 흔히 일컬어지는 스웨덴의 시스타, 핀란드의 울루, 프랑스의 소피앙티폴리스 등이 기업도시로 성공하게된 비결도 따지고 보면 단지 기업을 유치한 것만에 있는 것이 아니라, 궁극적으로는 기업에 종사하는 사람들이 그 도시에 오래 머물러 살고 싶도록 만들기 위해 도시의 자연환경과 문화환경을 쾌적하고 풍부하게 조성해준 데 있다. 이처럼 도시 고유의 자연환경·생태자원과 문화·역사자원은 오늘날 도시 재생과 지역경제 활성화를 위해 밑받침이 되어야 할 필수불가피한 요소가 되었다. 청계천 복원과 함께 그동안 강남에 비해 쇠퇴해가던 서울의 사대문안 도심의 경제활동이 활력을 되찾기 시작한 것도 같은 맥락에서 이해할 수 있다.

이러한 점에서 현재 참여정부가 추진 중인 '균형발전'은 비수도권의 도시 재생을 통해 '특성화발전' 또는 '특화발전'의 개념으로 승화될 필요가 있다. 주택, 도로, 상하수도, 교육·의료서비스 등과 같은 기초생활시설 소요(*basic needs*)에 대해서는 전국 어느 도시에서나 동질의 서비스가 제공될 수 있도록 하되, 이와 같은 기초생활시설 여건을 넘어 도시 고유의 '환경'과 '문화' 자원을 활용하여 '신성장동력'을 창출하는 과정에 있어서는 도시별 '특성화발전'을 추구하여야 한다.

기본적으로 '균형발전'은 그 지향하는 가치에 있어 전국의 모든 도시가 동일해지거나 또는 적어도 동일한 수준이 되어야 한다는 전제에 기초하고 있다. 이에 따라 도시발전의 정도는 모든 도시에 대해 인구규모, 경제력, 주택보급률, 도로율, 상하수도보급률, 학급당 학생 수, 1인당 병상 수 등과 같은 동일한 측정기준을 적용하여 평가된다. 그러나 이와 같이 한 가지 잣대를 갖고 모든 도시를 평가하면, 마치 수능시험의 종합점수를 갖고 학생들을 평가하는 것과 마찬가지로 도시간 서열화가 불가피해진다.

이에 비해 '특성화발전'은 전국의 모든 도시가 서로 달라야 한다는 가치를 지향한다. 이에 따라 도시발전의 정도는 도시마다 서로 다른 다양한 잣대를 갖고 평가된다. 측정기준이 다양하면, 마치 학생들에 대한 평가결과가 수학을 잘하는 학생, 운동을 잘하는 학생, 리더십이 좋은 학생 등으로 나타나듯이 도시들은 각기 서로 다른 측면에서 서로 다른 1등이 될 수 있다. 도시 고유의 독특한 '환경'과 '문화'는 그 어느 도시도 동질적일 수 없기 때문에, 도시간 비교평가를 통해 우열을 가른다는 것 자체가 무의미해진다.

수도권과 비수도권이 상생하기 위해서는, 전국의 모든 도시들이 그 도시만이 갖고 있는 고유의 자원과 특성을 활용하여 각기 서로 다른 분야에서 서로 다른 1등을 할 수 있어야 한다. 이렇게 하여 각 도시의 고유 특성에 따라 그러한 특성을 선호하는 사람들이 그 도시를 선택하여 모여 살게 되면, 어느 도시에 살던 자기가 살고 있는 도시에 대해 긍지와 자부심을 느낄 수 있다. 이러한 점에서 도시 재생의 궁극적 비전은 도시별 특성에 따라 각 도시에 살고 있는 사람으로 하여금 그 도시에 살고 있다는 사실에 대해 자부심과 긍지를 가질 수 있도록 만드는 데 있다.

상징적 예에 불과하지만, 미국 동북부 버몬트주의 중소도시에 살고

〈그림 17-3〉 도시 재생을 통한 특화발전의 개념

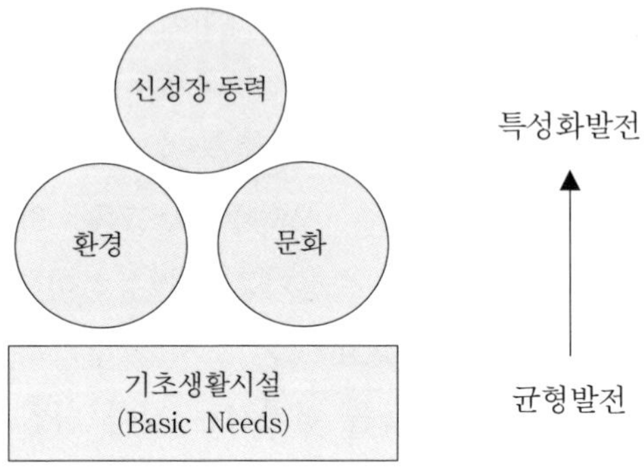

있는 사람들은 인근의 보스턴이나 뉴욕과 같은 대도시에 살고 있는 사람들을 결코 부러워하지 않는다. 또한 브라질의 리우데자네이루에 살고 있는 사람들은 경제력이 앞선 상파울로에 살고 있는 사람들을 결코 부러워하지 않는다. 그들은 버몬트나 리우데자네이루만이 갖고 있는 독특한 도시환경과 문화가 좋아 그곳에 살기를 선택한 사람들로서, 그 도시에 살고 있다는 사실에 대해 긍지와 자부심을 갖고 있기 때문이다. 이처럼 인구규모나 경제력보다 자연환경이나 문화자원 등과 같은 도시 고유의 특성이 살고 싶은 매력적 도시를 만드는 중요한 요소가 되어야만, 적어도 현재 수도권이나 대도시에 살고 있는 많은 사람들이 은퇴 후에라도 다시 자기 고향으로 돌아가 살고 싶어하도록 만들 수 있을 것이다. 이와 같은 도시 재생을 통한 특화발전의 개념은 간략히 〈그림 17-3〉과 같이 요약할 수 있다.

5. 맺는 말

사람들은 '새로운 것'에 대해 흥미를 갖게 마련이다. 이에 따라 그동안 미래 국토·도시구상에 대한 논의는 대부분 새로운 중심지의 부상과 그 역할을 조명하는 데 초점이 맞추어졌다. 흔히 미래 도시의 모습을 그리는 것으로 여겨지는 도시기본계획이나 각종 개발계획 등도 'OO 신도심'에서부터 '△△ 신도시' 등의 용어로 치장되기 일쑤였으며, 또한 그래야만 무언가 미래에 대한 비전을 제시한 것으로 평가되었다.

반면 이렇듯 '새로운 것'에 대해 세간의 관심이 집중되는 동안 '오래된 것', 곧 기성시가지는 사람들의 기억에서 잊혀져 갔다. 한발 더 나아가 구시가지는 시대 변화에 적응치 못하는 구조조정의 대상 또는 심지어 공중분해의 대상으로까지 인식되기도 하였다. 도시기본계획이나 각종 개발계획 등에 구시가지, 특히 구도심에 대한 내용은 적당히 얼버무려지기 일쑤였으며, 미래 도시 구상에 대한 논의에서 구도심은 이미 명예퇴직자로서 관심 밖의 영역으로 치부되었다.

그러나 한때 배고픔의 상징이었던 보리밥이 오늘날 새로운 건강식으로 주목받고 있듯이, 산업사회의 대량생산체계에서 탈산업사회의 다품종·소량생산체계로의 이행은 된장이나 포도주처럼 '오래 숙성된 맛'에 새롭게 눈을 뜨게 하고 있다. 허허 벌판에 단기간에 조성된 신도시와는 달리, 기성시가지는 바로 이와 같이 '오래 숙성된 맛'에 대한 새로운 가치 창출을 통해 도시의 내생적(內生的)·자생적(自生的) 발전의 토대를 구축할 수 있는 곳이다. 이러한 점에서 기성시가지의 도시 재생은 그 도시만의 갖고 있는 고유한 자원과 특성을 '신성장동력'의 원천으로 접목, 발전시키기 위한 기제로 작동할 수 있다. 이에 따라 이 글은 참여정부의 신도시 개발 위주의 균형발전 정책이 도시 재생 위주의 특화발전 정책으로 전환되어야 할 필요성을 제기하고 있다.

현재 참여정부는 국가균형발전위원회를 중심으로 행정지치부, 건설교통부, 문화관광부가 시행하는 '살기 좋은 지역 만들기' 사업을 추진 중에 있다. 이 사업은 애당초 '살고 싶은 도시 만들기' 구상이 모태가 된 것으로, 대통령은 2005년 10월 1일 서울의 청계천 복원공사의 준공식에서 참여정부가 추진하고 있는 균형발전을 '살고 싶은 도시 만들기'로 확대해 나가겠다는 취지의 발언을 하였다. 따라서 이러한 취지라면, '살기 좋은 지역 만들기'는 이 글에서 제시한 바와 같이 균형발전의 개념을 뛰어 넘어 특화발전을 지향할 수 있는 계기를 제공해줄 수 있는 가능성을 안고 있었다. 특히 그동안 국가 균형발전 정책이 신도시 건설에 초점을 맞추어 왔기 때문에 '살고 싶은 도시 만들기'는 이와 비교하여 자연스럽게 도시 재생, 특히 비수도권 지역의 도시 재생에 눈을 돌릴 수 있는 계기를 마련해줄 수 있을 것으로 기대되었기 때문이다.

그러나 현재 이 사업은 지자체 응모를 통해 행정자치부가 '살기 좋은 지역' 30개, 건설교통부가 '살고 싶은 도시' 5개와 마을 25개, 문화관광부 '가고 싶은 섬' 4개를 각각 시범사업 대상지역으로 선정하여 국비를 지원하는 방식으로 진행되고 있다. 이에 따라 비수도권의 각 지자체가 혁신도시를 유치하기 위해 뜨거운 경쟁을 벌였듯이, 이 사업 역시 비수도권의 지자체들이 중앙정부의 지원금을 받기 위해 상호 경쟁하는 틀을 크게 벗어나지 못하고 있다. 행정중심복합도시나 혁신도시를 통한 국가 균형발전 정책이 대규모 신도시 개발을 통한 가시적 성과에 집착하는 구태(舊態)를 벗어나지 못하고 있듯이, '살기 좋은 지역 만들기' 역시 그동안 낙후지역 지원을 위해 무수히 뿌려졌던 국민의 혈세가 경쟁적 전시행정의 성과를 내기 위해 낭비되었던 전철을 또 다시 반복하지 않기만을 바랄 뿐이다.

참고문헌

강병기. "우리나라 토지이용계획제도의 과제와 전망," 대한국토 · 도시계획학회 편저 《토지이용계획론》, 보성각, 2004. 489~512쪽.

김철수. 《도시계획사》, 기문당, 1997.

최막중. "舊都心의 재활용," 〈서울시정포럼〉, 서울시정개발연구원, 1999. 1 · 2, 68~76쪽. "舊都心을 오아시스로," 원제무 외 4인 공저, 《도시정책론》, 박영사, 2000. 231~243쪽.

최막중. "도시정책의 평가와 성찰," 하성규 외 공저, 《주택 · 도시 · 공공성》, 박영사, 2000. 33~66쪽.

최막중. "살고 싶은 도시 만들기의 필요성과 개념," 〈살고 싶은 도시 만들기의 필요성과 정책과제 세미나 자료집〉, 대한국토 · 도시계획학회, 2006. 3, pp. 5~18.

최막중. "행정중심복합도시의 문제점," 〈참여정부의 국토개발정책의 문제와 대응전략에 관한 국민토론회 자료집〉, 수도이전반대국민연합, 2006. 9, pp. 27~38.

행정중심복합도시건설청. 보도자료, 2006. 7. 26.

Lampugnani, Vittorio. *Architecture and City Planning in the Twentieth Century*, Van Nostrand Reinhold, 1980.

Mills, Edwin. *Urban Economics*, Scott, Foresman and Company, 1972.

http://innocity. moct. go. kr

http://enterprisecity. moct. go. kr

|제 18 장|

남해안벨트, 한반도 세계화의 전선

유 우 익

1. 국토구조 개혁의 과제

좋든 싫든 이 시대의 화두는 단연 개혁이다. 개혁의 정의에 대해서는 여러 가지 논의가 있을 수 있고 그 종류와 형태는 다양할 수 있으나, 어느 경우든 그 본질은 사회와 공간의 구조를 미래지향적으로 고쳐 발전을 기하는 데에 있다. 그런 점에서 개혁이라는 이름 아래 과거나 현실에 연연하는 시류는 사안의 핵심을 벗어나고 있다고 해야 할 것이다. 그리고 여기에서 논하고자 하는 국토의 공간구조, 즉 국토구조와 그 개혁에 대해서는 그 논의가 극히 제한적으로 이루어지고 있다. 국토구조는 과거의 누적적 토대 위에서 현실을 반영하는 것이기도 하지만, 미래사회를 담는 그릇이라는 점에서 그 개혁을 소홀히 할 수 없는 분야이다. 특히 오늘날과 같은 문명사적 전환기에는 더욱 그러하다고 하겠다.

국토구조의 개혁을 논함에 있어 일차적으로 중요한 것은 그 국토구조를 만들고 거기에 몸담아 살아왔으며 앞으로도 그것을 이용하고 유지하며 고쳐갈 주체의 국토에 대한 인식, 즉 국민의 국토관이다. 그런데 우선 지적하지 않을 수 없는 것은 우리 국민의 공간인식 수준이 매우 낮은 수준에 머무르고 있다는 점이다. 일상의 사고에서 공간적 차원이 아예 없거나 극히 유치한 원시적 인식, 오지(奧地)에 갇힌 사람들처럼 공간의 외부관계에 대하여 무지한 폐쇄적 인식, 또는 국토, 자연이나 도시에 별 의미를 부여하지 않거나 대체로 보잘것없다거나 별것 아니라고 치부하는 부정적 인식 등이 그것이다. 공간을 단지 화폐가치만으로 재단하여 부동산으로만 치부하는 태도도 실은 단순 획일적 관점으로 공간의 다른 측면(문화, 생태 환경)에 대하여는 무지하다는 점에서 이 범주를 크게 벗어나지 못한다. 국토를 잃고 내몰려 온갖 고초를 겪은 민족이 바로 당대에 이 같이 저열하고 왜곡된 국토관을 갖고 있다는 것은 실로 기막힌 사실이다. 그리고 선진국을 운위하는 입장에서는 부끄럽기 그지없는 일이다. 이래가지고는 무엇보다도 세계화라는 새롭고 거대한 시대 조류에 제대로 대응할 수 없다.

국토인식에 있어 다음으로 지적할 것은 우리 국민의 한반도에 대한 지정학적 인식이 부당하게 왜곡되어 있다는 점이다. 한반도가 주변적 위치에 놓여 있다거나 지정학적으로 불리한 땅이라는 생각이 그것이다. 한반도가 주변적이라는 생각은 세계문명에 대한 유럽 중심의 관점(*Eurocentric view*)을 무비판적으로 받아들인 것으로 그나마 유일 강대국으로 등장한 지금은 최소한의 설득력도 없다. 태평양·아시아 시대(*Pacific Asian Century*)에 있어서는 오히려 태평양과 아시아대륙을 무대로 활용하기에 적합한 동아시아 지역이 접근성이나 중심성에서 우월한 위치에 있다고 보아야 할 것이다. 그리고 반도가 대륙세력과 해양세력이 충돌하는 지대로 외세에 의한 지배와 갈등이 불가피하다는 결정론적 도식도 학술적인 근거가 없는 허구적 개념에 지나지 않는다. 이 가설은 일제 군부가 지정학적 이론을 조작하여 만들어낸 사이비 논리로 반도 사람들을 행위주체로 인정하지 않는다는 이론적 모순을 내포하고 있다. 실제로 그리스반도에서 스칸디나비아반도에 이르기까지 유럽의 모든 반도들은 바다를 활동무대로 개척함으로서 역사적으로나 현실에 있어서나 문명의 선두주자가 되었다.

2. 해양을 향해 열린 땅

우리 국민의 국토관에서 끝으로 그러나 어쩌면 가장 중요한 약점 또는 오류는 한반도를 대륙의 일부, 곧 내륙으로 인식하고 있다는 점이다. 말로는 '반도'라고 부르면서 실제로는 '골'이나 '분지'를 생각함으로써 해양 지향적이기보다는 내륙 중심적 국토관을 가져왔다. 우리 국토가 반도 특유의 개방성을 갖지 못하고 내륙국 같은 폐쇄성을 갖는 것은 그 때문이다. 역대 왕조의 수도와 주요 행정중심지들이 모두 내륙 하천분지에 입지해 있는 것이 이를 입증한다. 이는 중화사상에 입각하여 내륙을 중시하는 중국식 공간구조의 영향을 받은 때문으로 보인다. 국토구조의 외적 관계에서 중국과의 연결성만을 중시한 것도 같은 맥락에서 이해될 수 있을 것이다.

반도는 지리적으로 열린 땅이다. 내륙은 육지로 열렸으나 바다로 막힌 땅이고, 섬은 바다로 열렸으나 대륙으로부터 고립되어 있다. 그에 비해 반도는 대륙으로 연결되어 있으면서도 해양을 향해 섬과 다를 바 없이 활짝 열려 있다. 반도 국가는 이러한 국토의 지리적 특성(반도성)을 최대한 살려내어 대외관계를 개방적으로 운영하는 것을 국가경영 또는 발전전략의 기초로 삼아야 한다. 국토구조가 그것을 뒷받침하고 또 이끌어 가는 데 유리하게 짜여야 함은 물론이다.

그런데 우리의 현실은 그렇지 못하다. 앞에서 말한 대로 우리나라는 전통적으로 내륙 중심적이고 중앙 집중적 국토구조를 짜서 이를 지속적으로 유지·강화시켜왔다. 수도 서울과 하천 중상류의 분지를 접한 몇몇 내륙 도시들이 공간구조의 상위계층을 지배해 왔다. 이런 구도하에서 바다는 장애에 불과했고 섬과 바닷가는 유배지로나 기억될 만큼 버려진 땅이었다. 문화교류는 지체되었고 근대화에 뒤진 채 남들에 의해 이루어진 개항은 식민지배로 이어졌다. 해방 후에도 국토의 분단은 이러한 구조적 문제를 더욱 심화·왜곡시켰다. 남한은 대륙으로의 접근성을 차단 당해 섬과 다를 바 없이 되었고, 북한은 대양으로 나아가지 못해 내륙과 같은 신세가 되었다. 절반 이상의 배후지를 잃은 서울로의 집중에 의한 수도권의 과대과밀은 국토의 불균형 발전이라는 새로운 문제를 야기하였다. 그것은 근자 수도이전의 명분으로 제기될 만큼 중요한 국가적 이슈가 되어 있다.

국토의 균형발전이 국가적 과제라고 하더라도 신도시를 만들어 수도를 이전하는 것이 그 수단으로 타당하고 유효한 것이냐는 그러나 또 다른 문제이다. 지역주의를 활용한 득표전략이자 지배계층의 교체를 겨냥한 정략적 의도라는 비판은 정치적이라고 해두자. 그러나 통일 한반도를 내다보지 못한 단견이라는 비판은 벗어나기 어렵다. 그리고 허허벌판 신도시에 서울을 견제할 신수도라니, 이는 반역사적이고 구시대적 폐쇄공간의 논리일 뿐이다. 특히 본고의 논지와 관련하여 그 입지로 충청남도 공주—연기를 선정했다는 것은 내륙 중심적 전근대적 사고에서 벗어나지 못한 발상이다.

거듭 말하거니와 반도국가로서 해양 지향적 개방성을 살리는 것은 항해와 교역의 시대 이전부터 이미 그러했지만, 현대와 미래에 있어 세계화의 흐름에 부응하고 국가발전의 잠재력을 극대화하기 위해 긴요한 방안이다. 공간적으로 그 요체는 지금까지의 내륙 중심적인 폐쇄적 구조를 해양 지향적 구조로 개혁하는 데에 있다. 특히 앞에서 언급한 대로 한반도가 지구 차원에서 지정학적으로 중요한 지정학적 위치를 점하고 있고, 문명중심의 이동과 때를 같이하여 경제성장과 민주화를 통해 주변성이 극복되고 있으므로, 지금이 그렇게 할 적기이다. 이 기회를 놓쳐서는 안 된다.

3. 남해안벨트 구상

국토정책은 국가 사회의 시대적 수요와 국토의 속성에 맞추어 국토의 잠재력을 일깨워내는 일이다. 시대 조류는 변하지만 국토의 구조와 질은 쉬 바뀌어지지도 않고 한번 바꾸면 본래대로 되돌릴 수가 없다. 그러므로 국토정책은 국리민복을 위해 장기적 안목으로 신중히 수립해야 한다. 당장의 문제도 해결해야 하지만 기본적으로 미래를 내다보고 계획을 수립하고 그에 입각하여 꾸준히 추진해야 한다. 따라서 국토정책이 정략의 수단이 되어서는 안 된다. 지역주의의 제물이 되어서도 안 된다. 상식 또는 그 이하의 수준에서 대중영합의 도구로 다루어져서는 결국 '공동목장의 비극'을 면하기 어렵다. 자연이 망가지고 문화유산이 훼손되며 잠재력이 결딴난다. 결국 우리와 우리 후손들의 삶의 터전이 돌이킬 수 없이 망가지고 만다. 이미 우리 국토의 구조는 왜곡되고, 문화경관은 천박해졌으며, 자연환경은 오염되고 있다.

충청권 수도이전은 국가발전의 비전에도 국토정책의 원칙에도 맞지 않는다. 정부·여당의 수도이전 계획이 위헌판결을 받은 현 시점에서 우리 국토정책은 다시 원론으로 돌아가야 한다. 그럼에도 '행정중심도시'라는 이상한 이름으로 사실상의 수도이전을 감행하려는 시도는 아무래도 편법이라고 할 수밖에 없다. 대안은 충청권 달래기의 수준을 넘어 세계화시대 이후의 통일한반도를 내다보고 선진국으로서의 국가발전의 비전을 담는 것이어야 한다. 그리고 수도이전정책이 추구했던 서울—수도권의 과대과밀화를 완화하고 국토의 균형발전을 이룩할 수 있는 것이어야 한다.

필사는 그러한 의미에서 '남해안벨트 개발'을 대안으로 제안해 놓았다. 내가 이것을 '대안'으로 부르는 것은 충청권 수도이전의 대안인 동시에 제4차 국토종합개발계획을 포함하여 국토구조 개혁의 원론적 대안이라는 뜻에서이다. 그런데 최근 정부의 수도이전후속대책위원회에서 남해안벨트 개발을 '지역개발'로 격하시킨 후 이른바 '행정특별시', '행정중심도시', '복합기능도시' 안들과 배타적 선택지로 제시하고는 '공주—연기에 대한 후속대책이 없다'는 딱지를 붙여 파기한 것은 참으로 가소롭고 안타까운 일이다. 논리학의 기초만 아는 이라면 고소를 금치 못할 일을 정부기관 이름으로 공공연히 자행하고 있는 것이다.

목포 앞바다에서 부산 앞바다까지 우리나라 남해안은 세계에서 가장 아름다운 해안 중의 한 곳이다. 천변만화한 해안선과 수천의 보석 같은 섬들이 어우러져 이루어내는 절경은 지구상에서 달리 그 짝을 찾을 수 없다. 청정한 바닷물과 풍성한 수산자원, 온화한 기후와 다양한 식생으로 축복 받은, 참으로 살기 좋은 곳이다. 그래서 도처에 오래되고 다채로운 사적과 문화유산이 남아 있고 출중한 문인 예술가들이 수없이 배출되었다.

이런 훌륭한 땅이 지금까지 원형에 가깝게 남아 있는 것은 기적과도 같이 고마운 일이다. 이제 이 아껴둔 땅의 눈부신 자연과 문화가 자원으로 가치를 발할 때가 왔다. 동아시아가 세계문명의 주무대로 등장하면서 세계인의 관심과 방문, 투자가 하루가 다르게 늘어나고 있다. 지역 내에서도 소득증대와 여가 신장, 그리고 생활방식의 변화로 관광시장이 폭발하고 있다. 외침으로 인한 수난을 극복하고 낙후한 원격지의 설움을 참으면서 때를 기다린 보람이 있어 남해안에 새로운 가능성이 펼쳐지고 있다. 유배와 소외로 얼룩진 변방이 발전의 전선으로 바뀌면서 반도의 끝자락에서 앞머리로 거듭 태어나고 있다. 바로 천혜의 땅, 남해안시대이다.

남해안벨트 개발은 다음과 같은 몇 가지 원칙을 견지함으로써 산업화시대의 개발이 겪었던 문제와 한계를 극복해 나가야 할 것이다.

① 지속가능한 개발방식(*sustainable development*)을 택해야 한다. 남해안지역은 많은 부분이 한려해상국립공원과 다도해해상국립공원으로 지정되어 있고, 그 밖의 지역도 여러 가지 환경보호구역으로 개발이 제한되어 있다. 남해안벨트가 해양 및 도서·해안개발을 중심으로 하여 이루어진다면 환경보진과의 적극적 조화 없이는 사실상 추진이 어렵게 되어 있는 것이다. 그렇게 할 수 없을 바에야 지금의 절대적, 포괄적 보전정책을 앞으로도 한참 더 밀고 가는 것이 차라리 나을 것이다. 이미 반세기를 기다렸다면, 또 다른 반세기를 못 기다릴 것도 없지 않겠는가. 그 말은 사실상 자연생태계와 경관보전을 우선하는 장기적 관점에서 최소한의 계획적 개발을 요구한다는 것이다. 또한 이는 계획 자체가 공간적으로나 부문적으로 보다 정교해지고 유연화되는 것을 의미하는 것이기도 하다.

② 지역협력적 광역개발방식을 추구해야 한다. 남해안지역은 전라남도와 경상남도, 부산광역시에 걸쳐 있고 30여 개의 시·군·구가 관련되어 있다. 소승적이고 배타적 지역이기주의나 나눠먹기 식으로 개발의 분절과 중복이 일어난다면 그 비효율을 감당하기 어려울 것이다. 지역개발은 각 지방의 특성(*locality*)을 최대한 살리는 대신 전체 지역의 차원에서 다양성을 조화시키는 협력적인 것이어야 한다. 이를 위해 인프라를 비롯하여 현행 행정구역 체계의 한계를 넘어서서 광역적 개발을 가능하게 할 새로운 개발주체를 구성해야 할 필요가 있을 것이다. 여기에 대해서는 후에 좀 더 상술하기로 한다.

③ 친환경적 신산업 입지의 벨트를 구상해야 한다. 남해안지역은 전통적 수산업 외에 기계공업(창원), 조선공업(거제), 항공공업(사천), 제철공업 및 해운항만산업(광양), 화학공업(여수) 등 주요 국가 기간산업단지들을 포함하고 있다. 이들과 연계효과를 낼 수 있는 친환경 신산업의 입지를 유인할 필요가 있다. 기존의 전통산업과 기간산업, 그리고 청정 수려한 환경은 IT 산

업에 더하여 BT(생명기술), ST(우주항공기술), CT(문화산업기술), NT(나노기술) 등 신기술산업의 입지에 유리한 조건을 갖추고 있다. 유통 및 금융서비스산업은 이 경우 지원과 연계를 원활히 하기 위해 필수적이다. 나아가 이 지역이 가지고 있는 온화한 기후, 풍부한 수산물, 특출한 자연경관과 독특한 문화유산 등 관광자원을 체계적으로 개발하여 관광휴양산업을 전략적으로 개발해 나가야 한다. 관광휴양산업은 다시 지역산업에 전후방 연계효과를 미칠 것이다. 예컨대 관광휴양산업이 발달하면 수산물 가공산업과 음식문화 발달에 연계효과를 발할 것이고 이들은 다시 서비스업의 질적 수준을 높여 항만산업의 발달을 도울 것이다.

④ 시설과 프로그램을 국제화하고 고급화해야 한다. 지금까지의 우리나라 산업벨트가 주로 원료를 들여와 가공해서 부가가치를 높인 다음에 내다 파는 데 주력하였다면, 이제 남해안벨트는 그에 더하여 우리가 장소를 개발하여 차려놓고 사람과 자본과 기술과 정보를 끌어들이는 형태로 단계를 높여 우리 문화를 바깥으로 내보내고 국부를 창출할 계획을 세워야 한다. 내수(內需)뿐만 아니라 동아시아와 세계시장을 겨냥하여야 한다는 말이다. 이는 강력한 동아시아 경제지역의 형성을 포함하는 세계화시대에 한국문화와 경제가 살아남고 발전하기 위해 긴요한 미래지향적 전략이다.

⑤ 민간주도형 개발방식을 택하는 것이 바람직하다. 지금까지의 지역·산업개발이 주로 관 주도적 하향식 개발방식에 의존하였다면, 남해안벨트는 기본적으로 민간주도에 의해 이루어져야 한다. 주민은 미래사회에서는 산업의 공급자이자 수요자이다. 주민참여의 폭을 넓힘으로써 계획을 현지화하고 저항을 최소화하면서 개발과정에 탄력을 부여할 수 있을 것이다. 다만, 개발계획이 자칫 이러한 방식의 약점인 지역이기주의에 매몰되거나 포퓰리즘의 제물로 추락하는 것을 철저히 경계하지 않으면 안 된

다. 그렇게 되면 겉만 광역개발이지 속은 소구역 민원사업들간의 소모적 제로섬게임에 머무르는 우를 범하고 말 것이다. 민간주도형 개발의 하이라이트는 국내외 민자(民資)의 동원에 있다. 이 역시 정부의 추진 및 지원의지가 확고히 보장되는 가운데 광역개발의 상승이 극대화되지 않으면 불가능한 일이다.

4. 남해안벨트 개발의 기대효과

개념 자체로 보면 남해안벨트 개발 구상이 전혀 새로운 것은 아니다. 서남해안개발이니, U-자형 발전축이니 해서 1990년대 이후 국토계획분야 전문가들 사이에서는 논의가 꾸준히 이루어져 온 개념이다. 정부는 2000년 남해안 관광벨트 개발계획을 세우고 2009년을 목표로 추진하고자 하였으나 부진을 면치 못하다가 2004년에 수정계획을 발표하는 등 사실상 제대로 시행하지 못하고 있다. 사실을 말하자면 벨트라는 말만 썼을 뿐 임해지역 시군의 지역개발 사업을 모아놓은 것에서 크게 나아가지 못하였다. 이는 추진주체가 불명확하고 재원조달이 불투명하며 사업실행계획이 구체적으로 체계화되지 못한 때문으로, 결국 정부의 계획개념이 모호하고 정책의지가 확고하지 못한 데 주된 원인이 있었다고 하겠다.

필자가 이 시기에 남해안벨트 개발을 다시 제안하는 것은 이런 점들을 극복하고자 하는 데 더하여, 이 구상이 갖는 국토구조 개혁 차원의 시대적 의의를 강조하기 위함이다. 위에 그 개요를 제시한 남해안벨트 개발 구상이 실현되면 다음과 같은 효과가 있을 것으로 기대된다.

① 국토구조가 해양 지향적 개방적으로 바뀐다. 남해안에 발전축을 구축한다는 것은 한반도가 태평양을 지향하여 발전하기 위한 전신기지, 즉 세계화에 대응한 국토의 해양 전신을 구축하여 국토

구조 자체를 개방적, 진취적으로 개혁하는 것을 의미한다. 이제까지 수동적 공간으로 남아 있던 남해안지역으로 하여금 능동적 공간으로 탈바꿈하여 지역과 국가의 발전을 이끌게 하자는 발상이다. 우리나라가 한 세대 전에 "수출입국"(輸出立國)의 기치를 걸고 나라의 문을 열어 바깥으로 나아감으로써 국가발전의 전기를 잡았다면, 이제는 "남해안 개발"로 해외에서 사람들과 그들의 자본, 기술 및 정보를 끌어들여 선진화의 길을 열자는 것이다.

② 국토의 균형발전에 적극적, 생산적으로 기여한다. 서울—수도권의 구심력을 견제하기 위한 이상적인 대응극(*counter-pole*)이 구축되는 것이다. 이론적으로 과대과밀 중심에 대한 대응극은 기존의 중심으로 집중하는 생산요소들의 이동을 차단하고 그 방향을 바꾸기 위한 새로운 거점으로 형성되는 것이다. 따라서 과대과밀 중심으로부터 멀리 떨어진 곳에 조성될 때, 그리고 낙후지역의 가운데에 있을 때 그 파급효과가 극대화된다. 그러나 많은 경우 원격한 낙후지역들이 스스로 발전 잠재력을 갖추지 못하고 있어 그만한 힘을 갖는 극(*pole*)을 형성하기가 어렵다. 그런데 놀랍게도 남해안은 서울에서 멀리 떨어져 있는 낙후지역이면서도 역내에 엄청난 발전 잠재력을 갖추고 있다. 남해안벨트가 조성되어 수도권에 대응하는 발전축으로 작동하게 되면 수도권을 향한 집중을 완화시킬 뿐만 아니라 남부 낙후지역 전반에 적극적 파급효과를 미치게 된다. 서울의 기능을 빼내어 집중을 해소하는 방책이 제로섬게임인데 비해, 이 방안은 기존 중심지의 경쟁력을 약화시키지 않고 새로운 성장거점을 구축함으로써 전체 국가의 경쟁력을 높이면서 균형발전을 이룩할 수 있는 포지티브섬게임이다. 따라서 남해안벨트 개발은 행정수도의 이전에 비해 적극적이고 생산적인 정책대안이라고 할 수 있다.

③ 선진국형 미래산업의 기지가 마련된다. 남해안벨트가 만들어지면 기존의 국가 기간산업과 긴밀히 결합된 신산업의 입지로 새로운 산업 발달의 전기가 마련될 수 있을 것이다. 특히 이 지역

은 우리나라 관광, 휴양, 레포츠와 컨벤션산업의 중추적 기능을 담당하게 됨으로써 산업의 입지와 생산활동을 지원하게 될 것이다. 미래산업에 대한 투자는 앞을 내다보고 미리 해야 하는 것이고, 때를 놓치면 쉬 따라잡지 못한다. 지금은 한 세대 전에 투자를 한 덕에 반도체와 자동차산업이 우리를 벌어 먹이고 있지만, 다음 세대를 먹여 살릴 산업을 위한 투자는 지금 이루어져야 한다. 우리나라는 신기술을 토대로 하는 국가전략산업을 이제 시작하려는 단계에 있다. 앞에 언급한 신기술전략산업 외에도 예컨대 반드시 큰 몫을 해내게 될 문화·관광산업은 이미 이웃 일본과 중국에 처지고 있는 형국이다. 그러나 아직은 늦지 않았다. 남해안에 그 관건이 있다.

④ 영·호남 지역간 화합에 결정적으로 기여하게 될 것이다. 사업의 추진 과정에서 그리고 그 이후 프로그램의 운영을 포함한 산업활동 전반에서 민관을 막론하고 벨트지역 내 행정구역간의 협력적 네트워킹은 필수적이다. 주민과 투자자, 관광객의 이동, 자본, 물자, 기술, 정보의 흐름이 매우 복잡하고 긴밀하게 이루어질 수밖에 없다. 즉, 생활방식을 공유하고 이해관계가 얽히면서 두 지역이 자연스럽게 통합되어 가는 것이다. 이로 해서 고질적인 배타적 지역주의가 치유되고 상호보완적 협력의 새로운 승수효과가 발현될 수 있다면 그것은 너무나 다행스러운 결과가 될 것이다. 당장에는 물론 남북통일 이후의 국민통합과 국가발전의 구도를 내다보았을 때, 동서화합을 이룰 수 있는 이 사업의 현실적 필요성은 글자 그대로 아무리 강조해도 지나치지 않을 것이다.

⑤ 우리나라가 동북아 중심국가로 기능하는 발판을 마련하는 데에 기여하게 될 것이다. 특히 항구 지원기능의 활성화로 부산—광양항이 동북아의 허브 항구로 발돋움하고 우리나라가 물류중심의 자리를 굳히는 데에도 크게 기여할 것으로 기대된다. 한국문화가 동북아를 넘어 세계문화를 이끌어 가기 위해서도 남해안

국제관광벨트 개발은 필수적이다. 백범 선생은 우리나라의 비전이 선진문화대국에 있다고 말했다. 문화는 교류에 의해 발전하며, 바다는 그 주무대이다. 그리고 한반도에 있어 국토의 개방적 운용은 절대적 명제이다. 해양관광벨트를 조성해서 많은 사람들이 오가면서 생각과 행동을 통해 영향을 주고받으면, 우리문화가 보편적 가치 위에 재창출되고 발전하기 위한 에너지가 생성될 수 있다. 관광을 단순히 위락이라는 초보적 개념으로 보지 말고 종합적 문화생산 활동이라고 폭넓게 생각해 보면, 이점은 더욱 분명해진다.

⑥ 불황에 빠져들고 있는 경기를 진작시키는 데에도 큰 도움을 줄 것이다. 균형발전을 위한 공공정책이 안게 되는 최대의 약점은 많은 비용을 들여야 함에도 자생력이 약하다는 것이다. 그런데 남해안의 경우에는 새롭고 큰 시장이 기다리고 있다는 강점이 있다. 정부에서 정책을 수립하고 관련규제를 정비하면서 계획을 세워 기본 인프라를 확충하면 민간이 달려들게 되어 있다. 국내 민자가 적절한 투자처를 찾지 못하고 있고 국제적 자본가들이 수년 째 동아시아 관광개발에 큰 관심을 가지고 투자처를 물색하고 있다. 정부는 대내외에 확고한 의지를 천명하고 방아쇠만 당겨주면 된다. 나머지는 민간이 알아서 스스로 하게 되어 있다. 효율성을 따지는 생산 부문이기 때문이다. 이 점이 재정에 크게 기대고 생산성을 고려하지 않는 수도이전 또는 행정신도시 건설사업과 근본적으로 다르다.

5. 광역행정협의체의 법제화

개발의 구체적 내용과 방안에 대해서는 그동안 여러 가지 연구결과들이 있고 또 고치거나 새로이 구성해야 될 부분도 있을 것이다. 이 자리에서 제안을 겸해 몇 가지 기본적 사항을 적시하는 것으로 이 글을 마무리 하고자 한다.

먼저 남해안벨트 개발은 두 단계로 나누어 추진하는 것이 좋을 것 같다. 일차로 한려수도와 그에 연접한 다도해해상국립공원의 주변 시·군 지역을 묶어서 개발하고 나서, 이차로 나머지 지역을 포함하여 남해안 전역으로 외연을 확대하는 것이다. 그렇게 할 것을 권하는 이유는 두 가지이다. 그 하나는 광대한 지역을 한꺼번에 전역에 걸쳐 개발하기보다는 우선 역사·지리적 및 기능적으로 긴밀한 관계를 맺고 있는 양도가 서로 접하는 중간구역을 일차적으로 집중 개발함으로써 개발의 효율성을 극대화하자는 것이다.

그리고 다른 하나는 10개 안팎의 시군을 하나로 묶어 관리 가능한 적정 규모의 행정협의체를 구축함으로써 광역개발의 시범케이스로 만들어 보자는 것이다. 그 행정협의체는 단순한 협의기구가 아니라 제한적이지만 정해진 부문에 대해서 인사와 재정을 포함한 의사결정권과 집행권을 가짐으로써 준 행정기구로 작동할 수 있어야 한다. 예컨대, 인프라 건설을 포함한 지역개발과 환경보전 부문, 그리고 남해안벨트의 주력산업이 될 관광부문에 있어서는 이 협의체가 구속력 있는 행정권을 갖고 행사하도록 보장하는 것이다.

행정구역은 역사적 산물이다. 그리고 현대적인 공간적 수요를 반영한다고 해도 결국은 주민의 일상적 생활권에 기초하고 있다. 행정체계는 배타적 행정구역에 기초해 있다. 그러므로 여러 지역에 걸치게 되는 광역적 지역개발사업에 있어서는 행정의 공간적 배타성이 장애요인이 될 수 있다. 그렇다고 그 일을 중앙정부에서 하도록 미루어두는 것은 좋은 방법이 아니다. 중앙정부를 설득하고 압박하기 위해서도 지자체 스스로 나서서 스스로를 돕는 일을 해야 한다. 프랑스는 지역개발을 위한 지자체간 협력체제를 일찍이 성공적으로 정착시켰다. 남해안 지역의 지자체들도 잘 할 수 있다.

경남과 전남은 남해안을 나누고 있다. 아니, 공유하고 있다는 표현이 더 적절할 것 같다. 양도(兩道)는 긴밀한 협력관계를 구축해야 한다. 그리고 해당지역의 기초자치단체들끼리 행정협의체를 만들도록 주선해야 한다. 일차적 준비가 끝나면 국회에 입법을 요구해서 양도에 걸친 중간적 행정협의체가 법과 예산의 뒷받침을 가지고 자율적으로 일할 수 있게 제도적 여건을 마련해야 할 것이다. 이것은 광역개발에 필수적이다. 현행지방자치법에 의거하여 행정협의회, 지방자치단체조합, 사무위탁 방식 등이 원용될 수도 있지만, 강고한 기존 행정체제의 벽을 뚫고 정치권이 옥죄는 지역이기주의의 오라를 풀어가며 제대로 작동할 것을 기대하기는 사실상 어렵다. 다시 프랑스의 사례로부터 배운다면 해당 기초지방자치단체간의 다자간 계약을 토대로 협의체와 중앙정부간에 쌍방간에 권한과 책임을 명확히 하는 계약을 체결하여 추진하는 방식을 적극적으로 검토해 볼 필요가 있다. 이를 위해서도 새로운 법적 근거의 마련은 불가피한 것으로 보인다. 이 자리에서 상론하지는 않겠지만 이 행정협의체 개념은 이러한 시범 적용 단계를 거쳐 언젠가는 행정구역과 체제에 관한 전면적 개혁으로 이어질 수도 있을 것이다.

가칭 '남해안벨트 행정협의체'가 해야 할 일은 많다. 그 첫째 임무는 아무래도 광역 교통체계를 개발·확충하는 일일 것이다. 계획지역 내 주요 도서·반도간 연결교량을 포함하여 해안순환도로(77번 국도)의 확충은 매우 시급하다. 한려수도 해상관광유람선을 취항시키고 장기적으로 목포—부산을 잇는 해상 KTX도 구상해 봄직하다. 나아가 대전—통영간 고속도로의 개통 이후에는 내륙과 해안을 연결시켜 전체

국토구조를 역동적으로 조직하기 위해 후속사업으로 같은 구간의 KTX까지 추진하는 것이 바람직할 것으로 보인다.

다음으로 연안해역을 포함하는 남해안벨트의 개발을 위해서는 국립공원과 수산업 및 연안 항해에 연관된 각종 제도적 규제를 정비해야 한다. 지나치게 포괄적으로 구획된 현행의 보전권역은 목적에 합당하게 보다 세밀한 용도지구로 조정될 필요가 있다. 절대적으로 보전되어야 할 지구와 상대적으로 보전되어야 할 지구, 그리고 개발 가능한 지구를 현장 현실에 맞게 다시 잘 나누어 용도를 지정함으로써 보전과 개발의 효과를 극대화시켜야 하는 것이다.

세 번째 과제는 자원의 계획적 배분을 통해 역내 기능의 공간적 배치를 합리화하는 일이다. 중복을 피하고 특성을 강화하여 상호 보완적 관계를 갖는 네트워크로 구축해야 하는 것이다. 우선 문화관광 부문만 보더라도 숙박시설, 공연시설, 축제, 박물관 등은 저마다 영세한 단위들을 중복 시설하여 어디를 가나 3류를 면치 못한 것들이 천편일률적으로 나열되어 있다. 결국 어느 한 곳도 제 기능을 다하지 못하는 가운데 장소의 매력과 함께 고객을 잃고 공멸할 수밖에 없게 되어 있다. 서비스의 질을 높이고 다양화하기 위해서는 선택과 집중을 통한 규모화, 체계화가 불가피하며 이를 위한 조정은 어렵지만 불가피하다.

6. 남해안시대의 개막을 위하여

글을 모르는 사람을 문맹(文盲)이라고 한다. 그리고 색을 분간하지 못하는 사람을 색맹(色盲)이라고 한다. 그렇다면 시대를 보지 못하는 사람은 시맹(時盲)이요, 공간을 분간하지 못하는 사람은 공맹(空盲)이라 할 것이다. 글과 그림에 눈을 감고 문화와 예술을 논하기 어렵듯이, 시간과 공간을 분별하지 못하면서 어찌 세상을 경영한다 하겠는가? 세계화와 그 이후, 그리고 한반도와 동북아를 내다보아야 비로소 국가와 민족의 비전을 논할 수 있을 것이다. 그런 이라면 이미 세계지도 속에서 남해안을 들여다보고 있어야 한다.

러시아의 지정학적 꿈이 얼지 않는 항구를 얻어 대양으로 나아가는 데 있다면, 일본의 그것은 열도를 대륙에 연접시키는 데에 있다. 그들이 혁명을 하고 전쟁을 일으키면서 수천 년을 구했어도 이루지 못한 것을 우리는 본래부터 지녀왔다. 대륙으로 이어진 땅이요, 삼면이 바다로 에워싸여 포구마다 대양으로 열린 항구다. 그러나 그동안 우리는 이 땅의 진가를 보지 못하여 대륙으로 뻗어가지 못하고 대양으로 나아가지도 못한 채, 앉아서 식민지로 떨어졌다가 분단된 내륙국가로 남았다. 국토의 반도성(半島性)을 살려내지 못한 까닭이다. 그런데도 지금 21세기에 대한민국의 수도를 내륙 골짜기로 옮기려는 낡은 생각이 억지를 부리고 있다. 아테네에서 리스본, 코펜하겐, 스톡홀름까지 유럽의 반도 국가들은 하나 같이 항구도시로 수도를 삼아 문화를 꽃피우고 시대를 이끌었다.

역사에서 깨치지 못하면 옹색하고 남에게서 배우지 못하면 졸속하다. 옹졸한 생각이 세상을 지배하면 패망하는 수밖에 없다. 장보고의 기상과 충무공의 정신을 기리고 되살려 융성하는 길은 지금이라도 태평양과 그 너머를 내다보고 나아가 세계 여러 곳과 문물을 교류하는 것이다. 그리하여 문화대국이 되는 것이 반도의 꿈이다. 서양문명의 르네상스가 지중해에서 시작되었다면, 한국 문화의 르네상스는 남해안에서 볼 것이다. 여수 해양 엑스포와 통영 윤이상 음악제에 세계를 불러모으자. 고산, 다산, 서포를 살려내고, 유치환, 이은상, 박경리의 이야기를 다시 듣자. 남농, 남관에 이어 박생광, 전혁림의 구도와 색채를 만방에 보여주고, 한류 본 고장에서 마음을 열게 하자. 부산과 광양, 한려수도와 다도해, 한반도의 선벨트 남해안벨트에서 이 땅의 지정학적 꿈이 나래를 편다.

대한민국 호를 이끄는 정치권과 정부에 고하나니, 진실로 개혁을 하려거든 미래를 내다보고 세계를 둘러 보라. 국가의 대계를 세우려면 부디 눈을 들어 멀리 내다 보라. 그리고 다시 우리가 서 있는 땅을 둘러싸고 있는 바다를 살펴라. 반도 국가는 대양으로 나아가야 융성하는 법이고, 우리 문화의 특질은 역동성에 있으니, 바다와 그 너머로 떨치고 나아가야 한다. 대한민국호의 항해사를 자처한다면 먼저 현 위치의 좌표를 명확히 하고 목적지와 배의 항로를 제시하라. 태평양을 바라보면 우리 남해안이 한반도의 뱃머리가 아닌가. 한반도에서 나가는 곳이 남해안이듯, 들어오는 곳 또한 그 남해안이라. 세계로 나아가야 세상에서 또한 모여드느니, 중심이란 이를 두고 하는 말이다.

물은 푸른 위성의 영혼이다(*European Declaration for a New Water Culture*). 그리하여 대양은 지구에 생명이 존재하게 하는 어머니다. 그 어머니의 품속을 향해 국토를 열어야 한다. 진정 국토구조를 개혁하려면, 한반도가 동북아와 세계의 중심에 우뚝 서기를 원하면, 바다를 향해 국토의 전선을 열어야 한다. 남해안시대를 여는 데에 나서라.

|제 19 장|

통일과 동북아시대의 국토개발전략*

최 상 철

1. 동북아시대의 도래

한·중·일 3국으로 대표되는 동북아지역은 세계에서 가장 역동적인 경제권으로 부상되고 있다. 세계인구의 23.6%가 집중되어 있으며 전세계 GDP의 20.9%, 교역액의 15.2%를 차지하고 있다. 개방경제체제로 나아가고 있으며 상호의존성이 증대되고 있다. 지역협력의 새로운 분위기가 조성되고 있으며 새로운 국제질서가 형성되고 있다. 역사적으로 본다면 고대그리스로부터 로마제국과 중세, 근세에 이르기까지 세계문명과 패권의 중심은 유럽에 있었으나 19세기 이후 신대륙의 미국으로 이동하였다. 그러나 20세기 후반 21세기에 들어오면서 태평양을 넘어 동아시아가 세계의 성장센터로 부상되고 있다.

동아시아 지역은 1960년대로부터 1980년대에 걸쳐 일본의 경제성장을 선두로 1980년대에 들어와 이른바 동아시아의 네 마리 용으로 지칭

---

* 경기개발연구원 연구총서 7(2006)에 수록된 필자의 글을 요약 발췌하였음.

되는 한국, 대만, 홍콩, 싱가포르 등 NIEs 국가들이 고도의 경제성장을 보였고 1990년대 들어와 중국이 고도성장기에 들어갔다. 이들 지역들은 1997년 통화위기를 극복하고 세계적 성장센터로서 확고한 지위를 달성한 바 있다. 특히 동북아 지역구도에 중요한 변화요인으로 등장하고 있는 곳이 중국이다. 중국은 연평균 10%대의 경제성장을 기록하고 있으며 최대의 시장과 투자대상국으로 부상하고 있고 세계의 공장이 되고 있다. 이러한 중국이 향후 어떠한 정책을 추진할 것이냐는 동아시아는 물론 세계 경제질서와 안정에 지대한 영향을 미칠 것으로 보인다.

동북아시아와 동남아시아를 포함하는 동아시아의 경제성장은 세계 평균성장률을 상회하고 있다. 1인당 GDP를 보면 1984년 366달러에서 2001년 989달러로 2.7배 증가하였으며 최근에도 이러한 추세는 계속되어 2003년에는 7.3%의 성장률을 달성하여 세계 GDP 성장의 기여도는 34.6%에 달하였다. 특히 무역 면에서의 확대는 뚜렷하다. 1991년부터 2001년에 걸쳐 세계무역은 1.8배 증가하였지만 동아시아 역내 무역은 2.1배로 증가하였다. 동아시아에 대한 투자 역시 급속도로 확대되고 있는바 중국은 2003년 세계 제2위에 해당되는 470억 달러의 투자를 받아들이고 있다.

동아시아 지역의 자유무역협정 체결의 움직임도 활발하다. ASEAN은 1992년에 ASEAN 자유무역지역(AFTA)의 창설을 합의하여 2003년에는 역내 인적, 물적, 자본의 자유로운 이동을 지향하는 ASEAN 경제공동체를 포함하는 '제2 ASEAN' 공동선언을 채택하였다. 중국은 ASEAN 국가들간의 자유무역협정을 시작하여 2010년까지 무관세를 내용으로 하는 협정을 체결하고 있다. 한국 역시 2004년 4월 칠레와의 FTA 발효를 시작으로 ASEAN과 2009년에 관세폐지를 목표로 함과 동시에 일본 및 싱가포르와 교섭중이며 미국, 중국, 멕시코 등과도 교섭 중에 있다. 일본은 2001년 1월 싱가포르와 경제연계협정을 체결하고 2004년 5월 멕시코와, 2005년 4월 말레이시아와 실질적 합의에 들어갔다. 현재 한국, 태국, 필리핀 등과도 협정의 교섭이 진행되고 있다. 동아시아 지역은 세계적인 개방화와 데탕트시대를 맞이하여 급격히 변화하고 있다. 경제적 교류를 넘어선 노동시장이 열리고 있으며 관광 여가 수요가 급증함에 따라 문화적 교류는 물론 아시아적 가치에 대한 공유의 폭이 넓어지고 있다. 아직도 유럽공동체나 북미시장공동체처럼 초국경적 통합의 움직임은 시간이 걸리겠지만 동북아지역과 동남아지역의 경제적 통합은 더욱 가속화될 것이다. 이러한 통합의 논리는 다음과 같은 몇 가지 차원에서 구체화되고 있는 것 같다.

1) 역사・문화공간

넓게는 동아시아의 한국, 중국, 일본, 대만, 홍콩, 싱가포르, 베트남을 포함하는 한자(漢字) 문화권이 있고, 좁게는 중국, 한국, 일본에 걸친 동북아는 한자문화권을 넘어선 많은 역사적 유산을 공유하고 있다. 특히 동아시아의 한자문화권이 세계적 주목을 받고 있는 높은 경제성장률과 아시아적 가치관(*Asian value*)이 그것이다. 아시아적 가치관이 과연 경제성장에 얼마나 기여했는가에 대한 논쟁은 계속되지만 아시아적 가치관이 동아시아 경제발전의 원천으로서 결코 간과할 수 없는 측면도 없지 않다. 동아시아는 유럽에서 로마제국으로부터 중세의 신성로마제국, 근대의 민족국가형성에 이르기까지 통일적 지배를 경험한 적도 없으며 기독교와는 공통된 종교문화유산도 공유하지 못하고 있다. 종교만 하더라도 불교, 유교, 도교, 일본의 신도(神道) 등이 병존하고 있으며 동아시아 전체를 지배하는 사상으로 발전되지 못하였다. 그러나 한자문화권 또는 범 중화문화권은 사람들의 사고방식과 생활양식에서 많은 공통점을 찾을 수 있을 것 같다.

동아시아에는 많은 민족, 종교, 언어, 문화, 전통이 공존하고 있으나 종교전쟁도 없었으며 심지어 한 가정에서도 가족구성원들이 다른 종교를 믿는다 하더라도 용납될 수 있는 사회로 특징지어져 있다. 일본의 경우 태어나면 신도적 의식으로, 결혼은 기독교식으로, 죽으면 불교의식으로 치르는 다원적 종교문화를 지니고 있다. 중국의 경우에도 도교적 토속신앙과 유교적 가치관이 공존하고 있다. 더욱이 동아시아에서는 미작농업이 기본이었던 관계로 등가교환의 원리가 살아있으며 비트포겔(Karl Wittfogel)이 지적한 것처럼 수리사회(*hydraulic society*)의 특징적 속성인 집단적 권력(*collective power*)으로 협동정신이 필수적으로 요구되었다. 이것은 이른바 동양적 전제주의(*oriental despotism*)로 발전하기도 하였으나 물과의 싸움에서 살아남기 위한 협동적 힘이 결국 근대적 경제시스템에 요구되는 공업화와 경제성장의 원동력이 되었다고 하는 견해도 있을 수 있다.

둘째, 조화를 소중히 생각하는 가치관이다. 이것은 다원주의적 가치관의 연장선상에서 이해될 수 있다. 이러한 조화의 사상은 먼저 가족사회에서 볼 수 있다. 특히 유교는 본래 생명의 연속을 중시한 종교이며 가족주의에 바탕을 둔 부모 자식과 조상에 대한 효사상이 중심이었다. 결과적으로 이러한 혈연적 가족주의사상은 사회와 업무에 있어서도 연(緣)을 중시하는 생각으로 발전되었다. 중국에서의 관계(關係), 일본의 충(忠), 한국에서의 효(孝)사상을 배태시킨 것 같다. 사람들간에는 호해(互解)라는 생각과 선의로써 갚는다는 생각이 저변에 흐르고 있다. 이러한 사상은 동료들간의 연대의식을 낳고 이러한 신뢰의식이 기업사회나 국가사회로까지 확대되고 있다. 셋째, 자기규율을 존중하는 가치관이다. 동북아의 기본적 종교인 유교, 불교, 도교, 신도 모두가 근면, 금욕, 절약을 강조하고 있으며 자기규율을 요구하고 있다. 서양의 프로테스탄티즘이 자본주의적 가치관을 낳았다면 동아시아적 가치관 속에서도 상업적 이익을 용인하면서 근면과 절약을 강조한다는 점에서 많은 공통점을 찾을 수 있을 것 같다. 넷째, 자연과의 공존을 중시하는 가치관이다. 서구의 합리주의적 물질주의에 대하여 아시아의 경우 자연과의 조화, 자연환경에 대한 외경심이 강조되고 있다. 자연의 아름다움과 인공환경의 조화를 통하여 오늘날 새로운 인류의 패러다임으로 부상되고 있는 지속가능한 발전을 위한 가치관은 새로운 것이 아니라 가치관 속에 스며있다고 볼 수 있다.[1)]

이러한 아시아적 가치관이 21세기 지식사회에의 발전적 원동력이 될 수 있으며 지난 몇십 년간 동북아의 급격한 부상과 결코 무관한 것은 아닌 것 같다. 유비쿼터스 시대를 향한 네트워크의 효율적 운영, 네트워크 참가자들의 신뢰성 유지, 다원적 사회로의 용이한 진입, 기술혁신을 추진력으로 하는 창조정신, 지구환경에 대한 지속가능성 등 지역 내지 국가간의 협력을 가능케 하는 원동력이 될 수 있다. 그러나 연을 중시하는 폐쇄적 가족주의, 감성적 민족주의로 발전될 수 있으며 동북아국가들간에 갈등의 소지를 안고 있다. 우리의 문화적 뿌리는 삼국시대부터 고려조까지 불교적 문화유산이 지배적이었다. 조선조를 통하여 우리의 정신세계를 지배한 것은 유교적 문화유산이었다. 동양적 신비주의, 샤머니즘, 불교, 유교적 문화유산이 공존하고 있다. 근대화 100년을 지난 오늘에도 유교적 문화유산을 버리지 못하고 있으며 아직도 그 속에 살고 있는 측면이 많다. 우리의 문화유산을 재해석하고 동아시아 내지 동북아시대를 맞이하기 위한 공유적 문화유산과 차별적 문화유산에 대한 깊은 이해와 호해성을 찾는 데 노력해야 할 것이다.

---

1) 후쿠가와 신지, "아시아 한가운데 존재하는 일본, 그리고 새로운 정책관계: 공존공영과 협력을 위한 제언" 한반도의 평화정착과 동북아 공동번영, 한국경제연구원 동아시아 종합연구원 주최 제9회 동아시아 국제 심포지엄 2005, 2005년 8월 22일 서울 프레시던트호텔, p. 27.

2) 인종 및 민족공간

동북아에는 비슷한 얼굴모양을 갖고 있지만 많은 인종 내지 민족이 더불어 살고 있으며 그들 나름대로 자기중심적(*ethnocentric*) 가치관을 지니고 있다. 어느 민족이든지간에 자기민족중심적 배꼽사상(*terra cognitia*)을 갖고 있다. 14억 인구를 넘어서는 중국에는 55개 인종 내지 민족이 살고 있으며 그들 나름대로의 문화적 전통을 긍정적으로 수용하는 다민족사회를 지향하고 있다. 한족(漢族)이 90% 이상 차지하고 있으나 성급(省級)으로 5개의 민족자치 구와 주급(州級)으로 30개의 자치구를 인정하고 있으며 민족을 넘어선 국민국가(*nation state*)를 지향하고 있다. 그러나 중국은 세계의 중심이라는 민족적 긍지와 중화사상이 뿌리 깊게 자리잡고 있다. 임진왜란 시 일본은 명나라를 치기 위해 조선반도를 빌려달라는 정명가도(征明街道)의 명분으로 한반도를 침략하였으며 명치유신 이후 정한론(征韓論), 제2차 대전 전 군국통치하에서 이루어진 대동아공영권(大東亜共榮圈)과 만주국의 건국, 다나카 가쿠에이(田中角榮) 수상의 '일본열도개조론'에서 펼쳐진 우리나라 동해를 내해화(內海化)하여야 일본이 발전할 수 있다는 주장은 역사를 통하여 지속적으로 이어져왔다.

우리나라 역시 동북아 중심이라는 말을 자주 한다. 공간적으로 본다면 중국대륙과 일본열도의 중간에 자리잡은 중심에 있다. 그러나 인구나 경제적 측면에서는 중심이라고 보기 힘들다. 오버도퍼가 말했듯이 '한국은 중국이나 일본과 달리 관심을 집중하기엔 작고 무시하기엔 큰 나라'인지도 모르겠다.[2] 우리와 피를 나눈 한민족은 한반도는 물론 동북아 각국에 흩어져 살고 있다. 한반도에는 남북한을 합쳐 7,000만이 살고 있으나 중국에 220만, 일본에 66만, 중앙아시아 각국과 러시아

---

2) Don Oberdorfer, *The Two Koreas: A Contemporary History*, Mass, Addison-Wesley, 1997.

에 43만 명 등 330만이 살고 있다. 어떤 학자는 이를 '민들레문화권'이라고 부르기도 하였다. 민들레꽃의 홀씨들이 척박한 한반도를 떠나 동북아 각 곳에 뿌리를 내리고 살고 있다는 뜻 같다. 국적도 다르고, 우리말조차 잊어버린 동포도 있지만 근본적으로 동북아는 우리민족이 살고 있는 공간이다. 그들이 태어났거나, 선조들의 얼이 묻혀 있는 조국을 아직도 잊지 않고 있다, 우리나라는 단일민족국민으로서 민족과 국민을 동일시하면서 살아왔다. 그러한 의미에서 지연성과 혈연성이 깊은 뿌리를 내리고 있는 거대한 씨족사회에 살고 있는 셈이다.

그러나 세계는 민족국가의 장벽이 허물어지고 있다. 우리는 역사상 다수의 민족과 문화와 더불어 살아온 경험이 부족하다. 단일민족국가로서 우리의 의식구조 속에는 문화적 다양성과 다른 민족에 대한 관용을 기를 기회가 적었다. 우리는 아직도 폐쇄적 민족공간 속에 살고 있다. 최근 개방화의 물결을 타고 들어오기 시작한 중국 국적의 우리나라 동포들과 우리 사이에 놓인 커다란 마음의 간격을 볼 수 있다. 중국국적의 우리 동포뿐만 아니라 아시아 여러 나라에서 10만 명 이상의 노동자들이 우리나라에서 일하고 있다. 그들과 더불어 살 수 있는 국민적 관용과 다원적 문화에 대한 이해를 늘려야 할 때가 되었다. 중국은 다민족국가이다. 일본은 섬나라로서 우리보다 심한 민족적 폐쇄성을 지니고 있다. 그러나 1997년 현재, 60만이 넘는 우리 동포들을 포함한 110만이 넘는 외국국적의 인구가 살고 있다. 도시마다 재일동포 및 중국동포들의 집단거주인 타운이 건재하고 있다. 우리나라는 기존의 차이나타운이 없어졌으며 화교들은 한국을 원망하면서 떠난 지난날의 역사도 있다. 아직도 감성적 민족주의가 재현되고 있으며 반일, 반미감정을 정치적 목적으로 고취시키고 있음은 개방의 시대를 맞이한 동북아시대에 커다란 걸림돌이 되고 있다. 우리는 열린 세계시민사회를 열기 위한 준비를 해야 하고 민족의 정체성을 유지하면서 다원적 문화와 다민족에 대한 보다 높은 관용의 장으로서 문화의식 공간을 만들어 나가야 할 것이다.

3) 경제공간

동북아시아는 지금 세계에서 3대 경제블록의 하나로 발전하고 있다. 지금 세계의 외환보유고 제 1위에서 5위 국가가 동아시아에 있다. 2004년 말 현재 일본, 중국, 대만, 한국의 외환보유고 누계는 약 2조 달러에 육박하고 있다. 동아시아는 1990년대까지 세계은행이 지적한 기적의 성장에 이어 21세기에서도 외국인 직접투자의 귀착점이 될 것이며, 세계경제의 다이내미즘의 원천이 될 것으로 전망되고 있다. 오늘날 무역흑자국이 동북아에 집중되어 있다. 동북아의 한·중·일 3국의 총 무역흑자는 미국의 해외무역 불균형의 주요요인이 되어 세계적 불균형(*global imbalance*)의 단초가 되고 있다. 국제통화로서 기존의 엔(円)화 이외에 중국의 위안화의 평가절상과 향후 중국의 변동환율제도의 도입향방에 세계는 주목하고 있다.

세계경제의 글로벌리제이션과 1997년 아시아 금융위기 이후 ASEAN+3 체제가 상설화 되면서 동아시아 국가들은 고도의 경제성장, 지리적 근접성, 내수시장의 확대 및 수출주도형 경제발전전략으로 인하여 운송, 물류, 금융, 에너지, 환경 등의 부문에서 다양한 형태의 경제협력을 진행하고 있다. 비록 지역 전체로서 지역경제공동체 또는 자유무역체제까지는 거리가 있지만 지난 10여 년 동안 지리적 근접성과 요소가격 등 시장의 힘에 의하여 역내 국가들끼리 무역과 투자의 상호의존관계는 더욱 높아질 것으로 보인다. 지금 ASEAN을 상대로 한·중·일 3국이 경쟁적으로 FTA를 추진하고 있다. 이 과정에서 중국과 일본이 동아시아 경제의 주도권을 잡기 위해 ASEAN과 FTA 체결을 위한 갈등관계로 보여지고 있으며 어느 나라가 FTA의 허브국가가 되느냐 하는 경쟁적 구조를 피할 수 없을 것 같다. 이러한 경제

협력관계의 증진은 역내 자본시장 구조에도 변화를 불러일으키고 있다. 각국의 국내 채권시장이 발전하면 이를 기초로 지역 채권시장(*regional bond market*)이 활성화되고 외화표시채권이 늘어나며 역내의 안정적 자본시장이 활성화될 것이다. 각국의 국내 채권시장 발전을 통해 자본조달의 한계를 극복하고 외화차입을 축소하며, 외채구조를 개선할 수도 있을 것이다. 아시아개발은행과 별도로 동북아개발은행의 필요성도 대두될 것이다. 특히 동북아시대를 맞이할 러시아 가스전개발과 다양한 인프라 건설을 위한 장기적 재원조달 방안으로 논의된 바 있고 현실화될 가능성도 높다고 할 수 있다.

중국경제의 급격한 부상은 동북아 경제구조에 일대 변혁을 예고하고 있다. 일본의 후발산업을 한국이 이어받고, 한국의 후발산업을 중국이 이어받아 경쟁관계보다는 기러기편대형의 분업구조로 발전할 것이라는 예측에 근본적 변화가 생겨나고 있다. 한·중·일간의 기술격차가 예상보다 빨리 축소되고 있으며 노동의 생산성도 균질화 되면서 동북아 국가들간에는 경쟁관계가 심화될 것이다. 한국과 일본의 기술과 자본, 중국의 자원과 노동이라는 요소비용의 비교우위 결합이론은 커다란 설득력을 잃어가고 있다. 오히려 한·중·일 상호의존성의 증대와 중국의 부상으로 한국과 일본의 중간재 조달, 물류 중개, 금융, 국제업무, 관광, 의료 등 고부가가치 서비스 제공의 기회가 확대될 것으로 전망된다. FTA 등 현안문제가 해결되면 동북아의 경제 통합은 급격하게 진전될 것이나 이에 따른 경쟁력을 잃은 산업부문이나 지역들이 생겨날 것이며 각국의 지역정책의 재조정도 불가피하게 생겨날 것이다.

4) 사이버·미디어 공간

세계는 정보기술의 발전으로 하나로 묶이고 있으며 문화적 동질화(*cultural homogenization*)와 국경 없는 사회(*deterritorialization*)가 되고 있다. 특히 정보통신수단의 발전으로 네트워크화되고 있다. 우리나라만 하더라도 2,500만의 인터넷 가입자가 있으며 사실상 실시간대로 대화, 영상, 자료를 교환할 수 있는 고속 인터넷 가입자만도 1,000만을 넘어섰다. 비단 우리나라뿐만 아니라 일본, 중국 역시 급격한 인터넷 보급으로 정보화시대가 되고 있다. 정보통신뿐만 아니라 대중매체(*mass media*) 역시 동북아시대를 하나로 묶고 있다. 〈겨울연가〉가 일본에서, 〈대장금〉(大長今)이 중국에서 TV채널을 통해 안방까지 들어가고 있으며 이른바 한류(韓流)의 열풍이 불고 있다. 위성방송, 유선방송, 웹TV, 비디오 매체를 통해 동북아는 하나가 되고 있다. 유교문화라는 동질성과 급성장하는 중산층의 등장으로 사이버·미디어 공간은 동북아의 문화적 동질화를 초래하고 있다. 언어장벽을 극복하기 시작하였으며 한·중·일 3국간의 문화적 교류는 더욱 활성화되고 있다.

동북아뿐만 아니라 사이버·미디어 공간의 지역화는 라틴아메리카 지역과 유럽지역에도 같은 현상이 나타나고 있다. 이러한 미디어 공간의 지역화는 동북아 지역경제와 문화적 통합 및 동질화를 가속시킬 것이며 생산, 소비, 관광·여가 등 여러 분야에서 커다란 변화를 동반할 것이다. 그러나 동질화에 대한 이질화(*hetereogenation*) 또는 차별화의 요구 또한 증대할 것이다. 야스쿠니신사 참배문제를 비롯한 한·일간의 독도 문제, 중·일간의 동지나해 영토분쟁과 남경학살사건을 둘러싼 감정적 대립이 상존하고 있으며 사이버 스페이스를 통한 테러가 이루어지는 등 감성적 민족주의의 대립의 가능성을 결코 배제할 수 없다. 그럼에도 불구하고 글로벌라이제이션(*Globalization*)이라는 거대한 물결과 문화적 동질화는 지속될 것이며 종국적으로 동북아 경제공동체 실현을 위한 사이버·미디어 공간의 통합은 이루어질 것이다.

2. 동북아시대의 국토정책 방향

1) 월경적(越境的) 개발의 촉진

우리나라는 반도국가로서 3개 국가와 접경하고 있다. 중국과 러시아는 육속(陸續)하고 있으며 일본과는 대한해협으로 분리되어 있으나 해저터널이 가능할 정도로 가까운 거리에 자리잡고 있어 월경적 개발의 가능성이 크게 부각되고 있다. 월경적(*cross-border*) 및 무국경적(*borderless*) 시대를 맞이하여 세계각국은 초국경적, 초국토적 개발을 서두르고 있다. 동남아만 하더라도 싱가포르(Singapore)와 말레이시아의 조호루(Johoru), 인도네시아의 리아우(Riau)가 월경적인 이른바 JSR 개발을 서두르고 있고 중국의 복건성과 대만간의 양안(兩岸)개발을 활성화하고 있다. 〈그림 19-1〉에서 볼 수 있는 바와 같이 동아시아 지역에는 14개의 월경적 개발이 진행 중이거나 구상 중에 있다. 국경을 초월한 지역간의 협력체제가 구축되고 있으며 이른바 연정 지역주의(*soft regionalism*)가 활성화되고 있다.[3)]

우리나라의 경우 북한과 중국과의 국경지역에서 두만강 하구지역, 신의주—단동지역을 들 수 있으며 일본과는 대한해협을 가로질러 부산—키타큐슈—후쿠오카를 포함하는 한일해협권을 사례로 들 수 있다. 두만강 하구 지역개발은 중국의 훈춘, 러시아의 핫산, 북한의 선봉을 연결하는 소삼각(小三角)지역과 중국의 연길, 러시아의 블라디보스토크, 북한의 청진을 연결하는 대삼각(大三角)지역개발이 그것이다. 두만강을 중심으로 중국, 러시아, 북한이 국경을 마주하고 있는 두만강하구지역은 1990년대 이후 양자간 또는 다자간 협력과 UNDP

---

3) Robert Scalapino, "The Politics of Development and Regional Development," in Won Bae Kim ed., Regional Economic Cooperation in Northeast Asia, Honolulu, East-West Center, 1992, pp. 22~28.

의 노력으로 월경적 지역개발이 추진된 바 있으나, 각국의 제도적 양립성을 극복하지 못하고 있으며 가장 큰 장해요인으로 북한의 폐쇄정책과 계획경제가 되고 있다. 또한 지역 내 기반시설부족과 지역의 낙후성, 일본과 한국을 비롯한 투자와 기술지원에 대한 소극적 태도로 아직 큰 진전을 보지 못하고 있는 실정이다. 그러나 지리적 근접성과 경제적 보완성으로 보아 언젠가는 월경적 지역개발이 이루어질 것이고 동북아에서 하나의 국제적 개방지역으로 새로이 부상될 수 있는 가능성은 남아 있다고 보인다.

신의주—단동지역은 조선시대 이전부터 국경무역이 성행하였고 한반도와 중국의 경제, 문화 교류의 교두보 역할을 해왔다. 신의주시를 포함한 평안북도와 단동지역은 500만 인구 이상의 지역으로 철도, 항만, 육상교통의 중심지이다. 특히 국경을 마주한 신의주와 단동은 그 자체로서 인구 100만의 대도시로 이미 성장하였고 북경—심양—평양—서울로 이어지는 한반도 및 만주 횡단철도의 요충지로서 전략적 개발지역이다. 북한은 이미 신의주특별행정구를 지정하고 중국의 기업가 양빈을 신의주 특구의 책임자로 임명하기까지 하였다. 그러나 양빈 사건이 시사하는 바와 같이 신의주특별행정구의 개발은 중국의 사시적 태도와 특구개발의 목적에 대한 중국의 의구심 등으로 북한의 독자적 개발이 커다란 제약을 받고 있다. 그러나 북한과 중국의 중앙정부차원에서 신의주특별행정구와 단동시의 연계개발에 대한 포괄적 합의가 이루어진다면 월경적 지역개발의 가능성과 잠재력은 발휘될 것으로 보인다.[4]

한일해협권은 크게 본다면 대한해협을 마주보고 있는 한반도의 남해안지역과 일본의 서일본 지역을 포함하지만 보다 현실적인 접근은 한국의 울산, 부산, 진해—마산—창원과 광양만지역과 일본의 시모노

4) 김원배, 〈동북아 협동적 지역개발 사례분석과 이론모색: 월경적 지방간 협력을 중심으로〉, 국토연구원, 2002.

세키, 키타큐슈, 후쿠오카, 나가사키를 포함하는 큐슈일대지역으로 축소하여 생각할 수 있다. 후쿠오카부산은 부산—서울, 후쿠오카—동경보다 짧은 거리이며 항공, 고속페리 등의 접근성으로 하나의 월경적 지역을 이루고 있다. 상업구조적 측면에서 보면 보완관계에 있다기보다는 경합관계에 있다고 할 수 있으나 지리적 근접성과 경제적, 문화적 교호성(交互性)으로 보아 국경을 초월한 하나의 경제권으로 발전될 가능성이 대단히 높은 지역이다. 이미 기업활동이나 관광 등에서 일일생활권으로 대두되고 있으며 일본은 부산의 제 2의 수출국인 동시에 제 1위 수입국이 되고 있다. 일본 역시 부산의 외국인 투자의 제 1위 원천국이 되고 있다. 한·일간의 자유무역협정이 체결될 경우 이러한 경제적 연계관계는 더욱 강화될 것이다.

이상 월경적 개발을 확대시켜 본다면 동북아시대를 맞이하여 한반도를 중심으로 환동해권과 환황해권 개발로 발전될 수밖에 없다. 환동해권은 러시아, 중국, 북한, 일본, 한국으로 둘러싼 연안지역으로 러시아는 환태평양지역으로의 교두보와 시베리아 개발의 최종 전초기지로서 개발을 서두르고 있으며, 중국은 요동반도를 제외하고는 거의 내륙화되어 있는 동북 3성을 바다로 향한 접근성 확보와 출구를 지향하고 있으며, 북한은 개성—평양—신의주로 이어지는 성장축을 원산—함흥—청진—나진—선봉으로 이어지는 낙후지역의 개발을 촉진하고 개방형 국토공간을 구축하는 데에 목적이 있다. 일본은 환일본해권개발이라는 기치 아래 이른바 우라니폰(裏日本)이라는 낙후지역의 개발을 주목적으로 하고 있다. 특히 아키타—니가타—가나자와—돗토리로 이어지는 우리나라 동해안을 바라보는 지역의 개발과 대륙진출의 교두보를 형성하려 하고 있다. 우리나라 역시 속초—강릉—동해—포항으로 이어지는 동해안개발전략과 맥을 같이하고 있다. 환동해권은 이상 5개국에서 가장 낙후된 지역들로서 동병상련의 공통점을 지니고 있으며, 각 나라들의 성장중심지로부터 원격한 정체된 지역으로서 수산어업, 관광 및 제한된 자원집약적 지역개발을 제외하고는 당장 지역성장의 선도적 산업의 개발이 분명하게 부각되지 않는 지역이다. 그러나 러시아 극동 지역의 에너지자원 개발과 두만강 하구지역과 같은 국제적 경제구역의 개발 및 북한의 개방정책이 진전되고 일본과 한국의 자본과 기술자원과 결합한다면 환동해권시대의 잠재력은 크다고 할 수 있다.

이에 비하여 환황해권은 이미 초국경적 성장의 박동이 시작되었다. 중국의 개방정책과 더불어 대련을 중심으로 한 요동반도와 북경—천진, 산동반도와 청도로 이어지는 이른바 중국경제발전의 진주목걸이 지역이 가장 빠른 성장을 하고 있으며 연운항의 개발로 중국 횡단철도의 교두보가 확보되었으며 상하이—영파—소주—항주를 포함하는 양자강하류지역개발이 중국의 경제발전을 이끌고 있다. 이에 대응하여 한국은 서해안시대를 선언하고 인천—평택—군산—목포로 이어지는 항만 등 인프라 투자와 서해안고속도로의 건설로 접근성이 향상됨에 따라 하나의 산업벨트가 형성되고 있다. 일본은 서일본지역과 우리나라 남해안지역, 중국의 상하이로 이어지는 환황해권 개발구상을 하고 있으며 물류중심으로서 경합관계가 심화되고 있다. 이 지역은 한국과 일본의 해외직접투자가 가장 활발하게 이루어지는 지역으로 경제적 연계관계가 수직, 수평적으로 형성되어 있으며 인적, 물적 교류도 활성화되고 있다. 결국 환황해권개발은 동북아 경제권의 중핵적 역할을 할 것이며 초국경적, 월경적 지역개발의 비전과 구체적 전략이 모색되어야 할 것이다.

2) 초국경적 거대도시회랑 구상과 발전

동북아뿐만 아니라 세계는 거대한 역사적 과정을 거치고 있다. 즉 도시화가 그것으로 20세기를 넘기고 21세기를 맞이하면서 인류의 50% 이상이 도시에 사는 시대를 맞이하고 있다. 인류의 역사를 통하여 도시는 문명의 산실이었고 역사 그 자체였다. 그러나 도시에 사는 인구가 농촌에 사는 인구를 능가한 것은 지난 100년 동안의 변화였다. 영국이 1890년대에, 미국이 1910년대에, 일본이 1940년대에, 한국이 1970년대에 도시에 사는 인구가 농촌에 사는 인구를 넘어섰다. 동북아 3개국을 본다면 일본과 한국은 이미 도시화라는 역사적 과정을 거의 종결하였으나 중국의 도시화는 지금부터 본격적으로 시작되고 있는 것 같다. 중국의 도시화율은 아직 30% 이하를 밑돌고 있으나 앞으로 20여 년간 급격한 도시화의 과정이 전망되고 있다. 그러나 도시화과정의 차이에도 불구하고 동북아의 공통된 현상은 거대도시(*mega city*)의 성장이다. 거대도시화 현상은 인구 500만이 넘는 대규모 도시자체 뿐만 아니라 도시를 둘러싼 도시권 전체로서 인구와 산업 및 중추관리기능이 집중·집적되어 있는 지역이 다른 도시에 비해 급격히 성장하는 현상이다. 1980년 현재 세계에서 500만 이상 도시는 24개 중에서 동북아에는 동경—요코하마, 상하이, 북경, 오사카—고베, 서울, 천진 등 6개였으나 2000년에는 동경—요코하마, 상하이, 북경, 오사카—고베, 서울, 천진, 심양, 부산 등 8개가 거대도시로 부상할 것이며 2010년에는 중국의 하얼빈 등이 추가될 것으로 전망되고 있다. 이는 세계 거대도시들의 거의 3분의 1이 동북아에 입지하게 될 것을 말해준다. 즉 앞으로 동북아의 도시화는 중국의 급격한 도시화와 수많은 거대도시들의 출현으로 특징지을 수 있을 것 같다.

이러한 동북아 도시화와 거대도시의 성장은 동북아 경제권의 발전뿐만 아니라 세계에서 동북아지역의 역할과 발전에 커다란 변화를 가져올 것으로 보여진다. 세계인구의 50%가 도시에 살게 되는 시대를 맞이하고 있으며 많은 도시 중에서도 거대도시의 시대를 맞이하고 있다. 거대도시 자체가 안고 있는 많은 도시문제에도 불구하고 국가발전과 국제경제의 블록화에 기관차 역할을 하게 될 것이다. 드디어 국가간의 경쟁시대로부터 거대도시간의 경쟁시대로 들어가고 있다. 유연적 생산체제와 정보화시대를 맞이하여 거대도시의 중추관리기능과 정보와 혁신의 중심으로서 거대도시는 바람직하지 않지만 받아들이지 않을 수 없는 암적 존재(*Great Wen*)가 되고 있다. 역사적으로 볼 때 미국발전의 원동력은 이른바 대서양 연안 메갈로폴리스였다. 뉴햄프셔주로부터 버지니아주에 이르고, 대서양해안으로부터 애팔래치아 산록에 이르는 지역은 미국발전의 중심층이었다. 이 지역에는 보스턴, 프로비던스, 하트포드, 뉴헤이븐, 뉴욕, 필라델피아, 볼티모어, 워싱턴에 이르는 대도시들이 자리잡고 있으며 사실상 하나의 거대한 도시군 내지 도시회랑으로 성장 발전하였다. 800km 축 상에 미국의 가장 큰 도시권 중에서 5개 도시권이 자리잡고 있으며 12개 이상의 중소도시권이 염주처럼 꿰어져 있다. 이러한 미국의 대서양 연안 메갈로폴리스는 북쪽으로 캐나다로 확산되면서 캐나다의 몬트리올, 오타와, 토론토로 이어져 초국경적 거대도시 회랑으로 발전되고 있다. 사실상 북미대륙의 심장부이고 북미대륙 발전의 기동차 역할을 하고 있으며 미국 경쟁력의 원천이기도 하다. 유럽 역시 유럽의 발전을 끌고 나가는 초국경적 거대도시회랑이 존재한다. 영국의 동남부지역으로부터 벨기에, 네덜란드, 프랑스 북부지역, 독일, 스위스를 거쳐 북부 이태리에 이르는 1300km 축 상에 런던, 파리, 로테르담, 암스테르담 등 역사적 수도를 포함한 브뤼셀, 프랑크푸르트, 취리히, 밀라노 등 각국의 경제적 중심들이 자리잡고 있다. 이곳은 바로 유럽의 심장부이며 유럽 경쟁력의 상징지역이다. 〈그림 19-2〉에서 보여주는 바와 같이 모양이 바나나처럼 생겼다고 하여 이른바 블루 바나나(*blue banana*) 거대도시회랑이라고도 불리는 지역이다.

이에 버금가는 거대한 초국경적 도시회랑이 동북아시아에도 형성되고 있다. 북경과 서울과 동경을 연결하는 1,500km의 역 S커브를 따라 한·중·일·북한의 수도들이 자리잡고 있다. 5개의 1,000만 이상의 거대도시(북경, 천진, 서울, 동경—요코하마, 오사카—고베)가 있다.

이러한 도시회랑에는 20만 이상의 도시들만 하더라도 112개가 있으며 총 도시인구는 1억에 가깝다. 이와 같은 초국경적 도시회랑은 4개 국가에 걸쳐 형성되고 있으며 각국마다 인구가 가장 조밀하여 경제력이 집중되어 있다. 중국은 북경—천진—심양—단동에 이르는 산동반도, 요동반도 등 발해만 메갈로폴리스가 있으며 20만 이상의 도시만도 36개가 연접해 있는 이른바 중국에서 말하는 '발해만의 진주목걸이'지역이다. 북한에 넘어오면 신의주—평양—해주—개성 등 북한의 20만 이상 17개 도시 중 11개가 이곳에 집중되어 있다. 휴전선에 의해 국토가 분단되어 있지만 한국으로 넘어오면 서울—인천—수원—천안—대전—대구—부산으로 이어지는 경부 메갈로폴리스가 있다. 한국 인구의 65%와 경제력의 80% 이상이 이 축 상에 입지하고 있다. 한국 경제발전의 원동력이 된 곳이며 경부고속도로, 경부고속철도 등 교통네트워크가 집중되어 있다. 서울과 부산을 2시간대에 주파할 수 있는 경부고속철도가 조만간 완성된다면 반나절 생활권으로 시간적 수렴이 될 것으로 예상된다.

한국과 일본은 대한해협으로 단절되어 있으나 이미 페리로 연결되고 있으며 한일 대한해협경제권이라 할 정도로 일의대수(一衣帶水) 지역으로 발전되고 있다. 일본 역시 후쿠오카로부터 시모노세키—히로시마—오카야마—고베—오사카—교토—나고야—하마마츠—요코하마—도쿄로 연결되는 이른바 동해도 메갈로폴리스를 형성하고 있다. 이러한 일본의 거대한 도시회랑은 일본의 심장부로서 신간선이 달리고 있으며 자기부상식 신교통수단을 계획하고 있다. 북경—서울—동경 초국경적 거대한 도시회랑은 환동해권, 환발해만권, 환황해권을 하나로 묶어주는 역할을 하고 있으며 블라디보스토크로부터 남중국해 인도차이나 반도, 싱가포르에 이르는 동아시아 개발축의 핵심으로 등장하고 있다. 세계경제를 이끌어나가는 지역적 기동차 역할을 할 것이며 아시아·태평양 시대의 거대한 경제활동의 집적지(*super-clusters of economic activity*)로서 성장 발전할 것으로 보인다. 그러나 〈그림 19-3〉에서 보여주는 바와 같이 동북아의 초국경적 거대도시회랑(BESETO *supra-national urban corridor*)이 북미의 대서양 연안 메갈로폴리스나 유럽의 블루바나나 도시회랑에 비교하여 아직 실체화되지 못하고 있다. 일본과 한국의 자유자본주의적 시장경제체제에 비하여 중국은 사회주의적 시장경제라는 과도적 체제 속에서 완전한 글로벌 자본주의로 통합되고 있지 못하며 북한이 아직도 폐쇄적 통제경제와 사회주의 이데올로기로 문을 닫고 있다. 나아가 물리적으로 대한해협에 의해 대륙과 해양지역이 분리되어 있다. 그럼에도 불구하고 북한이 문호를 개방하고 시장경제체제로 진입하고 대한해협이라는 공간적 장애가 해저터널이나 보다 편리하고 빠른 해상교통수단으로 연결이 이루어진다면 동북아 초국경적 도시회랑은 세계경제 속의 동북아 경제권의 기동차로서 새로운 활력을 불러일으킬 것이다.

그러나 이와 같은 초국경적 거대도시회랑의 형성과 경쟁력의 강화는 이러한 초국경적 거대도시회랑의 대도시권으로부터 벗어난 지역의 주변지역화(*peripherialization*) 내지 정체를 가속화시킬 가능성이 높다. 특히 한국의 동해안지역과 경부 메갈로폴리스지역간, 일본의 일본해 연안지역과 도카이도 메갈로폴리스지역 간의 지역격차를 가중시킬 수 있으며 중국 역시 요령성, 산동성과 황해연안지역과 내륙지역과의 지역격차를 넓힐 가능성이 크다. 글로벌라이제이션 시대에 살아남기 위한 경쟁력 향상을 위해 거대도시권의 성장을 불가피하게 하고 있으나, 이로부터 소외된 지역들의 상대적 빈곤화를 어떻게 극복할 것인가는 커다란 과제 중의 하나이다. 국제적 경쟁의 논리와 국내적 지역 균형발전의 논리는 상충될 수 있는 바 이를 조화시키면서 한 국가 내지 동북아 전체로서 어떻게 균형·발전할 것이냐는 어려운 문제로 남아 있다. 나아가 한 도시나 지역 속에서도 국제적 경쟁논리에 살아남을 수 있는 계층과 처음부터 경쟁의 논리로서 살아남을 수 없는 농촌과 농민, 빈곤계층간의 분배와 불균형의 주변화(*marginalization*)는 해결해야 할 커다란 과제로 남아 있다.

3) 통일시대의 대비

동북아시대의 도래와 동북아 중심국가 건설을 위한 가장 중요한 선행과제는 분단된 한반도의 통일이다. 그러나 남북 분단의 문제는 한반도뿐만 아니라 동북아시대를 향한 가장 큰 걸림돌이 되고 있다. 동북아 전체로서 개방적 경제체제로의 변화 속에서도 북한은 아직도 고립된 섬으로 남아 있으며, 해양과 대륙을 연결하는 반도국가가 휴전선으로 단절됨으로써 철도, 도로 등 육상교통수단 역시 끊기고 말았다. 남한의 모든 도로망이 휴전선을 경계로 단절되고 있으며 철도 역시 중단되어 있다. 그러나 이러한 철도나 도로는 통일 국토의 공간적 연결뿐만 아니라 동북아시대의 수송동맥으로서 역할이 더욱 크다. 남한과 북한의 연결을 바로 동북아의 전반적 공간구조 및 물류시스템의 변화를 불가피하게 할 것이다. 경의선과 경원선의 복구를 서두르고 있는 이유는 남북한만의 철도망 연결을 넘어서 한반도횡단철도(TKR)의 복원이며 중국 및 러시아 철도망과의 연결을 의미한다. 경부고속도로가 서울에서, 중앙고속도로가 춘천에서, 동해안고속도로가 속초에서, 서해안고속도로가 인천에서 끝나고 있다. 이러한 남한의 고속도로가 통일이 될 때 북한으로 연장되어야 하고 이를 위한 통일된 국토의 골격 도로망 계획을 구상해야 할 것이며 지금부터라도 북한으로 연장될 계획도로용지를 유보해두어야 할 것이다. 경부고속철도 역시 마찬가지이다. 현재 서울역을 종착역으로 하고 있으나 통일이 미루어질 때 서울을 통과하여 평양—신의주를 거쳐 중국으로 연장될 것을 예상하고 서울 통과노선과 역사의 입지도 지금부터 계획하여야 할 것이다.

이상과 같은 동일국토의 간선네트워크와 더불어 통일국가의 경제직

통합도 동시에 고려되어야 할 것이다. 산업구조뿐만 아니라 지난 60여 년간 굳어진 산업입지의 조정과 재배치에 대한 청사진도 마련되어야 할 것이다. 현재 개성공업단지의 남북한 공동개발이 이루어지고 금강산관광지구개발이 활발하게 이루어지고 있으며 북한은 중국과의 접경지역에 신의주특별행정구, 나진—선봉경제무역지구 개발을 서두르고 있다. 남포특구와 원산특구 등 6개 경제개방특구도 계획 중에 있으나 개발비용의 조달과 남북한은 물론 해외직접투자를 위한 제도적 장벽과 사회간접시설의 부족으로 본격적 궤도에 이르기에는 상당한 시간이 소요될 것으로 보여진다. 최근 강원도가 주축이 되어 휴전선을 가로질러 철원에 남북교류거점개발을 제안한 것도 주목할 만한 일이다. 제4차국토종합계획(2005~2020)에서 밝힌 바 있는 한반도의 국토개발전략에 대응한 북한의 국토개발구상도 보다 구체적으로 연구 검토되어야 할 것이다. 특히 경기도의 경우 경기 북부지역 및 한강—임진강 하구지역과 북한의 황해남도 지역과의 통합적 개발을 위한 청사진도 마련되어야 할 것이다. 현재 수도권은 휴전선으로 인하여 서울—인천축, 서울—수원축을 중심으로 한 수도권 서남부 지역이 급속한 성장을 하였으나 통일이 될 경우 수도권의 서북부 지역 즉 서울—개성—해주축과 서울—철원—평강축의 발전을 대비한 통일국토의 수도권 개념의 재정립과 공간구조개편을 위한 구체적 논의와 청사진을 마련해야 할 것이다.

4) 물류중심국가의 건설

우리나라는 해양과 대륙의 교량역할을 할 수 있는 반도국가로서 지경학적으로 보아 물류중심국가 건설을 위한 여건을 갖추고 있다고 할 수 있다. 그러나 물류중심국가는 이러한 물리적·공간적 조건만으로 이루어지는 것은 아니며 물류체계의 3대 요소, 즉 운송수단(*mode*), 노선(*link*), 결절점(*nod*)이라는 조건이 충족되었을 때 가능한 것이다.

운송수단은 육상, 해상, 항공, 파이프라인, 해운노선, 항공노선 등이 해당된다. 결절점은 화물과 승객이 집결하고 각종 운송수단이 연결되면서 하나의 통합적 시스템을 이룬 지점이나 장소를 뜻한다. 육상수송의 경우 터미널, 해상수송의 항만시설, 항공의 공항이 여기에 해당된다. 이러한 결절점에는 화물의 수집뿐만 아니라 분류, 포장, 단순가공 등 광의의 물류시스템이 속한다. 다시 말하여 물류중심국가가 되기 위해서는 이상의 수단, 노선, 결절점을 포함한 광의의 물류시스템의 구축이 이루어져야 할 것이다.[5)]

첫째, 도로망은 근본적으로 국가적 차원의 네트워크이다. 동아시아 전체로서 동남아로부터 중국을 거쳐 러시아로 연결되는 아시안 하이웨이 프로젝트를 생각할 수 있다. 그러나 동북아에 국한시켜 본다면 육속화(陸續化) 되어 있는 한국, 북한, 중국의 도로망 체계의 정비는 필요하나 일본은 대한해협으로 분리되어 있어 동북아 전체로서 아시안 하이웨이와 같은 초국경적 도로망 체계의 구축은 시기상조로 보여진다. 그러나 일본과 한반도 사이의 대한해협이 해저터널로 연결될 때 동북아 전체로서 초국경적 도로망 구축의 가능성을 배제할 수 없을 것이다.

현재 여건으로 보면, 일본과 한국은 개설된 도로연장에 있어서나 고속도로망과 포장률에 있어서 많은 투자가 이루어진 바 있으나, 북한과 중국 및 극동러시아의 도로망체계는 극히 미비한 실정이며 포장률도 10%를 넘어서지 못하고 있다. 특히 극히 일부구간을 제외하고 고속도로망체계는 거의 이루어지지 않는 실정으로 육상수단으로서 동북아 체계는 아직 미완성 단계에 있다. 이에 더하여 동북아 전체로서 광대한 면적으로 도로수송수단으로 처리하기에는 수송 경제의 효율성이 낮아 앞으로도 초국경적 도로망체계 구축 필요성과 가능성이 희박하다고

5) Ronald Balon, *Business Logistics Management* (2nd ed.) Prentice Hall, 1985 (강정구 · 정필수, "동북아 물류체계와 한반도 철도연결," 제 9회 동아시아 국세심포시엄 보고서에서 재인용).

보인다. 그러나 중국은 21세기를 향한 의욕적 도로망체계를 계획하고 있다. 특히 우리나라로서 주목해야 할 노선은 렌윈항(連雲港)에서 훠얼궈쓰(霍爾果斯)까지 중국대륙횡단 고속도로는 중국횡단철도(*Trans China Rail*)와 평행하게 달리는 노선이다. 중국횡단철도(TCR)는 시베리아횡단철도(TSR)와 한국횡단철도(*Trans Korea Rail*)와 경쟁관계를 지닌 노선으로서 우리나라의 동북아중심 물류시스템 구축에 커다란 영향력을 미칠 것으로 보인다. 또 하나의 노선은 해남도의 싼야로부터 중국의 황해연안을 따라 상하이—렌윈항—칭다오—산동반도—요동반도를 거쳐 러·중 국경도시 퉁장에 이르는 노선이다. 특히 산동반도와 요동반도를 둘러싼 동북아의 진주목걸이라고 불리는 동북아 개발구상은 우리나라의 동북아시대를 향한 국토개발전략과 깊은 연관성이 있다고 보이며 계속 연구·검토되어야 할 과제로 남아 있다.

둘째, 철도망체계이다. 면적이 광활하고 산악지대로 도로건설이 용이하지 않아 수송수단으로서 철도의 역할이 강조되어 왔다. 중국은 지난 10년간 지속적인 철도의 신설, 복선화, 전철화 등 투자를 활성화시켜 왔다. 특히 동북 3성은 철도의존률이 대단히 높으며 길림성, 요령성, 흑룡강성을 남북으로 관통하여 하얼빈과 대련을 연결하고 전체가 복선화되었다. 길림성에는 서부지역으로부터 장춘, 길림을 거쳐 도문에 이르는 장백선, 장도선이 동서축을 형성하고 있다. 도문—훈춘간 철도가 완성되었으며 러시아 철도와 접속되어 있다. 만주의 남부로부터 하얼빈, 목단강을 거쳐 국경도시인 수분하에 이르는 빈만선, 빈수선이 완성되어 러시아와는 하나의 철도 네트워크를 형성하고 있다. 이러한 초국경적 철도망의 형성은 일본의 대동아공영권 건설을 위한 선행투자로 이미 1930년대부터 큰 얼개가 짜여졌으며 중국은 이를 보완하는 철도망 건설을 추진하고 있는 셈이다. 우리나라 철도망도 이상과 같은 맥락에서 건설되었으며 중국과 북한을 연결하는 철도망 역시 대동아공영권 건설이라는 식민지통치 수단으로 이루어졌다. 따라서 한반도와 중국 동북 3성의 철도망은 하나의 통합시스템으로 계획되고 운용되었으며 앞으로 동북아시대를 여는 데 커다란 역할이 기대된다.

러시아 극동지역의 철도망은 아무르주, 유태자치주, 하바로프스크주, 연해주지역을 통과하는 TSR과 아무르주, 하바로프스크주를 통과하는 바이칼—아무르—마가단 철도(BAM) 및 양선을 연결하는 지선으로 구성되어 있다. 시베리아 횡단철도를 극동과 러시아의 다른 지역을 연결하는 러시아 국내수송의 역할뿐만 아니라 극동지역의 주요 항만과 연계하여 러시아와 중국, 몽골, 카자흐스탄 등과 한국·일본 및 태평양 연안 국가들과의 철의 실크로드 역할을 기대하고 있다.

동북아 물류거점 중심으로서 우리나라는 해상수송에 커다란 기대를 걸고 있다. 일본은 고베항을 비롯한 환태평양 지역의 해상수송거점으로서 허브역할을 해왔다. 특히 고베는 포트아일랜드와 록코아일랜드 두 개의 인공섬을 만들어 항만수송능력을 키워왔고 요코하마, 후쿠오카, 니이카타항 등 환동해권, 환황해권 물류중심으로서 개발을 서둘러 왔다. 우리나라는 부산항과 광양항을 중심으로 원 포트(*one port*) 시스템이냐, 투 포트(*two port*) 시스템이냐 하는 개발 우선 순위에 대한 혼란 속에서 상대적 경쟁력을 잃어가고 있다. 반면에 중국은 상하이, 선전, 칭다오, 톈진, 시아멘(厦門), 광저우, 닝보(寧波), 다롄(大連)항 등 중국 8대항의 확충개발을 서두르고 있다. 특히 상하이항은 물동량 기준으로 세계 3위를 유지하고 있으며 상하이 신항만은 루차오(蘆潮)에서 대소양산도(大小洋山島)로 31km의 해상대교를 건설하여 부산항의 3배에 이르는 2200만 TEU 처리능력의 신항을 건설하였다. 부산이나 광양항의 환적화물이 상하이 신항으로 발길을 돌리고 있으며 동아시아의 물류중심항으로 발전하고 있다.

중국정부는 해양사업발전계획요강을 확정하고 제 2의 정화(鄭和)의 시대를 열 것을 선언하고 있다. 900만㎢의 황색국토(육지) 뿐만 아니라 300만㎢의 푸른 국도(해양)의 시대를 열기 위한 해양주권의 신인과 해양산업의 육성과 해사인력의 양성을 서두르고 있다.[6] 동북아 물류중심의 거점으로서 우리나라의 희망은 점점 사라지고 있다는 생각이 든다. 부산신항이 건설중에 있으나 아직 이름을 놓고 분쟁이 거듭되고 있으며 광양항은 컨테이너 전용항으로서 위상을 찾지 못하고 있다. 서해안의 인천, 평택, 군산외항이 건설되었으나 허브항이 되기에는 경쟁력이 없으며 목포신항 건설도 지지부진한 실정이다. 동북아 물류중심국가 건설의 핵심적 역할을 해야 할 해상수송의 경쟁력이 약화되고 있으며 동남아의 싱가포르나 대만의 가오슝(高雄)항이 빠른 속도로 크고 있다. 소지역이기주의의 소용돌이 속에서 경쟁력이 상실되고 있다. 동양 최대의 천연항인 광양항에 대한 집중적 투자가 이루어져야 할 것이다. 광양항에 접근할 수 있는 연계수송수단으로써 철도 노선의 확충과 광양만을 둘러싼 광양, 순천, 여수 등 3개 도시의 행정구역 통합과 광역 광양만 개발을 통한 도시경쟁력 향상과 광양항 장소판촉을 위한 여수 엑스포의 개최 등 국가적 차원의 전략적 개발이 이루어져야 할 것이다. 동북아 물류거점 중심을 위한 우리나라 남해안벨트개발이 계획적으로 이루어져야 할 것이며, 물류뿐만 아니라 관광, 여가산업의 중심으로서, 신산업지대로서 남해안벨트개발을 서둘러야 할 것이다. 우리나라 남해안은 일본과 중국을 연결하는 환태평양시대 및 환황해권시대를 대비하는 교두보로 삼아야 할 것이다.

6) 김재철, "동북아 바다에서 일고 있는 패권경쟁," 〈조선일보〉 특별기고 (2005년 10월 7일), A31.

3. 동북아 중심국가 건설의 과제와 전망

동북아의 역사를 통하여 오늘날처럼 공간적 수렴과 경제적 통합이 이루어진 때가 없었다. 변화하는 새로운 국제질서에 능동적으로 대처하고 동북아 전체로서 경쟁력을 강화하기 위하여 협력과 공존이 지금처럼 요구되는 때도 없을 것 같다. 그러나 이러한 시대적 당위성과 현실적 필요성에도 불구하고 극복해야 할 과제가 많이 남아 있다. 반세기라는 시간의 흐름에도 불구하고 과거의 앙금과 의구심이 남아 있음도 부인할 수 없다. 그러나 과거를 잊지 않아야 하겠지만 과거의 볼모가 되어서는 아니 될 것이다.

첫째, 경제적 협력체제를 강화해야 할 것이다. 새로운 국제분업 및 유연적 생산체제 속에서 한국, 중국, 일본은 불필요한 경쟁관계를 지양하고 보완적 경쟁관계로 나아가야 할 것이다. 동북아의 경제발전은 일본이 선두를 지키고 한국이 그 뒤를 날아가고 중국이 그 뒤를 따르면서 발전하고 있다는 '나는 기러기 가설'을 빌리지 않더라도 동북아는 높은 경제적 보완관계를 가지고 성장단계를 거쳐 왔다. 각국이 지니고 있는 비교우위에 따라 해외직접투자를 촉진하고, 역내무역을 높여야 할 것이다. 동북아 전체로서 국제적 공업입지정책 수립과 공업단지 및 투자유치지역 지정에 대한 상호간의 협력체제를 강화해야 할 것이다.

둘째, 초국경적 인프라의 구축과 연계체제의 강화이다. 각국은 경쟁적으로 대규모 허브 국제공항을 건설하고 있으며 대형 컨테이너부두를 비롯한 항만시설을 확장하고 있다. 그러나 이러한 인프라투자의 효율성과 중복성에 대한 신중한 제고가 필요할 것 같다. 동북아 전체로서 수요의 과다추정과 과잉투자의 가능성이 있으며 결과적으로 내국민의 삶의 질을 향상시킬 수 있는 투자재원이 이러한 메갈로 프로젝트에 투입될 수 있기 때문이다. 공항과 항만 등에 대한 범국가적 차원에서 투자의 효율성과 운영의 경제성을 고려한 협력체제가 수립되어야 할 것이다. 초국경적인 철도망 및 도로망의 구축과 시베리아 가스수송을 위한 파이프라인, 대한해협 해저터널 등 수퍼인프라에 대한 타당성과 국가간 협력방안이 모색되어야 할 것이다.

셋째, 동북아는 물론 세계는 하나의 '사이버스페이스'로 통합되고 있다. 정보통신망을 통해 단순히 정보의 이동뿐만 아니라 결과적으로 문화적 공동체로 나아갈 것이다. 케이블 TV의 일반화로 안방에서 동북아 각국의 영상매체를 볼 수 있게 되었다. 단순히 문화예술의 교류를 넘어선 삶의 양식과 가치관의 동질화현상이 나타나고 있다. 문화의 보편성과 특수성을 조화시킬 수 있는 지혜가 필요해지고 있다. 정보통신매체를 통한 대학간의 수강과 연구가 가능해지고 있으며 일부 실험적인 국제적인 대학간 교육프로그램이 운용되고 있다. 아시아의 시대(*Asian Age*)를 대비한 아시아적 가치를 재발견해야 할 것이며 다른 문화를 수용하면서 자기 것을 잊어버리지 않는 공존의 길이 모색되어야 할 것이다.

넷째, 환경문제이다. 지구온난화, 오존층의 파괴, 생물다양성의 파괴와 멸종과 같은 지구적 환경문제는 물론 동북아는 21세기를 향해 지속적 발전(*sustainable development*)을 할 수 있는 공동노력이 있어야 할 것이다. 일본 국립환경연구소 연구에 의하면 2020년경에는 동북아에는 가장 오염된 대기권에 살게 될 것으로 보고 있다. 특히 초국경적 거대도시회랑지역은 생존에 위협을 받을 정도로 유황산화물로 덮여 있을 것으로 보았다. 중국의 북경, 천진과 요동 및 산동반도에서 연소되는 석탄소비량과 에너지의 낮은 효율성으로 동북아는 산성비와 같은 심각한 환경오염에 직면하게 될 것이다. 반폐쇄적 황해가 죽고 있으며 가장 깨끗한 바다 중의 하나인 동해가 핵폐기물 투기로 위협받고 있다. 동북아의 식생활에 대단히 큰 비중을 차지하는 수산자원이 고갈되고 있다. 동북아 환경문제를 극복하기 위한 환경정보체계의 확립과 국가간의 협력체제의 구축이 무엇보다 시급하다.

다섯째, 21세기 가장 큰 산업은 관광산업으로 대표되는 여가산업이다. 동북아는 관광여가산업의 폭발적 증가를 보여왔고 앞으로도 계속될 것이다. 아열대 해양 여가공간으로서 일본의 오키나와, 한국의 제주, 중국의 해남도가 벨트화를 구상하고 있으며 중국의 서안—낙양—북경—서울—부여—경주—나라—교토로 이어지는 신 '실크로드'의 관광루트의 개발도 있을 수 있다. 일본의 세토나이카이(藾戶內海峽)와 한국의 한려수도와 다도해지역은 해양관광의 명소가 될 것이다. 후지산, 금강산, 백두산을 비롯한 수려한 산악형 관광자원을 지니고 있다. 21세기 이른바 스콜레(*scholae society*)를 맞이하는 동북아는 준비를 해야 할 것이다.

끝으로 동북아 3개국이 공동으로 초국가적 개발구상을 시도해 볼 때가 되었다. 유럽연합은 초국가적 개발구상을 유럽연합의 중요과제로 추진 중에 있으며 유럽과학재단의 지원으로 유럽 2020그룹보고서를 발표한 바 있다. 일본은 21세기 국토의 그랜드 디자인의 이미지로서 4개의 초국경적 국토 축을 구상하고 있다. 한국은 환동해권과 환황해권을 동서로 두고 통일한국을 염두에 두고 π축 개발 이미지를 갖고 있다. 중국 역시 국토계획의 철학을 갖고 있다. 이들 각국의 21세기 국토구상을 동북아라는 초국경적 틀 속에서 논의하고 협의를 해볼 시기가 되었다고 생각한다. 이를 위한 국가간 또는 국가를 대표하는 연구기관과의 협의체를 구성하는 것도 고려해 볼 가치가 있다고 보여진다.

〈그림 19-1〉 아시아 태평양지역의 도시회랑, 성장삼각지, 월경적 경제지역

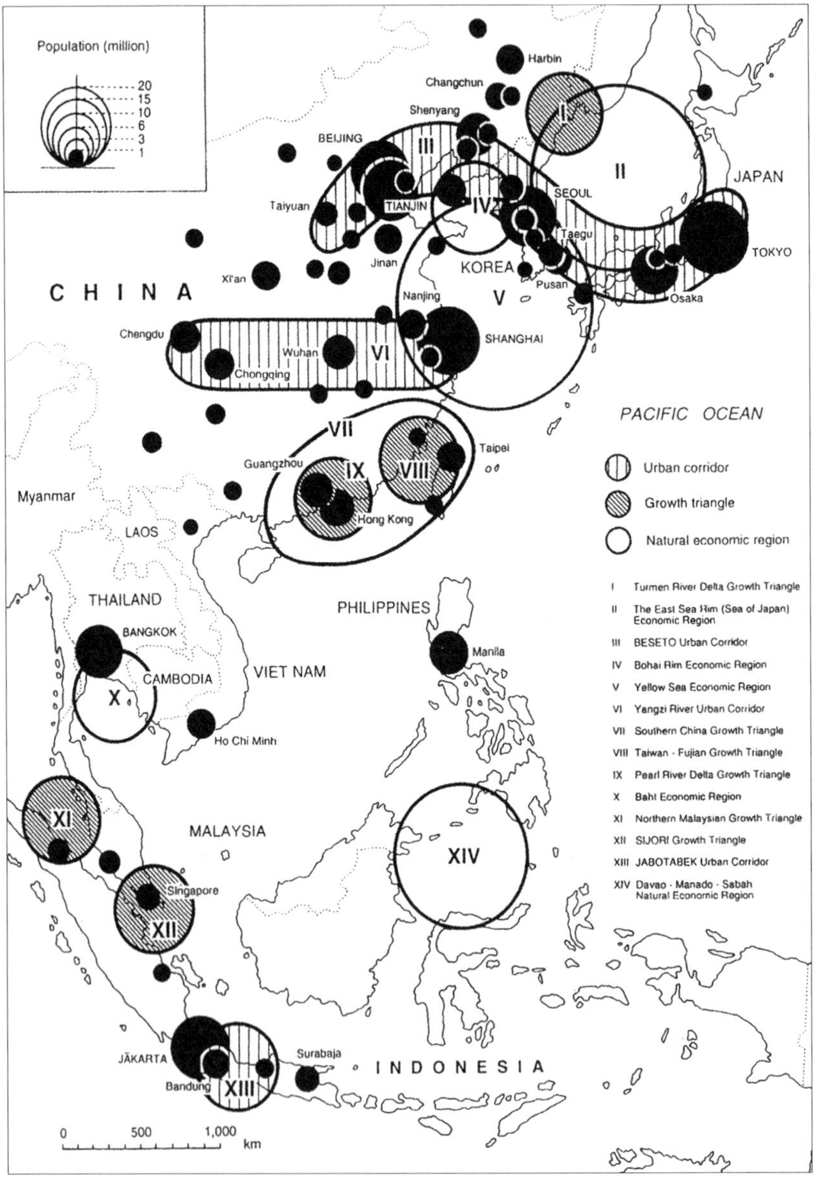

〈그림 19-2〉 유럽의 초국경적 도시회랑(Blue Banana)

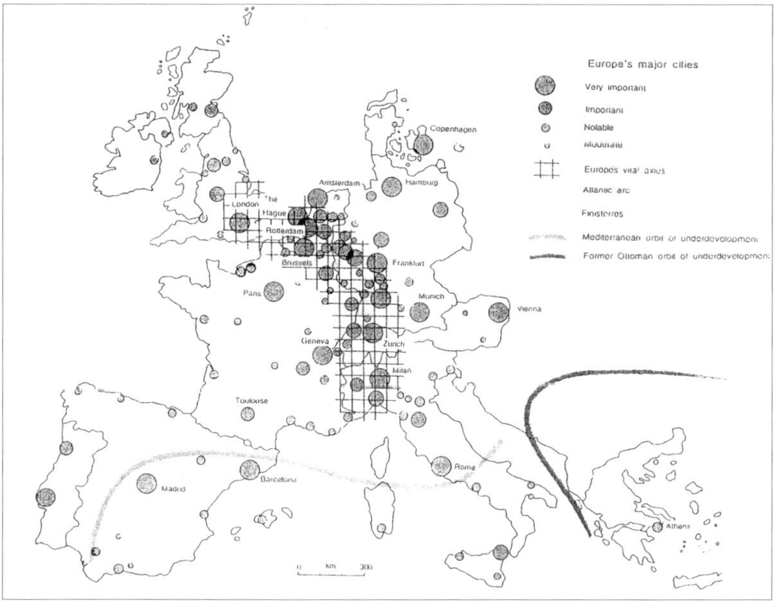

〈그림 19-3〉 동북아 초국경적 도시회랑(BESETO)

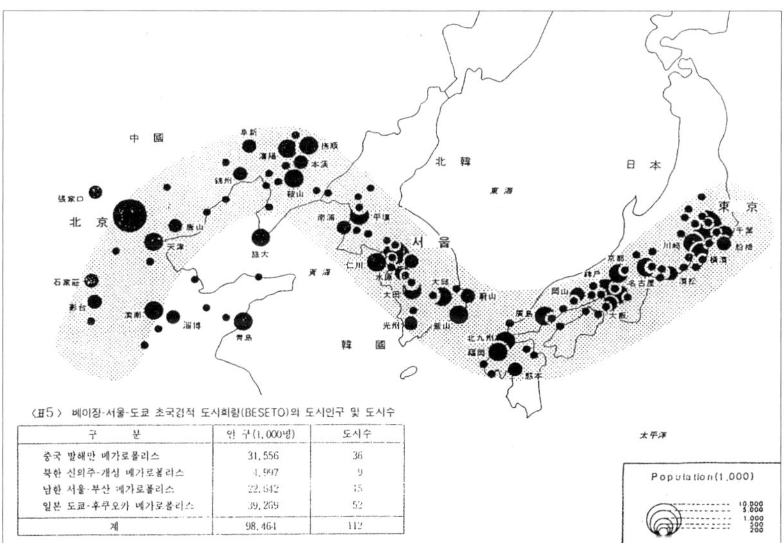

〈표5〉 베이징-서울-도쿄 초국경적 도시회랑(BESETO)의 도시인구 및 도시수

구 분	인 구(1,000명)	도시수
중국 발해만 메가로폴리스	31,556	36
북한 신의주-개성 메가로폴리스	4,997	9
남한 서울-부산 메가로폴리스	22,642	15
일본 도쿄-후쿠오카 메가로폴리스	39,269	52
계	98,464	112

필자 약력

(가나다 순)

김 영 봉 (金榮奉): 1944년생. 연세대 경제학과를 졸업하고 미국 콜로라도대에서 경제학 박사학위를 취득했다. 현재 중앙대 경제학과 교수, 동아일보 제 7기 객원논설위원이기도 하다. 저서로는 《한국의 교육과 경제발전》, 《경제체제론》, 《자본주의와 사회주의》 등이 있다.

김 제 국 (金濟國): 1966년생. 서울시립대 및 동 대학원(행정학 석사)을 졸업하였고 일본 동경공업대학 대학원에서 도시공학박사학위를 취득했다. 현재 경기개발연구원 연구위원이며 경기도선진화위원회 및 투자심사위원회 위원이다.

김 형 국 (金炯國): 1942년생. 서울대 사회학과와 행정대학원을 졸업했고, 미국 캘리포니아대(버클리)에서 도시계획학 박사학위를 취득했다. 서울대 환경대학원 원장, 조선일보 비상임논설위원 등을 지냈다. 현재 서울대 환경대학원 명예교수. 주요 저서로는 《국토개발의 이론연구》, 《한국공간구조론》, 《장욱진》, 《고장의 문화판촉》 등이 있다.

남 영 우 (南榮佑): 1948년생. 서울대 사범대학(지리과) 및 동 대학원(석사), 일본 츠쿠바대학 대학원(석사 · 박사)을 졸업했고 현재 고려대 교수이며, 한국 도시지리학회회장, 일본 츠쿠바대학 외국인 교수, 미국 미네소타대학 방문교수를 역임했다. 저서로는 《세계화시대의 도시와 국토》, 《도시공간구조론》 등이 있다.

류동길(柳東吉): 1938년생. 서울대 경제학과를 졸업하고 미국 밴더빌트대에서 경제학 석사, 한국외국어대에서 경제학 박사학위를 받은 후 숭실대 경제통상학부 교수를 역임했다. 숭실대 중소기업대학원장, 한국중소기업학회장 등을 역임했으며, 19년간 한국경제신문 비상임 논설위원으로도 활동했다. 현재 숭실대 명예교수이고, 주요 저서로는 《한·미·일·대만의 중소기업 비교연구》, 《공업화 전략의 이론과 실제》 등이 있다.

박석순(朴錫淳): 1957년생. 서울대를 졸업하고 미국 럿거스대에서 박사학위를 받았다. 전공은 하천, 호수, 바다 등에 일어나는 수질변화를 컴퓨터로 시뮬레이션하여 미래를 예측하고 대책을 세우는 수질예측모델링으로 지금까지 100여 편의 논문을 국내외 학술지에 발표했다. 현재 이화여대 환경학과 교수이며, 저서로는 《만화로 보는 박 교수의 환경재난 이야기》 등이 있다.

박성조(朴聖祚): 1935년생. 서울대 정치학과, 독일 Berlin Free University (정치학박사)를 졸업하고, 독일 Ruhr University of Bochum 및 Berlin Free University 교수와 서울대 행정대학원 초빙교수를 역임했으며, 현재는 동아대 석좌교수와 Berlin Free University 종신정교수이다. 저서로는 《한반도붕괴》 등이 있다.

서순탁(徐淳鐸): 1959년생. 영국 University of Newcastle 대학원(ph. D. in town planning)을 졸업했고 현재 서울시립대 도시과학대학 도시행정학과 부교수이다. 국토연구원 연구위원 등을 역임했으며 국토도시계획학회 및 도시행정학회 이사이다. 주요 저서로는 《새로운 국토도시계획제도의 이해》(공저) 등이 있다.

신도철(申道澈): 1956년생. 서울대 법학과 및 동 대학원 경제학과(석사)와 시카코대학(경제학 박사)을 졸업했고, 제19회 행정고시합격, KDI 연구위원을 역임했으며, 현재 숙명여대 경제학부 교수이다. 저서로는 《규제의 역설》(공저)이 있다.

유우익(柳佑益): 1950년생. 서울대 지리학과를 졸업했고 독일 키일대에서 박사학위를 받았다. 서울대 국토문제연구소장 및 교무처장을 지냈으며, 현재 서울대 지리학과 교수로 있다. 지리학, 국토계획, 지역개발, 문화관광 등 넓은 분야에 걸쳐 논문 및 저서, 에세이를 썼다. 최근에 국토문화의 연구와 진흥을 위해 전국을 답사하고 있다.

이규환(李圭煥): 1951년생. 중앙대 및 동 대학원(행정학 박사)과 서울대 환경대학원(도시계획학 석사)을 졸업했고, 중앙대 정경대학 행정학과 교수로 재직중이며, 내무부, 서울시 정책자문위원과 한국지방자치학회회장을 역임하였다. 주요 저서로는 《도시 및 지방행정론》, 《도시행정론》 등이 있다.

정성옥(鄭成玉): 1939년생. 경북대 법과대학(법학과)을 졸업했고 일본 오사카총영사관 공보관, 공보처 및 문화관광부 국장 등을 역임했으며, 수도이전반대국민연합 설립 때부터 사무총장으로 재임하고 있다.

최막중(崔莫重): 1960년생. 서울대 건축공학과를 졸업했고 미국 하버드대에서 도시계획학 박사학위를 받았다. 한양대 교수를 거쳐 현재 서울대 환경대학원 교수로 있다. 저서로는 《주택, 도시, 공공성》, 《도시개발론》, 《도시정책론》, 《토지이용계획론》(편저) 등이 있다.

최상철(崔相哲): 1940년생. 경북대 사대, 서울대 행정대학원을 졸업하고 미국 피츠버그대에서 도시계획학 박사학위를 받았다. 한국지역학회 회장, 서울대 환경대학원 원장, 서울시정개발연구원 원장, 한국지방자치학회 회장, 대통령지방이양위원회 위원 등을 역임했다. 현재 서울대 환경대학원 명예교수(도시 및 지역계획 전공)이자 수도이전반대국민연합 대표이며, 저서로는《한국도시개발론》(공저),《지방의 재발견》, *Seoul: The Making of a Metropolis* 등이 있다.